사법부

사법부
법을 지배한 자들의 역사

한홍구 지음

2016년 3월 21일 초판 1쇄 발행
2024년 7월 25일 초판 6쇄 발행

펴낸이	한철희
펴낸곳	돌베개
등록	1979년 8월 25일 제406-2003-000018호
주소	10881 경기도 파주시 회동길 77-20 (문발동)
전화	031-955-5020
팩스	031-955-5050
홈페이지	www.dolbegae.co.kr
전자우편	book@dolbegae.co.kr
블로그	blog.naver.com/imdol79
트위터	@dolbegae79
페이스북	/dolbegae

주간	김수한
책임편집	윤현아·남미은
표지 디자인	김동신
본문 디자인	김동신·이은정·이연경
마케팅	심찬식·고운성·조원형
제작·관리	윤국중·이수민
인쇄·제본	한영문화사

ISBN 978-89-7199-715-4 03900
CIP 2016006412

한홍구

사법부

법을 지배한 자들의 역사

돌베개

대한민국 사법사 70년

이 연표는 이 책에 등장하는 주요 사건
및 판결을 중심으로 작성했습니다.
대부분의 사건은 상시간에 걸쳐 판결
과정을 거쳤기에 사건의 발단이 된 날짜
혹은 연도로 표기했습니다.

이승만 대통령 취임 (실제 임기일은 8월 15일)	7/24	**1948**	7/17	제헌헌법 제정
김병로 대법원장 취임(제1대) ❶	9/13		10/19	여순 반란 사건 ▶87쪽
		1952	4/24	서민호 의원 사건 ▶31쪽
김병로 대법원장이 만 70세로 정년퇴임	12월	**1957**		
조용순 대법원장 임명(제2대)	6/9	**1958**	1/3	진보당 사건 ▶34쪽
			7/2	진보당 사건 1심 판결, 조봉암 무죄 선고 ▶34~35쪽
		1959	4/30	『경향신문』 폐간 사건 ▶38쪽
			7/31	조봉암 간첩죄로 사형 ▶35쪽
이승만 대통령 퇴임	4/26	**1960**	3/15	3·15 부정선거
조용순 대법원장 퇴임	5/11		4/19	4월혁명(4·19혁명) ▶42쪽
윤보선 대통령 취임	8/12			
조진만 대법원장 취임 (제3대, 제4대) ❷	7/2	**1961**	5/16	5·16 군사반란 ▶41쪽
			5/31	국가재건최고회의 홍필용 임명

윤보선 대통령 퇴임	3/22	**1962**	4/30	현역군인 전우영 대령 '법원행정처장'으로 임명 ▶42쪽
박정희 대통령 취임	12/17	**1963**		
		1964	5/21	무장군인 법원난입 사건 ▶47쪽
			6/3	박정희, 서울 일원에 비상계엄 선포
			8/14	인혁당 사건 발표 ▶115쪽
			9/14	검사 항명파동 ▶115쪽
		1967	3/3	국가배상법 전면 개정 (군인 등의 국가에 대한 손해배상청구권 제한)
			7/8	동백림 사건 발표 ▶49쪽
조진만 대법원장 퇴임	10/19	**1968**	1/21	1·21 사태
민복기 대법원장 취임	10/21		8/2	괴벽보 사건 ▶52쪽
(제5대, 제6대) ❸			8월	통혁당 사건 ▶58쪽
		1971	1/27	김대중 대통령 후보 자택 폭발물 사건 ▶83쪽
			4/20	재일동포 형제간첩단 사건 ▶83쪽
			6/22	대법원 전원합의체 국가배상법 위헌 ▶53~54쪽
			7/28	1차 사법파동 ▶62쪽
		1972	7/4	7·4 남북공동성명
			10/17	10월유신
			11/21	유신헌법 제정 ▶77쪽
		1973	8/8	김대중 대통령 후보 납치사건 ▶96쪽

❶

❷

❸

	8/4	윤경화 노파 일가족 살해 사건 ▶245쪽
	9월	부림 사건 ▶256쪽
1982	9/10	송씨 일가 간첩단 사건 ▶270쪽
1983	1/14	대법원장 비서관 뇌물 사건 ▶159쪽
	9/30	민청련 결성 ▶322쪽
1985	5/3	인천지부 현판식 (5·3 인천 사태) ▶344쪽
	6월	인천공단 가두시위
	7/15	서울 미문화원 점거 사건 첫 공판 ▶217쪽
	9/4	김근태 고문 사건 ▶315쪽
	10/29	『깃발』 사건

유태흥 대법원장 퇴임	4/15	**1986**	5월	부천서 성고문 사건 ▶343쪽
김용철 대법원장 취임(제9대) ❸	4/16		10/28	건국대 사건
		1987	1월	수지 김 사건
			1/14	박종철 군 고문치사 사건 ▶313쪽
			6/10	6월항쟁
			7/5	이한열 열사 사망
김용철 대법원장 퇴임	6/17	**1988**	6월	2차 사법파동 ▶377쪽
전두환 대통령 퇴임	2/24		10월	'우리법연구회' 출범 ▶382쪽
노태우 대통령 취임	2/25		5/28	'민주사회를 위한 변호사 모임' 출범(초대 회장 조준희 변호사)
이일규 대법원장 취임(제10대) ❹	7/20		12/31	국가모독죄 폐지 ▶178쪽
이일규 대법원장 퇴임	12/15	**1990**		
김덕주 대법원장 취임(제11대) ❺	12/16			

	1991	5월 강기훈 유서대필 사건 ▶400쪽
김덕주 대법원장 퇴임 9/11	**1993**	6월 3차 사법파동 ▶383쪽
윤관 대법원장 취임(제12대) ❶ 9/27		
노태우 대통령 퇴임 2/24		
김영삼 대통령 취임 2/25		
	1994	10/10 강주영 양 유괴 살해 사건 ▶237쪽
	1996	8/15 제6차 8·15 통일대축전 ▶365쪽
김영삼 대통령 퇴임 2/24	**1998**	12/31 국회 529호실 사건 ▶211쪽
김대중 대통령 취임 2/25		
윤관 대법원장 퇴임 9/24	**1999**	
최종영 대법원장 취임(제13대) ❷ 9/25		
김대중 대통령 퇴임 2/24	**2003**	
노무현 대통령 취임 2/25		
	2004	3/12 노무현 대통령 탄핵 사태
		10/21 헌법재판소 행정수도 이전 위헌
최종영 대법원장 퇴임 9/23	**2005**	7월 강정구 교수 사건
이용훈 대법원장 취임(제14대) ❸ 9/26		
	2007	1월 인혁당 사건(사형 집행) 재심 무죄 판결

노무현 대통령 퇴임 2/24	**2008**	8/18 인혁당 사건(무기징역 등) 재심 무죄 판결
이명박 대통령 취임 2/25		8/27 원정화 간첩 사건 ▶403쪽
		11/25 오송회 사건 재심에서 무죄 판결 ▶251쪽
	2009	1/19 용산참사
		5/21 아람회 사건 재심에서 무죄 판결 ▶395쪽
		8/28 송씨 일가 간첩단 사건 재심 무죄 판결 ▶311쪽
이용훈 대법원장 퇴임 9/23	**2011**	
양승태 대법원장 취임 ❹ 9/26		
	2012	12월 국가정보원 여론조작 사건
이명박 대통령 퇴임 2/24	**2013**	2월 서울시 공무원 간첩조작 사건 발표
박근혜 대통령 취임 2/25		
	2014	5/29 민청련 사건 재심 김근태 무죄 선고 ▶338쪽
	2015	12/19 통합진보당 해산
	2016	5/14 강기훈 유서대필 사건 무죄 ▶400쪽

❶

❷

❸

❹

일러두기

1. 이 책은 저자가 『한겨레』에 2009년 5월 19일부터 2010년 6월 18일까지 총 55회에 걸쳐 연재했던 '사법부 — 회한과 오욕의 역사'를 바탕으로 엮은 것이다.

2. 외국 인명과 지명, 도서명은 국립국어원의 외래어 표기법과 용례를 따랐다. 다만 국내에서 이미 굳어진 인명과 지명의 경우에는 통용되는 표기로 옮겼다. 또한 본문에서 인용한 신문기사, 판결문, 보고서의 경우 국립국어원 표기법에 어긋나는 곳이 있더라도 원문을 그대로 보여주기 위해 고치지 않고 실었다.

3. 단행본과 정기간행물에는 겹낫표(『』)를, 단편과 기사에는 낫표(「」)를, 영화명, 텔레비전 프로그램명에는 홀꺾쇠(〈 〉)를 썼다.

4. 같은 사건을 지칭하더라도 문맥에 따라 필자가 썼거나 인용한 자료의 집필자마다 다르게 표현했다면 일부러 통일하지 않았다.
예) 4월혁명 / 4·19 / 4·19혁명

5. 이 책에는 각주와 미주가 있다. 각주는 내용의 이해를 돕기 위해 법률 용어와 사건을 중심으로 하단(•, ••)에 넣었다. 미주는 대부분 참고한 자료들의 출처로 해당 부분 뒤에 숫자(1, 2, 3……)로 표기하고 그 내용은 책 뒤쪽에 한꺼번에 실었다.

저자 서문

이 책은 2009년 5월 19일부터 2010년 6월 18일까지 『한겨레』에 '사법부 — 회한과 오욕의 역사'라는 제목으로 연재했던 글을 모은 것이다. 여러 가지 사정으로 연재가 끝난 지 거의 6년이 되어서야 출판하게 되었다. 이 연재물은 2007년 10월에 발간된 국정원 과거사건 진실규명을 통한 발전위원회의 보고서 『과거와 대화 미래의 성찰』 중 제4권 '정치·사법편' 중 사법 부분을 토대로 쓴 것이다. 보고서의 성격이 강하며 기본적으로 중앙정보부 – 안기부가 행한 사법권 침해와 판결에 대한 개입을 다룬 것이기 때문에 이 보고서에서 사법부는 피해자로 기록되어 있다. 전두환에게 쫓겨나는 이영섭 대법원장이 퇴임사에서 토해낸 "회한과 오욕"이란 말을 연재물의 제목으로 삼은 것도 기본적으로 이 보고서에서 사법부가 피해자였기 때문이다. 그러나 이 책을 읽으면서 거듭 확인하게 되겠지만, 국민과의 관계를 놓고 본다면 사법부는 가해자였다.

법률과 법원이 '정상적'으로 작동하는 상황을 두고도 프레드 로델은 『저주받으리라, 너희 법률가들이여!』(이승훈 옮김, 후마니타스, 2014)라는 명저를 남겼다. 필자가 국정원 과거사위 활동을 시작할 무렵, 고문 피해자들의 증언대회에서 조작간첩 피해자 신귀영은 "공안 사건에서 고문하고 기소하고 재판한 사람들은 자손대대로 증오를 받을 것"이라고 저주를 퍼부었다. 법관들이 오로지 '법률과 양심'에 따라 재판을 해도 억울한 사람이 나올 터인데, '법률과 양심'에 더하여 중앙정보부-안기부의 요구에 따라 재판을 하던 시절이었으니 피해자들의 사법부에 대한 저주가 하늘을 찔렀던 것은 당연한 일이었다. '신성한 법정'이라는 말을 종종 쓰기도 했지만, 1980년대의 공안 사건 법정에서는 피고인이나 방청객들이 던진 신발이 법대를 향해 날아가고, 야유와 아우성과 구호가 터져 나오던 난장판이 일상적으로 벌어졌다. 공소장의 오자까지 베낀 판결문 위에다 독립적인 헌법 기관의 판사들은 제 이름 석 자를 버젓이 적기도 했다. 이 사회에 만연한 사법부 불신의 기원은 바로 여기서 비롯된다고 할 수 있다. 그렇다면 사법부는 이 회한과 오욕의 역사를 얼마나 반성하고 바로잡았을까.

모두 6권으로 구성된 국정원 과거사위 보고서 중에서 필자는 사법 분야 보고서가 가장 중요하다고 생각한다. 고문과 조작이 이루어진 사건이 무수히 많은 것도 그 고문과 조작이 모두 사법부에서 유죄 판결을 받아내기 위해서였기 때문이다. 사법부가 권력의 시녀가 되었다고 하지만, 사법부 보고서를 다 쓰고 난 뒤에 든 절망적인 느낌은 무소불위의 권력을 행사했다는 중앙정보부-안기부가 30년 동안 단 한 명의 판사도, 단 한 명의 검사도 잡아다가 고문하거나 협박한 일이 없다는 점에서 비롯됐다. 그런데도 사법부와 검찰이 이렇게 망가지다니 믿을 수가 없었다.

중앙정보부-안기부가 사법권을 침해한 사례에 대해서는 여러 가지 흉흉한 소문이 무성했지만, 정작 중앙정보부-안기부의 내부 문건으로 이를 입증하려고 할 때는 자료 부족으로 어려움이 많았다.

국정원 과거사위의 민간위원 내부에서도 자료 부족으로 사법 분야 보고서 발간은 어렵지 않겠느냐는 말까지 나왔다. 담당위원이었던 필자는 무슨 일이 있어도 사법 분야 보고서를 발간해야 한다고 펄쩍 뛰었지만, 당시 발간 가능성에 대한 의구심은 아마 필자 자신이 제일 크게 가지고 있었는지도 모른다. 국정원의 자료관리 부서에 가서 수백 수천 개의 검색어를 집어넣어가며 자료검색을 했으나, 중앙정보부-안기부가 법관들을 밀착 감시한 흔적만 나올 뿐(예컨대 유신 직전인 1972년 9월 작성된 「판사비위 관계철」은 7권만 남아 있는데 전부 몇 권이었는지는 알 수 없다. 중앙정보부는 아마도 유신쿠데타와 그 이후의 법관 재임명을 염두에 두고 이 자료를 작성했을 것이다.), '화끈한' 자료를 찾지 못했고, 드문드문 과거사위로 넘어오는 자료도 기대만큼 확실한 정보를 담고 있지 않았기 때문이다. 그렇지만 다른 개별 사건에 첨부되어 있는 '공판대책'이나 '공판상황보고', 또는 '관계기관 대책회의' 관련 문건들을 종합하고, 단편적인 보고서와 단편적인 신문기사들을 잘 연결시켜보니 사례가 풍부하진 않아도 소문으로 떠돌던 이야기들을 유형별로 보여줄 정도는 되어서 보고서를 작성할 수 있었다. 보고서 작성에는 강은지 조사관과 문형래 조사관이 수고를 아끼지 않았다. 특히 두 달간 거의 매일 계속된 밤샘 작업에도 고통받아온 피해자들을 생각하며 한마디 불평 없이 묵묵히 일한 강은지 조사관에게 특별한 감사를 드린다.

2007년 말 국정원 과거사위 활동이 종결될 무렵에 필자는 완전히 진이 빠져 꽤 오랫동안 아무 일도 못했다. 그러다가 촛불시위 재판에 개입한 신영철이 2009년 대법관이 되는 것을 보고 이대로 가만히 있어서는 안 되겠다고 생각하며 『한겨레』에 연재를 시작했다. 그 신영철이 대법관 임기를 마치고 물러난 뒤 1년 가까이 지나고서야 책으로 묶어내게 되니 참으로 한스러울 뿐이다. 출판사 측의 요청으로 연재 이후 지금까지의 상황을 에필로그로 담으려니 그동안 너무나 많은 일이 벌어진 탓에 양이 만만치 않아졌다. 이 책에서는 주로 박정희 집권 이후의 일을 다루었지만, 제목을 거창하게 '사법부'라고 달았다. 이 책에서 다루지 못한 시대에 대한 보완은 다음 과제로 미루게 된 점 독자 여러분의 양해를 부탁드린다. 그리고 돌베개 한철희 사장과 편집부 윤현아 님의 노고 덕에 책이 나오게 된 점 깊이 감사드린다.

너무나 정신없는 세월을 우리가 보내고 있다. 이명박 보수정권이 들어서고, 촛불이 꺼지고, 용산참사가 일어나고, 민주주의의 후퇴가 시작되더니 노무현·김대중 두 분 전직 대통령의 서거가 상징하는 민주주의의 죽음이 이어졌다. 박근혜 정권이 들어서고 세월호 사건이 터지더니 사건과 사고가 꼬리를 물고 일어났다. 메르스 파동과 국회법 파동에 이어 2015년 10월에는 역사교과서 국정화 논쟁까지 몰아쳤다. 진보 진영이 새로 제기되는 이슈를 따라가며 우왕좌왕하는 사이에 노동개악, 한일 양 정부의 일본군 '위안부' 문제 합의, 개성공단 폐쇄, 사드배치, 테러방지법과 필리버스터 등 새로운 이슈가 지난 이슈를 집어삼켰다. 불과 몇 달이 지나지 않았는데도 역사교과서 논란을 아득한 옛일로 느끼는 사람들이 많을 것이다.

그렇게 정신없이 시간이 지나가는 동안에도 사법부는 여전히 많은 문제를 지닌 채로 거기 그대로 있었다. 민주화 이후 날이 갈수록 법의 중요성은 더해갔는데, 법에 대한 신뢰는 회복될 기미를 보이지 않는다. 그 사이 이 책의 본문에서 다룬 사건들 중 몇몇은 재심에서 무죄가 확정되기도 했다. 애초에 법을 무시하고 무고한 사람들을 감옥으로 보냈던 그 사법부에 재심을 요구하는 것이 타당한 일일까. 사법부 차원에서는 잘못된 과거에 대해 아무 말이 없다. 그저 재심 재판부가 피해자들을 위로하면 다 되는 것일까. 그나마 과거사를 바로잡는 데 의미 있던 판결과 피해자들에 대한 배상까지도 속속 뒤집히고 있다. 이 험한 세상에서 깨어있는 시민이 할 수 있는 일이 무엇이 있을까. 역시 우리는 기억하고 기록하는 일에서부터 시작해야 한다. 인권의 최후 보루라는 기본 사명을 내팽개쳤었음에도 불구하고 최고의 권력집단으로 군림하고 있는 사법부의 역사를 기억해야 하고, 고문당했다고 절절히 호소하건만 이를 묵살한 사법 엘리트 개개인들을 잊지 말아야 한다. 묵은 원고파일을 다시 열어보니 보고서를 쓸 때, 연재를 할 때 느꼈던 아픔이 뼈 마디마디 되살아났다. 그 아픔이 최근 『반헌법행위자열전』 편찬을 시작한 근거이다.

차례

프롤로그

전두환이 제5공화국 대통령으로 취임한 지 약 한 달 반이 지난 1981년 4월 15일, 대법원에서는 이영섭 대법원장의 퇴임식이 열렸다. 1979년 3월 박정희에 의해 대법원장에 임명되어 10·26 사건과 김재규 재판, 5·18 광주항쟁과 김대중 내란음모 사건 등 격동기의 굵직굵직한 사건을 처리해야 했던 이영섭 대법원장이 정년을 한참 남겨놓고 중도퇴임을 당한 것이다. 이영섭 대법원장은 퇴임사에서 "취임 초에는 포부와 이상이 컸으나 과거를 돌아보면 모든 것이 회한과 오욕으로 얼룩진 것 외에는 아무것도 아닌 것이 되었다"라고 술회했다.[1] 그는 퇴임사에 사법부를 사법부司法府라 쓰지 않고 사법부司法部라고 적어 사법부의 위상이 행정부의 일개 부처로 전락했다는 사실을 자조적으로 표현했다.

이영섭 대법원장의 한 서린 퇴임사는 두고두고 인구에 회자되었다. 그가 말한 회한과 오욕은 누구의 회한이며 누구의 오욕이었을까? 그 회한과 오욕이 어찌 신군부의 압력 때문에 지독하게 마음고생을 한 대법원장 한 사람만의 것이었으리오. 그 회한과 오욕은 사법부 전체, 아니 전두환 등 몇몇을 제외한 대한민국 국민 모두의 회한이요,

오욕이었다. 그로부터 30년 넘는 세월이 지난 지금, 우리는 그 회한과 오욕으로부터 얼마나 자유로울까? 신영철 같은 자는, 또는 그를 비호했던 자들은 회한과 오욕이 무엇인지 알기나 할까?

『사법부』는 권위주의 정권 아래서 우리 사법부가 겪은 고통스러운 순간들에 대한 기록이다. 사법부 문제로 글을 써야겠다는 마음을 먹은 것은 신영철 스캔들을 보면서, 2004년 10월부터 만 3년간 '국가정보원 과거 사건 진실규명을 통한 발전위원회'(이하 '국정원 과거사위')에서 활동할 때 다짐했던 일을 더는 미룰 수 없겠다는 생각이 들어서다.

과거 사건 진실규명의 대상이 되는 주요 사건들은 한국전쟁 전후의 민간인 학살 관련 사건을 제외하고는 대부분 사법부에서 확정판결을 받은 것들이다. 흔히 '사법살인'이라 불리는 인혁당 사건도 대법원에서 사형이 확정되었고, 수많은 조작간첩 사건도 모두 법원의 판결에 의해 간첩으로 확정되었다. "피고인의 자백이 그에게 불리한 유일한 증거일 때에는 이를 유죄의 증거로 삼거나 이를 이유로 처벌할 수 없다"라는 헌법과 형사소송법의 대원칙이 대한민국 법정에서는 지켜지지 않았다. 국가보안법 사건에서 자백은 증거의 왕으로 군림했다.

국가보안법 사건에서 사법부가 한 발씩 뒤로 물러설 때마다 어처구니없는 일이 벌어졌다. 처음 국가보안법이 만들어질 때 이북 정권을 국가로 인정할 수 없어 도출된 '반국가단체'라는 개념은 두 사람만 모여도 훌륭한 반국가단체로 낙인이 찍혔다. 사법부가 중앙정보부의 요구에 굴복하다 보니 국가기밀의 개념은 한정 없이 넓어졌다. 기밀이라면 당연히 '사람들이 모르는 것'이어야 할 터인데, 명문대학을 나와 고시에 합격한 검사님은 "짜장면은 싸고 맛있어"나 "경부고속도로는 4차선이다" 등등의 얘기를 간첩이 수집한 국가기밀이라며 공소장에 올렸고, 판사님들은 이따위 공소장을 받아들여 사형과 무기징역을 남발했다.

우리 헌법은 "법관은 탄핵 또는 금고 이상의 형의 선고에 의하지 아니하고는 파면되지 아니하며, 징계처분에 의하지 아니하고는 정직·감봉 기타 불리한 처분을 받지 아니한다"라고 규정하고 있다. 한 사회가 법관의 신분을 보장하고 그에게 높은 지위를 부여하는 것은 오로지 법과 양심에 의해 판단할 뿐 어떠한 내외의 압력에도 굴하지 말라는 뜻이다. 그러나 불행하게도 한국의 법관들은 너무 쉽게 압력에 굴복했다. 국정원 과거사위 보고서 「사법편」은 많은 법관이 오로지 법과 양심에 의해서가 아니라 '법과 양심과 안기부'에 의해 판결했음을 생생하게 보여준다.

사법부에 대한 '중정−안기부'의 부당한 압력과 개입 문제를 조사하면서 조금 당혹스러웠던 부분은 중정−안기부가 그 험한 시절에도 시국 사건과 관련해 현직 법관을 잡아가거나 고문을 가한 적은 단 한 번도 없다는 점이다. 여당 실력자나 현역 국회의원들을 잡아다가 고문하고 모욕을 주고 수염까지 뽑았어도 현역 법관을 잡아다가 압력을 가한 사례는 찾아볼 수 없다(딱 한 번 1980년 김재규 사건 재판 당시 신군부의 요구사항을 거절한 양병호 대법원 판사가 보안사에 끌려가 고초를 당했다). 차라리 중정−안기부가 법관들을 잡아다 협박하고 고문해서 사법부가 저 지경이 되었다면 덜 슬펐을 것이다.

지금 수많은 과거사 사건, 특히 조작간첩 사건들이 재심을 기다리고 있다. 피해 당사자 입장에서는 자신에게 유죄판결을 내렸던 바로 그 사법부에 자기 사건을 다시 다뤄줄 것을 요구하고 있는 셈이다. 이용훈 대법원장 취임 이후 사법부는 몇 차례에 걸쳐 과거청산에 나서겠다고 다짐했다. 실제로 인혁당 사건, 수지김 사건, 함주명 사건, 차풍길 사건 등의 재심에서 억울한 피고인들에게 무죄가 선고되었고, 몇몇 사건에서는 피해자들에 대한 금전적 배상까지 이루어졌다. 이는 과거청산이나 자기반성 문제를 깔아뭉개고 있는 검찰의 몰염치에 비한다면 나름대로 긍정적인 것이라 할 수 있다. 과거청산의 가장 기본적인 목적은 재발 방지이다. 그런데 신영철 스캔들 같은 일이 버젓이 벌어지고 있는 현실에서 과거 사건의 재심을 진행하는 것이 무슨 의미가 있을까? 과연 사법부는 아무 일도 없었다는 듯 재심에서 무죄만 내려주면 그만인 것인가?

이 책은 기본적으로 필자가 책임 집필한 국정원 과거사위의 보고서 「사법편」에 기초하고 있다. 그러나 한 가지 점에서는 이 보고서와 확실히 다르다. 중정-안기부와의 관계에서 사법부는 분명 피해자였고 따라서 국정원 보고서에서는 사법부를 당연히 피해자로 기술했다. 그러나 사법부와 고문조작 사건 피해자들의 관계, 나아가 사법부와 시민의 관계에서 사법부는 분명 가해자였다. 조작간첩 사건 피해자들이 그토록 고문에 대해 호소했건만, 저 높은 법대 위의 재판관들은 끝내 바짓가랑이 한번 걷어보라는 얘기를 하지 않았다. 흔히 법관은 판결로 말한다고 한다. 그 판결문에서 당시의 많은 법관은 "당사자의 주장 이외에는 고문을 당했다는 아무런 증거가 없다"라면서 무고한 시민들을 간첩으로 만들어버렸다. 뒤에 소장 법관들이 스스로 반성했듯이 한국의 사법부는 "판결로 말해야 할 때 침묵했고, 판결로 말하지 말아야 할 것을 말했던 것"이다.[2] 그 시절이 아무리 험한 시절이었다 한들 바짓가랑이를 걷어보라는 얘기조차 하지 않은 죄에 대한 책임은 물어야 하지 않을까? 역사학도로서 그 일을 기록하는 것은 내게는 지명 방어전과도 같은 일이다.

피해자들이 당했던 고문 이야기를 듣거나, 유죄판결을 끌어내기 위해 중정-안기부가 사법부를 상대로 은밀하게 공작工作했던 자료의 정리·분석은 피해자들의 아픔이 뼈 마디마디에 전해지는 고통스러운 작업이었다. 그나마 위안이 되었던 것은 1970~1980년대 당시에는 잘 알려지지 않았지만 그 와중에도 보석처럼 빛나는 판결이 있었다는 점이다. 당시 몇몇 법관이 일반 형사 사건에서 고문근절을 위해 용기 있는 판결을 내렸고, 이런 판결은 간첩사건이나 조직사건에서 뒤늦게나마 무죄판결이 나오는 길을 닦았다고 할 수 있다. 유신과 5공의 사법부에 벼락이 떨어지지 않은 것은 그래도 사법부에 이런 의로운 법관이 몇 분은 계셨기 때문일 터이다. 나는 이런 분들의 존재가 바짓가랑이를 걷어보라고 하지 않은 죄에 대한 책임을 물을 근거가 된다고 믿는다.

국정원 과거사위 보고서는 국정원에 보존된 내부 기밀자료를 기초로 작성되었다. 1971년 사법파동 이전의 자료는 불행하게도 거의 남아 있지 않아 보고서에서 깊이 다루지 못했지만, 이야기의 전개를 위해 이 책에서는 사법파동 이전의 이야기를 다룰 것이다. 1972년 유신 이후부터는 중정-안기부 자료를 활용할 수 있었지만 자료가 많지는 않았다. 아마도 자료를 많이 없앴을 것이며, 사법부와 관련된 사안들은 애초에 자료가 만들어지지 않았을 가능성도 크다. 그래도 남아 있는 자료들을 분석해보니, 중정-안기부의 재판 개입과 관련해 소문으로 떠돌거나 이러지 않았을까 짐작했던 것들이 사실이었음을 보여주는 데는 부족함이 없었다.

이 책이 주로 다룰 내용은 이영섭 대법원장이 회한과 오욕의 시대라 부른 시기에 벌어진 일들이다. 여기 거론되는 사건과 관련된 법관들에게 이 이야기는 아마도 돌이키기 싫은 치욕일지도 모른다. 가슴속 깊이 묻어두었던 사건이 다시 거론되는 게 불편하고 고통스러울 터이다. 그러나 그분들의 고통을 잘못된 판결에 의해 인생이 어긋난 채 지금도 그 굴레를 벗어나지 못하는 수많은 피해자와 가족들의 고통에 비할 수 있을까? 국정원 과거사위 보고서, 특히 「간첩편」과

「사법편」은 통곡하는 심정으로 아프게 써낸 보고서다. 독자 여러분도 우리 주변의 피해자들을 기억하며 아프게 읽어주기를 바란다.

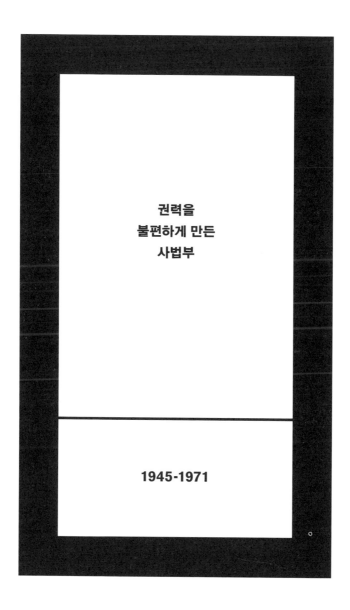

권력을
불편하게 만든
사법부

1945-1971

1 미군정과 이승만 시절의 법관들

1945년 11월 정동과 서소문에 사람들이 구름처럼 몰려들었다. 해방 이후 몇 달간의 사법 공백을 깨고 서울에서 처음으로 재판이 열린 것이다. 일제 시기 구舊 황실의 재산을 관리하던 관청인 이왕직李王職 장관 장헌식이 횡령 혐의로 재판에 회부된 것이다. 한복을 입은 우리 법관이 우리말로 재판을 진행한다는 사실 하나만으로도 장안 사람들이 구경을 나올 만큼 새로운 사법부에 대한 기대는 컸다.[1]

그러나 현실은 만만치 않았다. 재판이란 고도의 전문성이 요구되는 일이고 전문성은 하루아침에 갖춰지지 않는다. 모름지기 새 나라의 사법부라면 제국주의의 지배에 협력하지 않은 사람들로 채워야 하건만 법률지식을 갖춘 사람조차 많지 않았다. 해방 당시 조선총독부 재판소의 판사는 250명이었고 검사는 138명이었는데 대부분은 일본인이었다. 변호사는 모두 420명으로 그중 한국인은 250명이었으며 38도선 이남에는 단지 150명이 있을 뿐이었다.

이런 인력 부족을 이유로 미군정은 친일 법조인을 걸러내기는커녕 무자격자들에게도 마구 변호사 자격을 부여했다. 이때 변호사 자격을 움켜쥔 자들 중에는 일제 때의 법원 서기나 수완 좋은 미군정 통역관이 많았다. 일제하의 마지막 변호사시험은 1945년 8월 14일에 시작하여 민법, 형법, 상법 세 과목만 치르고 해방으로 중단되었다. 게다가 일본인들이 관련 서류를 모두 불태워버렸는데, 응시자들은 집단으로 전원 합격을 요구했다. 응시자 200명 중 남쪽에 있어 연락이 된 106명이 변호사시험 합격 증서를 교부받고 판검사로 임명되는 웃지 못할 일도 있었다.

김용무 대법원장과 김병로 대법원장

미군정은 1945년 10월 11일 김용무 변호사를 대법원장에 임명했는데 그는 임명된 지 불과 넉 달여 만에 판검사 40여 명에 의해 불신임안이 제출되는 불명예를 겪었다. 미군정하에서 미군 측의 재판 간여를 막지 못한다는 구조적 요인에 대한 불만도 중요한 이유였지만, 보다 직접적으로는 대법원장 자신이 재판에 부당하게 간여하려 한 때문이었다. 김용무는 1946년 서울지방심리원 오승근 부장판사가 담당한 민사사건에 대해 잘 봐달라는 내용의 쪽지를 보냈는데, 오승근 부장이 덜컥 직권으로 김용무 대법원장을 증인으로 채택해버린 것이다. 대법원장으로서는 망신도 이런 망신이 있을 수 없었다. 대법원장 스스로 재판의 독립성을 침해했으니 누구를 탓할 일도 아니었다. 김용무는 오승근 부장을 대구지법으로 좌천 발령을 냈는데, 오승근은 사표를 제출하고 변호사 개업을 했다. 결국 김용무도 사표를 제출했으나 미군정은 반려했다.[2]

유임 직후인 1946년 6월 9일 김용무는 광주지방법원에서 행한 훈시 내용으로 또다시 세상을 시끄럽게 만들었다. 그는 "법원의 중립성이나 객관성을 언급하는 자는 사법부 관리로서의 자격이 없다. 미군정 정책에 반대하는 자나 신탁통치와 좌파 이데올로기에 찬성하는 자는 그들의 범법행위를 증명할 만한 충분한 증거가 없더라도 엄중 처벌해야 한다"라고 말해 이번에는 변호사들로부터 호된 비난을 받았다.[3]

미군정이 한국인 재판소의 재판에 개입한 것은 한국인 법관들의 자존심을 해치는 일이었지만, 당시의 재판이 좌우대립의 격동기에 원칙을 지키지 못한 경우가 많아 신뢰성이 떨어졌다는 사실 역시 부인하기 어려웠다. 특히 1947년 좌익 계열 인사를 납치·살해한 '대한민청 사건'으로 기소된 김두한 등에게 한국인 재판소가 벌금형을 선고하자 미군정 당국은 이 사건을 군사재판소로 이송토록 명령했다. 미군 24사단 군사재판소는 1948년 1월 김두한 등 14명에게 사형을 선고했는데, 김두한은 대한민국 정부 수립 후 특사로 석방되었다.[4]

대한민국 정부 수립 후 첫 번째 대법원장으로는 요즘 식으로 말하면 인권변호사 출신의 김병로가 임명되었다.[5] 김병로 대법원장은 반민특위 특별재판장도 맡았는데, 민족적 양심을 가진 보수파로서 친일잔재 청산의 의지를 보인 그는 친일파에 의존하려던 이승만과 대립할 수밖에 없었다. 김병로는 경찰이 이승만의 비호 아래 반민특위를 습격하고 특경대를 해산하자 맹비난했지만 역부족이었다. 마음고생이 심했던 그는 지병이 도져 한쪽 다리를 절단하는 아픔을 겪었다. 대수술을 받고 병석에 누운 김병로에게 이승만은 사표를 종용했지만 그는 응하지 않았다. 어느 대법관 출신 인사는 의족에 의지한 채 "지팡이를 짚고 한쪽으로 기운 그의 모습은 병들기 시작한 사법부의 모습 그대로였다"라고 안타까워했다.[6]

대한민국 정부 수립 후 첫 대법원장이었던 김병로는 이승만 정권 아래서
사법부를 지키기 위해 애쓰다가 지병이 도져 한쪽 다리를 절단하고
말았다. 가운데 흰 두루마기를 입고 지팡이에 의지한 채 서 있는 사람이
김병로 대법원장, 그 오른쪽이 이승만 대통령.

사법부에 대한 이승만의 불만

이승만 정권이 행한 사법권 침해의 대표 사례로는 1952년의 서민호 의원 사건을 들 수 있다. 서민호는 야당의 맹장猛將으로 이승만의 직선제 개헌안*을 국회에서 반대하는 데 앞장섰다. 그런데 서 의원이 4월 24일 순천에서 지방 순시를 하고 있을 때 술 취한 현역 육군대위가 시비를 걸며 먼저 권총을 쏘자 서 의원도 지니고 있던 호신용 권총으로 응사하여 육군대위가 사망한 사건이 발생했다. 정당방위에 해당하는 사건이지만, 당국은 서 의원을 살인죄로 구속했다. 국회는 5월 14일 서 의원에 대한 석방결의안을 통과시켰다. 그러자 이승만 정권은 조선방직 직공 3,000명 등 시위대를 동원해 법원을 포위하고 "서 의원을 죽여라. 서 의원을 풀어주면 판사를 죽이겠다"라고 외치게 했다.[7]

헌법정신에 따르면 국회에서 석방결의안이 통과되면 지체 없이 석방해야 하는데도 검찰은 석방지휘를 하지 않았다. 결국 석방결의안 통과 5일 후인 5월 19일 안윤출 부장판사는 "만약 석방조치를 하면 너는 귀신도 모르게 죽는다"라는 친지들의 충고에도 불구하고 구속집행정지 결정을 내려 서 의원을 석방했다. '백골단', '땃벌떼', '민중자결단' 등 정체불명의 단체가 이끄는 시위대가 다시 법원으로 몰려와 "안윤출을 죽여라"라고 외친 것이나 안 판사의 하숙집이 피습된 것은 어느 정도 예상된 일이었다. 그러나 이승만은 여기에 그치지 않고 훨씬 더 나갔다. 그는 이 혼란을 빌미로 부산·경남 지역에 계엄령을 선포하고, 야당 의원들이 탄 버스를 크레인으로 견인하는 등 상상 밖의 초강수를 두면서 직선제 개헌안을 바탕으로 내각책임제를 자신의 뜻대로 혼합해 만든 발췌 개헌안을 통과시켰다. 서민호는 물론 재구속되었고, 그 사건은 계엄 선포 이전에 일어난 일임에도 군사법

• 직선제 개헌안
1948년 재헌의회에서 이승만은 간선제로 뽑혀 대통령에 당선됐으나
1950년 총선에서 이승만 지지세력이 대거 낙선해 국회에서 야당이
과반을 차지하자 간선제하에서는 재선이 어렵다고 판단하게 됐다. 이에
이승만은 1951년 12월 자유당을 창당하고 이들을 중심으로 한 관제데모
등을 통해 대통령 직선제를 향한 헌법 개정 작업을 펴기 시작했다.

이승만은 국회가 통과시킨 서민호 의원 석방결의안에 불복하며 부산과 경남 지역에 계엄령을
선포하고 야당 의원들이 탄 버스를 크레인으로 견인하는 일까지 벌였다. 1952년 5월 26일
집총을 한 헌병들이 의원 47명이 탄 버스를 세우고 검문하고 있는 모습. 헌병들은 이 버스를 군용
크레인으로 끌고 가 27시간 30분간 연금했다.

원으로 이관되어 사형이 선고되었다. 안윤출은 석방 결정 후 3개월간
시골의 처갓집으로 피신했는데, 그 대신 배석 판사들이 특무대로 끌
려가 곤욕을 치렀다. 안윤출 부장판사는 1958년에 실시된 법관 재임
용에서 1호 탈락자가 되었다. 이승만은 이 사건과 관련해 김병로 대
법원장에게 불만을 표했다. 이에 김병로는 "판사가 내린 판결은 대법
원장도 이래라저래라 할 수 없는 것으로서 판결이 잘못되었다고 생
각하면 절차를 밟아 상소하면 된다고 답변"했다.[8]

　　사법부는 어려운 여건에서도 정부가 무리하게 기소한 국가보안
법 사건이나 정치적 이유로 옭아 넣은 뇌물 사건 등에 대해 연거푸
무죄를 선고했다. 특히 1955년 12월 사법부가 『대구매일신문』 최석
채 주필의 국가보안법 위반 사건에 대해 무죄를 선고하고, 다음 달
검찰의 항소마저 기각하자 이승만 정권은 몹시 분개했다. 최석채는

이승만 정부가 무슨 일만 있으면 학생들을 동원하는 것을 두고 "학생을 도구로 사용치 말라"라며 사설을 썼다가 신문사는 테러단에게 습격당하고 본인은 구속된 적이 있었다. 이 테러 사건에 대해 어느 경북도경 간부는 "백주의 테러는 테러가 아니다"라는 명언을 남긴 바 있다.[9]

이미 여러 차례 사법부에 대해 불만을 토로해온 이승만은 1956년 2월 20일 제22회 국회 개회식에 보낸 치사를 통해 "사법부의 형편이 말이 아니"라면서 "사법부의 재판관 되는 사람들은 세계에 없는 권리를 가지고 행세"하고 있고, "경찰이나 검찰에서 소상히 조사해서" 재판소에 넘기면 재판소에서는 그냥 풀어준다고 불만을 퍼부었다. 그런데 노회한 이승만은 눈엣가시 같은 김병로 대법원장을 묘하게 끌고 들어갔다. 사법부에 문제가 많지만 "다행히" 대법원장이 "무슨 중대한 문제가 생길 적에는 행정부와 협의"해서 "판결을 하는 까닭으로 큰 위험은 없는 것"이라고 말한 것이다. 그러면서도 이승만은 앞으로 "어떤 방면으로든지 재판장의 권한에 한정이 있어야" 한다고 덧붙였다.[10]

삼권분립을 무시하는 이승만의 치사에 국회가 발칵 뒤집혔다. 의원들은 이승만을 비난하는 한편 김병로에 대해서도 문제를 제기했다. 만약 대법원장이 중대한 문제를 놓고 대통령과 상의한 것이 사실이라면 "우리 사법부는 다 썩어버린 것"이라며 대법원장의 국회 출석을 요구했다. 김병로는 "사법부가 행정부와 협의해서 법을 운영한다는 건 있을 수 없는 일"이며 재판장의 권한 제한은 입법부의 권한에 속하는 일이지만 그런 특수입법이 있어서는 안 된다는 성명을 발표했다.[11]

대통령에게는 정년이 없지만 대법원장에게는 정년이 있었다. 만 70세가 된 김병로는 1957년 12월 자신보다 열세 살이나 많은 이승만을 두고 정년퇴임을 했다. 사법부 식구들에게 "굶어 죽는 것을 영광"
으로 알라고 말하던 그였지만, 국회에서 행한 퇴임인사에서는 사법부
의 독립성 유지를 위해 법관들의 '최저생활 보장'을 간곡히 호소했다.

"언제든지 옷 벗고 변호사 한다"

김병로 대법원장 퇴임 뒤에도 법관들은 비교적 이승만 정권의 외압
에 굴하지 않고 사법부의 제 역할을 다하기 위해 애썼다. 이 무렵 판
사에 임용된 변정수 전 헌법재판관은 당시 법관들은 "비위에 안 맞
으면 언제라도 옷 벗고 변호사 한다"라는 생각을 갖고 있었기에 "권
력의 입김이 재판에서 잘 통하지 않았다"라고 회고했다.[12] 법원이
1958년 4월 서울대 문리대 학보에 "무산대중의 체제로의 지향"이라
는 글을 기고한 류근일(『조선일보』의 바로 그 류근일)에게 무죄를
선고한 것이나, 6월에 용산중학 교감으로 재직하던 중 간첩 혐의로
기소된 이태순에게 집행유예를 내린 것은 법과 양심에 따른 대표적
판결로 꼽힌다.

이승만은 김병로의 후임 대법원장 선임을 둘러싸고 대법원과 갈
등했다. 대법원은 김동현 전 대법관을 제청했으나 이승만은 이를 거
부하고 이우익 전 법무장관을 대법원장으로 임명해달라고 요청했다.
이우익은 당시 자유당 경북도당위원장을 맡고 있었기에 대법원장으
로서는 부적절했다. 1958년 1월 28일 대법원은 다시 조용순 대법관을
제청했는데, 이승만은 4개월 이상 시간을 끌다가 6월 9일에야 국회
승인을 요청했다.[13]

조용순 체제 출범 직후인 1958년 7월 2일 세상을 떠들썩하게 하
던 진보당 사건*의 1심 판결이 있었다. 이승만 정권으로서는 당혹스

---

* 진보당 사건
1958년 1월 13일 진보당의 위원장인 조봉암을 비롯한 진보당 간부들이
북한 간첩들과 접선하고 북한의 통일방안과 같은 내용을 주장했다는
혐의로 구속된 사건을 말한다.

럽게도, 조봉암 피고인에게 간첩죄 부문에서 무죄가 선고되었다. 재판장은 유병진 부장판사로 류근일 사건, 이태순 교감 사건 등에서 외압에 맞서 소신판결을 내린 양심적인 법관이었다.[14] 진보당의 조봉암은 1956년 대통령 선거에서 "투표에서 이기고, 개표에서 졌다"라는 말이 돌 정도로 이승만을 위협했던 인물이다. 1960년 대통령 선거를 앞두고 이승만은 가장 강력한 라이벌 조봉암을 제거하기를 원했고, 평화통일을 주장하던 조봉암은 간첩 혐의를 뒤집어쓰고 법정에 섰던 것이다.

이승만 정권은 조봉암이 예상 밖의 가벼운 형을 받자 조용순 체제의 사법부를 초장부터 길들이려 했다. 판결 사흘 후인 7월 5일 대법원에는 '대한반공청년회' 소속의 200여 명 시위대가 몰려와 "조봉암 일당에 간첩죄를 적용하라", "친공판사 유병진을 타도하라" 등의 구호를 외치며 시위를 벌였다.[15] 시위대가 판결에 불만을 품고 대법원 청사에 난입한 것은 정부 수립 이후 처음 있는 일이었다. 야당이 거리로 나서면 불법이라며 금세 나타나던 경찰은 반공청년들이 난동을 부리는 동안에는 종적을 찾을 수 없었다. 사법부가 정치권력에 의해 침탈당하는 초유의 일이 벌어졌음에도 조용순 대법원장은 김병로 전 대법원장처럼 단호히 맞서 싸우지 못했다. 7월 29일, 그는 이렇게 말했을 뿐이다.

"법관이라 하여 국가 목적 달성에 관한 숭고한 정신을 망각하고 편협되고 주관적인 견해만을 고집하여 국가의 이익과 국민의 복리를 도외시해서는 안 된다."[16]

사법부에 낙조가 드리우고 있었다. 결국 조봉암은 고등법원과 대법원에서 간첩죄가 인정되어 사형이 선고되었고, 이승만 정권은 1959년 7월 31일 그를 죽여버렸다. 이승만의 정적 살해에 사법부가 공동정범共同正犯이 되고 만 것이다.

국가보안법 위반 혐의로 재판을 받고 있는 조봉암(왼쪽에서 두 번째). 1959년 조봉암 사형 판결로 사법부는 이승만의 정적 살해 공동정범이 되고 말았다.

　　법원을 못마땅하게 생각하던 이승만에게 법원을 손볼 좋은 기회가 다가오고 있었다. 1948년 정부 수립을 전후해 법관들이 임용되었는데, 이제 헌법에 규정된 법관의 임기 10년이 다 된 것이다. 어느 나라나 재판의 독립성을 지키고자 법관에 대해서는 특별한 신분보장을 한다. 구소련이나 일본 등 극히 일부 국가만 법관의 임기를 정해 둘 뿐 검사에게 특별한 임기가 없듯이 법관의 임기도 별도로 명시되지 않는다. 대다수의 나라가 법관 임기에 관한 규정을 두지 않는 것은 헌법상 유일하게 신분보장을 받는 법관이 임기라는 제한으로 오히려 신분보장이 약해질 수 있기 때문이다. 한국이 제헌헌법에 법관의 임기를 규정하게 된 사연은 단순치 않다. 불행하게도 해방된 조국의 사법부를 일제와 무관한 깨끗한 법조인만으로 채울 수 없었던 탓이다. 10년쯤 지나 새 나라가 젊은 법조인들을 키워낸다면 일제 시기의 별로 깨끗하지 못한 경력을 가진 자들을 충분히 교체할 수 있지 않을까? 이헌환 교수는 일제 치하의 법관들에 대한 불신 때문에 도입된 임기제와 연임규정이 나중에 집권자의 의도에 따라 사법권 억압에 이용되었다고 안타까워했다.[17]

직무유기로 고발당한 법원

이승만 정권이 법관연임법을 제정하자 서울지법 윤학로 부장판사는 법관의 재판이 행정부의 견해와 어긋나는 경우에 이 법이 악용될 우려가 있다면서 이 법에 의한 연임을 원치 않는다고 사표를 제출했다. 윤학로 부장판사는 1958년 4월 근민당계 혁신 세력의 조작간첩 사건에서 피고인 15명 전원에게 무죄를 선고한 바 있어 권력 측에 미운털이 단단히 박힌 몸이었다.[18] 이승만은 1958년과 1959년에 걸쳐 안윤출 부장판사, 유병진 부장판사 등 20여 명 법관의 연임을 거부했는데, 이는 전체 연임 대상자의 4분의 1 이상을 탈락시킨 것이다. 이는 사법부의 독립성을 침해하고 법관의 신변을 위협하는 중대한 사태가 아닐 수 없었다.

　이승만의 외압에 흔들리던 대법원은 결국 하급심 판사들에 의해 대법원장과 대법관 전원이 사퇴권고를 당하는 전무후무한 일을 겪게 된다. 그 발단은 1959년 4월 30일 이승만 정권이 대표적 야당지 『경향신문』에 폐간처분을 내린 것으로 거슬러 올라간다. 정부는 폐간처분의 법적 근거로 군정법령 88호를 내세웠는데, 이 법령이 대한민국에서 법적 효력을 갖느냐가 논란이 되었다. 대한변협은 군정법령 88호는 제헌헌법 실시와 함께 효력을 상실했으므로 그 법령을 운용하는 것 자체가 명백한 위헌이라는 성명을 발표했다. 경향신문사는 5월 5일 서울고법에 행정처분 취소청구 소송을 제기했는데, 재판부는 폐간 57일 만인 5월 26일 『경향신문』의 발행허가 취소 행정처분의 집행을 정지한다는 가처분 결정을 내렸다. 재판장 홍일원 부장판사는 오필선 서울고등법원장이 하루에도 몇 차례씩 불러 정부 측 승소를 강력히 종용했고, 김두일 대법관도 역시 같은 요구를 했었다고 회고했다. 그 당시 자유당 간부 중에는 홍 판사를 없애버리라는 말을 한 사람도 있었고, 처갓집 친척의 은행계좌까지 조사하는 등 보복을 계속했다고 한다.[19]

정부는 폐간 취소 가처분 결정이 내려지자 일곱 시간 만에 『경향신문』에 대해 무기정간無期停刊 조치를 내렸다. 『경향신문』도 맞대응했는데 이번에는 서울고법에서 정부 측의 손을 들어주었다. 이에 『경향신문』측은 즉각 대법원에 상고했으나 대법원은 사안이 시급한 가처분 신청을 3개월이 지나서야 대법관 전원으로 구성된 대법원 연합부에 회부했고, 연합부는 또 2개월이 지나서야 군정법령 88호의 위헌 여부가 재판의 전제가 된다며 헌법위원회에 위헌 여부 판단을 제청했다. 그런데 당시 헌법위원회는 국회의 양원제 채택에 따라 민의원 3인, 참의원 2인, 대법관 5인의 위원으로 구성되었는데 참의원이 만들어지지 않아서 구성이 불가능한 상황이었다. 대법원이 이렇게 시간을 끌며 『경향신문』의 입을 묶어놓으려는 정부의 뜻을 충실히 따르는 사이에 4·19가 터졌다.

대법원은 너무도 정치적이었다. 아니 정치적이라기에는 너무 치졸하게 속 보이는 짓을 했다. 헌법위원회의 결정이 내려지기 전에는 아무런 조치를 취할 수 없다던 대법원이 4월 26일 이승만이 하야下野하자 몇 시간 만에 『경향신문』 복간을 허용한 것이다. 대법원의 기회주의적 태도에 가장 분개한 것은 서울고법, 서울지법 등 하급법원의 판사들이었다. 이들은 가처분 결정 바로 다음 날 긴급회의를 열고 조용순 대법원장을 비롯한 대법관 전원의 사퇴권고를 결의하는 초강수를 두었다. 최근의 신영철 사태에서 그랬듯 직무수행이 부적절하다고 돌려 말한 것이 아니라 직격탄을 날린 것이다. 3·15 부정선거* 당시 선거관리위원장인 김두일 대법관과 선관위원이던 변옥주 대법관이 즉각 사임할 수밖에 없었고, 조용순 대법원장도 사표 제출과 번의飜意를 계속하다가 5월 11일 결국 물러났다.[20]

그런데 사태는 여기서 끝나지 않았다. 한 시민이 5월 18일 『경향신문』 가처분 사건을 맡았던 조용순 전 대법원장 이하 대법관 전원을 직무유기 혐의로 고발한 것이다. 서울지검이 무혐의 불기소 처분을 내리자 고발인이 이에 불복하여 서울고법에 재정신청裁定申請**을 냈다. 서울고법 형사1부 윤병철 부장판사는 적극적으로 이 사건을 조사하여, 대법관들이 4월 26일 부랴부랴 가처분 결정을 내리면서 전화로 합의결정을 했으며 결정문에도 사후 서명한 사실을 밝혀냈다. 그는 대법관들의 직무유기는 움직일 수 없는 사실이라며 대법관들에 대해 준기소명령이 내려질 것임을 시사했다. 이렇게 하급심 재판장에 의해 현직 대법관들이 무더기로 형사사건 피의자가 될 처지에 놓이자 배정현 대법원장 직무대행을 비롯한 대법관 여섯 명은 1960년 11월 7일 재판부 기피신청을 하기에 이르렀다. 상급법원 판사들이 하급법원 판사를 기피한 것은 세계 사법사상 유례가 없는 일이었다. 대법원은 여기에 그치지 않고 윤 부장판사에게 동조적 입장을 보인 고위 법관들을 인사조치하여 하급법원 판사들의 동요를 유발했다. 사안이 시끄러워지자 윤 판사는 자진해 이 사건을 회피했다. 그러자 기피신청을 낸 대법관들도 만 하루 만에 기피신청을 취하했다. 사건은 형사2부로 넘어갔는데, 재판부는 사건을 맡은 지 세 시간 만에 기각결정을 내렸다.[21] 대법관들이 형사피고인이 되는 일은 면했지만, 창피한 일이었다.

* 3·15 부정선거
1960년 3월 15일 자유당 정권에 의하여 대대적인 선거부정 행위가
자행되었던 제4대 대통령 선거와 제5대 부통령 선거를 말한다.

** 재정신청
검사의 불기소 처분에 불복하여 그것의 옳고 그름을 가려달라고 직접
법원에 신청하는 제도를 말한다.

2 5·16 군사반란과 사법부

2004년 10월 21일, 헌법재판소의 행정수도 이전에 대한 위헌판결은
한국 사회의 주류 엘리트들이 자신들의 기득권을 지키기 위해, 국민
이 선출한 권력이 국민들에게 약속한 공약을 정치적 판단으로 뒤엎
은 것이라는 비판이 여러 곳에서 제기되었다. '행정수도 이전에 대한
위헌판결이, 삼성의 변칙상속에 대한 무죄판결이 오로지 법과 양심
을 위해서만 이루어진 것일까?' 하며 사법부에 대해 불신을 품어본
사람이라면 누구나 '국회의원을 뽑듯 사법부의 구성원들도 국민들이
직접 선출해야 마땅하지 않을까' 하는 생각도 해보았을 것이다. '법관
선출제'는 일견 이상적인 것처럼 보이지만 한편으로는 많은 문제를
안고 있다. 이 문제는 제2공화국 시절 법관선출제를 도입하려 했을
때 분명하게 드러났다.

　　제2공화국 헌법이 법관선거제를 채택한 것은 대통령이나 국회
가 대법원장 및 대법관 임명에 관여하지 못하게 하여 사법권 독립을
확고히 보장하기 위함이었다. 특히 김병로 대법원장 퇴임 이후의 사
법부가 정치권력에 굴복한 결과 국민여론은 사법부의 근본적 개편을
가져올 법관선출제를 지지했다. 법관선출제는 사법의 민주화를 위한

획기적인 시도였지만, 시행준비 과정에서 여러 가지 문제를 낳을 수밖에 없었다. 우선 선출된 법관이라고 해서 꼭 정치적 압력으로부터 자유로우리라고 확신할 수 없었고, 누가 어떤 방식으로 법관을 선출할 것인가도 복잡한 문제였다.

대법원장 및 대법관 선거나 선거인단 선거에서는 원칙적으로 일체의 선거운동이 금지되었다. 그러나 선거일이 다가오자 선거 분위기가 혼탁해졌고 지지 후보에 따라 법조계가 분열했다. 결국 선거는 실시되지 못했다. 법관선출을 위한 선거인단 선거를 하루 앞두고 5·16 군사반란˙이 일어났기 때문이다. 당시 초임판사였던 변정수에 따르면 "만일 그대로 선거가 실시되었더라면 판사들이 학연, 지연, 인맥으로 분열되어 인화가 크게 깨질 뻔"했을 정도로 분열상은 심각했다.[1]

군사정권하의 사법부는 감독의 대상

육군소장 박정희 일당은 1961년 5·16 군사반란을 일으켜 헌정질서를 파괴했다. 국회는 해산되었고, 법원 역시 국가재건비상조치법에 의거하여 재구성되었다. 정권을 탈취한 군부는 혁명재판소와 혁명검찰부를 설치하여 정상적인 사법부 기능의 상당 부분을 대체하는 등 사법권을 중대하게 침해했다. 5·16 군사반란 이후 1963년 12월까지의 군정 기간은 법원이 완전히 군부의 통제하에 있었던 사법부의 암흑기였다.

당시 군부는 '5·16 혁명과업의 완수'라는 미명하에 사건의 신속한 처리를 강조하면서 군사작전을 벌이듯 밀어붙였다. 혁명재판소 재판은 군인을 재판장으로 하여 군 병력이 삼엄한 경계를 펴는 가운데 방청인 출입은 제한되고 충분한 증인 신문이나 증거 조사도 없

˙ 5·16 군사반란
1961년 5월 16일 박정희의 주도로 육군사관학교 8기생 출신 군인들이
제2공화국을 무너뜨리고 정권을 장악한 반란을 말한다.

이 진행되었다. 당시 서울지법 단독판사로 근무했던 이돈명 변호사에 따르면 군사정권이 미제 사건의 조속한 처리와 재판의 속전속결주의를 강조하다 보니 당시 명동에 있던 극장인 시공관市公館에 법관 20~30명을 데려다 놓고 통행금지 위반자 등 여러 사건의 재판을 진행한 일도 있었다. 이때 이돈명 변호사가 피고인을 많이 풀어주자 나항윤 서울지법원장이 다가와 옆구리를 찌르며 "너 어쩌려고 그러냐" 하며 걱정했다고 한다.[2] 그러나 군인들 스스로도 문제가 많다고 판단했는지 이후에는 극장에 판사들을 모아놓고 재판을 진행하는 터무니없는 짓을 다시는 하지 않았다. 군사정권은 또한 4월혁명• 이후 설치된 특별재판소와 특별검찰부에 대하여 3·15 부정선거 원흉 등에 대한 처벌에 소극적이라는 명목으로 김용식 특검부장 등 특검검찰관 17명과 이른바 6대 사건의 재판장이었던 장준택 서울고법 부장판사 등을 구속하기도 했다.[3] 한편 혁명재판소 재판관 차출에 응하지 않은 한복 변호사도 구속되는 곤욕을 치렀다.

군사정권이 보기에 사법부는 독립된 존재가 아니라 어디까지나 감독의 대상이었다. 군사정권은 1961년 5월 31일 제1군 사령부 법무부장인 홍필용 대령(군법무관, 뒤에 중앙정보부 국장을 오래 지냄)을 대법원 '감독관'으로 임명했다. 각급 법원에도 역시 감독관이 파견되었다. 또 1962년 4월 30일에는 현역군인 전우영 대령을 법원행정처장으로 임명했는데, 이는 법관 자격이 없는 자를 법원행정처장으로 임명한 전무후무한 일이었다. 전우영 본인의 회고에 따르면 최고회의 법사위원장 이석제 대령이 "사법부는 다른 행정기관과는 다르게 혁명정부에 협조도 하지 않고, 따라오지도 않으며 권위의식에 젖어 현대적인 행정능력이 다른 부처에 비해 떨어진다"라고 지적하면서 법원행정처장으로 근무할 것을 권했다고 한다. 현역군인이 법원행정처장에 임명되자 조진만 대법원장이 사의를 표명하기도 했다.[4]

• 4월혁명
1960년 4월 19일을 전후하여 일어난 정치혁명. 이승만 정권을 무너뜨리고 제2공화국을 출범시키는 역사적 전환점이 되었다. 5·16 군사반란 이후 의거로 규정되었으나 혁명으로 보는 시각이 지배적이며, 4월 19일에 절정을 이루었다 하여 '4·19혁명'이라 불리기도 한다.

5·16 군사반란으로 정권을 장악한 박정희 일당은 혁명재판소와
혁명검찰부를 설치해 사법권을 침해했다.
혁명재판소와 혁명검찰부의 현판식(위)과 혁명재판소에서 판결문을 읽고
있는 1심 재판장과 심판관들(아래).

군사정권은 1961년 8월 26일 국가재건비상조치법에 의거하여 228명의 판사를 임명했는데, 이때 기존 법관 중 47명은 의원면직 형식으로, 5명은 재임명 탈락 형식으로 법복을 벗었다. 이때 법복을 벗은 법관 중에는 4월혁명 직후 대법관들의 직무유기 사건에 대해 재정신청을 담당한 유병칠 부장판사 등 사법개혁에 적극적인 법관들이 당연히 포함되었다. 법관 임명 후 군사정권은 군대 정훈교육을 하듯 법관들에게도 특별교육을 실시했다. 법원장급 이상을 제외한 211명의 판사와 226명의 검사가 일주일 단위로 교육을 받았는데, 주된 교육내용은 군사혁명의 의의, 혁명입법 해설, 혁명과업의 방향, 공산주의 비판, 평화통일론, 민·형사 실무 등이었다.[5]

당시 군사정권은 모든 공무원에 대해 신사복을 못 입게 하고 그 대신 코르덴 천으로 만든 제복(국민복)을 입혔고, 법관도 예외는 아니었다. 군사정권은 심지어 법원 복도 중앙에 테이프를 붙여놓고는 좌측통행을 강제해 자존심 강한 법관들의 불만을 샀다.[6]

한편 최고회의 의장 박정희는 1962년 5월 14일 대법원장에게 '지시'각서 5호를 내려보냈다. 이 지시각서에서 그는 혁명 이래 일부 법관이 아직도 새로운 세계관 확립 없이 돈과 술에 팔리고 정실과 야합하는 등 구질서와 타협했을 뿐 아니라 여전히 낡은 사고방식으로 혁명정신과 동떨어진 재판을 했다고 지적했다. 일부 법관들이 중대한 국가적·사회적 법익을 침해한 불순분자는 방면하고, 힘이 없어 권리 위에 땅을 치고 우는 약자에 대하여는 무고한 벌을 가하고도 하등의 양심적 가책도 없이 마치 법이 자기를 위하여 존재하는 것으로 착각하고 있다는 것이다.[7]

일본식 교육을 받은 박정희는 당시 사법부를 군대의 법무감실 정도로 여겼다고 한다. 박정희 시절 법무장관 3년, 대법원장 10년을 지낸 민복기조차 이렇게 얘기했다. "내 생각으로는 그 당시 대통령이

군 출신이었기 때문에 사법부를 군의 법무감실 정도로밖에 여기지 않았던 것 같아요. 군 형사소송법에 '법관은 참모총장에 독립해서 판결한다'라고 되어 있지만, 실질적으로는 참모총장에 의해 좌우될 여지가 있거든요. 참모총장이 감형도 할 수 있으니까요. 사법부도 마찬가지로 보았을 거예요. 민주주의 국가이니 사법부의 독립을 내세우지 않을 수는 없었겠지만 제사에 대추 밤 놓듯이 구색을 맞춘 정도였지요."[8]

3 무장군인 법원난입 사건과 동백림 사건

지금은 서울의 법원이 중앙과 동서남북 등 5개 지방법원으로 나뉘지만, 1963년까지는 서울지방법원 하나였다. 그런데 군사반란을 일으킨 군부에게 서울지법의 깐깐한 법원장 김제형은 불편한 존재였다. 군사정권은 수시로 법관을 최고회의 등 권력기관에 파견해달라고 했고 재판에 대해서도 무리한 요구를 했지만 김제형은 협조하지 않았다. 김제형은 법원에 나와 있던 중앙정보부 조정관과도 자주 마찰을 빚었다. 1963년 5월, 국가재건최고회의는 김제형이 사법서사회司法書士會에서 등기 사건 1건당 20원씩의 부당한 수수료를 받는 것을 감독하지 못했고 서울지법의 일부 판사들이 판결서 작성을 지체했다는 이유로 대법원에 인사조치를 요구했다.

이상한 '위인설관'

군부의 생트집에 법원 측의 반발이 고조되자 최고회의는 대법원장에게 처리를 일임한다고 한 발 물러서는 척했다. 그러나 6월 18일 최고

회의는 법원조직법을 개정해 지방법원은 필요에 따라 민사지법과 형사지법으로 나눌 수 있다는 규정을 신설하여 7월 1일자로 서울지법을 서울민사지법과 서울형사지법으로 나누어버렸다. 김제형 서울지방법원장이 졸지에 자리를 빼앗긴 것이다. 애먼 놈에게 자리를 만들어주는 위인설관爲人設官은 흔하디흔하지만 강직한 미래의 대법관을 떨어뜨리기 위해 자리를 둘로 쪼갠 것은 참으로 기이한 일이었다. 뒤에서 살펴보겠지만 형사지법 분리는 정치적 사건에 대한 정권의 개입을 용이하게 만들었다.[1]

1964년 3월부터 시작된 한일회담 반대 시위는 5월 20일 서울대에서 대학생 1,500여 명이 모여 '민족적 민주주의 장례식'을 거행하면서 절정에 달했다. 경찰은 이 시위와 관련해 학생과 시민을 180명가량 연행해 서울형사지법에 구속영장을 신청했는데, 영장 담당 양헌 판사가 일부 피의자에 대한 구속영장을 기각했다. 그러자 이튿날 새벽 4시 30분경 권총과 카빈소총으로 무장한 수도경비사 1공수 소속 군인 13명이 경찰의 인도를 받으며 서울형사지법 당직실에 난입했다. 양헌 판사가 이미 퇴청한 사실을 확인한 이들은 곧 양헌 판사의 집으로 쳐들어가 "영장을 기각한 판사가 누구냐?"라며 행패를 부렸다.[2]

이 사건의 파장은 매우 컸다. 대법원은 박정희 대통령에게 엄중 항의했고 국회에서 야당은 이를 '국기를 흔드는 난동'으로 단정하고, 대통령에 대한 탄핵안까지 준비했다. 그러나 박정희는 이 사태의 근본 원인이 엉뚱하게도 "일부 정치인들의 무궤도한 언동과 일부 언론의 무책임한 선동, 일부 학생들의 불법적 행동 그리고 정부의 지나친 관용"에 있다는 내용의 담화를 발표하여 여론에 불을 질렀다. 학생들의 시위는 수그러들지 않았고, 박정희는 6월 3일 서울 일원에 비상계엄을 선포했다. 무장군인 법원난입 사건은 한일회담 반대 시위가 6·3 사태로 비화되는 데 중요한 징검다리가 되었다. 사건의 파장이 커지

1964년 5월 21일 법원에 공수단 장병들이 난입했고, 정부는 군인 8명과 법원난입을 지시한 최문영 대령을 구속했다. 그러나 대부분 무죄로 석방되었고 유죄판결을 받은 사람도 얼마 후 형집행정지로 석방되었다.

자 정부는 군인 8명과 법원난입을 지시한 최문영 대령을 구속, 군사재판에 회부했다. 그러나 이들 대부분이 무죄로 석방되었고 유죄판결을 받은 사람도 얼마 안 가서 모두 형집행정지로 석방되었다.[3]

무장군인 법원난입 사건은 정권 차원에서 사법부를 길들이기 위해 계획된 공작이라기보다는 "5·16과 군정을 통해 기세가 오를 대로 오른 일부 장교들이 나름대로의 즉흥적인 감정에 따라 행동한 결과"라는 평가를 받는다. 그러나 당시 군검찰관으로 이 사건의 수사를 담당했던 백형구, 최영도 변호사에 따르면 기소된 민간인 김상목과 유국준은 공수특전단 출신 예비역 중령으로 중앙정보부 과장으로 근무하던 자였다고 한다. 최영도 변호사는 김상목과 유국준의 배후에 차지철이 있다고 의심했으나 증거가 없어 거기까지는 파혜치지 못했다고 회고하면서, 이 두 명의 민간인과 관련된 부분을 공소장에 밝히려다가 청와대와 육군본부로부터 압력을 받았다고 말했다. 한편 백형구 변호사는 두 사람이 중앙정보부 출신이라는 사실을 알게 되었지만 이를 공개했다가는 정말로 내란이 일어날까 두려워 그냥 '민간인'이라고만 밝혔다고 증언했다. 백형구 변호사는 이에 덧붙여 "중앙정보부나 국가권력이 직접적으로 개입 혹은 주도했다면 이렇게 허술하게 처리하지는 않았을 것"이라면서 정보기관이나 정권 차원의 개입은 아니었을 것이라고 말했다.[4]

동백림 사건과 괴벽보 사건

1967년 7월 8일 당시 중앙정보부장이었던 김형욱이 동백림을 거점으로 한 북한의 대남공작단 사건을 발표했다.[5] 유럽의 유학생과 교민들이 동베를린(동백림) 주재 북한대사관을 방문하거나 평양을 왕래하고 공작금을 받는 등 간첩행위를 했다는 것이었다. 200명에 달하는 사건 관련자 중에는 프랑스 화단에서 인정받던 화가 이응로 부부와 독일에서 활동해온 세계적인 음악가 윤이상 부부를 포함해 지식인과 사회 저명인사가 많이 포함되어 있었다.

동백림 사건은 중앙정보부가 해외에 있던 피의자들을 우방국 주권을 침해하면서 무리하게 국내로 연행해 와 국제적으로 크게 물의를 빚은 사건이다. 1심과 2심에서는 사형을 포함하여 중형이 선고되었으나 대법원에서는 간첩죄를 비롯해 대부분 무죄가 선고되는 등

유럽의 유학생과 교민들이 동베를린(동백림) 주재 북한대사관을
방문하거나 평양을 왕래하고 공작금을 받는 등의 간첩행위를 했다며
국내로 강제 연행해왔던 동백림 사건은 대부분 무죄와 파기환송으로
판결이 나면서 마무리됐다. 사진은 윤이상(왼쪽 첫 번째) 등 동백림 사건
피의자들이 재판을 받는 모습.

파기환송 판결이 많이 나왔다. 윤이상 씨 부인 이수자 씨 등은 재판 과정에 중앙정보부 등 외부의 압력이 작용했다면서 "중정은 재판관과 검사에게 압력을 가했으며 재판관은 집에도 돌아가지 못하고 3일간 호텔에서 감금되다시피 했다"라고 주장했다.[6]

그러나 국정원 과거사위의 조사 결과 당시 재판의 진행절차만큼은 큰 문제가 없었던 것으로 보인다. 피의자 대부분이 독일과 프랑스 등지에서 중정에 의해 연행되었기 때문에 양국 정부가 백주에 자기 영토 안에서 한국 정보부가 불법납치를 저질렀다며 강력하게 항의하는 등 이 사건에 국내외의 관심이 쏠려 있었다. 그 덕분에 1심에서 재상고심에 이르는 재판 과정과 내용은 상당히 공정하고 민주적으로 진행되었다. 1심 재판장 김영준 판사는 "1심 기간 중 판사들을 특정 호텔에 집단 투숙시키면서 판결문을 특정 방향으로 작성하도록 강요했다"라는 주장에 대해서도 "사건 기록이 방대해서 처음에는 우리 집에서, 나중에는 호텔에서 숙박하면서 검토한 것은 사실이지만 중정에서 관여한 것은 아니다"라고 해명했다.[7]

그러나 이 사건의 판결에 중정 등 외부 압력이 전혀 작용하지 않았다고 판단하기는 어렵다. 실제로 당시 중정에서 대법원 파기환송 판결 이후 작성한 「동백림 사건 등 증거보강 추가수사 계획」에는 검찰지원비 25만 원(검사 3명, 검사서기 2명) 및 재판 후 지원비 추가분 25만 원(판사 5명) 등 예산 책정에 관한 내용이 담겨 있다. 중정이 검찰·법원에 영향력을 행사했거나 최소한 행사하려고 시도했음을 보여준다. 왜 '증거보강 추가수사 계획'의 소요예산에 검사, 검사서기, 판사에게 각 5만 원씩의 지원비가 포함되어 있는 것일까. 쌀 한 가마가 5,250원이던 당시 시세로 볼 때 5만 원이면 결코 적은 돈이 아니다.

이에 관해 1심 재판장 김영준 판사는 중앙정보부에서 금품이나 향응을 제공받은 사실이 없다고 증언했으며, 당시 지출결의서 등 회계장부가 보존되어 있지 않아 이 예산이 실제 집행되었는지 여부는 확인할 수 없었다. 그러나 이 보고서상의 검찰 및 재판부 지원비가 '추가분'이라고 명시된 점은 재판 진행 과정에서 여러 차례 상당액의 지원금이 이미 제공되었으리라고 추정하게 한다.

동백림 사건 재판과 관련한 또 다른 의혹은 대법원 파기환송 이후의 '괴벽보' 사건이다. 대법원 선고 사흘 후인 1968년 8월 2일, 서울 시내에 애국시민회 명의로 "김일성의 판사를 잡아내라! 북괴와 야합하여 기회를 노리는 붉은 도당을 처단하라!"라는 내용의 전단이 배포되었다. 그다음 날도 대법원에서 가까운 배재중학교, 법무부, 반도호텔, 그랜드호텔, 대한공론사 부근에 역시 애국시민회 명의로 작성된 벽보가 붙었다. 같은 날 조진만 대법원장에게는 "사법부 안에 용공판사를 두어서 되겠느냐"라고 힐문하는 내용의 협박편지가 날아들었다. 그리고 얼마 되지 않아 재판에 관여했던 최윤모 판사가 돌연 사표를 제출하면서 이 괴벽보와 협박편지 사건의 배후에 중정이나 행정부가 있을 것이라는 의혹이 강력하게 제기되었다. 대한변협은 물론 국회와 야당에서도 주모자 색출과 처벌을 요구하는 목소리가 높아졌고 조진만 대법원장도 행정부에 강력하게 항의했다.

그러나 이 사건에 대한 직접적 해명이나 수사는 진행되지 않았다. 1968년 9월 31일, 국회 내에 '괴벽보 사건 등 진상조사특별위원회'가 구성되기도 했지만 발족한 지 2개월 20일 만에 특별한 결론은 내리지 못하고 단지 "철저 수사 재개를 촉구한다"라는 내용의 조사보고서만 채택했다.[8] 당시 언론인 이상우 등이 괴벽보 사건의 배후에 중정이 있었다면서 이 일로 인해 "모 기관의 중견 간부가 직위해제당했다"[9]라고 주장하기도 했지만 과거사위원회에서 중정 직원 인사자료를 조회해본 결과 1968년 7월에서 9월 사이에 중정에서 직위해제된 고위 간부는 없었던 것으로 확인되었다.

4 1971년 봄과 여름, 사법부의 결정적 판결 두 가지

박정희는 1971년 4월 27일 대통령 선거에서 김대중 후보의 거센 도전을 간신히 따돌리고 어렵게 3선에 성공했다. 박정희의 세 번째 임기 첫해는 촛불에 덴 이명박의 첫해(2008년)보다 더하면 더했지 덜하지는 않았다. 촛불은 석 달이었지만 박정희의 1971년은 1년 내내 빈민과 노동자, 대학생은 물론이고 의사, 판사, 교수, 기자까지 너나없이 데모에 나섰으니 시간이 국방부 시계보다 훨씬 더디게 갔을 것이다. 길고 긴 유신의 겨울이 오기 전, 1971년은 각계각층 민중이 또렷이 제 목소리를 내던 시기다. 심지어 사법부까지…….

국가배상법 '위헌' 판결

1971년 7월 1일, 박정희는 제7대 대통령 취임을 앞두고 있었다. 대학가에서는 교련 반대 데모로 요란한 팡파르를 울리더니, 6월 16일에는 수련의들이 파업했고, 사법부에서는 획기적 판결을 연이어 내놓아 박정희의 속을 뒤집어놓았다. 6월 22일 대법원 전원합의체*(대법관회의)는 "군인이 전투훈련 및 직무수행 중 전사, 순직, 공상으로 유족연

* 대법원 전원합의체
대법원에 있는 사법행정상의 최고의결기관으로 대법원장과
대법관 13명으로 구성되며, 대법원장이 재판장이 된다. 대법관 전원
3분의 2 이상의 출석과 출석인원 과반수의 찬성으로 의결한다.
'대법관회의'라고도 부른다.

금 등을 받을 수 있는 경우는 제외한다"라는 국가배상법 제2조의 단서 조항이 위헌이라고 판결했다.[1] 이 판결은 모든 국민은 법 앞에 평등하다는 헌법의 원리를 다시 한번 확인한 것으로 군인의 희생으로 국고손실을 막아야 한다는 논리를 배척했다. 당시에는 지금과는 달리 위헌법률심판권이 대법원에 있었는데, 대법원이 위헌법률심판권을 적극 행사한 것은 이때가 처음이자 마지막이었다.

정부여당은 1967년 3월 3일 국가배상법을 전면 개정하면서 나치 시대의 낡은 법이론인 특별권력관계를 원용하여 군인 등의 국가에 대한 손해배상청구권을 제한한 바 있다. 사법사를 다룬 대부분의 연구에서는 이를 베트남 파병 이후 발생한 사상자 문제와 관련지어 설명한다. 이런 설명이 잘못된 것은 아니지만, 1960년대에 한국군이 베트남전에서 희생한 경우를 논외로 하더라도 매년 평균 1,400명 이상 사망하고 있었다는 사실을 잊어서는 안 된다.[2] 이라크전에서 미군의 연평균 사망자 수가 800여 명이었는데, 우리는 전쟁을 치르지도 않는데 믿을 수 없는 인명손실을 입고 있었다. 정부여당은 이런 인명손실을 줄일 적극적 조치를 취하는 대신, 군대에서 죽거나 다친 사람들이나 그 가족이 국가를 상대로 손해배상을 제기할 수 없도록 만들어놓았던 것이다. 박정희는 만약 개정된 국가배상법이 위헌이라는 판결이 나면 국고손실이 엄청나니 반드시 합헌판결이 나도록 법무장관이 책임지고 대법원 판사를 설득(압력행사)하라고 지시했다. 그러나 배영호 법무장관은 사법권의 독립을 해치는 그런 일은 할 수 없다고 답해 박정희의 노여움을 샀고 결국 사표를 제출해야 했다.[3]

박정희 정권은 대법원의 위헌판결을 막기 위해 법원조직법을 개정하는 편법을 동원했다. 위헌 여부에 대한 판단은 대법원 판사 16명(현재는 14명) 전원합의체에서 결정하도록 되어 있었는데, 정부여당은 위헌결정 정족수를 '3분의 2 이상의 출석과 출석 과반수 찬성'에서

'3분의 2 이상의 출석과 출석 3분의 2 이상의 찬성'으로 변경하는 법원조직법 개정안을 1970년 7월 16일 여당 단독으로 통과시킨 것이다. 이는 대법원의 위헌 선언 가능성을 배제해 법원의 위헌법률심판권을 실질적으로 박탈하려는 것이었다. 대법원은 1971년 6월 22일 대법원 전원합의체에서 국가배상법 제2조가 위헌이라고 판결하면서, 위헌결정 정족수를 제한한 법원조직법 역시 위헌으로 판결했다. 국가배상법 위헌판결에 대하여 『동아일보』는 우리 헌정사상 획기적 판결이라 찬양했고, 『조선일보』도 사법부의 독립성을 대외적으로 표방했다며 높이 평가했다. 『법원사』에서는 당시 국회가 행정부의 시녀처럼 정부가 제출한 법률안을 무조건 통과시키던 정치 현실에 비추어 대법원의 결단과 용기를 높이 샀다. 국가와 개인 사이의 첨예한 이해대립이 걸린 문제에서 사법부가 개인의 편에 서서 국가의 기본권 침해를 지적함으로써 왜 삼권분립이 필요한지를 분명히 밝힌 셈이었다.[4]

그러나 이 위헌판결의 대가는 매우 컸다. 1972년 10월 17일 또다시 탱크를 앞세워 헌정질서를 짓밟은 박정희는 '유신헌법'을 만들어 대법원에서 위헌법률심판권을 빼앗아 헌법위원회로 넘겼고, 위헌 의견을 낸 손동욱, 김치걸, 사광욱, 양회경, 방순원, 나항윤, 홍남표, 유재방, 한봉세 등 대법원 판사 9명을 모두 새임용에서 탈락시켰다. 또 박정희는 유신헌법에서 군인·군속·경찰공무원 등은 국가에 대한 배상을 청구할 수 없다고 못 박아버렸다. 이 조항은 1987년 헌법을 개정할 때도 살아남아 현행 헌법에도 가장 부끄러운 조항으로 여전히 남아 있다. 현재 우리는 어떤 법률이 개인의 기본권을 침해한다고 생각할 때 헌법재판소로 가져가 위헌 여부를 물어본다. 그런데 군인 등은 헌법에 떡하니 손해배상을 청구할 수 없다고 되어 있으니 제아무리 유능한 변호사가 수십 명 붙어도 어찌할 도리가 없다. 그러니 군대 가서 죽으면 갯값이라는 말이 나오는 것이다.

대법원의 위헌결정이 있은 지 일주일이 채 안 된 6월 28일 서울 형사지법은 신민당사에 들어가 국회의원 선거 거부를 요구하는 농성을 하다 집시법('집회 및 시위에 관한 법률'의 준말) 위반으로 기소된 대학생들에 대하여 무죄판결을 내렸다. 당시 재판장이었던 양헌 변호사의 회고에 의하면 이 사건은 경찰에서도 즉결감밖에 안 된다고 이야기하던 것인데 검찰에서 무리해서 기소한 것이고 당연히 무죄가 나올 수밖에 없었다고 한다. 재판정에서 무죄가 선고되자 검사가 "요씨"라고, 곧 "두고 보자"라는 뜻의 일본말을 내뱉었고, 검찰이 자신의 계좌를 추적하고 과거에 다뤘던 다른 사건들도 조사하는 등 크게 반발했다고 회고했다.[5] 민복기 대법원장은 박정희가 격노해 대법원장에게 직접 전화를 걸어 불만을 표시했다고 뒤에 말했다.[6] 유신정권은 1973년 법관 재임용 과정에서 양헌 부장판사는 물론이고 배석인 김성기, 장수길('김&장'의 그 장수길 변호사) 두 판사까지 탈락시켰다.

『다리』지 필화 사건

박정희는 제7대 대통령 취임 직후에도 사법부로부터 반갑지 않은 선물을 받았다. 7월 15일 이른바 『다리』* 지 필화 사건에 대해 무죄가 선고된 것이다. 검찰은 이 잡지의 1970년 11월호에 실린 임중빈의 「사회참여를 통한 학생운동」이라는 글이 프랑스 5월혁명**과 뉴레프트의 활동을 본받으라고 권유하는 내용으로 국외 공산계열과 북한을 고무·찬양했다며 반공법 위반으로 기소했었다. 그런데 『다리』지는

---

* 『다리』
월간지 『사상계』가 폐간된 직후인 1970년 9월 김상현이 창간한 월간지다. 매월 2만 부가 판매될 정도로 인기가 있었다.

** 프랑스 5월혁명
1968년 5월에 일어나 '68혁명' 또는 '5월혁명'으로 불린다. 샤를 드 골 정부의 실정에 대한 저항운동과 총파업 투쟁을 말한다. 처음에는 파리의 학생 봉기로 시작했으나 점점 확산되어 프랑스 전역의 학생과 파리 전 노동자의 3분의 2에 해당하는 노동자들의 파업으로 이어졌다. 결국 1968년 6월 23일에 총선을 다시 실시했고 이듬해에 드 골은 물러났다.

「오적」 필화 사건으로 재판을 받고 있는 김지하(맨 왼쪽). 1970년 월간지
『사상계』 5월호에 재벌을 비롯해 장차관, 국회의원, 장성 고위 공무원
등을 을사오적에 빗대어 풍자한 김지하의 담시 「오적」이 실렸다. 당시
사태는 『사상계』 시판을 중단하는 정도로 마무리됐으나 야당이었던
신민당의 기관지 『민주전선』에 6월 1일자로 「오적」이 다시 실리면서
문제가 커졌다. 다음 날인 6월 2일, 중앙정보부 및 종로경찰서 요원들이
『민주전선』 10만 부를 압수했고, 김지하와 『사상계』 대표 및 편집인,
『민주전선』 출판국장 김용성을 반공법 위반 혐의로 구속했다. 이 여파로
『사상계』는 1970년 9월 26일자로 등록을 취소당했다.

당시 김대중 후보를 적극 지지하던 김상현 의원이 운영하던 잡지였고, 필자 임중빈은 김대중 후보의 자서전을 대필하고 있었다. 임중빈 구속은 김대중 후보 측이 기획한 자서전이 선거 국면에 맞추어 제때 발행될 수 없다는 의미였다.

『다리』지 사건의 재판장은 목요상 판사였는데, 검찰은 임중빈 피고가 통혁당統革黨 사건*으로 집행유예 중이기 때문에 동일범죄를 다시 범했을 때는 반공법으로 최고 사형이 가능하다며, 이 사건을 형사지법의 단독판사가 아니라 합의부에서 다뤄야 한다고 주장했다. 예나 지금이나 젊은 단독판사는 '통제불가'이기 때문이었다. 목요상 판사는 김지하 시인의 유명한 「오적」필화 사건의 담당 판사이기도 했다. 2006년 11월에 필자와 만난 목요상 변호사의 회고에 따르면 당시 법원에는 중앙정보부 조정관이 네 명이나 상주했는데, 이들이 자신의 방에 수시로 찾아왔다고 한다. 이들은 "유죄를 선고하라", "중형을 주라"라는 식으로 직접 이야기하지는 않지만 "높은 사람이 관심을 가지고 있는 사건이다", "이 재판 잘해주셔야 합니다. 안 그러면 신상에 영향을 받습니다" 같은 발언으로 은근슬쩍 위협을 가했는데, 당하는 사람 입장에서는 이게 보통 커다란 압력이 아니었다는 것이다. 검찰과 중앙정보부는 피의자들의 보석허가를 내주지 말 것을 종용했으나 목요상 판사는 「오적」사건 관련자들의 보석을 허가했다. 그는 「오적」 사건에 대해, "결론을 못 냈어요. 사람만 다 냈지. 하도 지랄들을 하는 바람에. 재판만 했다 하면 그놈들이 쫓아와서 뭐 어떻게 하실 겁니까, 하니까"라고 회고했다. 그는 자꾸 외압이 들어와 재판진행을 하지 않은 채 처박아두던 차에 어찌 된 영문인지 『다리』지 사건까지 떠맡게 되었다고 한다.[7]

* 통혁당 사건
1968년에 발표된 대규모 공안 사건으로 '통일혁명당 사건'의 약칭이다. 중앙정보부는 통일혁명당의 지도자 김종태가 전남노로당원·혁신적 지식인·학생·청년 등을 대량 포섭하여 결정적 시기가 오면 무장봉기를 일으켜 수도권을 장악하고 요인암살·정부전복을 기도하려다가 조직원들과 함께 일망타진됐다고 발표했다. 이 사건과 관련되어 검거된 자는 158명이었으며, 문화인·종교인·학생이 다수 포함되어 있었다. 이들 중 73명이 송치(23명은 불구속)되었는데, 김종태, 이문규, 김질락과 이북에서 이들의 탈출을 위해 파견되었다가 생포된 이관학과 김승환 등 모두 5명이 사형당했다.

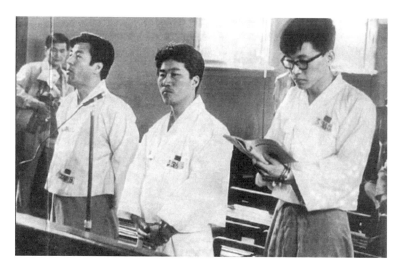

목요상 판사는 공교롭게도 「오적」 필화 사건과
『다리』지 필화 사건의 재판을 모두 맡았다.
그는 당시 법원으로 중앙정보부 조정관들이
수시로 찾아왔으며 그들에 의한 종용과
외압이 끊이지 않았다고 회고했다.『다리』
지 필화 사건으로 재판을 받는 사람들(위).
오른쪽부터 잡지에 글을 실은 임중빈, 주간
윤형두, 잡지의 발행인 윤재식. 그리고
『다리』지 필화 사건 당시 피고인들에게 무죄
판결을 내리는 목요상 판사의 모습(아래).

목요상 판사에 따르면,『다리』지 사건의 재판을 맡게 되자 중정 요원들이 비밀요정에 데려가겠다, 탤런트를 소개해주겠다는 말로 유혹했고, 사건 담당 검사와는 전화로 서로 욕하며 싸우기도 했다고 한다.『다리』지 사건 변호사들은「오적」사건 때 보석허가를 내주었다가 목요상 판사가 애를 먹었다는 사실을 알았기 때문에 이번에는 보석 신청을 받아들이지 않으리라 생각해 아예 신청을 하지 않았는데 목요상 판사는 직권으로 윤형두 등 두 사람을 보석으로 석방해버렸다. 임중빈에 대한 선고 전날에는 검사가 집으로 찾아와 지키고 있는 바람에, 목요상 판사는 이웃의 친구 집으로 도망가 판결문을 작성했다. 다음 날 법정에서 임중빈 등에게 무죄가 선고되자 방청석에 있던 문익환 목사와 김상현 의원이 "대한민국 만세", "목요상 판사 만세"를 외쳐 "아이구, 이제 나는 죽었구나" 하고 눈앞이 캄캄해졌다고 회고했다. 검찰의 모 검사가 일주일 동안 잠복하며 자신을 감시했고 주위 사람들까지 다 조사해 큰형은 농협을 그만두어야 했다고 한다.[8] 7월 하순으로 접어들면서 법조계 안팎에는 정부가 곧 법원을 손볼 것이라는 소문이 파다하게 퍼졌는데, 이는 곧 사법파동으로 현실화되었다.

5 사법파동, 사표를 쓴 판사 37인

1971년 6월과 7월, 대법원의 국가배상법 위헌판결과 서울형사지법에서 행한 시국 사건에 대한 연이은 무죄판결은 사법부의 독립성을 만천하에 고취한 것이었다. 이와 같은 독립성은 사실 평지돌출로 나온 것은 아니었다. 무장군인 법원난입 사건이나 동백림 사건 당시의 괴벽보 사건은, 그때만 해도 법원은 정상적으로 작동하고 있었으며 그래서 권력이 법원을 몹시 불편해했음을 보여준 사례다. 사법파동의 주역이던 홍성우 변호사나 최영도 변호사는 1960년대 후반부터 사법파동 이전까지 법관들은 권력의 눈치를 거의 보지 않았다고 증언했다. 법원으로서는 중정이나 검찰의 눈치를 봐서 그 위세가 무서워 할 걸 못한다든가 하는 분위기가 없었다는 것이다. 적어도 사법파동 이전까지는 상당히 자유롭고 배짱대로 재판을 할 수 있는 분위기를 누렸다. 그 당시 서울형사지법 단독판사는 누구의 말도 듣지 않아서 서울시장보다도 힘이 세다는 말까지 나돌았다고 한다. 그러나 이런 분위기는 오래가지 못했다. 위로는 대법원부터 아래로는 지방법원까지 박정희 정권의 심기를 거스르는 판결이 연이어 나오자 정가와 법조계에는 정부가 어떤 형태로든 사법부를 손볼 것이라느니 정부가 바라는 대로 판결하지 않은 판사들은 다칠 것이라느니 하는 소문이 파다하게 돌았다. 그리고 이 소문은 곧 현직 법관 두 명에 대한 검찰의 영장청구라는 형태로 가시화되었다.

사법부의 독립성

1971년 7월 28일, 서울지검 공안부 이규명 검사는 서울형사지법 항소 3부 재판장 이범렬 부장판사, 배석 최공웅 판사, 참여서기 이남영 등 세 명에 대해 구속영장을 신청했다. 이들에게 적용된 혐의사실은 국가보안법 위반 사건의 증인신문을 위해 제주도에 갔을 때 피고인의 변호사로부터 향응饗應을 제공받았다는 것이었다.[1] 피고인 변호사로부터 향응을 제공받은 것이 잘한 일은 아니지만 출장비가 책정되지 않은 현실에서 피고인 측의 요구로 현장검증을 나갈 경우 이는 오랜 관행이었다. 당직이었던 손진곤 판사는 선배 법관의 영장을 심사할 수 없다며 송명관 형사법원장에게 사건 재배당을 요구했고, 송 원장은 이를 받아들여 유태흥 수석부장판사에게 사건을 재배당했다. 유태흥 판사는 다섯 시간의 기록검토 끝에 도주와 증거인멸의 우려가 없다면서 영장을 기각했다.

판사들은 격앙했다. 홍성우 판사 등은 각 방을 돌며 판사들을 리더십 강하고 성격이 화통한 형사8부 전상석 부장판사 방으로 불러 모았다. 이 자리에서는 별의별 얘기가 다 나왔다고 한다. "이럴 바에 우리 다 쥐약 먹고 죽어버리자" 소리까지 나왔다니 집단사표라는 결론은 차라리 온건한 것이었다. 판사들은 그 자리에서 사표를 썼고 유태흥 수석부장판사는 총 37명의 사표를 송명관 법원장에게 제출했다.[2]

검찰은 집요했다. 유태흥 수석부장판사가 영장을 기각하자 검찰은 증거를 보강해 다음 날 새벽 다시 영장을 청구했다. 보강된 증거란 두 판사가 출장 가서 '객고客苦를 푼 것에 관한, 좀 쑥스러운 내용이었다. 검찰은 이범렬 판사를 미행하고 이들을 접대한 여성들을 심문해 이 정보를 수집했다. 검찰은 보도진의 요청으로 구속영장 내용을 읽어주었다. 이 같은 행위는 형법 제126조의 "검찰 등 범죄수사에 관한 직무를 행하는 자 등이 그 직무를 행함에 당하여 지득한 피의사실을 공판청구 전에 공표한 때에는 3년 이하의 징역, 또는 5년 이하의 자격정지에 처한다"라고 규정한 피의사실공표죄를 명백히 범한 것이었다. 그러나 검찰이 잠자던 법원 당직자를 깨워가며 접수시킨 이런 치졸한 내용의 2차 영장은 또다시 법원에 의해 기각되고 만다. 이범렬 판사에 대한 영장청구는 이규명 검사의 이름으로 되어 있으나 실제로는 김종건 검사가 담당했다고 한다. 이 문제는 국회에서도 논란이 되어 법무장관 신직수가 이들의 실명을 거론하며 김종건이 이범렬과 친분이 있어 사건을 회피했다고 해명 아닌 해명을 하기도 했다.

왜 이범렬 부장판사였나?

표적이 된 이범렬 부장판사는 심성이 곱고 착했지만, 검찰과의 관계에서는 칼로 두부모 자르듯 명확해 서릿발 같은 위엄을 보이던 존경받는 법관이었다. 목요상 변호사는 자신이 「오적」 사건과 『다리』 사건을 맡아 심신이 고달파 서울형사지법의 부장판사들을 모두 찾아다니며 조언을 구했을 때 이범렬 부장판사만이 소신껏 하라고 격려해주었다고 회고했다. 이범렬 부장판사의 형사지법 항소3부는 1971년 1월부터 7월까지 1심에서 유죄가 선고된 19건의 사건에 대해 원심을 깨고 무죄를 선고했고, 반공법 위반 사건 5건에 대해서도 무죄 또

1971년 7월 28일 서울형사지법 판사들이
형사8부 판사실에 모여 일괄사퇴를 결의하고
그 자리에서 사표를 쓰고 있는 모습(위).
그리고 유태흥 당시 수석부장판사가 형사지법
판사들의 사표를 모아들고 있다(아래).

는 일부무죄를 선고했다. 이 때문에 그는 서울대생 신민당사 농성 사건을 무죄판결한 양헌 부장판사와 함께 검찰의 '사랑'을 담뿍 받게 된 것이다. 검찰은 양헌 판사도 얽어 넣기 위해 수사관을 구치소에 잠입시켜 정보 수집까지 했는데, 그에 따르면 양헌 판사의 부인에게 돈을 주었더니 "돈은 돈대로 처먹고 형은 빵 실형 때리고 영 나쁜 놈"이라고 불평을 터트리는 재소자를 만나 쾌재를 불렀다고 한다. 그런데 조사해보니 중간에 돈을 전달하던 사람이 꿀꺽한 것이라 양헌 판사는 다행히 화살을 비껴갈 수 있었다고 한다.[3]

현직 법관이 향응이나 금품수수와 관련해 구속된 사례는 자유당 시절에도 몇 차례 있었고, 심지어 서울지법원장이 수뢰 혐의로 구속된 일까지 있었다. 하지만 그런 사건을 두고 법관들이 집단행동에 나선 적은 한 번도 없었다. 누가 보아도 이번 사건은 검찰의 보복이었음이 명백했던 것이다.

서울형사지법의 젊은 단독판사들은 대법원장 면담을 요구했고 휴가 중이던 민복기 대법원장도 급거 귀경해 소장 판사들과 만나기로 했다. 그런데 서울로 돌아온 민복기는 대법원장인지 법무장관인지 모를 언동으로 빈축을 샀다. 그는 이번 사건이 법원과 검찰의 갈등처럼 알려져 있지만, 자신은 갈등으로까지는 해석하지 않으며 개인적 차원에서 일어난 사소한 사건으로 서로 의사전달이 안 돼 빚어진 오해일 뿐이라고 사태의 의미를 축소했다. 그는 이번 사태를 사법권 침해나 보복으로 보지는 않는다면서 법무장관을 만나 해결책을 모색하겠다고 말했다.[4] 보수적인 법관들이 집단으로 사표를 제출하는 긴박한 상황에서 대법원장이 사법권 침해가 아니라 오해라고 검찰을 비호하면서 고작 한다는 말이 법무장관을 만나보겠다는 것이었으니 젊은 판사들의 반발은 더욱 거세졌다. 이에 대한변호사협회는 비상임시총회를 열어 검찰보다 대법원장을 더 강력하게 비판하면서 사퇴를 권고하는 결의안을 채택했다. 이 결의안에 따르면 사법부의 최고책임자인 대법원장이 법관들의 비장한 결의를 외면하고 오히려 검찰을 비호하는 발언을 하여 사태를 더욱 악화한 데 따른 책임을 지고 사퇴해야 한다는 것이다.[5]

　　최영도, 홍성우 등 판사들은 7월 30일 대법원장 면담을 앞두고 자신들의 입장을 보다 강력히 전달하기 위해 사법침해 사례를 1) 반공법과 국가보안법 사건에서 검찰과 견해를 달리한 법관을 용공분자로 취급하여 협박하고 신원조사를 했다, 2) 판사실에 도청장치를 했다, 3) 무죄선고가 나면 법관이 부정한 재판을 한 듯 비난하면서 예금통장을 조사했다, 4) 판사들을 미행, 사찰하고 함정수사까지 했다 등 7개 항으로 정리했다. 서울민사지법의 법관들도 가만있지 않았다. 민사지법 판사 44명도 집단사표를 제출했고, 형사지법 판사들과 더불어 위의 7개항을 골자로 한 「사법권수호건의문」을 발표했다. 건의문 발표와 함께 서울형사지법의 홍성우, 김인중, 최영도, 장수길, 금병훈, 목요상, 김공식 등 일곱 명의 판사가 민복기 대법원장을 방문해 검찰의 사법권 침해 사례에 대한 시정책 강구를 요청했다.[6] 최영도 변호사에 따르면 대법원장이 "놀라시는 척하시는 것" 같았다고 한다. 검찰총장에 법무장관까지 지내, 검찰의 행태를 누구보다 잘 알 만한 대법원장이 이런 사정을 전혀 몰랐으리라고는 믿을 수 없었다는 뜻이다. 판사들이 자부심을 갖고 여태까지 외압에 굴하지 않고 법과 양심에 따라 재판을 해왔다고는 하지만, 이렇게 검찰과 정보기관에서 일일이 판사들의 동정을 감시하고 도청하고 미행하고 은행계좌를 조사하는 것은 피곤한 일이 아닐 수 없었다. 다음 날 서울지검 차장검사 박종훈은 판사들의 사법부 건의문에 대한 기자회견을 열고 법관들의 건의문에서 거론된 7개 항은 사실무근이라고 주장했다.[7]

　　7월 31일에는 가정법원 판사 4명, 휴가 중이던 서울민사지법 판사 8명, 서울고법 판사 13명이 사표를 제출하여, 사표를 제출한 법관의 수는 총 100명을 넘어섰다. 당시 법관의 정원은 455명이었는데 파동 발발 사흘 만에 법관의 4분의 1 가까이가 사표를 내던진 것이다. 판사들의 사표 제출은 여기에 그치지 않고 지방법원과 고등법원으로 계속 확산되었다. 한편 두 차례나 영장이 기각된 데다 뜻밖에도 판사들이 일치단결하여 집단행동을 보이자 곤혹스러운 처지에 놓인 검찰은 서울사법서사회가 수수료 일부를 서울민사지법 등기소에 정기적으로 상납한 혐의가 있다면서 일제수사에 착수하는 것으로 맞불을 놓았다.

수습을 위한 모색

사법파동의 양상이 점차 법원과 검찰의 대립으로 치닫자 법원 내에서는 대법원장이 대통령을 만나 문제를 해결해야 한다는 여론이 일었다. 부산에서 돌아와 법무장관을 만나보겠다고 했다가 여론의 뭇매를 맞은 대법원장 민복기는 7월 31일 백두진 국회의장이 주최한 제8대 국회 개원 자축연에서 "근일 내로 박 대통령을 만나 근본 문제를 해결하겠다"라고 밝혔다. 그러나 박정희는 민복기를 만나주지 않았다. 대신 박정희는 법무장관 신직수를 불러 "이 이상 판사들의 독직瀆職 사건에 대한 수사나 소추를 하지 말고 대법원장을 찾아가 이번 사건은 민 원장이 알아서 처리하게 맡기라"라고 지시했다. 신직수는 8월 1일 검찰총장 이봉성과 함께 민복기를 찾아가 박정희의 뜻을 전했다.[8]

다음 날 민복기는 서울민·형사지법원장을 불러 대통령 면담 시까지 판사들의 동요를 막아달라고 당부한 뒤 대법원 판사회의를 소집했다. 일곱 시간여의 마라톤 회의를 마치고 기자들을 만난 민복기는 "민사지법 판사들이 낸 7개 항의 건의문을 대통령에게 전달, 사법부 독립을 보장받기 위해 현재 면담을 신청 중"이라면서 이제 "남은 것은 사법권을 보장하는 문제만이므로 직접 대통령을 만나 우리 실태를 말하고 그분의 용단에 기대할 수밖에 없다고 생각한다"라고 밝혔다.[9] 법원은 곧 있을 대법원장의 대통령 면담 시기가 언제일지 촉각을 세우며 정상근무에 들어갔다. 그러나 공화당 주변에서는 박정희 대통령이 법무장관을 통해 자신의 뜻을 대법원장에게 이미 전달했기 때문에 면담은 성사되지 않을 것이라는 얘기가 흘러나왔다. 대법원장의 대통령 '알현'은 끝내 이루어지지 않았다. 다만 법무장관 신직수가 국회에서 이번 사태를 깊이 반성하며 사법부 독립을 위해 노력하겠다고 답변했을 뿐이다.

민복기는 이 답변을 "사법권의 독립을 보장받은 것으로 본다"라며 환영했다. 그러나 서울민·형사지법 판사들은 신직수의 국회 발언 내용을 녹음으로 듣고 난 뒤 대법원장의 수습 방안은 지법 판사들의 요구사항과는 거리가 있다면서 법원 고위층의 미온적인 사법파동 수습을 관망할 수 없다고 밝혔다. 대통령 면담이 사건 발생 일주일이 지나도록 실현되지 않자 법관들은 8월 9일 다시 법무장관을 비롯한 검찰 관계자 여섯 명의 인책사퇴를 요구하는 결의문을 채택했다.[10] 그러자 검찰이 이에 강력히 반발했다. 8월 10일 서울지검 검사들은 이범렬 부장판사 사건을 백지화했음에도 불구하고 판사들이 검찰 관계자들의 인책을 요구하는 것은 사법이 검찰권을 침해하는 것이라고 주장했다. 이 와중에 부산지법 법관 12명이 8월 10일 사표를 제출하는 등 잠시 소강상태였던 사법파동이 다시 타오를 조짐을 보였다.

사법파동은 7월 26일 개원한 제8대 국회에서도 큰 논란이 되었다. 제8대 국회에서 야당인 신민당은 제7대 국회 시절에 비해 의석을 두 배로 늘렸는데, 새로 진출한 신민당 의원들 중에는 한병채, 이택동,

나석호, 최병길 등 판사 출신의 변호사들이 많았기 때문에 이들은 사법파동에 민감하게 반응했다. 언론은 제8대 국회가 사법파동으로 시작했으며 "알찬 질의에 공손한 답변"이 눈길을 끌었다고 보도했다.[11] 사법파동이 계속되는 내내 야당 의원들은 국회에서 이 문제를 파고들었다. 중앙정보부에 의해 조작간첩 사건에 연루되어 구속되었다가 국회에 다시 진출한 양일동 의원도 질의에 나섰다. 그는 구속적부심拘束適否審• 당시 직접 겪은 일이라며 중앙정보부원들이 유태흥 수석부장판사를 자신의 눈앞에서 협박하던 일을 폭로했다. 그는 공안검사가 중앙정보부의 지시를 받지 않을 수 없는 현실을 지적하면서, "중앙정보부 직제가 그대로 있고, 이 법률이 그대로 있는 한" 사법파동과 같은 일은 시정될 길이 없다고 주장했다.[12]

많은 사람이 사법파동의 배후에 중앙정보부가 있다고 믿었다. 그러나 정작 사법파동의 주역이던 홍성우, 최영도, 목요상 등 당시 서울형사지법 단독판사들은 중앙정보부보다는 공안검찰이 사건을 주도했다고 믿었다. 홍성우 변호사는 당시 판사들은 이 사건이 "정부 차원에서 아주 조직적으로 법원에 대한 길들이기를 시도한 거라고는 생각지 않았다"라고 회고했다. "담당 검사가 워낙 법원 쪽에 악명이나 있던 사람"이라 공명심에 불타는 일부 공안검사들이 박 정권이 사법부를 몹시 불편해하던 분위기에 편승해 저지른 일로 보았다는 것이다. 홍성우 변호사는 검사들이 일을 추진하는 과정에서 정보부와 "협조하거나 논의하거나 하는 과정"은 있었겠지만, 사법파동이 "정권의 아주 깊숙한 곳에서 의도된 것"은 아닐 것이며 정보부가 먼저 발의해서 터진 일이라고 생각지는 않는다고 말했다.[13]

한편 사법파동이 터지면서 법원과 검찰의 정기인사는 계속 미뤄졌다. 원래 법원과 검찰은 9월 1일의 성동지원과 지청, 영등포지원과 지청 신설 등에 따라 인사를 단행할 예정이었으나 사법파동으로 계

• 구속적부심
피의자의 구속이 과연 합당한지를 법원이 다시 판단하는 절차를 말한다.
국민 누구나 수사기관으로부터 구속을 당했을 때 검사에게 구속적부심을
청구할 수 있다. 유신 때 없어졌다가 1980년에 부활했다.

속 미뤄진 것이다. 법관들이 사법파동과 관련된 검찰 인사들의 문책을 요구하고 있었기에 검찰의 인사는 큰 관심을 모았다. 마침내 8월 24일, 전국 366명의 검사 중 58퍼센트인 214명을 이동시키는 대규모 인사가 단행되었다. 서울지검 공안부의 김종건과 이규명은 각각 전주지검과 천안지청으로 발령받았고, 대검 차장 물망에 오르던 서울지검장 김용제는 대검 검사로, 서울지검 공안부장 최대현은 서울고검 검사로 전보되었다. 비록 법무장관과 검찰총장은 포함되지 않았지만 법관들이 지목한 문책 대상자 여섯 명 중 나머지 네 명은 공안 일선을 떠나게 된 것이다. 그러나 김종건과 이규명의 경우 서울 근무 2년이면 자동으로 지방에 가게 되어 있었는데, 김종건은 고향인 전주로, 이규명은 서울과 가까운 천안으로 발령이 났다는 점에서 문책성 인사라고는 볼 수 없었다. 또한 최대현은 그 후 1년도 채 안 되어 청와대 사정보좌관실로 다시 발령을 받았고, 이규명 역시 청와대에서 근무하게 되었으며, 김종건도 다시 서울로 올라왔으니, 10월유신 이후 법원이 치러야 했던 대가에 비하면 검찰은 문책이 아니라 포상을 받은 것이라 해도 지나친 말은 아닐 것이다.

허무한 결말

8월 27일 대법원장 주재로 열린 재경법관 전체회의에서 민복기는 이번 파동과 관련해 검찰 관계자의 징계나 인책을 요구하는 것은 법관 특유의 초연함에 어긋나는 것이라면서 법관들을 달랬다. 민복기는 회의가 끝나고 발표한 성명에서 "급변하는 국내외 정세"를 거론했는데 이는 박정희가 1년여 뒤에 유신이라는 친위쿠데타를 자행하면서 써 먹은 논리이기도 했다. 법관들은 격론 끝에 사표 철회를 결의했다. 서

사법파동 당시 민복기 대법원장은 당시
사태를 사법권 침해나 보복으로 보지는
않는다면서 오히려 검찰을 비호해 젊은
판사들의 반발이 더욱 거세져 그가 책임을
지고 사퇴해야 한다는 이야기까지 나왔다.
그러나 1971년 여름을 뜨겁게 달군
사법파동은 한 달 만에 판사들이 사표 제출을
철회하는 형식으로 허무한 **결말**을 맞는다.
1968년 10월 21일 제5대 대법원장으로
취임한 민복기(위), 서울 고등법원 판사들이
민복기 대법원장의 결단을 촉구하는 호소문을
전달하는 모습(아래).

울형사지법 판사들은 성명에서 "지금까지 사법권 독립의 수호를 위한 우리의 충심에서 나온 주장은 하나도 받아들여지지 아니한 사태에 대해서는 깊은 실망을 금할 길이 없다"라면서 축 늘어진 어깨로 업무에 복귀했다.[14] 전국 법관의 3분의 1인 153명의 판사들이 사표를 제출하는 초유의 사태의 결말치고는 너무나 허망한 것이었다.

법관들은 사표 제출이 가장 단호한 무기가 될 것이라고 생각했었다. 그러나 홍성우 변호사는 "그런 방법은 질 수밖에 없는 싸움이었다"라고 회고했다. 민사재판은 재판이 좀 지연되어도 크게 눈에 띄지 않지만, "형사재판은 구속 피고인들이 일주일만 재판 안 하면 미결구금일수가 그만큼 늘어나고 영장 등 그날그날 처리해야 할 일이 줄지어" 있었기 때문에 법관들이 사표를 내고 투쟁을 계속하기에는 근본적인 한계가 있었다는 것이다. 그는 "우리가 최대의 무기라고 생각하고 사용했던 게 별 쓸모가 없는 무기"라는 것이 밝혀졌기 때문에 결국 사표를 철회할 수밖에 없었다면서 그 뒤의 허탈과 좌절은 이루 말할 수가 없었다고 회고했다. 당시 홍성우 판사는 원래 1972년 봄 사표를 내고 변호사 개업을 할 생각이었는데, 사법파동이 허망하게 끝난 뒤 "더 일하고 싶은 생각이 전혀 없어" 엎어진 김에 쉬어가자는 마음으로 10월에 김공식 판사와 함께 사표를 제출했다.[15] 이보다 앞서 이범렬 부장판사는 8월 28일 사표를 제출해 법복을 벗었다. 그는 "평생을 법원에 몸 바치려 했으나 뜻대로 되지 않는군요"라며 말을 맺지 못했다고 한다.

사법파동은 사법부 스스로 독립성을 확보하기 위해 정치권력에 맞섰다는 점에서 의미 있는 시도였지만, 사법파동의 허망한 결말은 오히려 사법부로 하여금 저항의지를 잃게 만들었다. 이범렬에 이어 홍성우, 김공식 등이 법원을 떠나고, 1973년의 법관 재임용 심사로 평소 권력의 요구에 순응하지 않던 법관들이 다 잘려 나가면서 법원은 힘을 잃어버렸다. 그리하여 유신 이후에는 중앙정보부원들이 대놓고 판사실을 들락거리게 된 것이다.

민복기는 박정희가 죽은 뒤인 1981년 『법률신문』과의 인터뷰에서 나중에 박정희를 만났을 때 박정희가 "사법파동이 장기화되었더라면 계엄을 선포할 예정이었다"라고 말했다고 회고했다.[16] 박정희는 이 말을 그 후에도 몇 차례 되풀이했는데, 이는 박정희가 그만큼 사법부 문제로 골머리를 앓았다는 의미다. 1972년 다시 한번 헌정질서를 유린한 박정희는 이제 더는 사법부 문제로 골치를 앓지 않도록 근원적 해결책을 강구한다. 사법부에 회한과 오욕만이 남는 시대가 다가오고 있었다.

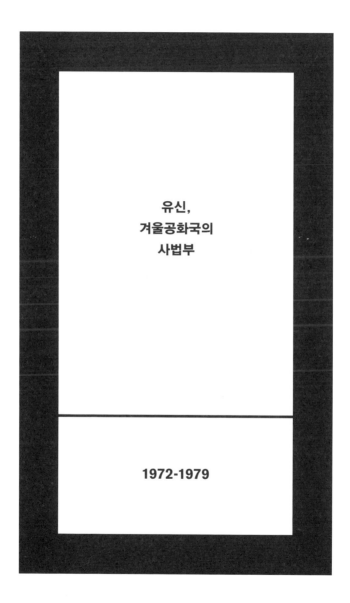

2

유신,
겨울공화국의
사법부

1972-1979

1 유신쿠데타와 재임명에서 탈락한 법관들

1972년 10월 17일 박정희는 이른바 10월유신*을 단행하여 또다시 헌정질서를 짓밟았다. 민주공화국 대한민국은 죽고 박정희가 모든 것을 장악한 겨울공화국이 시작되었다. 박정희는 1972년 말 도저히 헌법이라 부를 수 없는 유신'헌법'을 제정했다. 박정희는 대통령을 체육관에서 중임제한 없이 뽑도록 하여 종신집권의 길을 열었고, 국회의원 3분의 1을 자신이 임명하여 국회를 거수기로 전락시켰다. 유신헌법의 긴급조치권은 대통령 마음대로 무슨 짓이든지 할 수 있게 만들었다. '긴급조치'는 법관의 영장 없이 시민을 체포하여 군법회의에서 멋대로 재판할 수 있는 길을 열어놓았으니, 사법부는 있으나 마나 한 존재가 되었다.

* 10월유신
대통령 박정희가 장기집권을 목적으로 단행한 초헌법적 비상조치를
말한다. 1972년 10월 17일 오후 7시 비상계엄령을 선포하고, 4개 항의
'특별선언'을 발표했다. 그 내용은 다음과 같다. 첫째, 국회해산 및
정치활동을 중지하고, 헌법의 일부 효력을 중지한다. 둘째, 정지된 헌법의
기능은 비상국무회의(당시의 국무회의)가 대신한다. 셋째, 평화통일
지향의 개정 헌법을 1개월 내에 국민투표로 확정한다. 넷째, 개정 헌법이
확정되면 연말까지 헌정질서를 정상화한다.
비상국무회의는 10월 27일 헌법 개정안을 공고하고, 11월 21일에는
국민투표가 실시되었다. 정부가 유신의 당위성을 설명하는 지도계몽반을
편성하여 일대 캠페인을 벌임으로써 91.9%의 투표율과 91.5%의
높은 찬성률로 '유신헌법'이 국민투표로 확정되었다. 이어 12월 15일
2,359명의 대의원들이 선출되어 '통일주체국민회의'를 구성했으며 23일
간접선거로 박정희가 제8대 대통령으로 당선되었다. 취임식은 12월
27일에 열렸으며, 이로써 제4공화국이 출범했다.

김종필 국무총리가 유신헌법을 공포하는 모습(위)과 1972년 12월 27일
제8대 대통령 취임식에서 취임사를 발표하고 있는 박정희(아래).

박정희는 유신헌법 안에 사법부의 목을 죄는 여러 가지 독소조항을 심어놓았다. 그는 대법원의 위헌법률심판권을 박탈하여 신설된 헌법위원회에 넘겼는데 물론 이 헌법위원회는 유신체제하에서는 기능하지 않았다. 보다 실질적으로 사법부를 옥죈 것은 법관 재임명 문제였다. 제3공화국 헌법에서는 대법원장 및 대법원 판사가 아닌 법관은 대법원 판사회의의 의결을 거쳐 대법원장이 임명하는 것으로 되어 있었는데, 유신체제하에서는 대통령이 법관의 임명과 보직권을 모두 장악했다. 헌법의 법관 신분보장에 관한 조항 역시 법관이 징계처분을 받아 파면될 수 있도록 하여 신분보장 자체가 유명무실화되었다. 그런데도 "법관은 헌법과 법률에 의하여 그 양심에 따라 독립하여 심판한다"라는 조항은 유신헌법에 그대로 살아남아 몰락한 사법부를 더 처연하게 만들었다.

사법살인의 전조, 법관 살해

박정희는 1973년 1월 23일 법무부 연두순시年頭巡視에서 법원을 강도 높게 비판했다. 법원이 지금까지 사법권 독립이라는 이름 아래 국사범國事犯에 대해 집행유예를 선고하고 정치사범에 대해 재판을 지연시키는 등 상식적으로 이해할 수 없는 판결을 내린 사례가 있었고 변호사나 사건 브로커들이 판사와 결탁했다는 것이다.[1] 대법원장 민복기는 유신헌법하에서 사법부의 위상이 제3공화국 헌법에 비해 크게 추락했다는 비판에 대해 삼권분립의 원리가 훼손된 것은 아니라고 강변했다. 그는 "우리나라가 통일과 번영을 이루려면 가장 집중적이고 가장 효율적인 국가 정치권력의 구조를 갖추어야 한다는 것이 유신헌법의 본질인 이상, 사법권의 존재양식 또한 이에 발맞추어야 함은 당연한 귀결이 아닐 수 없다"라는 궤변을 늘어놓았다.[2] 민복기는 1973년 3월 14일자로 제6대 대법원장에 새로 임명되었다. 제3공화국 헌법은 대법원장 연임 불가를 못 박고 있었고 임기도 얼마 남지 않은 상황이었는데 유신은 민복기에게 최장수 대법원장이라는 '영광'을 선사했다. 그 대가로 대한민국 사법부는 '회한과 오욕'의 시절을 겪게 되었다.

　　사법파동 당시 계엄령까지 생각했던 박정희는 진짜 계엄령을 선포한 뒤 사법부를 손보았다. 박정희는 1973년 3월 말 새 헌법에 따라 모든 법관을 새로 임명했다. 법관 재임명이라기보다는 정권의 입장에서 볼 때 껄끄러운 법관들을 걸러내는 작업이었다. 대법원 판사 중 절반이 넘는 9명(사광욱, 양회경, 방순원, 나항윤, 손동욱, 김치걸, 홍남표, 유재방, 한봉세)이 '의원면직' 형식으로 물러났는데, 1971년 국가배상법 제2조 1항에 대한 위헌판결에서 위헌의견을 낸 이들이었다. 일반판사로는 356명이 재임명되고 41명은 재임명을 받지 못했다. 불행하게도 현재 국정원에는 이 당시의 법관 재임명 관련 자료가 남아 있지 않다. 정권이 탈락시킨 법관들이 어떤 사유로 어떤 과정을 거쳐 누구에 의해 탈락자로 선정되었는지 그 전모를 밝혀주는 자료는 존안되어 있지 않지만, 중앙정보부와 검찰이 기초 작업을 했음은 분명하다. 국정원에는 「판사 비위 관계철」이라는 문서가 일부 남아 있다. 현재 존안되어 있는 자료는 이 '관계철' 중 일곱 번째 철뿐인데 사법파동 당시 대법원장을 찾아갔던 단독판사 7인 중 한 사람인 김인중 판사에 관한 내용이다. 이 문서의 작성일자가 1972년 9월 12일로 되어 있는 것을 볼 때 중정은 유신 단행을 앞두고 잘라버릴 판사들을 표적으로 삼아 그들 주변을 샅샅이 캐어 비리 단서를 미리 포착해두려 했던 것으로 추정된다. 김인중 판사에 대한 '비위'라는 것은 뒤에 살펴보겠지만 털었는데도 먼지가 안 난 것이나 마찬가지다.[3]

최영도 변호사의 증언에 따르면 당시 대법원에서는 "성격이 이상하다든가 돈관계가 지저분하다든가" 하여 재임명에 적절치 않다고 판단한 법관 18명의 명단을 청와대에 보냈다는 이야기가 있었다고 한다. 청와대는 1973년 3월 23일 재임명 거부자 54명의 명단을 대법원으로 보내왔는데 이 명단에는 정작 대법원이 선정한 18명은 거의 빠져 있었다. 이런 명단이 대법원에 내려왔다는 소문에 기자들이 민복기를 찾아가 "이번에 재임명 거부된 사람들의 이유는 뭡니까"라고 물었더니 "국가관이 없는 판사들이다"라고 답했다고 한다. 실제 해직된 법관이 41명인 것으로 보아 권력과 줄이 닿은 일부 판사들은 구제된 것으로 보인다. 최영도 변호사는 그날 기자가 헐레벌떡 찾아와 "제퍼슨이 누구냐"라고 물어 미국 독립선언서를 쓴 토머스 제퍼슨 말이냐고 했더니 아니 그 제퍼슨 말고 '사법권독립선언서'를 기초한 사람이 누구냐고 물어 '사법권독립선언서'는 아니지만 '사법권독립침해사례'를 자신이 썼다고 하자 그 기자가 재임명 탈락 사실을 알려주었다고 증언했다.[4]

　　횡딩한 해직

당시의 신문자료 등을 면밀히 분석하면 탈락한 법관 41명 중 절반가량인 20여 명의 탈락 사유를 짐작해볼 수 있다. 사법파동 당시 대법원장을 찾아가 법관들의 의사를 전달한 7명의 판사들은 사법파동 주동자로 지목되었는데, 이미 법원을 떠난 홍성우, 김공식 판사를 제외한 최영도, 목요상, 김인중, 금병훈, 장수길 등 5명의 판사는 모두 재임명에서 탈락했다. 이들은 대개 최영도 판사처럼 "무죄선고도 많이 했고 구속영장 거부도 많이 했고 그래서 검찰에서 아주 미운털이 박혔"던 사람들이었다. 서울민사지법의 강철구 판사는 좀 황당하게 해직되었다. 민사지법은 사법파동 당시 사표 제출자를 가나다순으로 발표했는데, 각 신문은 강철구 판사 외 몇 명으로 보도했다. 민사지법 판사들의 회의가 있던 날 강철구 판사는 재판이 늦게 끝나는 바람에 회의에도 뒤늦게 참석해 문가에 앉았다가 회의가 끝나고 제일 먼저 나오는 바람에 기자들에게 사진이 많이 찍혔다고 한다. 법관 재임명 당시 중정의 법원 출입 조정관이 교체되었는데, 신임 조정관이 그런 사정은 모른 채 회의실에서 가장 먼저 나온 그를 민사지법의 주동자로 지목해 강철구 판사가 엉뚱하게 탈락했다는 것이다.[5] 강철구 판사의 장인은 대법원 판사 재임명에서 살아남았지만 사위가 억울하게 잘리는 것을 막지는 못했다. 강철구 판사는 후에 복직[6]되어 광주고등법원장과 특허법원장을 지냈다.

당시 탈락한 법관 중에는 고위직인 고등법원 부장판사도 세 명 포함되었다. 대구고법의 이존웅 부장과 변중구 부장은 1971년 대구고법이 시작한 법관정풍운동을 주도했었다.[7] 이존웅 부장은 사법파동 당시 대구고법 수석부장으로 극한투쟁을 불사한다는 선언을 채택한 바 있다.[8] 사법파동 당시 서울민사지법의 수석부장판사(고법 부장급)였던 박승호 부장도 해직되었다. 신민당사 농성 사건에서 무죄판결을 내린 양헌 부장이 해직된 것은 당연한 일이겠지만, 그의 배석판사였던 김성기, 장수길, 임대화 판사 등도 덩달아 해직되었다. 임대화 판사는 후에 복직되어 고등법원장급인 특허법원장을 지냈다. 지방법원의 부장판사로는 백종무, 이석조, 유수호, 김동정 부장 등이 해직되었다. 영등포지원장 백종무 판사는 파월장병 사망자에 대한 국가배상 판결을 했으며, 1968년 1월 24일에는 하급심에서 국가배상법이 위헌이라 판시하여 대법원의 위헌판결을 끌어낸 바 있다. 그는 또 1971년 김대중 후보 자택 폭발물 사건* 범인으로 구속된 김 후보의 조카인 15세의 김홍준을 구속적부심으로 석방하기도 했으며, 사법파동 당시 재청구된 영장을 기각했다.[9] 이석조 부장은 1971년 재일동포 형제간첩단 사건[••]에서 다섯 명이나 무죄를 선고했다.[10] 김동정 부장[11]과 유수호 부장[12]은 각각 국가를 상대로 한 손해배상 판결에서 국가에 패소를 안긴 것 때문에 해직되었을 것이다. 유수호 부장은 1971년 대선과 총선에서 공화당원의 선거법 위반을 엄히 다스린 바 있다.[13] 김인중 판사와 이건호 판사는 북에 있는 가족과 단순한 안부편지를 주고받은 사람들의 반공법 위반 사건에서 그들에게 무죄판결을 내려 중정에 미운털이 박혔을 것이다.[14] 이건호 판사와 변모 판사는 부친의 신원이 문제가 되었고, 강인애 판사는 야당 강골인 형 강근호 의원 때문에 해직된 것으로 보인다. 뒤에 민변 부회장을 거쳐 대법관에 오른 이돈희 판사도 이때 해직되었다. 「오적」과 『다리』지 사건의 목요상 판사도 당연히 해직되었다. 이때 해직된 판사들은 대개 법관 경력 10년이 안 된 판사들이었는데, 유신정권은 이들을 변호사 개업지를 제한하는 방식으로 계속 못살게 굴었다. 한편 유신헌법 발효에 따른 법원조직법 개정으로 법관 정년이 고등법원장은 65세에서 63세로, 그 이하의 법관은 65세에서 60세로 단축됨에 따라 이재옥 광주고등법원장 등 11명이 자동퇴직 대상이 되었다. 이들 중 7명은 재임명 탈락자 명단에 포함되었다. 이들 외에 1~2년 사이 정년을 맞게 될 법관 두 명도 아마

• 김대중 후보 자택 폭발물 사건
1월 27일 김 후보 자택 마당에서 사제 폭발물이 폭발하였다. 경찰은 폭발물 사건을 수사한다면서 비서·가정부·친인척·신민당 간부 등 52명을 연행했으며 그중 중학교 2년생인 김 후보의 조카 김홍준을 범인으로 단정, 이 소년을 연행하기 위해 120명의 경찰을 동원했다. 더욱이 김홍준 군을 범인으로 조작하기 위해 이 소년의 두 손을 뒤로 포박하고 심한 고문을 가한 사실이 드러났다. 김대중 부재 시 그의 주변을 조사하기 위한 정보기관의 소행이었지만, 경찰이나 검찰은 범인 체포는 외면한 채 애꿎은 주변 인물들만 불러 조사했다.

•• 재일동포 형제간첩단 사건
1971년 4월 20일 국군보안사령부가 간첩 51명을 검거했다고 발표해 세간에 알려진 사건으로, 1970년대의 대표적인 학원간첩단 조작 사건이다. 이 사건으로 형 서승은 무기징역을, 동생 서준식은 징역 7년형을 선고받았다. 전향을 거부한 서준식은 악명 높은 사회안전법 때문에 실제로 17년간 갇혀 있었다.

고령을 이유로 재임명 탈락자에 포함된 것으로 보인다. 나머지 10여 명의 법관은 탈락 사유를 확인하지 못했다.

털어서 먼지가 '안 나도' 탈락

서울고법 김인중 판사는 사법파동 때 대법원장을 면담한 평판사 대표로, 서울형사지법 재직 시 반공법 사건에서 자주 무죄를 선고하여 중앙정보부와 검찰을 불편하게 만들었다. 사법파동 후 유신쿠데타를 준비하면서 중정은 법관 재임명을 통해 사법부에서 잘라버릴 법관들을 미리 선별한 것으로 보인다. 「판사 비위 관계철」은 이 과정에서 준비되었다. 이 자료를 보면 정보부가 어떤 구체적 첩보에 기초하여 내사를 시작한 것이 아니라, '표적'을 미리 찍어놓고 그의 주변을 "조사하면 다 나온다"라는 식으로 샅샅이 훑었음을 알 수 있다. 정보부는 김 판사가 근무했던 지역에 수사관을 파견했다. 이들은 김 판사와 같이 근무했던 입회서기들, 김 판사가 집행유예나 보석을 내린 모든 사건과 관련자, 그리고 그의 동창생과 친지를 소환 또는 연행하여 조사하는 등 주변을 이 잡듯 뒤졌다. 정보부는 김 판사의 초임 판사 시절부터 "사건 판결을 둘러싸고 피고 또는 그의 가족 등으로부터 금품을 수뢰한 사실을 적발"하려 했다. 정보부는 먼저 김 판사의 입회서기부터 잡아들여 김 판사가 무죄나 집행유예를 선고한 사건들에 대한 강압적 진술을 받아내 이를 토대로 '비위' 혐의를 여러 건 포착했다고 본부에 중간보고를 올린 뒤 관계자들을 찾아가 확인 작업을 벌였다. 그러나 결과보고서를 보면 수사관들이 만난 사람들은 모두 돈을 준 사실이 없다고 "극구 부인"하거나, "조사해보았으나 비난할 만한 점을 발견하지" 못했다.

정보부는 김 판사의 고교 동창으로 그와 한 달에 두 차례 정도 만나 술도 마시고 당구도 치는 친한 약사가 1965년 독한 매독 주사약을 팔아 마약법 위반으로 구속되었다가 구속정지로 석방된 사례를 찾아냈다. 정보부는 그가 김 판사에게 돈을 주고 풀려난 것으로 추정해 그의 외숙을 조사했다. 그러나 그는 정보부의 기대에 찬물을 끼얹었다. 외숙에 따르면 이 사건은 우연히 김 판사에게 배당되었는데 김 판사가 피고가 자신의 동기동창이기 때문에 사건 심리를 기피해 다른 판사에게 넘어갔다는 것이다. 더구나 자기 조카가 검찰조사 때 김 판사를 믿고 거만하게 행동했다가 검사에게 밉보여 같이 적발된 약사 일곱 명 중 유일하게 구속되었다. 정보부는 김 판사의 비위사실을 찾기 위해 행정고시에 합격하여 중앙부처 과장으로 있던 두 사람 등 동창 네 명을 데려와 조사하기도 했다. 이와 같이 정보부는 구체적 첩보도 없는 상태에서 김 판사에 대해 철저한 표적조사를 벌였으나 아무런 비위도 적발하지 못했다. 약사 동창생 사건 처리에서 보듯 김 판사는 오히려 공과 사가 분명한 모범적인 법관임이 밝혀지면서 그에 대한 비위조사는 무혐의로 종결되었다. 그럼에도 김인중 판사는 재임명에서 탈락했다.

'연좌제'로 인한 탈락

정보부는 1971년 3월 23일 이건호 판사의 부친과 관련된 사실조사 지시를 내렸다. 이 판사의 아버지는 1950년 당시 서울지검 검사였는데 세칭 '법조프락치' 사건으로 구속되었다가 무죄를 선고받았다. 그런데 항소심 진행 중 한국전쟁이 발발한 후 부친이 북으로 갔는데 월북이냐 납북이냐 하는 사안이 대두되었다. 이는 연좌제가 힘을 발휘하던 당시에 매우 중요한 문제였다. 이 판사의 해군법무관 시절 해군방 첩부대에서는 부친 관련 사실을 "본명의 부 이○○ 검사는 6·25 당시 납치 행불되었고 본명의 부역이 아니기 때문에 사찰병류에서 삭제"했다. 그런데 이 문제가 7년 만에 재론된 것은 이 판사가 1970년 11월 26일 반공법 위반 사건에서 "일본을 통해 북괴 지역에 안부를 주고받아 기소된 ○○○를 북한에 산다는 사실만으로 북괴 집단의 구성원이라는 증거가 없기 때문에 단순 안부편지가 반공법에 위배되지 않는다"라며 무죄를 선고했기 때문이다. 당시 보도를 보면 "검찰은 단순한 서신 연락에 대해 앞서 반공법 5조 1항(회합 통신)을 적용, 기소했으나 대법원에서 무죄판결이 나자 반공법 4조 1항(찬양 고무 동조)으로 적용 법조를 바꿔 기소"했는데, 이 판사가 이 또한 무죄를 선고한 것이다. 이 판결이 만약 대법원에서 굳어진다면 공안당국은 남한 주민들이 북에 있는 가족·친지들과 서신 왕래를 해도 처벌할 수 없게 된다.

정보부는 이 판결 때문에 이 판사를 주목하던 차에 그의 부친이 남로당원으로 투옥되었다가 월북했다는 첩보를 입수하고, 그런 자가 어떻게 신원조회를 통과해 판사가 되었느냐며 이 판사의 신원보증 경위와 최근 동향, 접촉 인물 등을 조사했다. 그런데 정보부가 과거 기록을 뒤져 작성한 「신원 특이 판사 내사보고」에 따르면, 1964년 6월 대법원에 보낸 자료에는 부친이 자진월북한 것으로 되어 있으나, 10월에 보낸 신원회보에는 "북괴 정치보위부 청년 두 명에 연행되어 행방불명"되었다고 반대로 기록되어 있다. 이 보고서는 해군방첩부대, 치안국, 그리고 관할인 성북서의 기록에 모두 이 판사의 신원에 문제가 없다고 기록되어 있다는 사실을 적시하면서 '조치의견'으로 "본명 계속 내사 특이사항 입수하여 추보"하겠다고 끝맺었다. 국정원 과거사위는 이에 대한 후속 보고서는 발견하지 못했는데, 이 판사는

1973년 3월의 법관 재임명에서 탈락했다. 그 자신이 여순 반란 사건*
에 연루되어 무기징역을 선고받았던 박정희는 1963년 대통령 선거에
서 연좌제 폐지를 공약으로 내걸었고, 대통령에 당선된 뒤에는 연좌
제 폐지에 대한 「지시각서」를 내리기도 했다. 1971년에는 4월의 대통
령 선거를 앞두고 국무총리 백두진과 내무장관 박경원이 연좌제 폐
지를 밝힌 바 있다. 이런 가운데 정보부는 연좌제를 껄끄러운 인물을
공직에서 제거하는 수단으로 악용한 것이다.

　　서울형사지법에 근무하던 중 탈락한 P 판사는 연좌제 이외에는
별다른 꼬투리가 발견되지 않는다. P 판사에 대한 조사는 유신 단행
이후인 1972년 11월 2일에 시작되었다. 그의 부친이 남로당 간부로 활
동하여 "P가 신원상 흠결로 판사 임용이 불가함에도 신원조사 착오
로 부당하게 임명되었다 함"이라는 첩보가 있었다는 것이다. 중정의
지시를 받은 경찰은 P 판사의 아버지를 연행하여 그가 과거에 빨치
산으로 활동한 경력 때문에 복역했다는 사실을 확인했다. 중정은 경
찰의 조사결과를 접수한 후 "본건 상기명은 공산주의 활동타가 국가
보안법 위반 등으로 복역한 바 있는 사람의 친자임으로 신헌법에 의
한 대통령의 판사 재임명 시 배제토록 함이 가하겠습니다"라는 보고
를 올렸고, P 판사는 재임명에서 탈락했다. 그런데 P 판사의 부친 정
도의 사안은 당시라면 흔한 것이라 할 수 있다. 이때 재임명을 통과한
법관들 중에도 신원조사 기록을 보면 한국전쟁 전후 아버지나 할아
버지, 삼촌 등이 부역 혐의로 "아군에 의해 처형"되었다는 사례를 종

* 여순 반란 사건
제주 4·3 사건이 발생하자 정부는 당시 여수에 주둔 중이었던
국방경비대 제14연대를 진압군으로 파견하려 했다. 당시 군부 내에는
좌익 조직이 침투해 있었는데, 제14연대 내에는 중앙당이 관장하는
장교 조직과 지방당이 관장하는 하사관　사병 조직이 분리되어 있었다.
1948년 10월 19일, 지창수 상사 등 하사관 조직 쪽에서 먼저 제주 파견을
거부하고 군사행동에 돌입했고, 이에 김지회, 홍순석 중위 등이 이끄는
장교 조직도 합류하여 대규모 반란 사건으로 발전했다. 정부 수립 2개월
여 만에 일어난 이 사건은 이승만 정권이 유지될 수 있느냐 여부를
판단하는 가늠자 역할을 하게 되었다. 정부는 좌익세력이 군에 강력히
침투해 있다는 사실에 충격을 받고 김창룡 등의 주도하에 대대적인 숙군
사업을 벌였다. 남로당이 군부에 침투시킨 최고위 프락치였던 박정희는
이때 적발되어 무기징역을 받았으나, 남로당 조직체계를 숙군당국에
제공한 대가로 풀려나 군에 복귀했다.

종 볼 수 있다. 그런데 왜 그들은 재임명을 통과했고 P 판사는 탈락했는지 그 이유를 알 수 없다. 별다른 일을 하지 않았다 해도 살아 있는 '빨갱이'가 아무리 지독한 일을 했다 해도 죽은 '빨갱이'보다는 더 위험하다고 본 것일까.

야당 의원 동생은 판사도 할 수 없어

서울지방법원 영등포지원 강인애 판사는 신민당 강근호 의원의 동생이었다. 강 의원은 문공위 소속이었음에도 실미도 사건, 중앙경리단 부정 사건, 공군의 금괴밀수 사건, 해군함정 월북 사건 등 군 관련 민감한 사항을 국회에서 많이 질의했다. 그는 유신 후 보안사에서 심한 고문을 당했다. 강 판사는 형 강근호 의원이 고문을 당하고 나오자 치료비를 마련하려고 자신의 토지를 급히 처분하려 했다. 이 땅은 그가 군법무관 제대 직후 판사로 임용되기까지의 기간 동안 장인의 토지 관련 소송의 법률자문을 해주고 대가로 받은 토지였다. 이 땅에는 80여 세대의 주민이 사용료를 내고 불법건축물을 축조하여 살고 있었는데, 강 판사는 거주자들을 상대로 대지명도 가처분신청을 관할법원이자 자신이 근무하던 법원인 서울지법 영등포지원에 제기하여 승소판결을 받았다. 돈이 급한 강 판사는 세입자들이 토지를 매입하든지, 아니면 강권을 동원하여 건물을 철거하겠다고 하여 주민들과 갈등을 빚었다. 주민들이 "동절기이며 유신과업 수행 과정에 시한의 여유를 두고 타협할 것을 제의"하자 강 판사는 "10월유신과 내 재산과 무슨 관계가 있느냐"하며 "내 형이 지금 매를 많이 맞아 병들어서 돈이 많이 필요하다"라는 말로 거절했다.

중앙정보부는 강 판사가 문제의 토지를 입수한 경위부터 파악하면서 겸직 금지 규정 위반, 증여세 탈세, 탈세 과정에서 세무공무원들과 결탁 등 다양한 각도에서 비리를 포착하려 했다. 중앙정보부는 "본건 강인애 판사는 법률 단속법 위반 및 증여세 등의 포탈 혐의가 농후함은 물론 평소 반정부적이며 악덕법관의 표본적 인물인 것으로 인정되므로 증거 보강, 차제 본명을 검찰로 하여금 의법처리케 함이 가하겠습니다"라고 보고했으나, 위법사실을 밝혀내지는 못했다. 반정부 성향이 강한 야당 의원의 동생으로서 형에게 선거자금을 제공한 일이 있었으나 다행히 기소되는 일은 면했고 재임명에서는 탈락했다.

유신정권은 이렇게 수십 명의 목을 치며 사법부를 장악해갔다. 유혈이 낭자해진 사법부에서 목이 잘리는 변을 당한 사람과 살아남아 욕을 보아야 했던 사람 중 위로받아야 할 사람은 누구였을까?

2 NCC 구호금 횡령 사건, 재판의 배후는 중앙정보부

1975년 4월 서울지방경찰청(서울시경)은 한국기독교교회협의회 KNCC 총무 김관석 목사, 수도권특수지역선교위원회 위원장 박형규 목사와 실무자 권호경 목사, 한국교회사회선교협의체 사무총장 조승혁 목사 등 개신교의 민주화운동 핵심 인사들을 구속했다. 김관석 목사는 한국 기독교를 대표하는 KNCC의 지도자이고, 조승혁 목사는 1970년대 노동운동에서 큰 역할을 한 도시산업선교회를 이끌었다. 박 목사와 권 목사 두 사람은 1973년 남산 부활절 예배 때 내란예비 음모사건으로 구속되었다 풀려난 뒤, 권 목사는 1974년 긴급조치 1호 위반으로, 박 목사는 같은 해에 긴급조치 4호 위반으로 다시 투옥되었다. 두 목사는 1975년 2월 15일에 풀려났다가 두 달도 안 돼 또 구속되었다.

내란예비음모 사건이란 부활절 새벽예배 때 박 목사 등이 유인물을 나눠 준 일에 불과하다. 구호를 외치거나 시위를 한 것도 아니고 준비했던 플래카드조차 펼쳐보지 못했지만 유신정권은 '내란예비음모'라는 거창한 죄목을 덮어씌웠다. 10만 군중 속에서 유인물을 뿌리고 플래카드를 들고 4개 방면으로 군중을 유도해 방송국과 중앙청을 점령하는 내란을 획책했다는 어처구니없는 혐의 때문에 엄숙해야 할 법정은 자주 웃음바다가 되었다. 그런데도 서울형사지법 합의 7부(재판장 김형기)는 박형규·권호경 목사에게 징역 2년을 선고했다.[1] 이 사건의 재판장은 그 후 서울형사지법 수석부장판사, 동 법원장, 대법원 판사로 승승장구했다.

유신에 맞선 기독교인들

유신정권은 반독재운동에 나선 청년학생들을 공산주의나 사회주의의 좌익 사상을 신봉하는 좌경용공左傾容共으로 몰았지만 종교인들마저 빨갱이로 몰기는 곤란했다. 그래서 유신반대운동의 핵심들에게 횡령죄를 적용하여 파렴치범이라는 낙인을 찍으려 했다. 박세경 변호사의 변론처럼 "90년의 기독교 역사에서 3·1운동 시기, 신사참배 강요 시기에 예수를 믿는 신앙 때문에 옥에 갇히고 순교를 당했던 적은 있으나 네 명의 성직자가 파렴치 행위를 한 혐의로 구속"된 것은 "처음 있는 일"이었다.[2] 수도권특수지역선교위원회는 독일의 세계급식선교회BFW: Bread for the World로부터 빈민지역 선교자금으로 2,700만 원을 지원받았는데, 검찰은 "피고인들이 BFW로부터 받은 원조자금 중 400여 만 원을 순수한 선교 목적을 떠나 긴급조치 위반으로 구속된 사람들의 가족생계비로 지출한 것은 배임행위"라며 기소했다.[3] 이 사건 수사는 서울시경에서 담당했지만 배후에는 정보부가 있었다. 조승혁 목사에 따르면 서울지검 공안부 이재권 검사는 수사 초기에 "오늘 조사는 다 끝내고 오늘밤 석방될 것입니다"라며 "고생 많이 하셨습니다"라고 인사까지 했는데 그때 "KCIA 문호철 검사"가 이 검사의 방에 왔다가 이 말을 듣고 이 검사에게 "당신이 뭐냐, 당신이 정치하는 것이냐, NCC 횡령 사건을 누가 석방시키라고 그래" 하며 거세게 항의해 분위기가 바뀌었다고 한다.[4]

정보부는 자기네가 손댄 사건은 재판 진행에도 깊이 간여했다. 사건 담당 A 검사는 5월 21일 오후 2시쯤 서울형사지법 복도에서 "우연히 K 판사를 만나 처음으로 인사"를 나눴는데, K 판사는 A 검사에게 "NCC 사건 담당이냐"라면서 "피의자들을 보석시켜 시간을 가지고 천천히 해결(공판)하는 것이 좋지 않겠느냐", "공소장을 보니 무죄가 되기 쉽겠더라는 등의 언동을 했다"라는 것이다. 이 보고서는 "K 판사의 언동 내용을 분석건대 동 사건을 무죄선고할 가능성이 농후하다고 판단되며 만약 무죄가 될 경우" 사건 관련자들이 "의기양양하여" 이 사건에 대해 "국제기구를 통해 악선전함으로써 국위손상이 우려"되고, "종교탄압의 인상을 짙게 하며" "반체제 위해분자(교계) 등의 대정부 비난구호로 삼을 계기가 조성될 우려"가 있다고 예상했다.[5]

이 사건은 변호인들의 주장처럼 "검사의 공소장에도 피해자가 나타나 있지 않아 횡령과 배임죄*는 성립될 수 없으므로 공소기각公訴棄却**을 해야 마땅"한 사건이었다. 세계교회협의회WCC 진상조사단의 폰 바이제커 목사도 "어린애라도 30분이면 판결을 내릴 수 있는 사건"이라고 일갈했다.[6] 그러나 정보부가 개입하면서 재판은 자꾸 지연되었다. 정보부 보고서에 따르면 이 사건은 5월 6일 "서울형사지법 13부 단독 재판장 K 판사가 지정"되어 첫 공판이 "5월 30일 개정(당초 6.3)될 예정"이었다. 공판기일이 6월 3일에서 앞당겨진 것은 "75.5.28 - 75.6.2간 동 사건 진상조사차 WCC 대표 바이제커 등 네

---

* 배임죄
형법에서 다른 사람의 일을 처리해야 하는 사람이 그 임무를 맡아 하는 과정에서 불법적인 방법으로 자신의 이익을 취득하거나 제3자로 하여금 이익을 취득하게 하여 일을 맡긴 사람에게 손해를 끼친 경우에 성립하는 죄를 말한다.

** 공소기각
형사소송에서 공소가 제기되었으나 형식적 소송 조건에 흠결이 있을 때 법원이 이를 이유로 실체적 심리에 들어가지 않고 소송을 종결시키는 형식적 재판을 의미한다.

명이 내한"하기 때문에 변호인들이 요청한 것으로 보인다. 정보부는 이들이 "체재하는 기간에 동 사건 공판 개정(5.30)이 우연히 일치됨으로써 담당 변호인 등의 작용으로 동 조사단이 공판 상황을 방청하여 사건 전모를 파악케 될 것으로 예상됨"이라고 우려했다.[7] 6월 3일에서 5월 30일로 앞당겨졌던 첫 공판은 정보부의 개입으로 WCC 진상조사단이 한국을 떠난 뒤인 6월 10일에야 열렸지만, 장내 소란을 이유로 5분 만에 폐정되었다. 7월 5일 3회 공판에는 돈을 준 BFW의 사무총장 슈미트 목사가 증인으로 출석하여 그 돈은 원래 인권운동에 쓰라고 준 돈으로 아주 만족스럽게 쓰였다고 결정적 증언을 했다.

이렇게 되자 정보부가 더 적극적으로 나섰다. 정보부는 K 판사에게 공판 진행을 늦추도록 압력을 넣으면서 유죄의 증거를 보강하려 했다. 7월 25일 5회 공판 때는 피고인과 증인을 호명만 하고 끝냈는데, 기독교 측 자료는 "판결 공판을 연기하기 위한 재판부의 저의에서 나온 처사"라고 비난했다.[8] 8월 2일 6회 공판에서 검찰은 김관석 3년, 박형규 5년, 조승혁 4년, 권호경 5년의 징역형을 구형했다.[9] 8월 16일 7회 공판에서 재판부는 선고 대신 갑자기 직권으로 증인 두 명을 채택하면서 변론 재개를 선언했다. 구형까지 마친 상태에서 변호인의 요정도 없이 재판상 식권으로 변론 재개를 선언한 것은 극히 이례적인 일이다.[10]

네 명의 성직자를 파렴치범으로 몰기 위해서는 선교자금 지출내역을 기록한 장부가 있어야 했는데, 당시 선교위원회의 회계실무자가 장부를 갖고 사라졌기 때문에 검찰은 배임과 횡령의 피해자가 누구인지조차 오락가락해 변호인들의 조롱을 받았다. 이에 정보부는 김동완 목사와 허병섭 목사를 연행, 검찰 측이 찾고 있던 회계실무자의 행방을 추궁했다. 이때 "이들 성직자들은 수차에 걸쳐 심한 구타"를 당했는데, 허병섭 목사는 전치 2주의 상해를 입었다.[11] 8월 30일

8회 공판에서는 이전과 똑같은 구형이 되풀이되었다. 선고 공판은 구속한 지 5개월이 지난 9월 6일에야 열렸다. K 판사는 "피고인들에 대한 공소사실 중 업무상 횡령 내지 배임 부분에 있어 인정할 수 없는 부분이 많이 있으나 피고인들이 빈민구호를 구실로 받은 외국원조자금을 국가보위를 해친 긴급조치 위반자들의 뒷바라지로 사용해 긴급조치 위반자를 도운 것은 엄벌해야 한다"라면서 박형규 징역 10월, 권호경 징역 8월, 김관석·조승혁에게는 징역 6월을 선고했다.

K 판사에 대한 뒷조사

「K 판사 비위 첩보에 대한 관련자 조사 결과보고」라는 1975년 8월 27일자 보고서는 K 판사가 이 사건에 무죄를 선고할지 모른다는 첩보를 처음 입수한 후 정보부가 석 달이 넘게 그의 '비리'를 뒷조사했음을 보여준다. K 판사는 7월 28일 위증교사로 구속된 조○○를 보석으로 석방했는데, 정보부는 K 판사가 뇌물을 받고 보석을 허가한 것으로 보았다. 정보부는 조○○와 사건을 변호사에게 의뢰한 그의 매제만이 아니라 2년여 전에 자갈채취 허가 관계로 조○○와 접촉했던 인물까지 잡아다 조사했다. 그러나 K 판사와 이들 사이에 보석과 관련한 '금품 부정거래 사실'이 발견되지 않아 이들을 훈방했다는 것이다.[12] 국정원 과거사위는 K 판사에게 면담을 요청했으나, K 판사는 당시 일은 "생각만 해도 괴롭다"라며 면담 요청에 응하지 않았다. 조승혁 목사에 의하면 당시 K 판사는 "KCIA에 의해서 두 번 가택수사를 당하는 압력을 받았다"라고 한다. 이 사건의 변호인이었던 홍성우 변호사는 "K 판사의 시골 처가까지 압수수색을 하는 등 압력을 가해서 K 판사가 울기도 참 많이 울었대요. 그때 K 판사는 정말 죽고 싶은 심정이었다고 후에 저에게 말하더군요"라고 회고했다. 홍 변호사는 필자와의 면담에서 K 판사가 당시 외부압력이 하도 심해 "대법원 앞에 가서 목을 매고 죽을까 하는 생각까지 했다"라고 전하며 가슴 아파했다.[13]

　유신시대는 검찰의 구형량이 곧 선고 형량이라 '정찰제 재판'이라는 비아냥거림을 받던 시기다. 이 사건에서 K 판사가 구형량의 5분의 1도 안 되는 형을 선고한 것은 당시 기준으로는 아주 낮은 형량이었겠지만, 무죄와 유죄는 하늘과 땅만큼 차이가 크다. 질질 끄는 공판 진행으로 형기를 거의 다 채운 김관석 목사는 그 이상의 재판은 무의미하다며 항소를 포기해 9월 17일 가석방으로 풀려났다. 구속될 때 "억울합니다"라고 외친 조승혁 목사는 항소를 했지만, 법원이 "원심의 실형만기가 훨씬 지난 조 목사가 '실형만기 신청'을 할 수 없도록 재판부 형성을 지연"시켰고, 뒤늦게 사건을 배당받은 항소심 재판부도 '재판 진행 중'이라는 납득할 수 없는 이유로 그를 계속 구금하고 있다가 12월 13일 원심과 같은 형량을 선고했다. 이 때문에 조 목사는 원심 형량보다 두 달 더 옥살이를 해야 했다.[14]

3 긴급조치 1호·4호와 사법권 침해

박정희가 종신집권을 꿈꾸던 유신 시절은 긴급조치의 시대였다. 유신쿠데타 15개월 후인 1973년 1월 8일 긴급조치 1호가 선포된 이래 박정희가 죽고 1979년 12월 8일 긴급조치 9호가 해제되기까지 2,159일간 국민들은 긴급조치라는 살생 흉기의 협박을 받았다.

긴급조치라는 흉기

유신으로 국내 민주세력을 제압한 박정희는 일본과 미국을 오가며 반유신운동을 벌이는 김대중 전 대통령 후보의 입만 막을 수 있다면 유신 반대의 목소리를 완전히 잠재울 수 있으리라 생각하고, 1973년 8월 8일 백주대낮에 일본에서 그를 납치해 왔다. 이 사건은 유신쿠데타 이후 1년 가까이 잠잠하던 국내 민주화운동에 다시 불을 붙였다. 10월 2일 서울문리대 데모를 시발로 시위는 전국적으로 확산되었다. 그런데 정보부의 통제 때문에 당시의 신문과 방송은 학생시위를 보도하지 못했고, 젊은 기자들은 불만이 고조되었다.

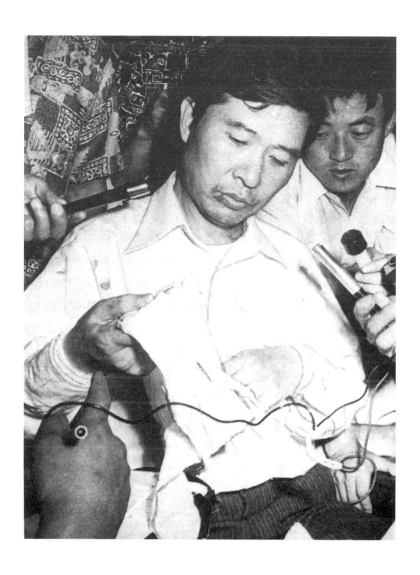

1973년 8월 8일 일본 도쿄 시내의 그랜드 팔레스 호텔 엘리베이터에서
납치된 지 만 5일 9시간 만에 생환한 김대중 씨가 동교동 자택에서
기자회견을 하고 있다. 일명 '김대중 납치 사건'은 유신쿠데타 이후 1년
가까이 잠잠하던 민주화운동에 다시 불을 붙이는 계기가 됐다.

11월 12일 기독교방송 기자들의 「언론자유수호 결의문」 채택에 이어 20일 『동아일보』 기자들이 모든 언론이 용기와 신념으로 외부압력을 배척하자는 요지의 「언론자유수호 선언」을 발표했다. 이런 움직임은 『한국일보』, 『조선일보』, 『중앙일보』로 번져갔다. 12월 24일에는 함석헌, 장준하, 천관우, 계훈제, 백기완 등을 중심으로 개헌청원100만인서명운동이 시작되었다. 유신철폐나 독재타도가 아닌 개헌청원서명이라는 너무나 온건한 방식이었지만, 박정희는 이를 용납하지 않았다. 개헌청원서명이 급속히 확산되자 박정희는 12월 29일 담화문을 통해 서명운동은 "과대망상증에 사로잡힌 불순분자들의 황당무계한 행동"이라고 비난했다. 해가 바뀌어 1974년 1월 7일 이희승, 이헌구, 김광섭, 안수길, 이호철, 백낙청 등 문인과 지식인 61명은 집단적으로 개헌청원서명에 동참한다는 성명을 발표했다.

박정희가 긴급조치라는 흉기를 꺼낸 것은 그다음 날인 1월 8일이었다. 긴급조치 1호는 유신헌법을 부정·반대·왜곡·비방하는 일체의 행위, 유신헌법 개정이나 폐지를 주장·발의·청원하는 일체의 행위를 금지하고, 이를 위반한 사람과 긴급조치를 비방한 사람은 법관의 영장 없이 체포, 구속하여 비상군법회의에서 재판하여 15년 이하의 징역에 처한다는 내용이었다. 박정희는 같이 발표한 긴급조치 2호에서 긴급조치 위반자 심판을 위하여 군법회의법에 의한 군법회의와는 별도로 비상보통군법회의와 비상고등군법회의를 설치한다고 규정했다. 비상군법회의가 설치되면서 특정한 형사사건에 관한 심판권한이 법원의 권한에서 제외된 것이다. 긴급조치로 중앙정보부는 반정부인사를 법관의 영장 없이 체포해 구속기간 제한을 받지 않고 수사하는 것이 가능해졌고, 비상군법회의 관할 사건의 정보, 수사 및 보안업무를 조정·감독하는 절대적 권한을 부여받았다. 긴급조치는 처벌하고 싶은 행위의 구성요건과 형량을 대통령이 정할 뿐 아니라 재판하는 기관까지 대통령 마음대로 정할 수 있도록 한 것으로, 그야 말로 대통령 1인의 손에 입법·사법·행정의 3권을 모두 쥐어주었다. 긴급조치의 시대에는 국회도 사법부도 그저 장식물에 불과했다. 헌법의 구성원리를 깡그리 무시한 유신'헌법'은 긴급조치가 사법심사의 대상이 되지 않는다고 명시하여 위헌 시비의 가능성을 아예 차단했다. 박정희는 껄끄러운 판사들의 목을 모두 치고 사법부에 대한 일체의 권한을 틀어쥐면서도 여전히 사법부가 거추장스러워 비상군법회의를 설치했다. 이제 유신체제하에서 국민들은 헌법을 고치자고만 해도 정보부에 의해 영장 없이 체포되어 법관이 아닌 군인에 의해 군법회의에서 재판을 받을 수 있었으며 이런 행위가 '합헌'으로 인정받았다. 이것이 유신체제의 본질이었다.

정찰제 판결

박정희 정권은 긴급조치라는 흉기로 그저 겁만 준 것이 아니라 그 흉기를 실제로 휘둘렀다. 긴급조치를 공포한 후에도 개헌청원서명운동이 중단되지 않자 정보부는 1974년 1월 15일 서명운동을 주도한 장준하『사상계』주간과 백기완 백범사상연구소장을 구속했다. 현재 새누리당으로 명칭을 바꾼 한나라당의 윤리위원장 인명진 목사와 뉴라이트 전국연합의장을 지낸 김진홍 목사도 이때 구속되었다. 그리고 헌법개헌지지성명에 참여한 이호철과 임헌영 등은 2월 5일 문인간첩단 사건*으로 구속되었다.

* 문인 간첩단 사건
1974년 2월 5일 서울지검 공안부에 의해 '문인 간첩단' 사건이 발표됐다.
공안당국은 이호철(43세, 소설가) 임헌영(34세, 문학평론가 및 중앙대
강사), 김우종(45세, 문학평론가 및 경희대 교수), 정을병(40세, 소설가
및 한국가족계획협회 지도부장), 장병희(41세, 문학평론가, 국민대
강사, 필명 장백일) 등 5명의 문인을 반공법 및 간첩 혐의로 구속했다고
발표했다. 이들이 "재일공작지도원 김기심에 포섭되어 문단 언론계·학원
등의 동태를 보고하는 한편 반정부 투쟁을 선동하는 작품활동과 북한
지령사항을 실천하기 위해 문인 개헌성명에 가담"했다는 것이다. 이
사건은 '『한양』필화 사건'이라고 할 수 있는데 이호철, 임헌영, 김우종,
정을병, 장백일은 모두『한양』과 관계하거나 이 잡지에 글을 게재했다는

1974년 1월 개헌청원서명운동으로 긴급조치 1, 2호를 위반했다는 혐의로 군법회의 법정에 선 백기완(오른쪽에서 두 번째)과 장준하(오른쪽 맨 끝).

　　긴급조치 위반자에 대한 재판은 신속히 진행되었다. 긴급조치 1호의 첫 번째 위반자 장준하와 백기완 두 피고에 대한 재판은 기소에서 선고까지 겨우 일주일밖에 걸리지 않았다. 검찰의 구형 다음 날 구형량 그대로 선고가 이루어지는 군법회의를 가리켜 한승헌 변호사는 "대한민국의 '정찰제'는 백화점의 상商 관행이 아닌 군법회의 판결에서 최초로 확립되었다"라고 야유했다.[1] 삼각지의 국방부 청사 부지 내에 설치된 군법회의의 풍경을 『법조 50년 야사』는 "당시 군법회의 법정에는 별 셋의 심판관과 영관급 장교인 법무사 그리고 중앙정보부 요원이나 군재판 관계자, 그리고 계호 및 정리 임무를 띤 헌병들이 감시자로 버티고 있어 한 명씩 차출되어 온 판사와 검사는 들러리에 불과했다"라고 전했다.[2] 헌법을 고치자고만 해도, 긴급조치를 비판하기만 해도 잡아들이는 악법을 갖고, 군인재판장이 재판하는

내용이 공소장에 기재되어 있기 때문이다. 임헌영은 「7·4 성명과 한국문학의 과제」를 게재한 것이, 김우종은 일본 와세다 대학에서 유학했을 때 10여 편의 원고를 실은 것이 문제가 되었다. 정을병도 「나병환자」, 「모래섬」 등을 『한양』에 발표했다는 것이, 장백일도 10여 차례에 걸쳐 『한양』에 글을 게재한 것이 주요 공소 내용에 포함되어 있다.

개헌지지성명에 참여한 이호철과 임헌영 등이 1월 26일 문인간첩단 사건으로 적발되어 2월 5일 구속되었다. 사진은 3월 12일 재판정에서 포승줄에 묶여 있는 모습. 왼쪽부터 이호철, 임헌영, 김우종, 그리고 지금은 고인이 된 장백일(본명 장병희).

법정을 보며 변호인이나 방청객들은 "이게 재판이냐, 개판이지"라고 분노를 터뜨리기도 하고 "그러길래 재판이 아니라 '회의'일 뿐"이라고 야유를 보내기도 했다.

긴급조치 1호에도 불구하고 반유신운동의 기세는 꺾이지 않았다. 그러자 박정희는 4월 3일 한층 살벌한 긴급조치 4호를 공포했다. 긴급조치 4호는 이른바 민청학련('전국민주청년학생총연맹'의 약칭)과 관련된 일체의 행위를 금지하고 교내외의 집회·시위·성토·농성 등도 금지하고 이를 위반할 경우에, 심지어 학생들이 정당한 이유 없이 출석하지 않거나 수업과 시험을 거부해도 사형·무기징역·5년 이상의 유기징역에 처할 수 있도록 하는 상상 초월의 악법이었다. 긴급조치 4호 역시 1호와 마찬가지로 법관의 영장 없이 체포·구속해 비상군법회의에서 심판, 처단하도록 되어 있었다. 박정희 정권은 민청학련이 조총련·인혁당 재건위 등의 배후조종을 받으며 국가변란을 기도했다고 주장하면서 1,034명을 검거하여 253명을 구속했다. 대부분의 학생이 물고문, 전기고문, 구타 등을 당하며 허위자백을 강요받았다. 심지어 법정에서 공소사실을 부인하면 검찰관이 구치소까지 찾아와 구타했다. 민청학련 사건 관련자들은 재판이 시작될 때까지 전혀 가족을 면회할 수 없었다.

무장한 헌병이 지키고 선 군법회의장은 삼엄하다 못해 살벌한 분위기였다. 그러나 피고인들은 주눅 들지 않았다. 비상시국에 학생들이 공부는 하지 않고 정치적 주장을 펴면 어떻게 하냐는 재판부의 말에 학생들은 이 위기 상황에 군인들이 나라는 지키지 않고 무슨 재판놀음이냐고 오히려 꾸짖었다. 서울상대생 김병곤은 사형을 구형받은 뒤 "영광입니다"라고 답하는 기개를 보였고, 나중에 한겨레신문사 편집국장이 된 김효순은 사형을 구형받지 못해 친구들 보기가 민망하다고 말했다. 학생들을 배후 조종한 혐의로 구속된 박형규 목사는 "가능하다면 학생들보다 가벼운 벌이 아닌 무거운 벌을 주기 바란다"라고 최후진술을 했다. 유신정권은 피고인당 가족 한 명의 방청을 허용한다고 했지만 가족에게 공판 날짜도 제대로 알려주지 않았고, 막상 재판 날이 되면 정문에서 까다로운 신분확인 절차를 밟아야 했기에 방청이 쉽지 않았다. 그래도 재판정은 꽉 찼다. 가족들은 입장을 못해도 정보부원 등 기관원들이 방청석을 가득 메웠기 때문이다.

별을 단 재판장은 군사작전마냥 일사천리로 재판을 진행하려 했지만 피고인 학생들은 애국가를 제창하고 구호를 외치며 재판 진행을 방해했다. 재판에서는 자주 피고인 전원에 대해 퇴정명령이 내려졌으며 휴정과 소란이 빈번하게 일어났다. 결국 7명에게 사형, 7명에게 무기징역, 12명에게 징역 20년 등 피고인 모두에게 중형이 선고되었다. 김영삼 정권 때 청와대 교문수석비서관을 지낸 김정남에 따르면 긴

1974년 유신 통치에 반대하던 젊은이들이 긴급조치 위반이라는 이유로 비상군법회의에 회부되었다. 사진은 민청학련 사건의 공판 모습으로, 많은 젊은이가 고문을 당하고 옥살이를 했다. 한승헌 변호사(가운데 오른쪽)의 모습도 보인다.

급조치 1호와 4호 위반으로 구속된 사람이 모두 203명인데, 사형과 무기징역은 빼고 유기징역을 선고받은 사람의 형량만 합쳐도 1,800년이 넘는다.[3] 3·1운동 주모자 손병희가 일제 법정에서 받은 형량이 징역 3년이었던 것을 생각하면 참으로 엄청난 형량이 아닐 수 없다.

군법회의에서 이런 중형을 받고도 피고인들의 절반 가까이가 대법원에 상고하지 않았다. 피고인들이 상고하지 않은 이유는 상고해봤자 소용없다는 불신 때문이었다. 당시 사형 판결을 받고도 항소를 포기한 시인 김지하는 "사형선고 받은 놈이 항소 포기하는 것 봤어요? 얼마나 웃기는 판결이라 생각했으면 항소를 포기했겠어요"라고 회고했다.[4] 대법원장 민복기는 1975년 신년사에서 지난해 후반에 갑자기 사법부에 대한 불신의 소리가 국민 일부 사이에서 일어난 일이 있었다면서 이러한 불신의 소리는 오로지 사법부의 소임에 관한 오해에서 비롯된 것이라고 공허한 변명을 했다. 박정희가 군법회의에서 멋대로 한 재판에 대하여 그나마 대법원 상고의 길을 열어둔 것은 사법부에 대한 배려였을까, 모욕이었을까? 대법원은 민청학련 사건 배후로 조작된 인혁당 재건위 사건 관련자들에 대한 사법살인으로 박정희의 '배려'에 화답했다. 사법부의 회한과 오욕의 역사는 제작과 감독은 박정희가 맡았지만 그 시나리오는 사법부의 손으로 직접 쓴 것이다.

4 사법살인, '인혁당 재건위' 사건

1974년 4월 3일 박정희는 '민청학련'이라는 불법단체가 반국가적 불순세력의 배후조종 아래 '인민혁명'을 획책하고 있다고 '담화문'에서 주장했다. 이어 4월 25일 중앙정보부장 신직수는 민청학련의 배후에 '과거 공산계 불법단체인 인민혁명당 조직'이 있다며 인혁당 사건 관련자들을 구속·수사 중이라고 발표했다. 그리고 1년 후인 1975년 4월 9일 박정희 정권은 인혁당 관련자 여덟 명의 사형을 집행했다. 이날 대한민국 사법부도 같이 죽었다. 국제법학자협회에서는 이날 4월 9일을 사법사상 암흑의 날이라고 불렀다.[1]

조작 또 조작

인혁당 사건[2]이란 1964년 박정희 정권이 한일회담 반대 데모로 위기에 처한 상황에서 혁신계 인사들을 반국가단체 조직이라는 어마어마한 죄목으로 기소했던 사건이다. 중정이 사건을 수사하여 검찰로 송치했는데, 서울지검 공안부 검사들이 도저히 기소할 만한 사건이 아니라며 사표를 던지고 기소를 거부해 세간에 화제가 되기도 했었다. 이들이 10년 세월이 지나 다시 잡혀 온 것이다. 악연이었다. 1차 사건 당시 부하들의 항명으로 체면을 구긴 검찰총장 신직수는 이제 중앙정보부장이 되어 사건을 총지휘했고, 당시 중정 수사과장이던 이용택은 정치적 사건 처리로 악명 높은 중정6국 국장으로 수사 책임자가 되었다. 도예종, 서도원, 송상진, 하재완, 여정남, 강창덕, 나경일 등 사형이나 무기징역을 선고받은 사람 다수는 박정희의 출신지 대구·경북지역에서 3선개헌 반대와 민주수호국민협의회 활동에 앞장서온 인물들이었다.

박정희의 담화문이 발표된 4월 3일은 아직 민청학련에 대한 수사가 본격화되지도 않았고 인혁당 관련 인물이 한 명도 수사선상에 오르지 않은 상태였다. 그런데 박정희의 담화문에 인민혁명이라는 말과 '반국가적 불순세력의 배후조종'이라는 말이 들어감으로써 수사 방향은 이미 결정된 셈이었다. 이들에 대한 수사가 본격화된 것은 4월 25일 신직수가 민청학련 배후에 인민혁명당이 있다고 밝힌 다음부터였다. 중형을 선고받은 사람들 대부분은 신직수의 발표를 보고도 멀뚱멀뚱 집에 있다가 잡혀 왔다. 10년 전에도 인혁당은 있지도 존재하지도 않았는데 그런 조직을 '재건'한다는 것은 생각할 수 없는 일이기에 자신들이 이런 엄청난 사건에 연루되리라고는 짐작도 못했던 것이다.

우리는 흔히 이 사건을 '인혁당 재건위' 사건이라 부르지만 '인혁당 재건위'라는 조직은 공소장에조차 존재하지 않았다. 공소장에는 '경북지도부', '서울지도부', '서울지도부와 같은 조직'이라는 세 개의 단체가 나온다. 아무리 조작을 일삼은 중정과 유신검찰이라도 혁신계 인사들의 느슨한 만남을 도저히 하나의 조직으로 묶을 수는 없었던 것이다. 이 사건에서 실체가 있는 실정법 위반이라면 하재완이 이

1974년 4월 25일 민청학련 사건에 대한 수사발표를 하는 중앙정보부장 신직수.
박정희는 자신이 육군 사단장 시절 법무참모였던 신직수를 검찰총장으로
임명했다. 그의 재임 기간 7년 반은 검찰이 권력의 시녀로 전락한 시기였다.
제1차 인혁당 사건도 이 시기에 일어났다.

북방송을 녹취한 노트를 몇 명이 돌려 본 것뿐이다. 1972년 7·4남북 공동선언을 전후한 시기, 혁신계 인사들은 늘 이북의 통일정책을 궁금해했다. 하재완은 군 시절 특무대에서 이북방송을 녹취했었는데, 그가 이북방송에서 조선로동당 5차 당대회 보고문(1970)을 노트에 받아써 주위 사람들과 돌려 본 것이 다였다. 반공법 위반으로 가볍게 처리해도 될 사건이었는데 유신정권은 학생시위 배후에 공산세력이 있다는 인상을 주고자 부풀린 것이다. 중정6국장 이용택은 일주일에 두 번 박정희에게 직접 수사 상황을 보고했다.

인혁당과 민청학련의 연결고리로는 하재완의 네 아이를 가르치는 가정교사였던 경북대 출신 여정남이 지목되었다. 처음 중정은 여정남이 이철, 유인태 등 서울대생으로부터 지도를 받은 것으로 조서를 작성했다가, 부랴부랴 여정남이 이철과 유인태를 지도한 것으로 조작했다. 박정희 정권은 민청학련의 배후로 윤보선 전 대통령, 지학순 주교, 박형규 목사, 김지하 시인 등 저명인사를 제시하고 또 일본인 기자를 엮어 넣어 민청학련이 국외 공산계열과도 연결된 것으로 조작했었다. 그러나 명망가와 외국인을 엮어 넣자 사람들이 수사의 허점을 파고들어 시끄럽기만 할 뿐 별 효과가 없었다. 잘 알려지지 않은 사람들에게 붉은 칠을 해 국가보안법 위반으로 집어넣으면 이런 걱정은 안 해도 되었다. 대구를 중심으로 반독재운동을 해오던 진보적 인사들이 그렇게 희생양이 되었다.

'인혁당 재건위' 사건의 1심과 2심은 군법회의에서 이루어졌다. 재판이 시작되기 직전까지 변호인 접견조차 허락되지 않았고 가족의 면회도 금지되었다. 변호인이 요구한 증거는 모두 채택되지 않았고, 검찰 측 증인이 증언하던 날 변호인들은 반대신문은커녕 가택연금이 되어 법정에 출두할 수도 없었다. 피고인 임구호는 법정에서 증거가 조작되었다고 주장했다가 검찰관실로 끌려가 폭행을 당하기

1975년 4월 8일, 민청학련의 배후로 지목돼 구속된 이른바 '인혁당 재건위' 사건에 대한 대법원의 전원합의체 상고심 공판에서 민복기 대법원장이 여덟 명 사형, 아홉 명 무기징역 확정판결문을 읽고 있다. 태극기 아래가 민복기 대법원장.

도 했다. 별을 단 재판장은 피고인들이 검사의 질문에 반박하려 하면 '예', '아니오'로만 답하라면서 답변을 끊었다. 재판은 사실상 비공개로 진행되었다. 국방부 출입기자의 방청은 허락되었으나 아무도 수첩을 꺼내 취재하지 않았고, 외신 기자들의 방청은 "재판 내용을 잘못 이해해 보도할 수 있다"라는 이유로 제한되었다. 민청학련 사건의 재판에서는 강신옥 변호사가 "직업상 변호인석에 있으나 그렇지 않다면 피고인들과 뜻을 같이해 피고인석에 앉아 있겠다"라고 발언했다가 구속되어 원대로 피고인석에 앉게 되었다.

공판조서 변조와 사법살인

이렇듯 어이없는 재판에서 정말로 믿을 수 없는 일이 벌어졌다. 공판조서가 변조된 것이다. 대법원의 재판은 피고인을 직접 심리하지 않고 기록만으로 사건을 판단하기 때문에 공판조서 변조는 보통 문제가 아니었다. 박정희와 대구사범 동창인 김종길 변호사는 1974년 9월 말 항소이유서를 작성하면서 공판조서 변조 사실을 처음 알았다. 법정에서 분명히 아니라고 부인했는데도 대부분 공소사실을 시인한 것으로 되어 있었던 것이다. 중정의 내부 문건에 의하면 김종길 변호사는 1974년 10월 중순 사무실을 찾아온 우홍선과 전창일의 부인에게 "공판조서의 기재 내용이 피고인의 진술 내용을 충분히 반영하지 않고 있다"라고 설명한 것으로 되어 있다.[3] 1975년 2월 초에는 조승각 변호사도 이수병·김용원 등의 공판조서 열람을 대법원에 신청해 타자打字된 공판조서 등본 1통을 교부받아 검토했다. 그리고 많은 부분이 자신이 공판정에서 직접 들은 피고인의 진술과 다르게 기록되었음을 확인했다. 조승각 변호사는 피고인 이수병의 진술 중 그의 공판정 진술과 정반대로 작성된 공판조서의 해당 내용에 '—'와 '×'로 표시해 2월 중순 이수병과 김용원의 부인에게 주었다. 김종길, 조승각 두 변호사가 공판조서가 실제 답변과 다르게 작성되었다고 지적한 부분은 "공산주의 국가 건설을 목적으로 공산 비밀조직을 구성하자는 회합 결의를 한 사실" 등 반국가단체 결성과 관련된 부분이다. 여덟 명이 사형을 당한 것도 바로 이 혐의 때문인데 검찰 측이 제시한 유일한 증거가 바로 피고인들의 자백이었다. 피고인들은 법정에서 이를 부인했지만 군법회의는 공판조서를 허위로 작성했고 대법원은 날조된 공판조서에 의거해 사형을 확정한 것이다.

민청학련 사건 관련자도 처음에 열린 군법회의에서 일곱 명이나 사형이 선고되었지만, 1974년 7월 20일 여정남을 제외한 대부분이 무기로 감형되었다. 이때 이미 민청학련은 살리고 인혁당은 죽인다는 방침이 정해진 것인지는 알 수 없지만, 상황은 인혁당 관련자들에게

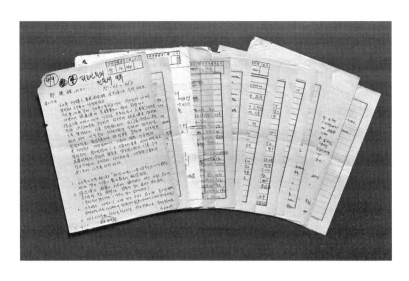

인혁당 재건위 사건 피고인들의 진술서.

인혁당 재건위 사건으로 사형 당한 사람들. 위 왼쪽부터 서도원, 김용원, 이수병, 우홍선, 아래
왼쪽부터 송상진, 여정남, 하재완, 도예종.

1975년 4월 8일 대법원에서 인혁당 재건위 사건 피고인들에게 사형과
무기징역 등이 확정되자 가족들이 절규하고 있다.

매우 불리하게 돌아갔다. 8월 15일에는 육영수 여사가 피격으로 서거해 분위기가 더욱 얼어붙었다. 1975년 2월 박정희는 유신헌법에 대한 찬반 국민투표라는 승부수를 던진 뒤 긴급조치 위반자들을 석방하는 유화조치를 취했다. 그런데 박정희의 기대와 달리 석방된 사람들은 '자숙'하는 게 아니라 개선장군 대접을 받았고, 감옥에서 풀려난 김지하는 『동아일보』에 인혁당 사건이 고문으로 조작된 것임을 생생하게 폭로했다.[4] 격분한 박정희는 인혁당이 김일성의 지령으로 간첩에 의해 조직된 것이라며 극형이 가능하다고 강조했다.[5] 그러나 여기서 간첩이란 북이 보낸 남파간첩이 아니고 미군 정보기관이 북쪽으로 침투시킨 간첩이었다.[6] 그럼에도 박정희 정권은 사이공 함락이 임박하는 등 정세가 악화되자 인혁당 관련자 사형을 전격 집행했다. 형 집행은 대법원 확정판결 18시간 만에 시작되었다. 구속 이래 1년 가까이 면회를 할 수 없었던 가족들은 형이 확정되었으니 면회가 가능하겠지 하며 아침 일찍 서대문구치소에 왔다가 사형이 집행되고 있다는 소식을 듣고 혼절했다.

대법원은 저항권은 인정할 수 없고 긴급조치는 위헌이 아니라면서 피고와 변호인의 고문 주장을 배척했고, 절차상의 위법은 묻지도 따지지도 않았다. 공판조서가 변조되었다는 주장도 묵살되었다. 확정판결 18시간 만의 사형집행은 인간이 할 짓이 아니다. 그러나 형사소송법 어디에도 18시간 만에 사형집행을 하면 안 된다는 구절은 없으니 이 또한 철저하게 '합법'이었다. 유신체제는 그로부터 4년 6개월 더 지속되었는데 박정희는 긴급조치 위반 사건을 더는 군법회의로 보내지 않고 일반법원에서 재판하도록 했다. 인혁당 사건 관련자들에 대한 사법살인으로 대한민국 법원은 사법부를 지독히 불신했던 박정희로부터 신뢰를 획득했다. 그러나 독재자의 신뢰가 깊어질수록 국민들의 마음은 사법부로부터 멀어졌다.

인혁당 사건과
공안검사들의 항명파동

정치검찰 논란은 언제나 뜨거운 이슈다. 이 책은 중정 – 안기부가 사법부에 가한 압력을 주로 다루었지만, 검찰에 대한 압력 역시 중요한 사례 몇 건은 꼭 다뤄야 할 것이다. OECD 가입국 어느 나라에서도 한국처럼 검찰이 신뢰를 잃고 조롱과 야유의 대상이 되지 않았다. 대한민국 검찰이 처음부터 저 지경은 아니었다. 초대 서울지검장 최대교는 이승만의 압력에도 불구하고 현직 상공장관 임영신을 독직 혐의로 기소했다. 2대 검찰총장 김익진은 이승만의 부당한 압력에 고분고분 응하지 않다가 서울고검장으로 강등되는 수모를 당했다. 당시 서울지검장 이태희는 이 말도 안 되는 인사에 대해 이승만을 상대로 인사처분 무효 확인소송을 냈다가 부산지검장으로 좌천되었다. 1960년 4월혁명 후 이태희가 검찰총장으로, 최대교가 서울고검장으로 복귀하여 검찰의 독립성을 지키기 위해 노력했다.

　군정에서 민정으로 넘어가던 1963년 12월, 박정희는 육군 사단장 시절 자신의 법무참모인 36세의 중앙정보부 차장 신직수를 검찰총장에 임명했다. 신직수의 동기들은 잘해야 부장검사에 올랐을 때였다. 신직수는 무려 7년 반 간 검찰총장 자리에 있었는데, 그의 재임기간은 검찰이 권력의 시녀로 전락한 시기였다. 그 결정적 계기가 제1차 인민혁명당(인혁당) 사건이었다.

공안검사들의 '양심적' 기소 거부

1964년 9월 10일 각 신문은 서울지검 공안부 이용훈 부장과 김병리, 장원찬 등 인혁당 사건 담당 검사 세 명이 상부의 기소 강행 방침에 반발해 사표를 제출했다는 사실을 '항명파동'이라고 크게 보도했다. 『동아일보』는 사설에서 "우리의 공안부 네 검사는 보안법 관계 사실에 대하여는 추호의 용서도 하지 않기로 유명한 분들"이라고 소개했다.[1] 도대체 어떤 일이 있었기에 반공의식 넘치는 공안검사들이 중정이 야심만만하게 발표한 대규모 조직사건의 기소를 집단적으로 거부하고 나섰을까?

1964년 8월 14일 중앙정보부장 김형욱은 북의 지령을 받아 국가를 변란하려는 지하조직인 인민혁명당을 적발했다고 대대적으로 발표했다. 중정은 구속 22명, 불구속 12명, 미체포 13명 등 총 47명의 피의자를 서울지검으로 송치했다. 피의사실의 핵심은 이들이 남파 간첩 김모(최초 발표문에는 김영춘, 송치의견서에는 김모)의 지령에 의해 반국가단체 인민혁명당을 창당하여, 한일회담 반대 학생데모를 배후 조종했다는 것이다. 인혁당 사건을 통해 '학생운동과 배후의 빨갱이'라는 도식을 처음 선보인 군사정권은 이후 위기 상황이 올 때마다 이 카드를 빼들었다.

방대한 기록을 넘겨받은 공안검사들은 수사에 총력을 기울였지만 수사는 난관에 봉착했다. 앞뒤가 맞지 않는 중정 진술 외에는 아무런 증거가 없었던 것이다. 증거가 없으니 공소를 제기할 수 없었지만, 중정이 떠들썩하게 발표한 사건을 기소하지 않는다는 것도 보통 일은 아니었다. 이용훈 부장검사는 "이토록 중대한 사건을 증거도 없이, 또 검찰에 송치도 하기 전에 전 국민을 상대로 대대적으로 발표부터 해버린 중앙정보부가 원망스러웠다"라고 회고했다.[2]

이용훈은 서울지검장 서주연에게 기소하기 어렵다는 것이 공안부 의견이라고 수사결과를 보고했다. 서주연은 기소도 못하면 대대적으로 발표한 정부의 위신이 뭐가 되느냐며 "어떻게든지 해보아야 할 것 아니오?" 하고 언성을 높였다. 이용훈도 공안부 검사 네 명이 "국가안보적 견지에서 사건 수사에 한 치의 소홀함도 없도록 전심전력을 다하여 수사"했는데, "어떻게든지 해보라는 말씀은 증거가 없어도 기소하라는 말씀"이냐고 따졌다. 그러면서 지검장이 검찰총장에게 보고할 수 없다면 자신이 직접 보고하겠다고 이용훈이 말하자, 서주연은 애원조로 다시 어떻게든 해보라고 당부했다. 구속만기일이 다가오는 가운데 8월 31일 이용훈은 검찰총장 신직수에게 "공소 제기를 하여도 유죄를 받을 수 있는 증거가 전혀 없다"라고 수사결과를 보고했으나 역시 받아들여지지 않았다. 신직수는 몇 달 전까지 중앙정보부에 차장으로 있던 몸이었다.

다음 날 그는 법무부에서 장관 민복기, 차관 권오병, 담당 국장, 대검 차장, 서울지검장 등 고위 간부들이 모인 가운데 다시 한번 수사결과를 보고했다. 이때 권오병이 "빨갱이 사건에 일일이 증거 운운할 수 있겠소? 정보부에서 받아낸 피의자들의 자백을 검사들은 왜 못 받아내는 거요? 정보부에서 자백한 것이 있으니 그대로 공소 제기를 해도 되지 않겠소?"라고 강하게 말했다. 이용훈도 흥분하여 "차관님, 어찌 그런 말씀을 하십니까? 차관님께서는 대학에서 형사소송법을 강의하시면서 학생들에게도 그런 식으로 가르치십니까?"라고 받아쳤다.

법무부에서 돌아온 서울지검장 서주연은 다시 여운상 차장과 이용훈과 공안부 최대현, 김병리, 장원찬 등을 불러 회의를 가졌다. 이용훈에 따르면 서주연은 "빨갱이 사건은 일반 사건과는 다르게 취급해야 하는 것이오. 이 사건에 대한 공소 제기는 법무장관과 검찰총장의 절대적인 명령이므로 당신들은 기소를 하든지, 아니면 옷을 벗고 물러나든지 둘 중의 하나를 선택하시오. 기소를 해서 무죄가 되더라도 검사들에겐 책임을 안 지운다는데 왜들 그러는 거요? 여러분들이 기소를 안 한다면 나는 검사장을 그만둘 수밖에 없어요. 당신들도 사표를 써가지고 있어요!"라고 발언했다. 이용훈이 "이렇게 심한 말은 내 평생 처음 들어보는 말"이라 어안이 벙벙해 있을 때, 공안부의 막내 장원찬 검사가 울음을 터뜨렸다고 한다. 이용훈과 김병리도 흥분해서 모두 사표를 쓰겠다고 큰 목소리로 말하고 검사장실을 나왔다. 다리가 후들거렸다고 한다.

기소하든지 사표 쓰든지

다음 날 검찰총장과 검사장이 이들을 개별적으로 불러 설득했고 수사팀 내에서는 최대현이 중정에서 제시한 국가보안법 위반이 아니라 반공법 위반으로 혐의를 바꿔 기소하자고 제안했지만 의견의 일치를 보지 못했다. 검사장은 상부의 명령이라며 구속만기일 이틀 전인 9월 3일까지 국가보안법 위반으로 무조건 기소하라는 최후통보 명령을 내렸다. 공안검사들이 이 역시 거부하자 검사장은 "당신네들이 정 기소를 안 하겠다면 검사장이나 차장 이름으로 기소하겠으니 기소장이라도 작성해달라" 사정했으나 이용훈, 김병리, 장원찬 등은 끝내 사표를 제출했다. 원래 공안부 전원이 사표를 내기로 했지만, 김형욱이 "나의 심복처럼 움직이던" 검사라고 회고록에 쓴 최대현은 마지막 순간 사라져버렸다고 한다. 최대현은 김형욱으로부터 "서울지검 검사장에게 내 말을 전하시오. 재판 결과야 어떻게 나든 간에 단 한 명이라도 기소는 해야 할 것 아니오! 중앙정보부를 어떻게 보

위부터 차례대로
여운상 검사,
한옥신 검사,
이용훈 검사.

는 거요?" 하는 압박을 받고 있었다.

　대검은 서울지검 차장검사 여운상의 명의로 기소하라는 지시를 내렸지만, 여운상 역시 기소장 작성과 서명을 거부했다. 여운상은 인혁당 사건이 일어나기 직전까지 중앙정보부에서 보안차장보로 근무했었기에 그마저 서명을 거부한 것은 정보부로서는 뼈아픈 일이었다. 검찰 고위층은 당황하며 서울지검의 다른 검사들에게 기소장 작성을 부탁했으나 "그렇게 중요한 사건이면 검사장님이나 차장검사님이 직접 기소하시죠"라며 빈정거릴 뿐이었다. 서주연은 그날 밤 당직인 정명래를 시켜 급히 공소장을 작성하게 했다. 피의자 근처에도 가보지 않은 정명래는 중정의 송치의견서를 그대로 베껴 공소장을 완성했으니, 검사동일체의 원칙*을 참편하게 적용한 것이다. 김형욱은 어려운 상황에서 인혁당 관계자를 기소한 정명래를 중앙정보부 5국 부국장으로 기용하는 것으로 보답했다. 김형욱은 "혼란한 상황일수록 부하를 채용하는 기준이 능력 위주에서 충성심 위주로" 바뀐다고 덧붙였다.

　검찰은 천신만고 끝에 인혁당 관련자들을 구속만기일 저녁에 기소했다. 그러나 이용훈, 장원찬, 김병리 검사가 "양심상 도저히 기소할 수 없으며 공소를 유지할 자신이 없다"라며 기소를 거부, 사표를 제출했다는 사실이 각 신문의 사회면 톱으로 보도되면서 국회에서 논란이 되었다. 1964년 9월 9일 국회는 법무장관 민복기를 불러 "인혁당 사

---

* 검사동일체의 원칙
모든 검사는 검찰권 행사에 있어서 검찰총장을 정점으로 피라미드형의 계층적 조직체를 형성해 상하 복종관계로 일체불가분의 유기적 통일체를 이룬다는 원칙을 의미한다.

건은 6·3 계엄 사태를 합리화하기 위한 조작이 아니냐", "항간에서는 이번 인민혁명당 사건을 정치적인 쇼"라 부른다, "애국적인 학생데모의 주동자들을 솔직히 말해서 때려잡기 위해서 이 악랄한 사건이 인위적으로 조작되었다는 여론이 구구"하다면서 기소 경위를 추궁했다. 민복기는 "사건이 중대하고 여러 가지 의심할 만한 점이 있기 때문에 법원의 판단을 받아보라고 해서 기소한 것"이라고 해명했다.

이렇게 파장이 커지고 국회에서 중앙정보부 폐지론까지 제기되자 중정 부장 김형욱은 사건 재수사를 지시했다. 재수사는 과거 중앙정보부에 파견근무를 하는 동안 김형욱 밑에서 일하기도 했던 한옥신 서울고등검찰청 차장검사가 맡았다. 한옥신은 중정, 검찰 관계자들과 함께 수차례에 걸쳐 합동회의를 가졌지만 중앙정보부가 요구하는 대로 기소하기는 어렵다며 난색을 표했다. 결국 사건이 기소된 지 1개월 11일 만인 1964년 10월 16일, 검찰은 26명 중 14명에 대해서는 공소를 취하, 석방하고 12명은 당초 국가보안법상 반국가단체구성죄를 적용한 공소장을 변경, 반공법 제4조 1항(찬양·고무) 위반혐의로 재기소하기에 이른다.[3] 검찰 스스로 처음 기소가 무리한 것이었음을 자인한 것이다.

법무장관 민복기는 사표를 내고 근 한 달간 출근도 하지 않던 이용훈을 불러 이제 모든 문제가 풀렸으니 그대로 그 자리에서 전과 같이 일해달라고 위로했다. 이용훈도 장관의 따뜻한 말에 그동안 쌓이고 쌓인 울분과 억울함이 풀리며 눈물을 떨구고 말았다고 한다. 이용훈은 그 길로 서울지검으로 출근했지만, 새로운 인사파동이 그를 기다리고 있었다.

또 다른 인사 파동 그리고 '양심'의 실종

사실 이용훈 검사는 "우리가 옳았다는 것이 증명된 셈"으로 여기고 다시 출근했다. 그러나 출근 사흘 만에 이용훈과 서울지검 차장으로 인혁당의 무리한 기소에 반대했던 여운상을 서울고검 검사로 전보하고, 한옥신을 서울지검 차장으로 기용하는 인사안이 마련되었다. 여운상과 이용훈은 이 부당한 조치에 반발해 또다시 사표를 제출했다. 『경향신문』도 1964년 10월 24일자 사설에서 "양심에 충실한 검사들이 푸대접받고 고분고분하기만 한 검사들이 더 중용된다고 한다면 이는 기강확립이 아니라 위신의 추락을 의미할 뿐"이라고 비판했다.[4]

이들이 제출한 사표는 20여 일 후인 11월 14일에 결국 수리되었다. 중앙정보부장 김형욱은 이들이 사표를 스스로 내기는 했지만 "사실상 압력을 받아 강제로 물러난 것"이라면서 회고록에 이렇게 썼다. "사표를 내던져 나를 곤란하게 만들기는 했으나, 서울지검 공안부 이용훈 부장검사와 여운상 검사의 정의감과 용기를 나는 내심 인정하지 않을 수 없었다. 나는 그들 두 명으로 대표되는 '아직은' 살아 있던 검찰의 양심에 판정패를 당한 셈이다." 이 사건만을 놓고 보면 중앙정보부가 검찰의 양심에 판정패를 당했다는 김형욱의 말이 틀린 것은 아니다. 그러나 문제는 이 사건 이후 검찰의 양심이 실종되었다는 점이다.

인혁당 사건의 재수사를 떠맡은 한옥신 검사는 1960년 4월혁명 전야에 이승만 정권과 경찰이 마산 3·15 의거를 공산당의 배후조종에 의한 것으로 몰고 갈 때 용공조작의 진상을 파헤쳐 역사의 흐름을 바꾸는 데 일조한 용기 있는 검사였다. 1960년 3월 15일 부정선거 규탄 데모대회에 경찰이 발포해 사망자가 발생하자 경찰은 총에 맞아 사망한 희생자의 주머니에 이북 삐라를 집어넣었고, 북마산파출소 방화 사건에 대해서는 공산분자의 사주로 6·25 때의 부역자가 방화한 것이라고 조작했다. 경찰의 증거물이 조작된 것이라는 점을 밝혀낸 한옥신 검사는 김주열의 시신이 발견되자, 발포자인 박종표가 시신에 돌을 묶어 바다에 유기했다는 점도 밝혀내는 등 경찰의 조작을 낱낱이 파헤쳤다.

한옥신 검사는 정부에 불리한 수사는 하지 말라는 압력을 물리치고 마산 사건을 엄정히 처리해 국민의 신뢰를 받았지만, 4월혁명으로 출범한 2공화국 시절 국가보안법 위반으로 곤욕을 치렀다. 민주당 정권은 1958년 이승만이 개악한 국가보안법의 독소조항을 개정했다. 그런데 이때 국가보안법에 불고지죄라는 조항이 신설되었다. 불고지죄는 국가보안법을 위반한 자를 신고하지 않으면 처벌하는 조항으로 "부모·형제까지 고발하라니 공산사회보다 더한 것 아니냐" 하는 비판이 일었다. 말썽 많은 불고지죄가 신설되고 난 뒤 첫 번째로 걸린 사람이 부산지검 정보부(현재는 공안부) 부장이던 한옥신 검사였다. 한옥신의 이종사촌 동생 김임종이 월북했다가 공작원으로 남파되어 한옥신의 집에서 하룻밤 자고 갔는데 한옥신이 이를 신고하지 않았다는 것이다. 김임종이 체포된 뒤 이 사건이 문제가 되어 한옥신은 연금 조사를 받았는데 이때의 담당 검사가 얄궂게도 이용훈이었다. 김임종의 가족은 모두 구속 기소되었지만 다행히 한옥신은 기소를 면하고 징계처분만 받았다. 5·16 군사반란 후 최고회의 공보실은 '민주당 정권의 용공정책 진상'을 대대적으로 발표했는데, 이때 한옥신 검사 사건은 민주당 정권이 '용공검사'를 비호해 단순징계에 그친 사건으로 제시되었다. 인혁당 사건이나 동백림 사건같이 정권 차원에서 크게 일을 벌였다가 재판 과정에서 곤란한 일이 생기면 한옥신이 직급과 상관없이 구원투수로 투입된 것은 이러한 약점과 무관하지 않을 것이다. 1960년대와 1970년대를 대표하는 공안검사로 활약한 한옥신은 잠시 치안국장을 지내고 유정회* 국회의원이 되었다.

* 유정회
유신헌법에 따라 대통령의 추천으로 통일주체국민회의에서
선출된 전국구 국회의원들이 구성한 원내교섭단체를 말한다.
'유신정우회'維新政友會를 줄여 '유정회'라고 한다.

'인혁당' 간첩의 진실

인혁당 사건은 또 박정희 정권이 출범한 이후 최대의 고문조작 사건으로 부상하기도 했다. 국회에서도 조사를 벌인 결과 국회전문위원 문상익 검사는 피의자들의 진술의 일관성과 몸에 남아 있는 상처 등을 볼 때 고문의 혐의가 농후하다고 보고했다. 피의자 중 두 명이나 조사를 받던 중 고문을 못 이겨 자살을 시도했던 점도 국정원 과거사위 조사결과로 밝혀졌다. 그중 제일은행원 이종배(일명 이상배)는 1964년 7월 중앙정보부 수사국 건물에서 투신해 척추골절로 전신마비의 중증장애인이 되었는데, 1970년 고문의 상해로부터 회복될 수 없음을 비관해 식음을 전폐하고 스스로 목숨을 끊었다.

검사의 항명파동과 고문 논란, 검찰의 기소장 변경 등 온갖 논란 끝에 1965년 1월 21일에 열린 1심 판결에서는 피고인 13명 중 도예종, 양춘우 등 두명에게만 반공법으로 유죄가 선고되고, 나머지 11명은 모두 무죄선고를 받았다. 그러나 2심에서는 '인혁당'이라는 조직을 만든 증거는 없으나 이들의 서클 수준 모임은 반공법을 위반한 것이라며 전원 유죄판결을 받았고 대법원에서 상고를 기각해 고법 판결을 확정지었다.

중앙정보부는 1964년 8월의 발표문에서 인혁당은 1962년 1월 남파 간첩 김영춘의 사회로 발기인 모임을 가졌고, 김영춘은 5월 '북괴 중앙당'에 인혁당 창당 결과를 보고하기 위해 월북했으며, 우홍선은 10월 김배영을 당 자금 수령차 일본을 경유해 월북시켰다고 주장했다. 1974년의 제2차 인혁당 사건(인혁당 재건위 사건)이 일어났을 때도 유신정권은 인혁당이 간첩에 의해 조직되었다는 입장을 고수했다. 인혁당 관련자들에 대한 고문조작 의혹이 제기되고 석방운동이 일어나자 박정희는 격앙해 법무부로 하여금 인혁당 사건의 '진상'을 발표하도록 지시했다. 이에 법무장관 황산덕은 1975년 2월 24일

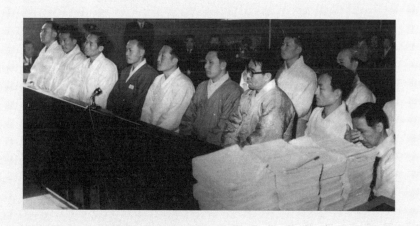

1964년 11월 24일, 도예종 등 13명이 1차 인혁당 사건으로 공판을 받는 모습.

"인혁당은 김일성의 지시에 따라 1961년 남파된 북괴 간첩 김상한이 1962년 1월 조직한 지하당으로 김은 그 후 1962년 5월 사업보고와 운영자금을 조달하기 위해 월북, 당시 재정책이었던 김배영이 새로운 지령을 받고 공작금을 수령하기 위해 월북했다"라고 발표했다.

중정 발표문에 등장하는 김영춘이 곧 김상한으로 그는 동아대학교 문리대 교양학부 부교수로 있다가 사임하고 4월혁명 후 7·29 총선에 사회대중당 후보로 출마했다가 낙선한 인물이었다. 그가 중앙정보부가 인혁당의 창당 발기인 모임이라고 규정한 1962년 1월 모임에 참석했다가 월북한 것은 사실이다. 중앙정보부도 그날 모임에서 사회를 본 김상한이 월북했다는 사실을 알아내고는 인혁당 관련자들이 북과 연결된 것이라고 생각해 일을 키운 것이다. 그런데 수사를 하다 보니 뜻밖의 사실이 밝혀졌다.

김상한이 간첩은 간첩인데 김일성의 지령을 받아 북에서 내려온 남파 간첩이 아니라, 군 첩보 계통에서 북으로 잠입시킨 북파 간첩이었던 것이다. 김상한의 월북은 남파 간첩이 임무를 마치고 복귀한 것이 아니라, 남쪽의 정보기관이 특수임무를 주어 1962년 7월 북으로 침투시킨 것이다. 더구나 육군 첩보부대에서 김상한의 북파 공작을 담당했던 팀장 이모는 당시 중앙정보부 직원으로 근무하고 있었다. 그는 정식으로 국가보안법 피의자로 입건되어 피의자 신문을 받았는데, 1964년 9월 1일자로 된 피의자신문조서에 따르면 자신은 김상한이 인민혁명당을 만든 사실을 몰랐다고 변명했다. 그는 김상한이 자신의 가족이 남쪽에 있기 때문에 자신은 북에 갔다가 꼭 돌아올 것이라며 적극적으로 북에 가겠다고 나선 것은 "자기 목적 수행을 위하여 월북하려는 위장구실"이었는데 자신이 속아 넘어갔다고 말했다. 이모 팀장의 상급자로 육군 첩보부대에서 김상한 북파 공작의 담당 과장이었던 김모도 정보부에서 정식으로 피의자신문조서를 작성했는데, 김상한같이 혁신운동을 하던 사람을 "포섭 조정하여 완전히 우리 사람을 만들고 가족들에 대한 생활비 등으로 도와준다면 자진 월북자로 가장하여 임무 수행"할 것이라 생각하여 김상한을 채용했다고 진술했다. 김상한은 남파 간첩이 아님이 분명해졌지만, 중정은 발표문 등을 수정하지 않은 채 김상한의 월북을 위장입북으로 몰고 간 것이다. 김상한과 가까운 혁신계 인사들은 김상한이 육군 첩보부대가 아니라 미군정보기관에 의해 북파되었다고 주장했다.

김상한이 남파 간첩이 아니라 북파 간첩이었다는 점은 정보부에 치명적 타격이었다. 그런데 몇 년 후 인혁당 사건 관련자가 진짜 간첩이 되어 나타난 일이 발생했다. 1964년 발표문에 김배영은 1962년 10월 월북한 것으로 되어 있는데, 그는 이때 월북한 것이 아니라 형이 있는 일본으로 밀항했다. 1964년 8월 인혁당 사건이 발표되고 일본 경시청에서 김배영을 수배하자 오갈 데 없어진 그는 1964년 11월 조총련계를 통해 북으로 갔다가 1967년 10월 공작원으로 남파되었다. 곧 체포된 김배영은 1971년 사형을 당했다. 그리고 박정희 정권은 인혁당 재건위가 김배영이 북에서 가져온 공작금으로 조직된 것처럼 몰고 갔다.

10년을 사이에 두고 일어난 제1차와 제2차 인혁당 사건은 모두 철저히 조작된 사건이었다. 대규모 학생시위의 배후에 공산세력이 있다는 정보부의 각본은 똑같았지만, 사건을 다루는 검사들의 태도는 천양지차였다. 1964년만 해도 용기와 자존심을 갖춘 검사들이 있었으나, 10년 세월은 국가관이니 충성심이니 하는 것들이 검사들의 용기와 자존심과 부끄러움을 몰아낸 기간이요, 악화가 양화를 구축한 기간이었다. 정보부의 입맛대로 사건을 처리해 출세하는 검사들이 나올수록 검찰이라는 조직은 망가져갔다. 잘못된 용기는 넘치되 부끄러움이라고는 모르게 된 검찰은 민주화라는 좋은 환경에서도 건강성을 회복하지 못한 채 오늘에 이르렀다.

5 '긴급조치 9호'하의 재판

1975년 4월 9일의 인혁당 재건위 사건 피의자들에 대한 사형 집행 이후 정세는 긴박하게 돌아갔다. 4월 30일 사이공이 함락되어 북베트남 주도의 베트남 통일이 이루어지자 도미노 현상을 우려한 한국에서는 위기의식이 엄청나게 고조되었다. 이런 분위기에서 박정희는 5월 13일 긴급조치 9호를 선포했다.

감추고 싶어라, 판결문에 남은 이름: 법관 기피신청 사태

긴급조치 9호는 그동안 선포된 긴급조치 1호, 4호, 7호의 종합판으로 유신헌법에 대한 부정·반대·왜곡·비방·개정 및 폐기를 청원·선동·보도하는 일체 행위를 금하는 것이었다. 긴급조치 9호 역시 법관의 영장 없이 체포·구금·압수 또는 수색이 가능했지만, 제10항은 "이 조치 위반의 죄는 일반법원에서 심판한다"라고 규정했다. 이제 더는 군법회의를 설치하지 않고 긴급조치 위반 사건을 일반법원에서 다룬다는 것이었다. 청와대나 중앙정보부의 입장에서는 법원을 한 식구로 믿어준 것이라 할 수 있겠으나, 법원으로서는 이러한 이관이 꼭 반가운 일만은 아니었다. 긴급조치 사건을 일반법원이 처리한다는 것은 법관들이 유신체제 유지의 일선에 배치되어 손에 피를 묻히게 된다는 의미였다. 법관들 사이에서 '중앙정보부원'이라는 소리를 들을 정도로[1] 일부 출세에 눈먼 법관들에게는 승진의 기회였지만, 대다수 판사들에게는 큰 부담이었다. 2006년 말 '진실과 화해를 위한 과거사정리위원회'가 긴급조치 위반 사건 판결문에 대한 검토보고서를 낼 때 법조계 일각에서 판사 이름을 절대로 공개해서는 안 된다고 아우성친 것은 참으로 씁쓸한 일이었다.[2] 이 시절 법원 주변에서는 장차 대법원장감으로 거론되는 인재들의 경력 관리를 위해 일부러 서울형사지법으로는 보내지 않는다는 말이 나돌기도 했다.

긴급조치 위반 사건에 대한 관할권이 일반법원으로 돌아온 후 법관들이 직면한 사태는 법관 기피신청*이었다. 인권변호사들이 법관 기피신청을 본격 제출한 것은 1975년 5월 시인 김지하가 인혁당 사건이 조작이라는 내용의 수기를 신문에 발표했다가 기소되었을 때부터였다. 이 사건의 재판장을 맡은 권종근 판사가 과거 군법회의에서 인혁당 사건을 맡은 사람인지라 변호인들은 "인혁당 문제가 공소사실의 하나로 되어 있는 이 사건에서 공정한 재판을 기대할 수 없다는 이유"로 재판부 기피신청을 한 것이다. 이때는 하도 살벌한 시기라 김지하가 사형당하지 않을까 하는 현실적 우려가 나타났다. 일단 시간을 벌기 위해 변호인이 법관 기피신청을 내기로 했으나 인권변호사들도 위축되어 막상 자신들의 이름으로 기피신청 내기를 꺼렸다고 한다. 홍성우 변호사는 당시 상황을 이렇게 회고했다. "그때 솔직히 변호사인 내 이름으로 기피신청을 내기가 두려웠어요…… 다음 날 법정에 들어가려는데 다른 분이 아직 안 와서 혼자 들어가게 되었어요. 그 두려움이란 그 전에도 그 이후에도 겪어보지 못한 것일 정도

* 법관 기피신청
형사소송법 제18조에 따라 법관이 불공정한 재판을 할 우려가 있을 때 검사 또는 피고인 등이 제기할 수 있는 행위로 법률에 규정된 사유에 해당하는 때 그 법관을 직무 집행에서 배제할 것을 신청하는 제도이다. 기피신청이 접수되면 같은 소속 법원의 다른 재판부가 기피신청을 받아들일지 여부를 결정한다.

로 컸어요. 김지하는 그 뒤에 어느 글에선가 그 법정의 모양을 '법정에 칼이 서 있더라'라고 표현했었지요."[3]

이어 1975년 8월에는 「어떤 조사弔辭」라는 수필에서 사형이 집행된 간첩에 대해 애도의 뜻을 표해 반공법 위반 혐의로 기소된 한승헌 변호사의 변호인들이 이영범 판사에 대해 법관 기피신청을 제출했다.[4] 다음 달에는 선거법 위반 사건으로 기소된 김대중 씨가 재판장인 황석연 판사에 대해 피고인 측이 신청한 증인을 소환하지 않고 서증書證 제출기회를 봉쇄했다는 이유로 법관 기피신청을 제출했다. 녹음 검증을 하고 있는 판사실에 중앙정보부원이 들어와 있는데도 내보내지 않는 등 재판이 공정성을 상실했다고 보았던 것도 한 이유였다.[5] 대법원은 김지하, 한승헌, 김대중 재판 과정에서 제출된 법관 기피신청을 모두 기각했고 이해 말 법원장회의에서 대법원장 민복기는 법관들에게 추호도 위축됨 없이 재판에 임하라고 독려했다.

"등신"이 되어버린 사법부

민복기는 1974년 말에 열린 한 법원장 회의에서 유신체제는 가장 좋은 제도이며 법관들은 국가관에 입각해 재판하라는 훈시를 하여 국회에서 비난을 받았다. 이 발언에 대해 "당치 않은 망측한 소리"라며 문제를 제기한 국회의원은 판사 출신으로서 박정희 욕을 많이 하다 좌천된 후 법복을 벗은 김인기였다.

김인기는 5·16 군사반란을 일으킨 후 박정희가 법관이 아닌 전우영 대령을 법원행정처장으로 임명하자 일부러 그의 비위를 건드리는 행동을 서슴지 않았다고 한다. 당시 군인들이 법원 복도에 테이프로 중앙선을 그어놓고 좌측통행을 강제했을 때 김인기 부장판사는

1975년 8월 한승헌 변호사는 수필 「어떤 조사」에서 사형이 집행된
간첩에 대해 애도의 뜻을 표해 중앙정보부에 끌려가 고초를 당한 뒤
반공법 위반 혐의로 기소되었다. 한승헌 변호사의 변호인들은 불공정한
재판에 항의하며 법관 기피신청을 내는 등 분투했으나, 1심에서 1년
6개월 형을 받았고, 2심에서 징역 3년에 집행유예를 받아 9개월 옥살이
후 풀려났다.

일부러 우측통행을 했고, 전우영 대령을 복도에서 만나면 인사는커녕 째려보고 걸어가 오히려 전우영 대령이 멀리 김 부장이 보이면 피해 갔다고 한다. 김인기는 국가를 상대로 한 배상 사건에서 유신 전에는 국가의 승소율이 10~20퍼센트에 불과하던 것이 갑자기 80퍼센트를 넘어서게 된 것은 법관들이 법률과 양심 이외에 국가관이라는 새로운 기준에 따라 재판한 결과라고 꼬집었다.[6] 그는 일제시대에도 검사들이 의견을 진술하거나 구형할 때는 일어서서 했는데, 유신 후에는 "버젓이 뒤로 나가자빠진 태도로 구형"을 하는데 "이러한 불순오만한 법정태도를 보고 판사가 꼼짝을 못하고" 있는 현실을 개탄했다. 이것은 사법부의 '독립' 이전에 위신 문제였다. 현실이 이런데도 대법원장은 사법부 독립에 대한 아무런 언급 없이 판사들에게는 "바둑을 두지 마라, 도시락을 가져와라" 같은 지엽말단적 지시만 내리고 있다는 것이다. 그는 "긴급조치 위반 사건 같은 것은 보석이 없고, 집행유예가 없고, 무죄가 없다"라면서 "아무리 무고하고 억울한 사람이라도 검사가 기소할 때에 우선 긴급조치라는 죄명의 굴레얼갈이만 가지고 있으면 이것은 다시 헤어날 길도 없다"라고 개탄했다. 김인기는 대법원이 제출한 자료를 인용하면서 1975년의 구속영장 발부율이 93.3퍼센트나 되고 일부 지원은 100퍼센트까지 발부하기도 했다면서 "법원은 도대체 수사기관 검찰이 하라는 대로 끌려다녀요. 등신이 되고 말았다고……"라며 말을 잇지 못했다.[7]

긴급조치하에서 사법부의 독립성 문제를 심각하게 제기했던 김인기는 1978년 4월 11일 변호사법 위반·공갈·탈세 등 혐의로 구속되었다. 처남과 유산상속 문제로 갈등이 빚어졌는데 평소 박정희 정권을 비판해온 것이 빌미가 되어 구속에까지 이른 것이다. 김인기를 기소한 검찰은 공소유지에 자신이 없었는지 기소 일주일 후 귀향보고 당시의 체제비판 발언을 문제 삼아 긴급조치 9호 위반 혐의로 추가

기소했다. 긴급조치 위반 사건에 무죄가 없고 그 죄명만 덮어씌우면 헤어날 길이 없다고 비판했던 국회의원이 긴급조치 위반으로 구속 기소된 것이다. 그가 '등신'이 되었다고 탄식했던 법원은 김인기에게 징역 3년을 선고했다.[8]

1976년의 경우 긴급조치 9호 위반 사건으로 판결을 받은 피고인은 모두 221명이었다. 그중 무죄가 선고된 사람은 단 한 명이었다. 1976년 11월 8일 서울지방법원 영등포지원의 이영구 재판장은, 수업 도중 "후진국일수록 1인 정권이 오래가는데 우리나라 정권은 동해물과 백두산이 마르고 닳도록 해먹는다"라는 취지의 발언으로 기소된 고등학교 교사에 대해, 1인 정권 문제는 역사적·경험적 사실로 그 자체가 날조된 사실이거나 사실을 왜곡한 것이 아니며 "동해물과 백두산이 마르고 닳도록"이란 표현은 비유일 뿐 사실을 왜곡하는 것이 아니라며 무죄를 선고했다. 그리고 두 달이 채 안 된 1977년 1월 4일 그는 관례를 깨고 전주지방법원 부장판사로 전보되었다가 2월 5일자로 법복을 벗게 된다.[9] 이보다 앞서 이영구 판사는 1976년 2월 군사독재에 저항해 할복자살한 서울대생 김상진의 49재에 맞춰 교내시위를 벌인 이른바 5·22 사건으로 기소된 네 명의 학생 중 두 명에게는 징역과 자격정지 1년 6월형을, 다른 두 명에게는 집행유예를 신고한 바 있다. 최근 언론과 행한 인터뷰에서 이영구 변호사는 "지금도 그때 실형을 선고한 학생들에게는 미안하다"라고 말했다. 하지만 이 판결은 "당시 정권의 기대에 한참 못 미치는, 관대한 판결"이었다. 이 변호사에 따르면 "그때 서울대 학생들을 집행유예로 풀어주자마자 정부에서 민복기 당시 대법원장에게 나를 인사조처 하라는 압력을 넣었다고 나중에 전해 들었다"라면서 "민 대법원장이 1976년 말 정기인사 때까지 나에 대한 인사를 계속 미뤄줬다"라고 했다. 이 변호사는 "이미 위에서 압력이 들어오고 대법원장이 힘들게 그 압력을 막아내고 있는 상황인데, 나는 그것도 모른 채 긴급조치 9호와 반공법 위반 혐의로 기소된 여고 교사에게 무죄를 선고했다"라며 "청와대에서는 약이 올랐을 테고, 대법원장도 상당히 곤란했을 것"이라고 말했다.[10] 긴급조치 사건에 대해 하급심에서 거의 유일하게 무죄판결을 내린 이영구 부장판사가 법복을 벗게 되었다는 사실이 주는 메시지는 분명했다.

6 '사법부 독립'을 요구한 원주선언과 명동 사건

인혁당 사건 피고인 사형과 사이공 함락에 이은 긴급조치 9호 발동 이래 한동안 잠잠하던 반유신운동은 1976년 1월의 원주선언으로 되살아났다. 당시 원주는 지학순 주교, 김지하, 장일순 등이 살고 있어 민주화운동의 중심지가 되었다. 천주교는 신구교의 분리를 반성하는 의미에서 일치주간을 두고 있는데 이 시기를 맞이하여 1월 23일 원주 원동성당에서 인권과 민주회복을 위한 기도회가 신구新舊 교회 합동으로 열렸다. 기도회는 천주교 신부들 다수와 개신교의 문익환, 문동환, 서남동, 조화순 목사와 함석헌 등이 서명한 것으로 따로 제목을 달지 않은 반유신선언을 채택했다.

원주선언으로 되살아난 반유신 시국선언

기도회에 참석한 개신교 인사들은 삼일절에 개신교도 천주교처럼 문건을 발표해야겠다는 자극을 받았다. 한편 김대중 전 대통령 후보와 국회의 최다선 원로인 정일형 의원 등 정치권에서도 삼일절에 즈음한 시국선언을 모색하고 있었다. 워낙 살벌한 때였던 만큼 개신교 측이나 정치권 쪽 모두 윤보선 전 대통령의 서명을 받기를 원했다. 레드콤플렉스에서 자유롭지 못했던 김대중 후보 측은 서명 문안을 완곡하게 작성했지만 색깔론 부담이 없는 윤보선 전 대통령은 유신 철폐 입장을 보다 분명히 할 것을 주장했다. 두 갈래의 흐름을 하나로 모아 실질적으로 일을 준비한 사람은 문익환 목사였다. 문익환 목사는 자신이 기초한 선언 문안을 제자 이해동 목사에게 전달해 55부를 인쇄했다.[1]

3·1 민주구국선언은 개신교 측이 주도했지만 발표 장소는 명동성당이었다. 삼일절이 다가오면서 발표 장소가 마땅치 않자 천주교 측에 명동성당의 삼일절 기념 미사에서 민주구국선언을 발표할 기회를 마련해달라고 요청했던 것이다. 천주교 측은 이미 원주선언을 했기 때문에 3·1 민주구국선언에는 다시 서명하지 않는 것으로 역할 분담이 되어 있었지만 개신교 측의 급한 요구에 선언 발표 장소를 제공한 것이다. 그 당시 김수환 추기경의 옷자락이 그렇게 넉넉했다. 1976년 3월 1일 오후 6시 2,000여 명 신자가 참석한 가운데 삼일절 기념 미사가 거행되었고, 미사의 마지막 순서로 바로 전날 교수 재임용에서 탈락한 서울여대 이우정 교수가 윤보선, 김대중, 함석헌, 정일형 등 11명이 서명한 3·1 민주구국선언을 낭독했다. 그것으로 미사는 조용히 끝났고 시위도 농성도 없이 다들 집으로 돌아갔다. 일은 다음날 벌어졌다.

국무회의 석상에서 전날 재야인사들이 유신철폐를 주장하는 선언을 발표했다는 보고를 받은 박정희는 펄펄 뛰며 이들을 잡아들이라고 직접 지시했다. 그날부터 관련자들이 하나 둘 사라지더니 3월 10일 검찰은 일부 재야인사들이 "민중선동에 의한 국가변란을 획책" 했다며 어마어마한 사건을 발표했다. 검찰은 죄질이 나쁜 김대중, 문익환, 함세웅, 문동환, 이문영, 서남동, 안병무, 신현봉, 이해동, 윤반웅, 문정현 등 11명은 구속 수사 중이며 윤보선, 정일형, 함석헌, 이태영, 이우정, 김승훈, 장덕필, 김택암, 안충석 등 9명은 불구속으로 조사 중이라고 밝혔다.[2] 선언에 서명한 사람의 두 배 되는 인원이 긴급조치 위반으로 입건되었는데, 특히 선언에 서명하지 않은 신부들이 구속자 세 명을 포함하여 일곱 명이나 걸려들었다.

법정 안팎에서 벌어진 쇼

명동 사건의 공판은 긴급조치 9호 관련 재판 중에서 가장 화려한 쇼였다. 우선 피고인들의 면면이 그랬다. 전직 대통령에, 대통령 후보에, 최다선 의원에, 개신교의 내로라하는 지도자에, 긴급조치 9호 발표 이후 해직된 교수 다섯 명이 포함되었으니 이런 화려한 멤버가 또 없었다. 피고인들 중에는 특별한 행동으로 이목을 끈 사람들도 있었다. 76세 고령으로 인해 불구속 재판을 받은 함석헌 선생은 삼베로 만든 상복을 입고 법정에 나왔고, 신현봉 신부는 피고인을 호명하여 앞으로 나갈 때면 한국의 인권과 민주주의가 죽어 곡을 한다며 "아이고 아이고" 곡을 하며 나갔다. 변호인도 피고 숫자보다 훨씬 많은 27명으로 당시로서는 초대형 변호인단으로 구성되었다. 1980년대에는 부천서 성고문 사건에 200여 명의 변호사가 팔 걷고 나서는 등 대형 변호인단이 구성되는 사례가 종종 있었지만, 1970년대에는 처음 있는 일이었다. 변호인들도 선임료를 받을 것이 아니라 수업료를 내야 할 정도였다며 재판 자체가 큰 공부가 되었다고 말했다. 국회의원이나 정치인 중 율사 자격을 가진 이들도 대거 변호인단에 참여했는데 홍성우 변호사는 "평소에 긴급조치 같은 거 안 하던, 정치권에 있

1976년 김대중 전 대통령이 정일형 의원과 함께 명동성당에서 3·1 민주구국선언에 참여한 뒤 민주주의 회복을 촉구하는 촛불시위를 하고 있다.

던 변호사들이 대거 거기 달라붙어서 좀 시끄러웠다"라고 회고했다.[3]

재판 자체가 유신정권이 꾸민 쇼였고 일부 피고인들과 변호인들도 쇼의 의미를 살렸지만 방청이 제한된 법정에는 실제 방청객보다 기관원이 더 많았다. 당시 법원은 피고 1인당 방청권을 5매 발행했는데, 방청권에는 타인에게 양도할 수 없고 입장 시 주민등록증을 함께 제시해야 하며 일단 퇴정 시는 재입장시키지 아니할 수 있고 분실 시는 재발급하지 않는다고 씌어 있었다.[4] 문익환 목사는 가족들이 보이지 않자 1회 공판부터 비공개 재판은 받을 수 없다고 거부하기도 했다. 방청석 맨 앞의 20석쯤은 기자석이었는데 항상 만원이었지만 관련 기사가 신문에 한 줄도 나지 않는 경우가 더 많았다. 김대중 후보는 최후진술에서 내지도 못할 것을 열심히 쓰는 기자들에게 요즘 식

명동 사건에 대한 공판이 열리는 법정 바깥에서는 남편의 수인번호가 적힌 보라색 원피스를 맞춰 입고 양산을 든 채 시위하는 아내들을 볼 수 있었다. 김대중 전 대통령 부인 이희호 여사의 모습도 보인다(맨 오른쪽).

으로 표현하면 "니들이 고생이 많다"라고 위로하기도 했다. 기자들은 변호인들이 쓰지도 못할 것을 뭐 하러 그렇게 열심히 나오느냐고 놀리면 민주주의 교실에 공부하러 다닌다고 답하곤 했다고 한다.

　진짜 볼거리는 법정 바깥에 있었다. 가족들은 고난을 상징하는 보라색 옷을 똑같이 차려입고 법정 주변을 행진하거나, 언론자유가 죽었다는 뜻으로 엑스표가 쳐진 마스크를 일시에 꺼내 쓰거나, 민주주의 회복 등의 구호가 쓰인 양산을 한꺼번에 펼치거나, 공개재판이라고 쓰인 부채를 폈다 접었다 하며 활보했다. 가족들은 브이자를 새긴 보라색 '빅토리 숄'을 떠서 판매했는데, 정부당국에서 한때 보라색 실을 팔지 못하게 해 선교사들이 공수해 온 일도 있었다고 한다. 이렇게 가족들이 맹활약하다 보니 윤보선 전 대통령 부인 공덕귀 여사

나 김대중 대통령 후보 부인 이희호 여사 등도 경찰차에 실려 교외에 버려지는 일이 다반사였다.[5]

논란이 된 사법부 독립

명동 사건 재판에서는 유달리 사법부의 독립 문제가 쟁점이 되었다. 3·1 민주구국선언 자체가 "우리는 사법부의 독립을 요구한다. 사법권의 독립 없이 국민은 강자의 횡포에서 보호받을 길이 없기 때문이다. 그러므로 사법부를 시녀로 거느리는 정권은 처음부터 국민을 위하려는 뜻이 없다고 보아야 한다"라며 사법부의 독립을 문제 삼았기 때문이다.

　박정희의 직접 지시로 벌어진 일이라 재판은 속전속결로 매주 토요일에 강행되었다. 이런 재판이 과연 공정하게 진행될지는 처음부터 의문이었다. 공소장 부본副本이 피고인과 변호인에게 즉각 전달되지도 않았고 공판조서도 제대로 정리되지 않았다. 재판장 전상석 부장판사는 검찰 측의 증인과 증거만 채택할 뿐 변호인 측의 증인 16명과 증거, 사실조회 요구는 거의 채택하지 않았다. 이돈명 변호사는 1심 재판장이 "너무 몰상식하게 재판을 진행했다"라면서 1심은 "재판이 아니라 싸움"이었다고 회고했다. 하경철 변호사는 "시국사건 변호인의 역할이란 무죄나 감형에 있다기보다 피고인들이 법정에서 충분히 진술을 할 수 있도록 시간과 기회를 만들어주는 데 있다"라고 했는데, 변호인단이 그런 역할을 충실히 해 민주주의의 강연장을 만들었다. 재판장이 서둘러 심리를 종결하자 변호인단은 검사의 논고 직전 재판부 기피신청을 내고 전원 퇴장했으며, 불공정한 재판에 대한 항의로 변호인단 전원이 사임하여 최종변론 없이 1심을 마쳤다.

한편 변호인들이 사법부의 독립성을 문제 삼자 성격이 괄괄한 재판장 전상석은 자신도 사법파동 때 사표를 썼다며 "피를 토하고 쓰러지는 한이 있어도 사법권에 도전할 때 이를 지켜야겠다는 결심을 했다"라고 받아쳤다. 그는 처음부터 변호인들의 발언을 제지하고 퇴정을 명하지 않은 것을 후회했지만, 정녕 그가 말한 피를 토하는 심정으로 맞서야 할 사법권 침해가 피고인들이나 변호인들의 공정한 재판 요구였을까?

항소심에서 김대중 후보는 1심 판결문이 검찰의 공소장을 그대로 베낀 것임을 지적하며 "검찰이 증거도 안 대고, 요구하지도 않은 것도 전부 검찰이 부탁한 것 이상으로 판사가 판결을 해주었다. 이걸 보니까 이 나라의 사법부의 독립이라는 것이 이렇구나 하고 한탄을 안 할 수가 없었다"라고 말했다. 그는 2심 재판에 대해서는 변호인들이 피고인들의 무죄를 주장했지만, 이는 재판부에 대한 "가혹한 요청"이라며, 자신은 판결보다 재판 진행절차에 더 관심이 있는데, 1심과 달리 변론도 하고 최후진술도 할 수 있다며 "오늘의 여건 아래서는 재판부는 적지 않은 노력을 해왔다"라고 치하했다. 2심의 경우 재판 자체는 비교적 공정하게 진행되었지만 형량만 부분적으로 감경되었을 뿐이고, 피고인들의 상고는 1977년 3월 22일 대법원에서 기각되었다.[6]

한편 이 사건의 수사를 담당했던 중정은 함세웅 신부의 상고이유서가 재야에서 널리 읽히자 하경철 변호사를 연행 조사했다. 중정은 먼저 하 변호사의 사무장을 잡아다 조사했는데 어찌나 겁을 주었던지 사무장은 하 변호사에게조차 자기가 끌려갔었다는 사실을 함구했다고 한다.[7] 명동 사건으로 같이 재판받은 사람들의 다수는 1980년 신군부에 의해 김대중 내란음모 사건으로 다시 엮이게 된다.

3

군사정권,
'회한과 오욕'의
사법부

1979-1995

1 10·26 사건, 허술한 절차와 신속한 처형

1979년 10월 26일 저녁 7시 청와대 부근 궁정동 중앙정보부 안가에서 중앙정보부장 김재규는 대통령 박정희와 경호실장 차지철에게 총격을 가해 이들을 살해했다. 정부는 대통령의 유고를 이유로 10월 27일 04시를 기해 제주도를 제외한 전국에 비상계엄을 선포했다. 계엄사 합동수사본부(합수부)는 11월 13일 사건을 육군본부 보통군법회의 검찰부로 송치했고, 검찰부는 11월 26일 김재규 등을 내란 목적 살인 등의 혐의로 군법회의에 기소했다. 체제유지의 버팀목인 현직 중앙정보부장의 대통령 살해라는 초유의 사건에 대한 재판은 12월 4일 국방부 청사 뒤편의 계엄보통군법회의 대법정에서 열렸다. 인정신문 人定訊問과 공소장 낭독이 끝난 뒤 김재규의 변호인단을 대표하여 김제형 변호사는 이 사건은 "역사의 심판, 국민의 심판만이 있을 수 있을 뿐"이며 현재의 법체계로 재판하는 것은 "몹시 부적당"하고, "재판 과정 및 절차의 적법성이 무엇보다도 철저하게 보장"되어야 한다고 강조했다.[1]

군법회의에서 재판 관할

김재규가 박정희를 쏘았다는 것은 누구도 부인하지 않는 명백한 사실이었지만, 10·26 사건 재판은 처음부터 관할권 문제, "내란 목적 살인인가, 단순 살인인가", "우발적 행동인가, 계획적 행동인가", "이른바 확인사살은 살인죄인가, 사체 훼손인가" 등 쟁점이 많았다. 첫 공판에서 변호인들은 계엄 선포의 정당성과 재판관할권 문제를 제기했다. 당시 헌법은 대통령은 "전시·사변 또는 이에 준하는 국가비상사태"에 계엄을 선포할 수 있다고 했고, 계엄법은 보다 구체적으로 "비상계엄은 전쟁 또는 전쟁에 준할 사변에 있어서 적의 포위공격으로 인하여 사회질서가 극도로 교란된 지역에 선포한다"라고 규정하고 있었다. 변호인들은 자연인인 대통령의 피살이라는 계엄 선포 이유는 "적의 포위공격"이라는 비상계엄 선포 요건을 충족시키지 못하는 것 아니냐고 따졌다. 변호인들은 또 김재규 등의 행위는 계엄 선포 이전에 벌어진 것이기 때문에 군법회의가 재판할 법적 근거가 없다고 주장하면서 대법원에 재판권에 대한 재정신청을 제기했다. 그러나 대법원은 계엄 선포의 정당성을 판단할 권한은 사법부가 아니라 헌법상 계엄해제요구권이 부여된 국회만이 갖고 있고, 계엄 선포 이전의 행위라도 군법회의에서 관할한다는 판례가 있다는 이유로 재정신청을 기각했다.[2]

이 사건의 수사 책임자인 보안사령관이 전두환이라는 정치군인이었다는 사실은 재판의 진행뿐 아니라 한국 현대사 전체에 중대한 영향을 미쳤다. 유신체제는 1인 독재체제의 정점 박정희만을 잃은 것이 아니었다. 중앙정보부장, 대통령 비서실장, 경호실장이라는 권력 서열 2~4위 중 한 명은 피살되고, 둘은 정범과 공범으로 법정에 섰다. 계엄사령관이 된 육군참모총장 정승화는 사건이 나던 시각에 김

1979년 11월 6일, 10·26 사태에 관해 발표 중인 합동수사본부장 전두환.

재규의 초대로 궁정동 안가에 머물고 있었기 때문에 김재규와 공모한 것이 아닌가 하는 따가운 시선을 받고 있어 행동이 자유롭지 못했다. 새 대통령은 허수아비였고, 유신체제 유지의 버팀목이던 중앙정보부는 역적 집안으로 전락해 쑥대밭이 되었다. 이런 엄청난 힘의 공백이 발생한 데다 10·26 사건 자체가 실정법상 중대 형사사건이어서 수사기관인 합수부에 힘이 쏠릴 수밖에 없었다. 계엄사령관 정승화가 전두환에게 쏠리는 권력을 견제하기 위해 그를 보안사령관직에서 해임하려 하자 전두환이 하극상을 일으켜 정승화를 체포했다. 노태우는 민정당 대표위원 시절 "박 대통령을 시해한 김재규가 민주인사처럼 얘기되며 되살아나려 하고" 있는 것을 두고 볼 수 없었던 것을 12·12 사태*의 주요 원인의 하나로 꼽았는데, 신군부에게 이 재판

---

* 12·12 사태
1979년 12월 12일 전두환·노태우 등이 이끌던 군부 내 사조직 '하나회'
중심의 신군부 세력이 일으킨 군사반란 사건을 말한다.

은 그토록 중요했다. 유신체제의 수혜자들이 살아남기 위해서, 나아가 권력을 장악하기 위해서 그들은 재판의 전 과정에 깊숙이 개입했다. 그러니 형사소송의 생명인 절차적 정의는 처음부터 기대할 수 없었다.

12월 4일 처음 열린 재판은 재정신청의 결과를 기다리는 사흘간과 12·12 사태가 발생한 다음 날인 13일을 제외하고 일요일만 빼고는 거의 매일 밤늦도록 열렸다. 재판은 미리 짜인 각본에 따라 절차를 무시한 채 초고속으로 진행되었다. 2회 공판에서는 피고인 중 유일한 현역군인인 박흥주 대령(김재규의 수행비서)의 변호인인 태윤기 변호사가 계엄하 현역군인에 대한 단심제*를 규정한 군법회의법이 위헌이라며 재판부가 위헌제청을 해줄 것을 요구했으나 재판부는 이를 거부했다. 이에 태 변호사가 재판부 기피신청을 내자 재판부는 이 역시 기각했고, 태 변호사가 다시 법관 기피신청 사유서와 즉시 항고장을 제출하려 하자 법무사인 황종태 대령의 퇴정 명령으로 헌병들이 그를 법정에서 끌어냈다. 재정신청도 기각되고 공정한 재판을 위한 재판부 기피신청도 기각되고 법무사나 재판부의 거듭된 신문제한으로 변호인들의 손발은 꽁꽁 묶여버렸다.[3]

김재규의 변호인 해임

게다가 김재규는 4회 공판에서 사선변호인의 변호를 거부한다는 뜻밖의 선언을 했다. 김재규는 자신의 행위는 "민주회복 국민혁명"을 기도한 것이었다면서 "소신과 신념과 확신을 가지고 한 혁명"이 재판을 받는 데 변호인은 필요 없다고 주장했다. 군법회의는 반드시 변호사가 있어야 하는 필요적 변호이기 때문에 재판부는 다른 피고인

---

* 단심제
우리나라의 재판은 3심제가 원칙이지만 예외적으로 단심제인
경우가 있다. 단심제는 비상계엄하의 군사재판, 대통령, 국회의원,
광역자치단체장 선거 재판 등이 해당된다.

의 변호인인 안동일, 신호양 변호사를 김재규의 국선변호인으로 선임했다. 이돈명 변호사는 유신체제 수호의 야전사령관이던 김재규가 박정희를 살해했다고 해서 무작정 변호를 맡는 것은 적절치 않다고 처음에는 생각했지만 그가 평소 "민주주의 만세", "민권 승리" 같은 붓글씨를 쓰는 것을 보고 마음을 돌려 변호를 맡았다고 회고했다. 당시 김재규의 행동에 대해 유신체제 쪽 사람들은 대통령을 '시해'한 '패륜'이라고 한 반면, 민주 진영 일각에서는 김재규가 주장한 '민주 회복 국민혁명' 주장에 동조했다. 그러나 김대중을 비롯한 많은 사람은 유신체제가 이미 민중의 힘으로 그 붕괴가 임박했는데 김재규의 행동으로 군이 나설 소지를 준 것 아니냐고 아쉬워하는 분위기였다. 이돈명 변호사는 일부 변호인들도 이런 생각을 가지고 있다고 어느 잡지에선가 말한 적이 있는데 김재규가 그 소식을 듣고 화가 나 변호인을 해임한 것이 아닌가 추측했다.[4]

김재규는 박정희의 시위대에 대한 발포 의지나 차지철이 킬링필드에서 200만~300만을 죽이고도 까딱없으니 우리도 100만쯤 죽여도 문제없다는 등의 발언을 한 것을 소개하면서 대규모 유혈참사를 막고 민주주의를 회복하기 위해 자신이 "야수의 심정으로 유신의 심장을 쏘았다"라고 말했다. 그는 거사 배경을 설명하는 과정에서 박근혜의 구국여성봉사단 문제, 박지만의 행실 문제 등 자녀 문제를 항소 이유보충서 등을 통해 거론했지만, 박정희의 여자 문제에 대해서는 본인도 함구했고 부하 박선호의 발언을 제지하기도 했다.[5]

항소심에서는 김재규도 마음을 바꿔 변호인을 다시 선임했지만, 1심에서나 2심에서나 변호인들의 변호권은 여전히 극도로 제한되었다. 변호인들은 방대한 수사자료를 검토할 시간도 없이 매일 밤 늦게까지 재판을 해야 했다. 변호인들은 처음부터 법정에서의 모든 발언과 진술을 녹취할 권리를 허용해줄 것을 요구했으나 재판장은 공판조서를 정확히 작성하겠다며 이 요구를 거절했다. 그런데 초고속 재판이라 공판조서가 제때 작성되지 않으니 변호인들은 조서를 열람할 수도, 등사할 수도 없었다. 국선변호인 안동일 변호사는 "변호인들이 줄기차게 요청한 공판조서 열람 청구도, 공판조서에 대한 이의 신청도, 외부 의사 진단 신청도, 현장검증 신청도, 그 많은 증인 신청도 다 물거품"이 되었다고 한탄했다.[6]

변호인들의 녹취는 허용되지 않았지만 합수부 관계자들은 법정 옆 법무감실에 모여 스피커로 법정의 모든 발언을 듣고 녹음하며 대책을 협의했다. 신군부가 비밀리에 녹음한 테이프는 1994년에 유출되어 『박정희 살해 사건 비공개 진술 전 녹음 최초 정리』(동아일보사, 1994)라는 두 권의 책으로 출간되었다. 합수부 관계자들은 재판 도중 수시로 재판부에 쪽지를 전달했고, 심지어 심판관들 뒤에 쳐진 휘장 저편에서 재판부에 훈수를 두어 그 소리가 변호인단이 있는 데까지 들리기도 했다고 한다. 그래서 이돈명 변호사는 "아니 재판장은 왜 가만히 있고 보이지 않는 사람이 재판에 관여를 하는 겁니까?"라고 항의하기도 했다.[7] 합수부 수사단장인 보안사 ㄴ준장은 법무감실로 안동일 변호사를 불러 국선변호인이 뭘 그렇게 열심히 하느냐, 재판을 불필요하게 지연시키지 말라고 노골적으로 압력을 행사했다. 당시 합수부 내에서는 "국선변호인을 해임하자, 잡아다 조사하자" 하는 의견까지 있었다는 것이다.[8]

12·12 사태 이후 재판 진행은 더 빨라져 재판 시작 두 주를 조금 넘긴 12월 20일에는 1심 10차 공판에서 김재규 등 6인에게 사형이 언도되었다. 다음 날인 12월 21일 최규하가 권한대행 딱지를 떼고 정식으로 대통령에 취임했으니, 신군부는 이 일정을 고려한 것이다. 현직 대통령 살해라는 전무후무한 국가적 중대 사건의 1심은 일반형사사건에서도 잘해야 한 번 공판이 열렸을 기간에 모두 끝났다. 단심으로

형이 확정된 박흥주를 제외한 나머지 피고인들은 모두 항소했는데, 신군부는 피고인들과 변호인들이 항소이유서를 제출하기도 전에 항소심 1회 공판기일을 정해 통보할 정도로 재판을 서둘렀다. 항소심 재판은 항소이유서 제출 시한 다음 날인 1980년 1월 22일부터 딱 사흘간 세 차례 열렸다. 선고공판은 그로부터 나흘째 되던 1월 28일에 열렸다. 결과는 모두 사형이었다. 다음 날 관할관 확인 과정에서 대통령 비서실장 김계원만 무기징역으로 감형되었다. 1심과 항소심을 모두 군법회의에서 끝낸 10·26 사건은 허술한 절차에 무수한 쟁점을 안고 대법원으로 넘어갔다. 사법부의 '회한과 오욕'의 절정이 다가오고 있었다.

대법원 판결과 김재규 처형

박정희의 갑작스러운 죽음은 모두를 얼떨떨하게 만들었다. 대법원도 예외는 아니었다. 11월 초에 열린 대법원 판사회의는 긴급조치 위반으로 재판에 계류 중인 미결수들을 당장 석방하자는 등 격론을 벌였지만 정세가 유동적이니 사태를 좀더 관망하자며 아무런 결론을 맺지 못한 채 끝났다. 그래도 사법부의 위상회복에 대한 기대감은 넘쳐 났는데 이런 기대도 잠깐이었다. 이미 11월에 이영섭 대법원장이 계엄사령관 이희성과 우연히 만났을 때 이희성은 김재규 사건이 3월 며칠께 대법원에 접수될 것이라고 일정을 통고했다. 1980년 3월 초 육군본부 법무감 박재명은 대법원장 이영섭을 찾아가 수일 내로 김재규 사건이 대법원에 접수될 것이라며 한 달 내에 처리해달라고 요청했다.[9] 그러는 사이 현역군인으로 군법회의에서 형이 확정된 김재규의 수행비서 박흥주 대령은 1980년 3월 6일 사형이 집행되었다.

1975년 1월 31일 건설부
(현 정부종합청사)를 초도순시하는
박정희 대통령과 차지철 경호실장(왼쪽
둘째), 김재규 건설부 장관 (오른쪽).

1979년 10월 26일 저녁 7시, 궁정동
중앙정보부 안가에서 김재규는 박정희
대통령과 차지철 경호실장에게 총격을
가해 이들을 살해했다. 현장검증에서
당시 상황을 재연하는 김재규의 모습.

1979년 12월 4일 계엄보통군법회의 대법정에서 박정희 살해 사건에 대한 첫 재판이 열렸다. 사진은 6차 공판 때의 모습으로 왼쪽에서 두 번째가 김재규. 이후 그달 20일 열린 10차 공판에서 김재규 등 6명에게 사형이 언도됐고, 대법원의 상고기각으로 5월 20일 김재규는 결국 사형이 확정된다.

사형이 확정되고 나흘 후인 1980년 5월 24일 김재규는 사형을 당했다. 사형 직전의 김재규.

대법원은 이 사건을 형사3부(재판장 안병수, 주심 유태흥, 배석 양병호, 서윤홍)에 배당했다. 1971년 사법파동 당시 서울형사지법 수석부장판사로서 후배들의 신망을 한 몸에 받던 주심 유태흥은 접수 20일쯤 지나 열린 심리에서 기각이 마땅하다는 의견을 냈다. 강산이 바뀌는 10년 세월은 사람이 바뀌기에도 충분한 모양이었다. 이 사건의 심리審理는 이례적으로 대법원 판사 전원이 참석한 가운데 열렸는데, 기각감이라는 주심의 의견에 대한 반대의견이 쏟아졌다. "벌써 방대한 기록을 다 보았느냐, 기록도 보지 않고 예단하는 것 아니냐, 국민들의 관심이 집중된 사건이니 우리도 기록을 보아야겠다, 역사적인 재판이고 기록도 방대하니 시일을 두고 합의하는 것이 좋겠다, 군법회의에서 사건을 졸속 처리했으니 다시 돌려보내는 것이 마땅하다, 내란 목적 살인이 아니라 단순 살인 아니냐" 등등 의견이 분분하여 사건은 대법원 형사3부에서 결론을 보지 못하고 4월 10일 전원합의체로 넘어갔다. 대법원 전원합의체는 격론을 벌였지만 합의에 이르지 못했고, 표결에 부친 결과 8대 6으로 '상고기각' 결정을 보았다. 대법원이 합의를 종결한 것은 4월 28일이었지만 소수의견이 강력히 제기되다 보니 판결문 작성에도 시간이 걸려 선고공판은 5월 20일로 잡혔다.[10]

대법원 판결이 늦어지자 집권을 노리던 신군부는 아우성을 쳤다. "재판이 늦어져 사회혼란이 가중된다"라는 터무니없는 소리가 들리고, "대법원을 탱크로 밀어버리자"라는 말까지 나올 정도로 분위기는 살벌했다. 미국과 재야에서 김재규 구명운동이 벌어지자 신군부는 초조해졌다. 처음에는 인권변호사들도 중앙정보부장을 변호하는 것을 좀 떨떠름해했지만 재판이 진행될수록 그들은 민주회복을 향한 김재규의 진정성과 인품에 매료되었다.[11] 그러는 사이 5·18 학살과 광주민중항쟁이 발발했다. 김재규가 유신의 심장을 쏘아가며 막아보려 했던 유혈사태가 기어코 벌어진 것이다. 5월 20일 대법원 앞에 탱크가 버티고 선 상황에서 선고공판이 열렸고 상고는 기각되었다. 그리고 나흘 후인 5월 24일 김재규와 그의 부하들은 모두 처형되었다. 재심이 청구된 사건에 대해서는 사형집행을 미루는 관례가 있었으나 지켜지지 않았다. 변호인들도 입회하지 못했는데, 강신옥 변호사는 재판이 끝난 직후 보안사에 연행되어 20여 일간 고초를 겪었고 다른 변호사들은 모두 피신해야 했기 때문이었다.

과감히 소수의견을 낸 대법원 판사들

10·26 사건 직후 정부는 김재규가 술자리에서 우발적으로 박정희를 쏘았다고 했고, 합동수사본부장이었던 전두환 역시 김재규가 우발적으로 박정희를 살해했다고 발표했다. 그러나 신군부는 그를 내란 목적 살인이라는 계획된 행위로 기소했는데, 실제 수사를 담당했던 합수부 수사1국장 백동림은 김재규가 박정희 살해에 성공한 후 중앙정보부로 가지 않고 육군본부로 갔다가 체포된 것만 보아도 이 사건은 계획적인 것이 아니었다고 증언했다. 신군부는 자신들의 권력 찬탈을 정당화하기 위해 김재규가 내란을 획책했다고 사실을 왜곡한 것이다. 내란을 일으킨 것은 김재규가 아니라 전두환 등 신군부였다.

양병호, 민문기, 임항준, 서윤홍, 김윤행, 정태원 등 대법원 판사들이 낸 소수의견의 요지는 10·26 사건 이후 새 헌법을 채택하는 것에 대한 국민적 합의가 이루어져, 행위 시의 체제와 재판 시의 체제가 달라졌기 때문에 내란죄로 처벌할 수 없고, 자연인 박정희를 살해한 행위가 국헌문란 목적의 살인행위는 아니라는 것이었다. 또 내란죄가 성립하려면 한 지방의 평온을 해치기에 충분한 폭동을 일으킬 만한 다수인이 동원되어야 하는데 이 사건은 그렇지 않다는 것이다. 당시 다수의견 쪽에 섰던 이일규 전 대법원장은 필자와의 면담에서 "이론적으로는 소수의견이 옳았다"라면서 "일반 살인이든 내란 목적 살인이든 어느 쪽으로 해도 사형은 틀림없는데 내란 목적이냐 뭐냐 따져서 시일을 보낼 필요가 없지 않나" 하는 생각에 소수의견에 가담하지 않았다고 말했다.[12] 그러나 내란 목적 살인이냐, 일반 살인이냐는 김재규의 박정희 살해 동기와 연관해 생각해볼 때 너무나 큰 차이를 갖는다.

14인의 대법원 판사 중 여섯 명이나 신군부의 압력에 맞서 소수의견을 냈다는 것은 대단히 뜻깊은 일이었다. 그러나 전두환 등 신군부는 이를 용납하지 않았다. 양병호, 민문기, 임항준, 서윤홍, 김윤행 대법원 판사는 모두 김대중 내란음모 사건 재판을 앞둔 8월 초 '의원면직' 형식으로 대법원을 떠나야 했다. 이 중 가장 고초를 겪은 사람은 양병호 판사였다. 항소심이 끝난 직후인 1980년 1월, 보안사의 2인자를 자처한 이학봉은 대법원 판사 중 임용서열 2위로서 김재규 재판을 배당받을 것이 확실시되던 양병호 판사를 찾아가 피고인들의 상고를 기각해달라고 했다. 그러나 양병호는 이러한 요구를 무시하고 과감히 소수의견을 냈다. 광주항쟁을 진압한 후 국가보위비상대책위원회(국보위)를 출범시킨 신군부는 이른바 '사회정화'를 내걸고 2급 이상 공무원에 대한 숙정肅正을 시작하면서 소수의견을 낸 대법원 판사들을 정화대상에 포함하려 했다. 정말 '정화'되어야 할 자들이 '정화'라는 칼을 휘두른 것이다. 김헌무 등 국보위에 파견 나갔던 판사들이 실무선에서 완강히 저항한 결과 일단 7월 중순의 고비는 넘겼지만, 그들의 운명은 "한식에 죽으나 청명에 죽으나"였다.

'김대중 내란음모 사건' 재판이 다가오면서 신군부 내에서는 이들 판사를 그대로 둔 채 재판을 시작할 수는 없다는 의견이 다시 제

1981년 1월 23일 대법원은 '김대중 내란음모 사건' 상고심에서 전원
일치로 피고인들의 상고를 기각하여 김대중 사형을 확정했다. 1980년
신군부가 정권을 잡는 과정에서 5·18 민주화 항쟁이 '김대중 일당'의
내란음모에서 비롯된 것이라고 조작한, 이른바 '김대중 내란음모 사건'의
결론이 이렇게 내려진 셈이다. 김대중은 법정 최후진술에서 "이 땅의
민주주의가 회복되면 먼저 죽어간 나를 위해서 정치보복이 다시는
행해지지 않도록 해달라"라고 말했다. 이 진실이 세계적으로 알려지면서
각국 지도자 및 종교인 등의 탄원이 이어졌고 결국 김대중은 무기,
20년형 순으로 감형되다가 1982년 12월 형 집행정지로 출소했다.

기되었다. 먼저 보안사의 요청에도 불구하고 소수의견을 주도한 양병호 판사가 사표를 종용받았다. 양병호가 사표 제출을 거부하자 보안사는 8월 초 악명 높은 서빙고분실로 그를 연행했다. 며칠 후 법원행정처장 서일교는 이영섭 대법원장에게 대법원장께서 수리해주셔야만 양병호가 풀려날 수 있다면서 '친필' 사표를 내밀었다. 사표를 수리하자 한 시간 정도 만에 양병호 판사가 대법원장실에 나타났다. 양병호는 정말 아무 일도 없었다면서 커피를 마셨지만 커피는 입으로 들어가지 않고 가슴과 와이셔츠를 적셨다. 그런데도 양병호 판사는 그것을 모르고 있었다고 한다.[13]

며칠 후 민문기, 임항준, 김윤행, 서윤홍 등 대법원 판사 네 명도 사표를 제출해 8월 9일자로 수리되었다. 김재규 부분에 대해 소수의견에 가담했던 정태원 판사는 이때는 사표를 내지 않았지만, 1981년 4월 제5공화국 헌법에 의해 대법원이 재구성될 때 재임명에서 탈락했다. 양병호 등은 변호사 개업조차 제대로 하지 못했고, 이들의 비서관과 운전기사 등도 '정화' 바람에 목이 달아났다.

오욕의 극한

소수의견을 낸 대법원 판사들의 사표가 수리되고 얼마 후 전두환이 '새 시대의 영도자'를 자임하며 대통령이 되었다. 이영섭 대법원장이 취임 인사를 가자 전두환은 "김재규 사건을 대법원에서 그렇게 늦게 처리하는 바람에 광주사태 같은 예상치 못한 국가적 소요사태가 일어났다"라며 힐난했다. 그는 대포 한 방으로 대법원을 날려버리자는 장군들을 자신이 말렸다면서 국사범에 소수의견이 가당키나 하냐고 퍼부었다. 1980년 연말 전두환이 청와대 부근 안가에서 주최한 망년

1980년 5월 20일, 10·26 사건 마지막 공판 시 이영섭 대법원장의 모습(왼쪽). 이영섭은 신군부의 압력으로 입이 돌아갈 정도로 마음고생을 하다가 제5공화국 헌법이 발효되면서 대법원장직에서 물러났다. 그는 직접 쓴 짧은 이임사에서 사법부司法府를 한자로 司法部라고 쓰며 자신의 재임 기간은 회한과 오욕으로 점철되어 있었다고 말했다.

회에서 이영섭 대법원장이 전두환에게 술을 권하자 전두환은 갑자기 이영섭의 팔을 꽉 잡고 "그때 대법관들 집 다 알아두었소"라고 한마디를 던졌다고 한다.[14] 이일규 전 대법원장에 따르면 중앙정보부장 시절 전두환은 사람을 보내 이영섭 대법원장에게 김재규 사건의 조속한 처리를 요구하면서 한번 만나자고 했다고 한다. 그런데 대법원장은 당연히 중앙정보부장이 자신을 찾아올 것이라 생각했고 전두환은 이영섭이 자기를 찾아올 것이라 생각하다가 시일이 흘러 만나

지 못했다는 것이다.[15]

1981년 1월 23일 대법원은 '김대중 내란음모 사건' 상고심에서 전원일치로 피고인들의 상고를 기각하여 김대중 사형을 확정했다. 그리고 한 시간 후 정부는 국무회의를 열어 김대중을 무기로 감형했다. 악역은 대법원이 맡고 선심은 전두환이 쓴 꼴이었다. 이영섭은 신군부의 압력으로 입이 돌아갈 정도로 마음고생을 하다가 제5공화국 헌법이 발효되면서 대법원장직에서 물러났다. 형식적으로나마 "수고하셨다"라는 말도, 후임 인선에 대한 논의도 없이, 불쑥 후임자가 결정되었다는 통고를 받았다고 한다. 후임은 10·26 사건 재판에서 주심판사로 맹활약한 유태흥이었다. 이영섭은 1981년 4월 15일 퇴임식 직전 손수 쓴 짧은 이임사에서 사법부司法府를 한자로 '司法部'라고 썼다. 사법부가 행정부의 일개 부처로 전락했다는 뜻이다. 이영섭은 1961년 대법원 판사가 된 이래 20년간 복무한 대법원을, 이렇게 말하고 떠났다. "사법부의 정상의 직을 맡을 때는 포부와 이상도 컸었지만, 오늘 지난날을 되돌아보면 모든 것이 회한과 오욕으로 얼룩진 것이었습니다."[16]

2 비서관 뇌물 사건과 안기부의 검찰 길들이기

1983년 1월 14일 대검찰청 중앙수사부는 업자에게서 뇌물을 받고 부하에게서 상납을 받은 '전' 철도청장 안창화의 구속을 발표했다.[1] 이때 검찰은 유태흥 대법원장의 '전' 비서관 강건용(이사관)이 "구속 중인 형사피고인을 보석으로 풀려나게 해달라는 청탁과 함께 피고인들로부터 뇌물을 받았다"라고 발표했다. 모든 언론은 이들의 직함 앞에 '전'이라고 썼지만 사실 이들은 구속되면서 사직한 것이기 때문에 현직이라고 해야 옳았다. '정화'를 내세운 5공 정권으로서는 이철희·장영자 사건*에 이어 고위 공직자들의 비리가 연이어 발생해 큰 타격이 아닐 수 없었다. 검찰은 강건용 비서관 구속을 철도청장의 구속 사실 뒤에 끼워 발표해 법조계의 한 식구인 법원을 배려했지만, 이 사건은 5공 정권 출범 이후 최대의 독직 사건이었다.

* 이철희·장영자 사건
1982년 당시 대통령 전두환의 처삼촌 이규광의 처제인 장영자와 그의 남편 이철희(중앙정보부 차장을 지냄)가 일으킨 거액의 어음사기 사건을 말한다. 1982년 5월 4일, 대검찰청 중앙수사부는 외국환관리법 위반 혐의로 이철희·장영자 부부를 구속했다. 검찰은 이들이 명동 암달러시장과 캘리포니아에서 80만 달러를 모았다고 발표했다. 검찰 조사가 진행될수록 부부의 사기행각은 상상을 초월한 규모임이 드러났다. 부부는 1981년 2월부터 1982년 4월까지 7,111억 원에 달하는 어음을 받아냈고, 총 6,404억 원에 달하는 거액의 자금을 조성했음이 수사 결과 밝혀졌다. '건국 이후 최대 규모의 금융사기 사건'이라 불린 이 사건으로 인해 구속된 사람은 은행장과 기업체 간부를 포함해 30여 명에 이르렀고, 당시 철강업계 2위의 일신제강과 도급 순위 8위였던 공영토건은 부도가 났다. 부부에게는 법정 최고형인 징역 15년이 선고되었으나, 10여 년 복역 이후 가석방으로 풀려났다.

그런데 이 사건의 역사적 의미는 뇌물 액수가 크다는 데 있지 않았다. 강건용이 구속될 때만 해도 아무도 이 사건이 일파만파 번져가 검사 두 명의 파면, 서울지검장과 서울지검 남부지청장의 인책 사임, 부장판사 두 명의 사임, 변호사 세 명의 제명 등 사법사상 전무후무한 파문을 낳으리라고는 예상하지 못했다. 이 사건의 처리 과정을 통해 안기부는 검찰과 법원에 대한 확실한 힘의 우위를 과시했다.

요정 여주인과 외화밀반출 그리고 뇌물

5공 초기 검찰과 법원을 한꺼번에 초토화해버린 대법원장 비서관 뇌물 사건의 발단은 1982년 6월 10일 김포공항 검색대에서 미화 34만 달러가 든 가방이 발견된 때로 거슬러 올라간다. 이 사건을 수사하면서 검찰은 당시 한국의 요정 업계에서 쌍벽을 이루던 대원각 주인 이경자와 삼청각 주인 이정자 자매가 미화 27만 달러를 밀반출한 사건도 적발했다.[2] 검찰은 이 사건을 기소했는데, 주범인 이경자는 구속 한 달여 만인 8월 16일 서울지법 남부지원 박준용 부장판사의 보석 결정으로 풀려나고, 이경자의 사촌 동생 이재완도 박준용 부장판사의 후임으로 재판장이 된 정명택 부장판사의 보석 결정으로 9월 13일 풀려났다. 1982년 10월 18일 열린 선고공판에서 이경자 피고는 징역 1년에 집행유예 3년을 선고받았는데, 검찰이나 피고 모두 항소를 포기해 형이 확정되었다. 당대 최고의 요정 여주인이 거액의 외화를 밀반출하려다 적발되었는데, 얼마 후 보석으로 풀려나 집행유예를 받았고, 검찰이 항소를 포기해 형이 확정되었다는 사실은 외형상 무언가 냄새가 나는 이야기였다. 실제 이경자 등은 보석 석방을 위해 당시 대법원장 비서관이던 강건용에게 3,000만 원이라는 거액을 주었는데, 이 이야기가 어떤 경로로 흘러들었는지 확실하지는 않지만 청와대 사정팀에 제보가 된 것이다.

청와대는 이 정보를 검찰이나 경찰에 넘기지 않고 안기부에 주었다. 물론 이것은 당시의 안기부법이 규정한 직무 범위를 벗어나는 일이었지만, 안기부는 청와대 사정비서관실의 '통보자료'를 단서 삼아 1983년 1월 5일 수사에 착수했다. 안기부는 1월 5일자로 사표를 제출한 강건용과 사건 관계자 9인을 연행 조사해 강건용이 이경자 보석청탁 건을 포함하여 여덟 건의 사건에 개입해 4,450만 원의 뇌물을 받고 두 건의 인사청탁에 개입해 210만 원을 받는 등 모두 4,660만 원을 받았으며 3만 4,000달러(당시 한화 기준 2,720만 원 상당)의 재산을 해외로 도피시킨 사실을 확인했다. 안기부의 보고서에 따르면, 강건용은 유태흥 등 대법원 판사 3인, 고법원장 1인, 지법원장 3인, 지법 부장판사 2인 등에게 사건이나 인사를 청탁하여 대부분 관철한 것으로 되어 있다.[3]

최고의 정보망을 가진 요정주인들이 뇌물을 찔러야 할 길목으로 파악한 강건용은 어떤 인물이었을까? 홍영기 변호사의 사무원이던 강건용은 대법원장 유태흥이 군법무관으로 재직 중이던 1957년 군법회의 변론과 관련해 만나며 그를 알게 되었는데, 사교춤 실력이 탁월했던 강건용이 유태흥에게 춤을 가르쳐주면서 친해졌다고 한다. 유태흥은 일찍 상처했는데 재혼하지 않았고, 강건용이 유태흥의 집안일을 돌보아주며 개인비서 역할을 하게 되었다. 강건용이 안기부에 잡혀 와서 쓴 진술서에 따르면, 유태흥의 자녀들은 자신을 삼촌이라 불렀고 그 아이들의 졸업식에도 유태흥을 대신해 자신이 참석했다고 한다. 강건용은 1973년 유태흥이 서울형사지법원장에 취임했을 때 6급 비서관으로 특채되어 유태흥이 서울고등법원장, 대법원 판사, 대법원장으로 자리를 옮기는 동안 계속 비서관으로서 그를 모셔

왔다. 대법원장과의 이런 각별한 인간관계가 요정주인들에게 포착되어 보석청탁을 위해 거금 3,000만 원이 전달되었던 것이다. 안기부는 1월 12일 강건용의 신병과 외화밀반출 사건 보석 관련 금품수수 및 재산 해외도피 관련 증거품을 대검 중앙수사부에 이첩하고, 다른 비위 사실은 청와대 사정비서관실에 통보하는 것으로 사건을 종결 처리했다.

안기부, 처음으로 가혹행위 인정

그러나 사건은 종결되지 않고 전혀 엉뚱한 방향으로 흘러갔다. 이창민 기자에 따르면 강건용이 남산 안기부에서 서소문 대검찰청으로 신병이 인도되어 12층 중앙수사부 사무실로 가기 위해 엘리베이터를 탔을 때 모 신문 법조 출입기자도 그 엘리베이터에 타고 있었다. 이 기자는 대법원장실을 출입했기 때문에 강건용의 얼굴을 잘 알고 있었는데, 당시 강 비서관은 "알아볼 수 없을 정도로 초췌한 모습이어서 엘리베이터에서 내릴 즈음에야 겨우 누구인지 알 수 있을 정도"였다고 한다. 이 기자의 목격담이 "입에서 입으로 전해져 검찰 수뇌부의 귀에까지 들어갔으며" 강건용이 안기부에서 아주 심한 대접을 받은 것 같다는 말이 법조계에 퍼졌다. 법원과 검찰은 1971년의 사법파동 때처럼 극한으로 대립할 경우도 있지만 일상적으로 접촉하면서 나름의 동질감도 지니고 있었다. 비록 법관도 아니고 비리를 저지르기는 했으나 대법원장의 최측근인 고위 공직자가 안기부에서 얼굴을 알아보기 힘들 지경으로 험한 꼴을 당했다는 데야 검찰도 법원에 동정적 태도를 보이는 게 당연했다.[4]

당시 언론은 강건용이 "검찰과 법원의 유기적 관계를 고려, 다른

남산 예장동 자락에 위치한 옛 중앙정보부-안기부 건물은 현재 청소년들을 위한 유스호스텔로 사용되고 있다.

수사기관의 손을 거친 것으로 알려졌다"라고 써서 강건용이 안기부에서 조사받았음을 시사했다.[5] 안기부는 법조계와 언론계에서 강건용이 안기부에서 얼굴을 알아볼 수 없을 정도로 묵사발이 되었다는 이야기가 퍼져나가자 그 소문의 진원을 캤다. 안기부는 검찰에서 이 사건을 담당한 대검 중수부 2과장 성민경 검사를 소문의 진원지로 지목해 그의 교우관계와 재산관계 등을 뒷조사했다. 안기부가 자신의 뒤를 캐고 있다는 것을 눈치 챈 성민경 검사는 김석휘 검찰총장을 찾아가 강력히 항의했다. 부하의 거센 항의를 받은 김석휘 검찰총장은 며칠 뒤 노신영 안기부장을 만나 안기부원에 의한 검찰 간부 뒷조사 사실에 대한 유감을 표시하고 뒷조사 중단을 요구했다. 안기부장으로서도 검찰총장이 정색하고 검찰 간부에 대한 뒷조사 중단을 요

제5공화국의 역대 안기부장들. 왼쪽부터 유학성(1980. 7~1982. 6), 노신영(~1985. 2), 장세동(~1987. 5), 안무혁(~1988, 5).

구하는데야 수용하지 않을 수 없었을 것이다.[6]

　　이와 관련해 매우 흥미로운 보고서가 국정원에 남아 있다. 1983년 2월 '일자 미상'으로 작성된 「전 대법원장 비서관 강건용 조사경과보고」라는 안기부 보고서는 "동건 수사 과정에서 담당 수사관이 피의자 강건용을 ○ 침상목으로 둔부: 3회, ○ 손바닥으로 따귀: 5회 등 구타한 사실"이 있어 "이에 대한 수사 경위 및 관계관 처리보고"를 위해 이 보고서를 작성한다고 밝히고 있다. 국정원 과거사위원회는 1961년 중앙정보부 창립 이후 중앙정보부·안기부의 인권침해 사건을 조사해왔는데, 국정원 과거사위원회가 확인한 중앙정보부·안기부 자료 중 내부보고서 형태로나마 연행된 피의자에게 구타 등 가혹행위를 했음을 인정한 것은 이 보고서가 유일하다. 안기부 보고서는 "담당 수사관들은 사실규명에 집착한 나머지 우발적으로 피의자를 구타한 것으로 계획적인 고문행위는 없었다"라면서 구타는 엉덩이 세 번, 따귀 다섯 번 때린 것에 불과했다고 주장했다.[7]

　　이는 강건용이 실제로 당한 피해에 비하면 매우 축소된 것이지만, 안기부로서는 사상 처음으로 검찰에 구타 사실을 인정해야만 했다. 또 폭행을 가한 수사관은 불문에 부쳤지만 지휘 책임을 물어 과장급 간부 1인을 징계위에 회부했다. 더구나 안기부와 검찰의 갈등에는 전두환의 직접 개입이 있었다고 한다. 중앙정보부장 서리를 지낸 전두환은 안기부의 고문이 너무 자주 논란이 되자 정도껏 하라며 검사를 파견해 수사실무를 지도하도록 했는데 이때 법률담당관으로 파견된 검사가 바로 정형근이었다.[8] 고문 근절이라는 막중한 사명을 띠고 파견된 정형근이 그 후 안기부의 고문 논란이 있을 때마다 빠지지 않고 그 주역으로 등장했으니 참으로 아이러니한 일이 아닐 수 없다.

안기부와 검찰은 대개 협조적 관계를 유지했지만 이때만큼은 양자의 관계가 매우 험악했다. 안기부 직원의 직무와 관련된 범죄행위 수사권은 안기부에 있다는 안기부법 제2조 제4항의 규정에 따라 강건용에게 가해진 가혹행위에 대한 수사는 검찰에 의해 이뤄지지 못했다. 그러나 안기부로서는 수사 과정에서 구타가 있었음을 인정해야 했고, 그로 인해 검찰로부터 검사가 법률담당관이나 수사지도관으로 파견되는 것을 받아들이는 수모를 겪어야 했다. 이 같은 수모를 겪으며 안기부는 반격을 준비했다. 반격의 주된 방향은 검찰이었지만, 27만 달러 사건의 이경자, 이재완 두 피고인에게 보석을 허가하고 집행유예 판결을 선고한 법원도 안기부의 분노를 피해 갈 수는 없었다. 안기부의 반격은 법원 쪽에서 먼저 일어나 법원은 곧 인사파동에 휩싸이게 된다.

내지도 않은 사표를 제출했다고 보도

강건용 비서관 뇌물 사건은 김재규를 신군부의 뜻대로 처리해줘 대법원장 자리를 꿰찼던 유태홍에게 일대 위기가 아닐 수 없었다. 지난

20여 년간 공적으로나 사적으로나 크게 의존해온 최측근 인물이 제 5공화국 출범 이후 최대의 공직자 비리 사건의 주인공이 됨에 따라 권력 심층부에서는 유태흥의 거취까지 논란이 되었던 것으로 보인다. 법조계에 온갖 흉흉한 소문이 떠도는 가운데 유태흥은 신병을 핑계로 며칠간 출근도 하지 않았다.[9] 1월 26일에야 대법원 청사에 나타난 유태흥은 외화밀반출 사건 피의자들에게 보석을 허용한 박준용·정명택 부장판사를 불러 사표를 종용했다. 1월 28일 석간신문부터 언론은 부장판사 두 명이 '돌연' 사표를 제출했으며 이들의 사표가 금명간 수리될 것이라고 보도했다. 언론은 이들이 강건용으로부터 금품을 수수한 사실은 없지만 물의를 일으킨 데 대한 도의적 책임으로 '자진해서' 사표를 제출한 것이라고 부연했다. 그러나 일부 신문은 "두 법관의 사의표명이 '자의'가 아니라 '타의'에 의한 것이라는 소문"이 나돌고 있다고 뒷말을 덧붙였다.[10]

언론은 두 법관이 사표를 제출한 것으로 보도했지만 이들은 아직 사표를 내지 않은 상태였다. 그럼에도 그런 보도가 나간 것은 대법원이 사표 요구에 반발하는 이들을 압박하려고 언론플레이를 한 탓이었다. 당사자들은 이런 보도에도 완강히 사표 제출을 거부했다. 금품을 수수한 사실도 없고 적법한 절차에 따라 보석 요건을 갖춘 자들에 대해 보석을 허락했을 뿐인데 사표를 낼 아무런 이유가 없다는 것이었다. 그러자 대법원은 1월 31일 오후 전격적으로 박준용 부장판사는 강경지원장으로, 정명택 부장판사는 장흥지원장으로 발령을 내는 등 법관 39명에 대한 인사이동을 단행했다. 원래 법관의 정기인사는 3월 초에 이뤄졌는데 두 부장판사 문제로 법관 인사가 한 달 이상 당겨진 것이었다.[11] 게다가 박준용·정명택 두 부장판사는 1982년 9월 현직으로 전보되었기 때문에 1983년 봄 정기인사 대상이 아니었다. 그러나 대법원은 외부 압력에 굴복하여 이들을 좌천시킨 것이다. 원래 법관은 신분이 보장되어 있기 때문에 함부로 사표를 내라 마라 할수 없다. 또한 법원은 식당에 갈 때도, 등산을 할 때도 서열 순으로 간다는 말이 있을 정도로 서열을 중시하는 곳이다. 그런 곳에서 서열을 무시하고 좌천을 시킨다는 것은 곧 본인이 알아서 사표를 내라는 뜻이다. 그러나 두 부장판사는 안기부 보고서에 따르더라도 보석청탁과 관련하여 강건용 비서관으로부터 금품을 받은 적이 없으므로 이들에 대한 좌천인사는 매우 부당한 것이 아닐 수 없었다.

법관 인사가 발표된 다음 날인 2월 1일, 박준용 부장판사는 결국 사표를 썼다. 박준용 부장판사는 대법원장 유태흥이 대법원 판사를 할 때 그 밑에서 재판연구관을 지냈기 때문에 대법원장과는 개인적으로 아주 가까운 사이였다. 그는 "엉뚱하게도 사의를 표명했다는 말이 대법원에서 흘러나와 일부 신문에 보도됐을 때까지만 해도 함구로 일관"했지만, 좌천 발령이 나자 사표를 던지며 말문을 열었다. 당시의 언론보도에 따르면 박준용 부장판사는 객관적으로 보석을 허가해줄 만한 사유가 있어 보석을 허락한 것인데 그에 대한 책임을 묻는 것은 있을 수 없는 일이라면서, "지난달 26일 대법원장으로부터 사표를 종용받았으나 책임이 없기 때문에 물러날 수 없다고 버텨왔다"라고 밝혔다. 그는 대법원이 자신을 "지방으로 좌천시킴으로써 결국 사표를 강요"하고 있다며, "사법부에서 아무런 잘못도 없는 법관에게 사표를 강요하거나 좌천시키는 일이 없도록 하기 위해 사표를 내기로 했다"라고 복잡한 심경을 밝혔다.[12]

언론, 특히 『동아일보』는 「법관 인사의 파문」이라는 사설에 이어 「기자의 눈」난을 통해 박준용 부장판사가 사표를 쓰는 광경을 생생하게 전했다. 1월 31일 오후 늦게 박 부장판사 등의 좌천 인사가 발표되고 "부장은 이튿날 출근하자마자 사표를 쓰려고 하던 참이었는데 동료 및 후배 법관들이 사표만류 겸 위로 겸 몰려들었다"라고 한다. 이들은 박 부장판사의 방에서 "다른 공무원들의 억울한 파면을 재판하면서 '무슨 무슨 장관의 아무개에 대한 파면처분은 재량권의 한계를 이탈한 것이므로 그 파면처분을 취소해야 한다'고 판결문을 쓰는 판사가 자신은 부당하게 사표 제출을 종용당하고 결국 지방으로 쫓겨가다니……" 등등의 자조적 이야기를 나누었다. 후배 법관들이 "부장님! 지금 그만두시면 더욱 오해를 받을 수도 있습니다. 얼마 동안 지방에 내려가 바람이나 쐬고 오시지요"라고 만류했지만 "박준용 부장은 결국 사표를 썼"다고 한다.[13]

박준용 부장판사가 2월 1일 사표를 낸 데 이어 정명택 부장판사도 2일 사표를 낸 것으로 알려졌다. 『동아일보』는 「전출 법관 또 사표」라는 기사에서 정 부장판사의 말을 인용하여 "이번 인사에 승복할 수 없어 사표를 낸 것"이며 "관련 피고인에게 보석을 허가해준 것은 외부의 청탁이 있어서가 아니라 사안을 면밀히 검토, 법률과 양심에 따라 해준 것뿐"이라고 보도했다. 그러나 다음 날 이 신문은 "한편 사표를 낼 뜻을 밝혔던 서울지법 남부지원 정 부장판사는 사표를 내지 않고 장흥지원장으로 3일 부임했다"라고 짤막하게 보도했다.[14] 우여곡절 끝에 장흥지원장으로 부임한 그는 한 달 반가량 인고의 세월을 보내다가 마침내 3월 18일 사표를 제출해 21일자로 수리되었다.[15]

사표 낸 판사는 안기부로 연행

그런데 정명택 부장판사가 사표를 낸다고 말했다가 이를 번복한 것은 자신을 위해 매우 다행스러운 일이었다. 사표가 수리된 박준용 '전' 부장판사가 안기부로 연행된 것이다. 국정원 과거사위원회가 확보한 안기부 보고서에 따르면 안기부는 이 사건으로 검찰과 갈등을 빚은 뒤 재조사에 들어가면서 "관련자 수사"에 대하여 "검사, 판사 등 현직 관련 공무원을 제외"한 "변호사, 중요 피의자 및 그 가족 등 총 21명 조사"를 했다.[16] 박 부장판사는 1983년 2월 2일자로 사직했다는 이유로 '현직' 법관으로 간주되지 않고, "현 변호사 개업"이라는 이유로 연행자에 포함되어 이 보고서가 작성된 시점까지 "연행 조사 중"에 있었다. 박준용 '전' 부장판사가 연행된 시점은 보고서에는 나와 있지 않으나, 그가 사무실을 얻고 상당한 비용을 들여 주요 일간신문에 석간은 2월 16일자, 조간은 2월 17일자 1면에 2단 박스광고로 "변호사 개업인사"를 하고 있는 것으로 보아 2월 17일경이었을 것으로 보인다. 정명택 부장판사는 사표를 내지 않은 까닭에 이 보고서가 작성될 시점까지 안기부에 연행되어 조사를 받지 않았다.

안기부는 이 보고서에서 "본 사건과 관련 강건용이 3,000만 원의 금품을 받고 재판부 작용(이미 확인)"이라 하여, 두 부장판사가 강건용 비서관의 청탁을 받고 보석을 허가해준 것으로 기정사실화했다. 그러나 보고서 어디에도 두 부장판사와 강건용 비서관 사이에 금품 수수가 이루어졌다는 이야기는 나오지 않는다. 대신 안기부는 두 부장판사기 변호인들로부터 휴가비 명복으로 20만~30만 원을 받았고, 12만 원 상당의 골프 대접을 받았으며 마작 밑천으로 10만 원을 받았다고 주장했다. 그런데 안기부는 이런 휴가비 제공이나 접대가 이루어진 시점이 언제인지 명확히 밝히고 있지 않다. 만약 이 시점이 두 재판장이 각각 보석을 허락한 이후였다면 변호인들의 금품 제공과 보석 결정 사이에 인과관계가 있다고 보기 어려운 것이다. 이들 두 부장판사가 피고인의 담당 변호인으로부터 사후에라도 금품을 받은 것이 사실이라면, 이는 고도의 염결성이 요구되는 법관의 윤리기준에 비추어 문제가 없다고는 볼 수 없다. 그러나 당사자들 입장에서는 금품을 받고 보석을 결정해준 것이 아니라고 주장할 만한 나름의 근거는 있었던 것이며, 학연과 고시 선후배로 얽힌 법조계의 당시 관행에 비추어 정상참작의 여지도 있었다 할 것이다. 실제로 안기부 보고서에 이들과 같이 골프를 치고 마작 밑천을 받은 것으로 나오는 다른 판사들은 아무런 불이익을 받지 않았다.

박준용 변호사는 안기부에서 풀려난 후 "일신상의 이유"로 3월 8일 변호사 휴업계를 소속 변호사회인 서울통합변호사회에 제출했고, 그의 휴업계는 이 날짜로 대한변호사협회에 접수, 처리되었다. 한편 3월 20일자로 퇴직한 정명택 부장판사는 "28일 현재 (변호사) 개업등록조차 않고 있다"라는 보도가 있었고, 조선닷컴 인물정보에 의하면 두 부장판사가 각각 변호사 개업을 한 때는 1984년이다. 뒤에서 자세히 살펴보겠지만, 검찰의 경우도 담당 검사와 부장검사 등 두 명이 파면되고 이창우 서울지검장과 조용락 남부지청장이 지휘책임을 지고 '의원면직'되었다. 이창우 서울지검장은 농장을 경영하다가 1990년에야 변호사 사무실을 열었고, 조용락 남부지청장도 1983년 곧바로 변호사 사무실을 내지 못하고 1984년에야 사무실을 열 수 있었다. 우리는 흔히 법관들이 외압에 눌려 말도 안 되는 판결을 내렸을 때 "나쁜 ××들, 사표 내고 변호사 하면 얼마든지 먹고살 수 있는데 저런 짓을 하고 있다"라고 욕을 한다. 그런데 훨씬 더 나쁜 ××들은 겁 많은 판사들이 변호사 개업조차 할 수 없는 상황을 만들었다. 억울하게 사표를 쓰고 변호사 개업 광고까지 냈다가 안기부에 잡혀가 고초를 겪고 휴업계를 내야 했던 동료 법관들을 보면서 제5공화국 법관들은 유신 시절 법관들보다 더욱더 길들여졌다.

외화밀반출 사건으로 박준용 부장판사와 정명택 부장판사가 사표를 냈다는 기사가 보도됐지만 사실 그들은 사표를 낼 이유가 없다며 완강히 제출을 거부한 상태였다. 그러자 대법원은 외부압력에 못이겨 이들을 좌천시켰고, 결국 박준용은 사표를 쓰고 변호사 개업을 했으며 신문에 개업 광고까지 실었다(위의 신문기사 사진). 그러나 안기부가 사건 관련자들을 수사하는 가운데 박준용 역시 현직 법관으로 간주하지 않고 연행했고, 박준용은 풀려난 후 변호사 휴업계를 냈다.

안기부의 조사와 검찰의 전면 재조사

안기부는 대법원장 비서관 뇌물 사건을 트집 잡아 부장판사 두 명의 옷을 벗겼지만 진짜 표적은 '검찰'이었다. 안기부 보고서는 안기부가 1983년 2월 12일 외화밀반출 사건에 대한 검찰수사의 부당 사항에 대해 진상조사에 착수했다고 밝혔다. 그 결과는 검찰수사를 완전히 뒤집는 것이었다. 안기부는 검찰이 "돈 없는 서민은 학대·가혹·고문" 행위를 하고 "돈 있는 범법자는 우대"하여 일부 피의자들에게 물고문과 구타를 한 반면, 이경자 등에게는 과도한 특별대우를 해주었다고 비난했다. 강건용 비서관에게 가해진 안기부 조사관들의 가혹행위에 대해서는 진상을 극히 축소했던 안기부가 검찰에서 가해진 가혹행위에 대해서는 마치 인권단체의 보고서처럼 자세하게 그 내용을 서술한 것이다.

이 보고서에 따르면 검찰은 54세의 여성 암달러상에게 "런닝샤스, 팬티만 입게 하고 나무 의자에 눕혀 두 명이 팔을 잡고, 한 명은 배 위에 올라앉아 물에 젖은 수건을 얼굴에 덮고, 주전자의 물을 붓는 행위 2회 반복"했고, "무릎을 꿇리고 각목(1미터)으로 팔, 다리, 허리 등 10여 회 구타"했다. 잠적해버린 다른 암달러상의 경우 남편을 잡아다가 부인의 은신처를 대라며 "긴 의자에 눕혀 양손을 뒤로 하여 수갑을 채운 채, 한 명은 배 위에 올라앉고, 한 명은 겨자물을 묻힌 수건을 얼굴에 덮고 주전자(2리터) 물을 먹임, 한 명은 전신과 양발바닥 수회 구타"했다. 검찰은 그가 두 차례나 실신하자 물을 끼얹어 정신을 차리게 한 뒤 왼손을 유리창 창살에 수갑을 채워 묶은 채 밤을 새게 했으며 몸에 난 상처 때문에 조사가 끝난 후에도 방면하지 않고 14일간 여관 세 곳을 전전하면서 치료한 뒤에야 풀어주었다. 안기부는 검찰조사관이 대원각 주인인 이경자에 대해서는 그가 임신하지 않았음에도 "뭐 아주머니 많이 된 것 같애요. 똑바로 대(큰 소리)"라고 임신한 것으로 진술을 유도하여 조서를 작성했다고 주장했다. 그들의 주장에 따르면, 담당 검사는 진단서를 받지 않고도 임신한 것으로 인정했고 변호인이 임신을 이유로 보석을 신청하자 이에 반대하지 않았다. 검사는 검사실에서 이경자와 가족들의 특별면회를 허락하고 조사 초기에는 "이×저×" 하다가 나중에는 "대원각 놀러 가면 만날 수 있느냐?" 하며 감방도 좋은 감방으로 이감해주는 등 특별대우를 했다고 한다.

안기부 보고서는 담당 검사-부장검사-남부지청 차장-남부지청장-서울지검장 등 수사상의 지휘계선에 있는 검사 다섯 사람의 명단을 적시하고 있다. 이 보고서는 담당 검사가 625만 원의 거금을 이경자의 변호인과 가족으로부터 뇌물로 받았고, 담당 부장검사는 133만 원, 서울지검장은 45만 원의 금품을 받았다고 기술했다. 안기부가 법원 관련자 네 명이 받았다고 주장한 금품이 92만 원인 것에 비하면 뇌물의 규모가 매우 컸다. 안기부는 검찰이 사건 관련자들을 뇌물을 받고 관대히 처리했다면서, 국세청 요원 112명과 안기부 채증반採證班을 동원해 이경자 등의 "반사회적·반국민적 행위 응징을 위한 특별세무조사 및 가택수색"을 실시했다. 안기부는 "외화 은닉 및 범칙 물품"은 발견하지 못했지만 세무조사 결과 예상 추징금만 약 10억 원에 달하는 대규모 탈세가 이뤄진 사실은 확인했다.

안기부는 조사결과를 검찰에 이첩했고 대검 중앙수사부는 1983년 2월 26일 외화밀반출 사건 재조사 결과를 발표했다. 이경자의 남편 이태희 등 다섯 명이 뇌물공여 등의 혐의로 구속되었고, 대원각과 삼청각의 여주인인 이경자·이정자 자매도 다시 불구속 입건되었다. 검찰은 변호사들로부터 금품을 받은 남부지청 이진록 검사와 당시 부장검사인 동부지청 차장 박혜건 검사가 이 날짜로 징계면직(파면)

되었다고 발표했다. 이들에게 금품을 제공한 변갑규, 나정욱, 윤태방 등 변호사 3인은 법무장관을 위원장으로 하는 변호사 징계위에서 제명처분을 받았다. 이진록 검사와 박혜건 부장검사가 받은 금품은 안기부 보고서에서는 각각 625만 원과 133만 원이었는데, 검찰은 이진록 검사가 155만 원, 박혜건 검사가 130만 원이라고 안기부 보고서보다 적은 금액으로 발표했다. 외화밀반출 사건의 재조사와 기소는 처음 중수부에서 이 사건을 맡아 강건용 비서관에 대한 고문을 문제 삼아 안기부와 검찰의 갈등을 빚은 성민경 2과장이 아니라 신건 4과장이 담당했다. 그러나 안기부의 가택수색 날짜와 사건이첩에 걸리는 시간을 고려하면 2월 26일 대검 중수부가 수사결과를 발표하기까지 독자적인 수사를 할 시간은 거의 확보하지 못했던 것으로 보인다.

검찰의 기를 꺾어야 한다

안기부는 검사 두 명을 파면하는 것으로 만족하지 않았다. 외화밀반출 사건으로 야기된 검찰과의 갈등에서 안기부는 이 기회에 확실히 검찰의 기를 꺾어야 한다고 본 듯싶다. 안기부의 보고서는 늘 그렇듯 주변 여론이라며 자기 속내를 적고 있다. "본 사건 처리 관련 법조계 여론: ○ 제5공화국 출범 이래 검찰의 부정은 상존하고 있다는 국민여론을 감안, 이번 기회를 검찰의 비리척결 계기로 삼아야 한다(일반검사) ○ 불똥이 어느 정도 튈지는 모르지만 검찰이 지금까지 검사 비위에 대하여는 미온적으로 처리해왔음을 감안, 이번 기회에 정신 못 차리는 검사들을 정화적 차원에서 과감히 쇄신해야 된다(검찰 일부) ○ 이번 수사로 검찰의 비리 소지가 완전히 척결되기를 희망한다(변호사)."[17]

안기부가 특히 문제 삼은 사람은 이창우 서울지검장이었다. 안기부는 "사건의 엄정처리 지휘책임자인 검사장이 말단 사건 담당 검사를 초청, 피의자 남편 이태희와 같이 골프"를 쳤는데 이는 "통상의 검찰윤리 및 위계질서상 있을 수 없는 일로 평가"된다고 주장했다. 그는 이태희로부터 호텔 숙박 티켓 1매(20만 원)를 수수했다고 한다. 그런데 이창우 검사장은 중앙정보부원 출신 이태희와 고등학교 동기동창이었다. 이태희는 동창회 총무와 함께 이 검사장을 찾아 동창회 기금 1,000만 원을 내는 조건으로 부인 등의 기소유예를 청탁했으나 거절당했다. 안기부가 문제 삼은 골프 모임은 이경자의 형이 확정된 10월 18일로부터 두 주가량이 흐른 뒤의 일이고, 문제의 호텔 숙박권 역시 형 확정 이후에 건네진 것이다. 물론 호텔 숙박권을 받거나 피의자 가족과 골프 모임을 가진 것을 두고 잘한 일이라 할 수는 없지만 대가성이 있는 것이라 단정할 수도 없다. 이창민 기자의 증언에 의하면 진짜 문제는 안기부가 이 호텔 숙박권을 이창우 서울지검장의 방을 몰래 뒤져 찾아냈고 이를 근거로 이창우 검사장의 면직을 강력히 요구했다는 점이다.

결국 검찰은 3월 29일자로 이창우 서울지검장과 조용락 서울지검 남부지청장이 지휘책임을 지고 '의원면직' 형식으로 옷을 벗는 것으로 처리했다. 지휘계선에 있던 인물 중 박희태 남부지청 차장만 요행히 안기부의 칼날을 피할 수 있었다. 당시 『중앙일보』는 "서울지검의 많은 검사들은 이창우 검사장의 퇴임을 두고 '이 검사장은 부하 검사들이 일하기 쉽도록 많은 뒷받침을 해줬다'라면서 안쓰러워했다"라고 보도했다. 이창우 지검장은 평소 청와대에 파견 나간 후배 검사로부터 청탁성 전화가 오면 호통을 치면서 전화를 끊어버리는 강직한 성품의 소유자였다고 한다. 이창우는 "평검사 시절 서울지검 공안부에서 5년간 근무하면서 1967년 7월의 동백림 사건을 처리했고, 서울지검 공안부장을 거친 정통 공안통"이라는 평가를 받았다. 그는 "대쪽 같은 성격의 원칙론자"로 서울지검장이 되기 전인 1981년 4월부터 1982년 6월까지 대검 공안부장을 지냈다. 그때 "전민학련 사건(1981년 9월), 부산 미문화원 방화 사건(1982년 3월) 등 시국사건을 처리하는 과정에서 강경 일변도인 안기부 측과 잦은 마찰을 빚기도 했으나, 이 때문에 결과적으로 대검 공안부의 위상을 한 단계 높였다는 평가"를 검찰 내부에서 받는 등 후배들의 신망이 두터웠다. 이창우는 바로 그런 이유로 안기부의 미움을 사서 외화밀반출 사건의 지휘책임을 지고 옷을 벗게 된 것이다.

이창우는 퇴직 후 농사나 짓겠다며 시골로 내려가 1990년이 되어서야 변호사 개업을 했다. 남부지청장 조용락 역시 두 부장판사와 마찬가지로 한동안 변호사 개업을 할 수 없었다. 한편 강건용 비서관에 대한 안기부의 가혹행위를 처음으로 문제 삼은 성민경 대검 중수부 2과장은 다른 세 명의 중수부 과장들이 검찰총장급으로 승진한 반면, 혼자 검사장 승진에서 탈락했는데 그 뒤 교통사고로 유명을 달리했다. 파면된 두 검사와 뇌물공여로 제명처분을 받은 세 변호사는 법에 따라 3년간 변호사 자격이 제한되었다가 안기부가 '아량'을 베풀어 2년 만에 복권되었다.

소장 법관도 아니고 유신의 암흑시대를 살아낸 경력 15년 안팎의 부장판사 두 명이 옷을 벗게 된 법원은 완전히 안기부의 통제 아래로 들어갔다. 검사 두 명이 파면당하고 검사장과 지청장이 옷을 벗은 검찰의 충격은 법원보다 더 컸다. 당장 대검에 감찰부가 신설된 것을 두고 국회에서는 그렇지 않아도 땅에 떨어진 검찰의 사기를 더욱 떨어뜨리는 것 아니냐는 논란이 벌어졌다. 공안이나 시국사건이 아닌 일반형사사건에 대한 검찰수사가 사법경찰관 부서인 안기부에 의해 완전히 뒤집힌 것은 검찰 역사상 초유의 치욕이었다. 검찰이

"자체 비리가 있다는 약점"이 안기부에 잡혀 완패한 것을 두고 이창민 기자는 이 사건은 "이후 계속된 시국·공안사건에서 안기부에 눌리는 단초를 제공"한 것이며, "안기부가 법조계를 견제하는 계기"가 되었다고 회고했다. 이 사건은 한 검찰 고위 관계자의 평가처럼 "그때까지 팽팽하게 맞서왔던 안기부와 검찰의 힘겨루기 게임에서 안기부가 검찰에 대한 영향력을 증대시키는 계기를 만든 분수령"이었으며, "5공 중반기 이후 안기부가 권력의 중추기관으로 재등장할 수 있게 된 것도 이 사건의 여파"였다.[18]

3 국가모독죄와 안기부의 보고서들

2009년, '대한민국'은 박원순 변호사가 국정원의 민간인 사찰과 시민단체 후원 기업에 대한 압력 의혹을 제기하자 대한민국의 명예를 훼손했다며 2억 원의 소송을 냈다. 이 소송을 준비한 대한민국의 관료들은 아마도 과거 독재정권시대의 국가모독죄*가 그리웠을 것이다.[1]

또 하나의 국가보안법, '국가모독죄'

1953년 9월 18일에 제정된 형법은 1996년 그동안의 사회 변화를 반영해 전면 수정될 때까지 딱 두 번 개정되었다. 첫 번째 개정은 1975년 3월 19일 국회에서 날치기로 국가모독죄를 신설한 것이고, 다른 한 번은 6월항쟁 이후인 1988년 12월 31일 반민주악법 개폐의 일환으로 국가모독죄를 삭제한 것이다. 이 악법을 통과시키는 데 앞장섰던 공화당 정책위의장 박준규는 『중앙일보』등과의 인터뷰에서 이 법

* 국가모독죄
1975년 3월 25일부터 1988년 12월 30일까지 대한민국 형법 제104조 2에 규정되었던 불법 행위를 말한다. 내용은 다음과 같다.
1. 내국인이 국외에서 대한민국 또는 헌법에 의하여 설치된 국가기관을 모욕 또는 비방하거나 그에 관한 사실을 왜곡 또는 허위사실을 유포하거나 기타 방법으로 대한민국의 안전·이익 또는 위신을 해하거나, 해할 우려가 있게 한 때에는 7년 이하의 징역이나 금고에 처한다.
2. 내국인이 외국인이나 외국단체 등을 이용하여 국내에서 전항의 행위를 한 때에도 전항의 형과 같다.
3. 제2항의 경우에는 10년 이하의 자격정지를 병과할 수 있다.

은 "고질적인 사대풍조"를 뿌리 뽑고 "주체사상을 고취(!)"하기 위한 것이라고 밝혔다.[2] 유신정권이 날치기를 마다 않고 이런 황당한 법을 만든 것은 한마디로 외신 때문이었다. 1974년 말부터 끌어온 『동아일보』 백지광고 사태●는 이 법이 통과되기 하루 전에 농성 중이던 기자 130여 명이 폭력으로 축출되는 것으로 마무리되었다. 국내 언론은 완벽하게 장악되었지만, 외국 기자들은 잡아다 고문할 수도 없고 기자 추방이나 지국 폐쇄도 여의치 않으니 참으로 골칫거리였다. 이에 유신정권은 국내 취재원이 외신 기자들에게 정보를 제공하는 것을 막기 위해 국가모독죄를 신설한 것이다.

유신정권은 날치기 소동을 벌여가며 국가모독죄를 요란하게 형법에 끼워 넣었으나 막상 그 칼을 잘 휘두르지는 않았다. 중앙정보부 보고서를 보면 1976년 명동 사건 당시 국가모독죄를 적용하려다가 포기한 사례가 나온다. 검찰은 피고인들이 국가모독죄에 해당되나 "이를 공소하였을 시는 공판 과정에서 외국인을 참고인으로 출석시켜야 하므로 물의 야기가 예상"되어 이를 적용하지 않았다는 것이다.[3] 박준규가 국가모독죄 신설을 두고 "사대언동을 처벌하려는 것보다 예방하려는 데 입법취지가 있다"라고 말한 것처럼 유신정권 스스로도 이 '법'이 실제로 써먹기에는 문제가 많다는 것을 잘 알고 있었다. 그러나 1975년 3월 『동아일보』 사태로 해직된 이부영 전 의원은 1975년 6월 중앙정보부에 연행되어 국가보안법, 긴급조치, 그리고 국가모독죄 등의 혐의로 기소되어 1심에서 국가보안법 15년 구형에 8년, 긴급조치와 국가모독죄 3년 구형에 1년을 선고받았다.

언론인 1,000여 명의 목을 치고 출범한 전두환 정권은 국내 언론에 대한 장악력이 유신 시절보다 높았다. 그런데 문제는 88올림픽이었다. 언론 통제를 위해 과거처럼 긴급조치나 계엄령 같은 비상조치

● 『동아일보』 백지광고 사태
1974년 10월 24일 동아일보 기자들이 자유언론실천선언을 한 이후, 유신체제에 대한 비판이 지면을 통해 제기되자 중앙정보부는 『동아일보』의 광고주에게 압력을 가하여 12월 하순 대규모 광고 해약사태가 발생했다. 『동아일보』의 광고면이 대부분 백지로 나가자, 시민들의 격려광고가 쇄도했다. 시민들의 열렬한 성원에도 불구하고 동아일보사 경영진은 1975년 3월 17일 폭력배를 동원하여 자유언론투쟁위 소속 기자 등 130여 명을 몰아내고, 이들을 해고했다.

를 취했다가는 올림픽 유치 자체가 취소될 수도 있고 동구 공산국가의 올림픽 참가를 유도하자니 반공법을 되살릴 수도 없었다. 급진 성향의 청년학생이나 재야인사들은 국가보안법으로 규제하는 데 문제가 없었지만, 종교인이나 야당 정치인들을 국가보안법으로 걸어 넣기에는 무리가 따랐다. 유신이 남겨준 국가모독죄는 전두환 정권에게 언론, 특히 외신 통제를 위한 매력적인 수단이었다.

국가모독죄의 첫 희생자는 기독교청년연합회EYC 상임총무 김철기였다. 한국에 진출한 다국적기업 '콘트롤데이타'는 노동쟁의가 발생하자 일방적으로 공장 철수를 선언했는데, EYC 관련자들이 「콘트롤데이타 사태에 대한 우리의 입장」이라는 성명서를 제작해 1982년 7월 23일 기독교회관에서 일본 교도통신 한국 지국장 구로다 가쓰히로黑田勝弘 등 국내외 기자 10여 명과 교계에 배포했다. 이 성명서에서 김철기 등은 "정부가 콘트롤데이타 사태의 폭력에 대하여 수수방관, 동조, 지원하면서도 다국적기업에는 나약 비굴하며 민중의 지지가 아닌 외세에 의존하고 있다"라며 비판했다.[4] 경찰은 즉각 김철기를 구속했고, 검찰은 1975년 3월 국가모독죄 신설 이후 처음으로 김철기를 이 조항 위반으로 기소했다. 1982년 10월 21일 서울형사지법 제3단독 노원욱 판사는 징역 3년을 구형받은 김철기 피고인에게 징역 1년 6월을 선고했고 김철기는 이에 불복하여 항소했다.[5]

남용되는 국가모독죄

1983년 2월 11일 열린 항소심 선고공판에서 서울형사지법 항소3부(재판장 신진근 부장판사)는 예상을 깨고 김철기에게 무죄를 선고했다. 재판부는 "국가모독죄가 성립하려면 내국인이 외국인을 비방하는 행위와 이용당한 외국인이 국외에서 대한민국 및 그 헌법기관을 비방하는 등의 행위가 있어야" 하지만 "김 피고인이 유인물을 외국인에게 배포한 사실만 인정될 뿐 유인물을 배부받은 외국인이 이에 이용돼 국외에서 대한민국 정부를 비방하여 국가의 안전·이익이나 위신을 해하거나 해할 우려가 있는 행위를 했다고 볼 아무런 증거가 없다"라고 판단했다. 만약 이 사건이 무죄로 확정된다면 국가모독죄를 통해 외신을 통제하려던 전두환 정권의 계획은 수포로 돌아가는 것이었다.

　무죄판결이 있고 40여 일이 지난 뒤 안기부는 「EYC, 김철기 국가모독 사건 무죄선고 판사 이신섭 해외유학 유보 경위 확인보고」라는 보고서를 작성했다. 이 보고서에 따르면, 하버드 대학에 가기로 되어 있던 이신섭 판사의 해외유학이 갑자기 취소된 것은 표면적으로는 서울형사지법의 법관 부족 때문이지만 사실은 "김철기 국가모독 사건 무죄선고에 따른 간접적인 응징"의 결과였다. 이 보고서는 이신섭 판사에 의해 기각된 영장이 다른 판사에 의해 발부된 것을 들어 "법관으로서 상식 이하의 행위를 자행한 자로 법관 자격이 없다고 판단"된다면서 "차기 인사 시 지방 좌천 예정자"라고 단언했다.[6] 다행히 이신섭 판사는 다음번 인사인 1983년 9월 1일의 정기인사에서 지방으로 좌천되지 않고 서울민사지법으로 발령받았다.[7] 그는 국정원 과거사위원회와의 전화 통화에서 자신은 그다음에 해외연수 기회도 얻었기 때문에 이 판결로 별다른 불이익을 받지는 않았다고 말했다.[8] 주심이었던 이신섭 판사는 큰 불이익을 입지 않았지만, 재판장 신진근 부장판사는 1983년 5월 27일자로 '의원면직' 되었다.[9] 대법원장 비서관 뇌물 사건의 여파로 2월과 3월에 두 명의 부장판사가 옷을 벗은 데 이어 또다시 서울형사지법의 부장판사가 옷을 벗게 된 것이다.

그로부터 약 두 주 후인 1983년 6월 14일 대법원 전원합의체는 13명의 대법원 판사 중 11명의 다수의견으로, 무죄를 선고한 원심을 깨고 유죄 취지로 사건을 서울형사지법으로 되돌려보냈다. 이때 무죄 취지의 소수의견을 낸 대법원 판사는 이 일로 '대쪽판사'라는 별명을 얻게 된 이일규와 이회창이었다. 이들은 소수의견에서 "외국인에게 유인물을 배포한 것만으로는 외국인의 행위를 이용해 국가모독행위를 한 것으로 볼 수 없다"라면서, "국내에서의 국가모독행위의 규제는 자칫 헌법이 보장한 표현·비판의 자유를 부당하게 제한할 수 있다"라고 주장했다. 즉 소수의견의 핵심은 "내국인이 국내에서 한 국가모독행위는 원칙적으로 처벌대상이 되지 않는다"라는 것이었다.[10] 1983년 12월 5일 서울형사지법 항소1부(재판장 안우만 부장판사)는 김철기에 대한 국가모독죄 사건 재항소심 선고공판에서 징역 1년 6월이 선고된 원심을 깨고 징역 1년 6월에 집행유예 3년을 선고했다. 김철기에게 집행유예가 선고되었다 해서 결코 가벼운 형이 선고된 것이라고는 말할 수 없다. 그는 1982년 7월에 구속되어 이미 1년 6개월 가까이 구금된 상태였기 때문에 1심 형량이 그대로 유지된다 해도 곧 석방될 몸이었다.

대법원에서 국가모독죄에 대해 유죄 취지의 판결이 있고 사흘 뒤 김영삼 전 신민당 총재의 비서실장 김덕룡이 외신 기자에게 반정부 유인물을 준 혐의로 국가모독죄로 구속되었다. 이를 시발로 국가모독죄는 제5공화국 정권이 국가보안법으로 다스리기 힘든 야당 정치인이나 종교인 등을 처벌하는 수단으로 사용되었고 1987년 6월항쟁 이후에도 학생들이 외신과 기자회견을 했을 때 그 단속 수단으로 악용되었다. 김덕룡에 이어 민청련(민주화운동청년연합)의 김병곤 상임위원장과 EYC 총무 황인하 등이 정부의 공안탄압을 비판하다가 국가모독죄로 구속되었고, 이철 의원도 국회 발언 내용을 30여 개 외

2015년 10월 21일, 헌법재판소는 유신 시절인 1975년 3월에 형법에 삽입된 국가모독죄에 대해 전원일치 위헌 결정을 내렸다. 이로 인해 과거 국가모독죄로 처벌받았던 사람들은 재심을 청구할 수 있게 됐다. 국가모독죄는 1988년 12월에 여야 합의로 폐지된 이후 27년 만에 위헌 판정을 받은 것이다. 헌법재판소는 "당시 언론이 통제되던 상황과 민주화 이후 이 조항이 삭제된 정황을 고려할 때 해당 조항의 입법 목적이 국가의 안전과 이익 등에 있다고 볼 수 있을지 의문"이라며 "형사처벌로 표현행위를 일률 규제하는 것이 적절하다고 보기도 어렵다"라고 밝혔다.

국 공관과 외국 언론에 배포한 혐의로 소환되었다.

특히 안기부는 1985년의 2·12 총선을 앞두고 야당 바람이 일 기세가 보이자 재야의 정치활동 피규제자들의 모임인 민추협(민주화추진협의회)에 대해 국가모독죄를 동원하여 그 정치활동을 억압하려는 방안을 모색했다. 1984년 12월 28일자 「민추협에 대한 법률적 규제 대책 보고」라는 안기부 보고서는 "민추협의 성명발표는 상임운영위(위원 25명)의 결의를 거치므로 상임운영위원 전원에 대해서 국가모독 등 공범으로 필요 시 입건 조사처리 가능"하다고까지 주장했다.[11] 외신 기자회견에서 정부를 비판한 전학련(전국학생총연맹) 의장 오수진, 건국대 사건*을 용공좌경이 아니라고 옹호하는 성명을 발표한 민추협 대변인 한광옥, 외신 기자회견에서 보도지침을 폭로한 김태홍·신홍범·김주언 등도 국가모독죄로 구속되거나 유죄판결을 받았고, 김영삼 당시 민주당 총재도 군사정권하의 서울올림픽을 나

* 건국대 사건
1986년 10월 28일 전국 26개 대학교 학생 2,000여 명이 건국대에 모여 전국 반외세·반독재 애국학생투쟁연합('애학투련') 발대식을 거행 중 3,000여 명의 경찰이 교내로 진입하여 학생들을 연행하자 경찰에 밀린 학생들이 본관 등 건물로 진입하여 얼떨결에 농성이 시작되었다. 경찰은 이 사건을 "공산혁명분자 건국대 점거 농성 사건"으로 규정하고, 4일 째인 10월 31일 강제 진입하여 1,525명을 연행하고 이 중 1,288명을 구속했다.

치하의 베를린올림픽에 비유했다가 상이군경회에 의해 국가모독죄 위반으로 고발되었다.

5공 정권의 국가모독죄 운영은 점점 더 경색되어 1987년 6월항쟁 직전에는 "기자회견 장소에 외신 기자가 한 명이라도 있을 경우 국가기관을 비방하는 발언을 하면 해당되며, 외신 보도 여부에 관계없이 죄가 성립한다"라는 것이 검찰의 공식 입장이었다.[12] 6월항쟁 후에도 연대 총학생회장이었던 우상호가 나치에 대한 저항은 합법적이라고 『뉴욕타임스』에 말했다가 징역 1년 6월, 집행유예 2년의 판결을 받았다. 국가모독죄는 1988년 13대 국회에서 대표적 5공 악법으로 꼽혀 1988년 12월 31일자로 국가모독죄를 담은 제104조 2를 삭제한 형법 개정안이 공포되었다. 지금 그 법을 아쉬워하는 자들이 꽤 많은 듯싶다.

4 안기부의 학생시위 엄벌

광주에서의 참혹한 학살은 민주화운동의 저변을 엄청나게 넓혀놓았다. 유신시대의 민주화운동이 아무래도 경인 지역에 편중된 것이었다면 부마항쟁•과 광주항쟁을 거쳐 제5공화국 시기에 들어와서는 항쟁의 불길이 전국으로 번졌다. 학생시위도 1970년대에는 수도권 대학에서 많이 일어났지만 1980년대 들어서는 지방의 소규모 대학 학생들까지 감옥 가기를 마다하지 않았다. 전두환 정권은 대학생시위가 확산되자 이를 효과적으로 통제하기 위해 시위 주동자들의 형량을 대폭 늘리려 했다.

전두환 정권 초기는 유신시대와 마찬가지로 경찰이 교내에 상주하면서 학생시위를 강경 진압했고, 시위학생들은 대개 1년 안팎의 형을 받았다. 그런데 당시의 병역법은 6개월 이상 복역한 사실이 있는 사람은 현역 입영은 물론 방위소집까지 면제해주었다.[1] 그러다 보니 군복무를 마쳐야 하는 운동권 남학생들은 어차피 군대 가서 3년을 '썩느니' 시위를 주동하고 1년가량 옥살이를 하면 군대 문제도 자연 해결된다고 생각하는 경향이 없지 않았다. 전두환 정권은 학생운동을 통제하는 수단으로 시위에 단순 가담한 학생들이나 시위를 주

• 부마항쟁
1979년 10월 16일부터 20일까지 경상남도 부산과 마산 지역에서 일어난
반정부 시위를 말한다.

동할 우려가 있는 학생들을 강제징집했다.[2] 그런데 시위를 주동한 학생들이 1년 내외의 징역형을 받게 되면 당시의 병역법상 징집이 면제되기 때문에 이들은 군대로 보낼 수 없었다. 전두환 정권은 학생들의 시위 확산을 막는 방편의 하나로, 병역의무를 필하지 않은 남학생이 시위를 주동하면 병역기피 목적이 있는 것으로 간주해 이들에 대한 형량을 높이는 방안을 강구했다. 이들의 형량을 군복무 기간보다 늘리면 학생들의 데모가 줄어들리라 본 것이다. 그러나 개별 사건에서 형량을 결정하는 권한은 사법부에 있었기 때문에 안기부로서는 '조정'이라는 이름의 과정이 필요했다.

안기부의 '조정'과 말 잘 듣는 사법부

1983년 4월 11일자 「학원사태 관련자 조기 공판진행 조정보고」라는 안기부 보고서를 보면 1983년 3월 11일 신라호텔에서 (아마도 관계 기관 대책회의가 열려) "군입대 기피 목적 학원사태 유발자 엄단 처리 방침"이 결정되었다. 그 내용은 "학원 관련 사범, 특히 군입대 기피목적 사태 유발자에 대해 신속한 재판 처리로 엄단함으로써 (5년 이상 구형, 3년 이상 선고) ㅇ 엄단 사실의 학내 전파로 재범 방지 ㅇ 만성적 '데모고개'의 발본색원 등 효과"를 거두도록 한다는 것이다. 이를 위해 안기부는 "현재 검찰에서 수사 중인 학원 관련 사건 (5건 18명)을 종전과 달리 ㅇ 관련 사건을 공안부 전 검사에게 적절히 배분 ㅇ 신속한 기소 및 공판 기일 지정으로 조속 처리토록 검찰 및 법원을 조정"하기로 했다. 이 보고서에 따르면 안기부는 앞의 "군입대 기피 목적 학원사태 유발자 엄단 처리 방침"에 따라 1983년 3월 14일부터 18일 사이에 '조속 기소'와 '조기 공판진행'을 위해 "대검 공

1980년대에 들어서면서 대학생시위는 전국으로 확산됐다.
사진은 5·18 민주화항쟁이 벌어지기 바로 직전인 1980년 5월 15일
민족민주화대성회에 참여하기 위해 전남대학교 정문에서 전경과
대치하고 있는 학생들의 모습.

안부 및 대법원 행정처와 동 처리 방침에 따른 협조"를 구했고 "대법원에서는 전 관할법원에 동 처리 방침을 시달"했다.[3]

안기부는 대법원으로 하여금 전 관할법원에 안기부의 새로운 방침을 시달하게 하는 것으로 만족하지 않고, 학생시위의 대부분을 관할하게 되는 서울형사지법에 대해 직접 '조정'에 들어갔다. 안기부는 서울형사지법원장 김형기에게 3월 18일, 3월 25일, 4월 6일 세 차례에 걸쳐 학내시위 주동자로 이 법원에서 재판을 받게 될 동국대생 김유능 등 18명에 대한 '3년 이상 선고'라는 지침을 제시하면서 이들의 공판을 기소 즉시 시작해 조기에 마무리하라고 '조정'했다. 우리는 여기서 안기부의 '조정'이 들어간 시점에 주목할 필요가 있다. 1983년 3월이라는 시점은 앞서 살펴본 요정 주인의 외화밀반출 사건과 국가모독죄 무죄 사건의 여파로 안기부가 사법부를 마구 흔들어대고 있을 때였다.

안기부가 형사지법 수석부장이 아니라 형사지법원장에게 직접 행사한 '조정'은 너무나 잘 먹혀들었다. 안기부의 '조정'이 있은 후 첫 공판인 동국대생 김유능의 재판은 안기부의 방침을 정확히 구현했다. 4월 15일 첫 공판이 열리고 8일 만인 4월 23일 징역 3년형이 선고(재판장 정극수 판사)된 것이다.[4] 대법원이 하달한 지침 역시 영향력을 발휘한 것으로 보인다. 1983년 2월 22일 1심인 수원지법에서 징역 10월형을 선고받은 성균관대생 세 명에 대해 수원지법 항소부(이영준 부장판사)는 4월 30일 원심을 깨고 징역 1년 6월형을 선고했다.[5] 항소심에서 형량이 두 배 가까이 늘어난 것은 극히 이례적인 일이다. 6월 11일 같은 재판부는 또다시 1심에서 징역 10월형을 선고받은 서울대생 김재갑에게 이번에는 원심 형량의 두 배가 넘는 징역 2년형을 선고했다.[6] 안기부가 '조정'을 벌인 숭전대생 김상림 등 두 명과 단국대생 김용덕 등 두 명에 대해 남부지원 유재선 판사 등이 안기부가 요구한 형량의 3분의 2인 징역 2년을 선고한 것은 그 이전의 교내 시위 주동자들과 비교하면 매우 무거운 형을 선고한 것이다.[7] 그래도 당시 안기부의 '조정'에 법원이 무기력하게 따랐던 것에 비춘다면 '고민 많이 한 판결'이라 할 것이다.

안기부가 행한 '조정'의 의미는 안기부의 '조정'이 있기 이전에 서울형사지법이 단순 교내시위에 대해 어떤 판결을 내렸는가를 살펴보면 잘 나타난다. 징역 3년을 선고받은 김유능의 동기로 그보다 두 달 먼저 재판을 받은 조승수(현 정의당 울산시당위원장)는 징역 단기 1년, 장기 2년, 김유능에게 징역 3년을 선고한 정극수 판사에게 재판을 받은 숙대생 김이경 등은 징역 1년에서 1년 6월, 현재(2016) 서울시 정무부시장인 하승창 등 연대생 세 명은 징역 8월에서 1년을 선고받았다. 이를 보면 안기부의 '조정'으로 단순 교내시위에 대한 형량이 두 배가량 늘어난 것을 알 수 있다. 안기부 '조정'의 첫 희생자로 갑자기 3년형을 받게 된 김유능은 그 후 승려가 되었다가 2004년 불의의 교통사고로 세상을 떴다.

중형은 판사가 내리고, 생색은 '각하'가 내고……

1983년 12월에 작성된 안기부의 다른 보고서는 이와 같은 '학원사태 관련자 엄벌처리주의'의 적용 사례를 보여주면서 이 방침이 많은 문제점을 낳았음을 지적했다. 이 보고서는 "1983년 이후 검찰에서는 학원사범에 대해 최소 3년, 최고 5년형 구형으로 일관성 있는 엄벌처리 원칙"을 고수하여 학원사범에 대해서는 "거의 100퍼센트 영장발부, 구속 기소 처리"를 해왔으며, "법원은 검찰 구형의 최소한 2분의 1 이상 선고 원칙하에 평균 징역 2년형 이상 선고"를 해왔다고 밝혔다. 그러나 이런 엄벌처리 원칙은 안기부가 보기에도 문제가 많았다. 우선 "사법처리의 경직성으로 학원의 대사법부 불신감, 대정부 불만감"이 조성되었고, "어린 학생들을 최고형인 징역 5년형으로 구형, 중형 선고하는 현 사법처리에 대한 비판 여론"이 비등했으며, "학원사범 엄단 원칙 확립으로 상당한 정황이 있는 경우에도 관용처리 회피 경향 등 경직화 현상"이 나타났고, 일부 판사들이 학원사범 처리 방침에 "노골적 불만"을 표시하고 있다는 것이다. 엄벌처리 방침의 문제점에 대한 안기부의 진단은 정확했던 반면 그 대책은 핵심에서 벗어났다. 안기부는 "중형선고 원칙이 무너지면 법원의 생리상 학원사범 재판에 대한 통제조정이 사실상 불가능한 실정"이라는 이유로 학생들에 대해서는 계속 중형을 선고하고, 법원에 대해서는 계속 '통제조정'을 해야 한다고 보았다. 그러면서 구속자 누증으로 인한 정치적 부담은 '각하의 특별조치'로 '탄력성' 있게 대처한다는 처방을 내놓았다.[8] 요컨대 부담은 계속 사법부에 지워 그들로 하여금 중형을 선고하도록 하고 나중에 생색은 '각하'가 내면서 풀어주겠다는 것이었다.

탄력성 있는 '각하의 특별조치'가 구체화되는 데는 시간이 얼마 걸리지 않았다. 약 20일 후인 1983년 12월 22일 정부는 "지금까지의 엄벌 중심의 강경책이 당국의 기대대로 학원사태를 방지하지 못했을 뿐 아니라 오히려 그와는 반대로 학원사태 주동자의 의식은 갈수록 첨예해지고 사태는 계속 빈발"했다는 이유로 해직교수 복직, 제적학생 복교, 학원소요 사범과 공안사범들에 대한 대거사면·형 집행정지·복권 등의 조치를 내려 학원소요와 관련된 학생 134명을 석방했다.[9] 1983년 말과 1984년 초에 걸친 일련의 '특별조치'로 풀려난 학생은 모두 338명이었으며, 남아 있는 학생은 22명이었다. 서울에서는 집시법 위반으로 1983년에 구속 기소되어 재판을 받은 158명 중 140명이 풀려난 것으로 알려졌다.[10] 안기부의 중형 선고 방침에 따라 충실히 중형을 선고한 판사들만 머쓱해질 수밖에 없었다.

　1980년대 제5공화국 시기 시국사건은 유신시대 이래의 '악습'인 '양형 동일화' 원칙을 지켰다. 1988년 6월, 5공 사법부의 악습으로부터 탈피하려는 움직임이 한창이던 때 한 현직 법관은 언론과의 인터뷰에서 이렇게 말했다. "1980년 이후 시국사건의 '양형 동일화' 현상은 유신 때부터 지켜지던 악습으로 청와대의 양형을 절대로 지키는 것이 불문율이었지요. 특히 주요 시국사건은 기관의 조정관이 검사장에게 선고량을 전달하면 검사장이 형사법원장 또는 수석부장에게 전했어요. 전달 내용도 거의 변경된 적이 없었고, 어떤 부장판사는 오히려 한술 더 뜨는 실정이었습니다."[11] 그 결과 안기부가 단기적 목적은 달성했을지 모르지만 당국의 엄벌주의에도 불구하고 민주화의 열망은 꺾이지 않았다. 그 와중에 서슬 푸른 안기부의 '조정'과 '협조' 요청에 무기력하게 굴복한 법원은 불신의 대상이 되었다. 신성해야 할 법정 위로 고무신짝이 날아다니고 피고들이 오히려 법관을 심판하겠다고 소리쳤다.

연세대생 내란음모 사건과
안보수사조정권

군사독재정권 시절의 검찰은 지금의 기세등등한 검찰과는 달리 안기부의 직접 통제를 받았다. 1981년의 연세대생 내란음모 사건은 검찰이 안기부에 의해 완전히 찌그러져 있던 시절 안기부에 맞섰던 젊은 검사가 퇴출된 우울한 삽화를 보여준다. 1981년 3월 하순 연세대생 정신화, 김치걸, 이성하, 장신환 등이 유인물 사건과 관련해 검거되었다. 안기부는 이들 학생이 광주항쟁 소식이 궁금해 이북방송을 들은 사실을 밝혀냈다. 안기부는 또 장신환이 1979년의 남민전 사건°과도 관련이 있자 내심 쾌재를 불렀다. 무언가 그림이 그려질 수 있기 때문이었다. 광주항쟁 이후 대학가에서 전두환 정권 타도 움직임이 확산되자 이를 막기 위해 안기부는 그림이 필요하던 차였다. 이렇게 해서 학내의 단순 유인물 사건이 안기부에 의해 이북과 남민전과 연결된 내란 선전선동 사건으로 둔갑한 것이다. 안기부는 이 사건에 국가보안법 외에 내란죄를 적용하여 서울지검 공안부로 송치했다.

° 남민전 사건
1976년 2월에 이재문, 신향식, 김병권 등이 대한민국의 민주화와 민족해방을 위해 남조선민족해방전선준비위원회(남민전)를 비밀리에 조직하여 1977년 1월, 반유신투쟁을 전개하고, 민청학련 등과 같은 청년학생위원회를 조직한다. 이 일로 1979년 10월 4일부터 11월까지 이재문, 이문희, 차성환, 이수일, 김남주 등 84명이 구속되었다. 공안기관은 이를 '북한공산집단의 대남전략에 따라 국가변란을 기도한 사건', '북한과 연계된 간첩단 사건', '무장 도시게릴라 조직' 등으로 발표하여 국가보안법 및 반공법 위반 등으로 처벌하였다.

황당한 내란죄 적용에 반발한 구상진 검사

사건을 담당한 사람은 구상진 검사였다. 구상진 검사는 기록을 검토하고 학생들을 심문한 뒤 고민에 빠졌다. 아무리 봐도 단순한 학내 서클모임이지 무슨 거창한 내란음모 조직이 아니었던 것이다. 더구나 대법원은 내란죄 구성요건의 하나로 목적 달성의 수단으로 폭동이 행해져야 하고, 이로 인해 한 지방의 평온이 깨져야 한다는 것을 들고 있었다. 어느 모로 보나 이 사건은 내란죄를 적용하기 어려운 사안이었다. 만약 이런 종류의 사건을 내란음모로 처벌하면 앞으로 유사한 사건은 모두 내란음모로 처벌하는 황당한 상황이 벌어질 판이었다. 또 구상진 검사는 남민전 사건은 유신 시대의 일로, 제5공화국이라는 새 시대가 열린 마당에 뒤늦게 이를 문제 삼는 것도 온당치 못하다고 생각했다. 구상진 검사는 사건의 수괴로 지목된 장신환은 불기소로, 나머지 피고인들도 최소한 내란죄로는 기소할 수 없다고 생각했다.

그러나 구상진의 상식은 대통령령인 '정보 및 보안 업무 기획·조정 규정'에 근거한 안보수사조정권이라는 벽에 부딪혔다. 1963년 12월 14일 전문全文 개정된 중앙정보부법은 정보부 직무의 하나로 "정보 및 보안 업무의 조정·감독"을 들고 있다. 검찰이 따강한 이유는 기소독점권*을 갖기 때문이다. 그런데 안보수사조정권은 검찰의 기소독점권을 중대하게 침범하고는 했다. 안보수사조정권의 핵심은 두 가지로 하나는 안기부가 송치한 사건의 피의자 신병 처리는 안기부장의 '조정'을 받아야 하고, 다른 하나는 안기부가 제시한 송치 의견과 다르게 기소하거나 불기소할 때는 안기부장과 '협의'하도록 되어 있었다. 말이 좋아 '조정'이고 '협의'이지 실은 허락을 받으라는 것이었다. 검찰에서도 안기부가 처리한 사건은 피의자를 석방하거나 죄목 변경을 독자적으로 할 수 없었다. 대통령령에 불과한 안보수사조

* 기소독점권
대한민국은 기소독점주의起訴獨占主義를 택하고 있어 검사에게만
기소권이 있다. 형사소송법 수사도 검사 중심으로 이뤄진다.

1981년 연세대생
내란음모사건을 맡았던
구상진 검사(현재는 변호사)
는 안기부에 맞서다가 결국
퇴출을 당했다.

정권이 형사소송법에 보장된 검찰의 기소독점
권을 짓밟았던 것이다. 사법경찰관리 부서인
안기부는 당연히 검사의 수사지휘를 받아야
하지만, 1961년의 중앙정보부법은 중앙정보부
가 행하는 수사는 "검사의 지휘를 받지 아니한
다"라고 규정했다. 이 조항은 1963년 삭제되었
지만, 중정-안기부의 버릇을 버려놓았다.

구상진 검사는 서울지검장 김석휘의 결재
를 받아 1981년 5월 16일 안기부장에게 공안사
범 처분 협의 공문을 보냈다. 그는 "장신환을
불기소(기소유예) 처분코자 협의하오니 조속히 회보하여주시기 바
랍니다"라고 요청했다. 그러나 안기부로서는 이 사건에서 결코 물러
설 수 없는 이유가 있었다.「연대학생 용공불순 사건 항소심 관련 검
사 접촉 상황보고」라는 문건에 따르면 안기부는 이 사건을 "최근 대
학생들의 좌경화 의식 성향에 대한 사례를 제시한 사건"으로 전두환
에게 보고했고, "당시 대통령 각하께서 동 사건 내용을 국무위원 및
국회의원에게 전파하여 대학생 좌경의식화 성향을 주지시키고 그
대책을 강구토록 하라는 지시"를 내렸기 때문이다. 이런 사건의 수괴
가 불기소된다는 것은 안기부로서는 용납할 수 없는 일이었다.[1]

「국가보안법 위반 등 피의사건 피의자 장신환 등 4명 담당 검사
관련 상황」이라는 문서는 당시 안기부와 구상진 검사 사이의 갈등을
잘 보여준다. 안기부는 구상진이 김치걸을 조사하는 과정에서 구상진
이 "'너의 행위를 잘했다고 해야 할지 못했다고 해야 할지 의문이다'
라고 언동"했다고 규탄했다. 구상진이 안기부의 담당 수사관에게 "새
시대에서는 구시대의 많은 오류를 범하게 하여서는 안 된다" 하며 장
신환을 불기소하겠다는 뜻을 밝히자, 안기부의 담당 과장이 전화로

그를 구속 기소토록 종용했으나, 구상진은 이에 불응하고 안기부장에게 공안사범 처분 협의 공문을 보냈다. 안기부에 기소유예 처분 의견문을 발송하고 '협의'를 요구한 구상진 검사는 안팎으로 공격을 받았다. 구상진 검사는 "당장 죽여버리겠다"라는 협박전화를 받았고 "서울지검에 빨갱이가 있다"라는 소문이 돌기도 했다고 증언한다.[2] 당시 검찰은 정보 및 공안사범 처리에서 안기부와 의견이 다를 때 안기부의 의견대로 협의·조정되는 상황을 '당연하게' 받아들였다.

안기부는 구속만기일이 다 되도록 가타부타 말이 없었다. 구상진 검사의 협의 요청을 묵살한 것이다. 안기부가 답을 하지 않으면 구상진은 자신의 의견대로 장신환을 풀어주든지 아니면 안기부 의견대로 기소하든지 둘 중 하나인 어려운 선택을 해야 했다. 결국 구속만기를 하루 앞두고 안기부장 대신 검찰총장이 "안기부 요구대로 내란죄로 기소하라" 하는 공문을 보내자 구상진은 사표를 쓰고 잠적했다.

집요한 안기부의 보복

그리하여 공소장 작성 및 기소 임무가 공안부의 정형근 검사에게 떨어졌고, 시간에 쫓긴 정형근은 기록을 제대로 검토할 시간도 없어 자정이 다 되어서야 안기부 의견서를 베껴 겨우 공소장을 제출했다. 그러다 보니 내란죄가 성립되지 않는다고 생각한 구상진이 피의자들을 상대로 작성한 피의자신문조서 내용과 공소장 내용이 다를 수밖에 없었다. 정형근은 공소장 내용을 뒷받침할 만한 검찰 진술조서를 작성하기 위해 장신환 등을 상대로 뒤늦게 기만적인 방법으로 추가 진술조서를 작성했다. 장신환에 따르면 정형근은 학원 관련 사범의 정보보고를 위한 개인 참고자료로 몇 가지 물어본다며 재판에 영향을 미치는 게 아니라고 해놓고는 지장을 찍게 한 뒤 이를 검찰 조서로 제출했다. 이 때문에 장신환 등은 법정에서 허위와 기만으로 작성된 조서의 증거능력을 부인했다. 각종 공안사건에서 조서의 임의성과 내용의 진정성을 놓고 다투는 것은 다반사였지만, 조서 성립 자체의 진정성을 놓고 다투는 경우는 보기 드문 일이었다.

사표를 낸 구상진은 미국 유학을 준비했고, 정형근이 피의자 전원을 내란죄로 기소했는데도 안기부는 야인이 된 구상진을 계속 주시하며 그의 비위사실을 조사했다. 1981년 6월 22일자로 작성된 「전 서울지검 구상진 비위내사 상황보고」에는 구상진의 신원배경 및 동향, 이 사건 관련 청탁 개입 여부 내사 사실과 함께 향후 계속 내사하겠다는 계획을 밝히고 있다. 안기부는 구상진이 장신환을 기소유예하려 하고, 나머지 피의자들에 대해 내란죄 적용을 뺀 것은 그가 어떤 청탁을 받았기 때문이라고 의심했다. 안기부는 구상진이 피의자들을 처리하는 과정에서 외부 청탁 및 압력이 작용했는지 여부는 물론이고 "재직 시 취급사건 위요한 비위사실 또는 이권개입 및 청탁 등 직권남용 사실"에다가 "기타 여자관계 등 취약자료 수집"까지 하겠다는 계획을 세웠다.[3] 「구상진 신원처리 조정」이라는 7월 15일자 보고서를 보면 안기부는 구상진에 관해 내무부에 "해외여행 및 이주 신원조사 시 당부에 통보"할 것을 요청한 데 이어 외무부에 "여권 발급 및 기재사항 변경 신청", "1981년 7월 9일자로 구상진의 해외여행 통제"를 의뢰했다.[4] 출국금지까지 시킨 것이다. 안기부 내에서는 비리사실을 조사해 구상진을 구속하자는 의견이 많았지만, 사태가 거기까지 미치지 않은 것은 아마도 구상진의 집안배경 때문일 것이다. 당시 대검 차장인 배명인(뒤에 법무장관, 안기부장 역임)과 하나회 핵심인 예비역 육군소장으로 민정당 국회의원인 배명국 형제가 구상진의 이종사촌 형이었다. 이런 막강한 배경이 있었기에 구상진은 화를 면할 수 있었다.

안기부에서 심한 고문을 받아 내란죄를 뒤집어쓰고 검찰에서 우여곡절 끝에 정형근에 의해 '허위' 조서 논란을 불러일으키며 기소된 장신환 등은 1심에서 내란죄 유죄판결을 받았다. 서울형사지법 합의 13부(재판장 신성택, 배석 전효숙·유승정)는 판결문에서 검사의 논고가 "논리적 비약은 있으나 국가이익을 위하여 논고 일체를 승인키로 한다"라고 했다. 구상진은 뒤에 언론과의 인터뷰에서 1심 판결에 대해 "법원이 그렇게까지 할 줄은 몰랐다. 법적으로 당연한 일을 한다는 게 나 혼자 절벽을 들이받은 꼴이랄까? 나만 정신이 온전치 못한 건 아닌가 싶더라" 하고 회고했다. 2심은 다른 공소사실은 여전히 유죄판결을 내렸지만, 내란죄만큼은 무죄였다. 구상진이 갑자기 사표를 내고 사라지자 공안부장 김경회와 함께 구상진 검사를 찾아 나섰던 임휘윤은 1년 후 송씨 일가 사건(이 사건에 관해서는 4부 1~3장을 참조)을 처리하면서 안기부에 일부 피의자의 불기소처분을 건의했다가 안기부에서 불구속 기소하자는 의견을 밝히자 군소리 없이 바로 안기부 의견대로 이들을 불구속 기소했다.

1964년의 인혁당 사건에 대한 항명파동은 공안부 검사들이 집단적으로 일으킨 것이지만, 1981년의 이 황당한 내란죄 적용에 대한 반빌은 그저 구상진 검사 한 사람에 그친 일이었고, 그의 행농은 공안부장 김경회로부터 엉뚱하고 감상적인 돌출행동이라는 비난을 받았을 뿐이다. 세월이 흐를수록 검찰은 또 그만큼 변해버린 것이다.

5 즉심판결 판사들에 대한 안기부의 내사

앞서 살펴보았듯 학생시위 엄벌은 부작용이 많았기에 전두환 정권
도 1983년 말부터는 '유화조치'를 취한다. 제적됐던 학생들이 돌아오
고 캠퍼스 내의 집회가 가능해졌다. 학생들은 1984년 1학기에는 학
생회를 재건하고 학내에서 집회를 갖는 등 자체 역량을 강화하는 데
힘썼다. 그리고 2학기 들어서는 움직임이 달라졌다. 학생들은 학교를
벗어나 가두진출을 모색했다. 전두환 정권은 박정희가 즐겨 쓰던 긴
급조치나 계엄령 없이 학생들의 가두시위에 대처해야 했다. 1986년
아시안게임과 1988년 올림픽을 겨냥한 '유화조치' 분위기 탓에 전두
환 정권은 학교 밖으로 나오기 시작한 학생들을 내버려둘 수도, 엄하
게 처벌할 수도 없었다. 전두환 정권은 학교를 벗어나 시내에서 시위
를 벌이는 학생들을 '즉결심판(즉심)'으로 다스렸다. 그러다 보니 몇
달 전만 해도 집시법이나 국가보안법 위반으로 정식 기소되던 사건
들이 즉심에 회부되었다.

즉결심판이란 "경미한 범죄 사건(당시 기준으로는 5만 원 이하
의 벌금·구류 또는 과료에 해당하는 사건)에 대하여 정식 형사소송
절차를 거치지 않고 '즉결심판에 관한 절차법'에 따라 경찰서장의 청

구로 순회판사가 행하는 약식재판"을 말한다. 즉결심판은 그날의 당직 판사가 하루에도 수십 건씩 처리하는 약식재판이기 때문에 법원장이나 안기부 조정관 등이 사전에 내용을 파악하거나 관여하기가 쉽지 않다. 그런데 문제는 즉심을 담당하는 20대 후반의 젊은 판사들이 학생들에게 무죄나 형 면제를 선고하는 일이 종종 벌어졌다는 점이다.

강금실 판사의 '성향'에 관한 내사보고

국정원 과거사위원회는 1984년 10월부터 1985년 10월 사이 즉심에서 무죄나 형 면제 판결이 나자 거기에 안기부가 개입한 사실을 보여주는 보고서 네 건을 입수했다. 날짜로 볼 때 가장 앞선 보고서는 1984년 10월 5일에 작성된 「시위학생 즉심, 형 면제 선고자 남부지원 강금실 판사 성향 등 내사보고」였다. 강 판사가 1984년 9월 22일부터 같은 달 28일 사이 두 차례에 걸쳐 남부 즉결심판소에 회부된 서울대생에게 형 면제 선고를 했다면서 안기부가 그 경위를 내사한 것이다. 원래 강 판사는 이 두 사건의 즉심 담당이 아니었는데, 사시 동기생인 담당 판사들이 공판 때문에 시간이 없으니 대신 맡아달라고 부탁해 즉심을 맡게 되었다. 안기부는 강 판사를 직접 만나지는 않았지만 법원 상층부에 강력히 항의하면서 경위조사를 요구했다. 보고서는 '법원 자체 규명'이라는 설명 아래 강 판사가 "심리 과정에서 학생들이 자신들의 죄과를 깊이 뉘우치고 있어 한 번 더 기회를 주어야겠다는 생각으로 형 면제 선고를 했다"라고 하면서, "판사 된 지 얼마 되지 않아 사건의 중요성을 인식지 못한 데 있다"라고 '변소'했다고 기술하고 있다.

안기부는 강 판사의 친정과 시댁의 가족관계와 부친의 재산 사항까지 샅샅이 조사했다. 안기부는 강 판사가 "학교 재학 중 문제 서클이나 학원 데모 등에 가담 사실 없고 학업에만 전념"했으며 "판사 임용 후에도 자기 직무에 비교적 충실한 자로 평가받고" 있음에도 불구하고, "본건 즉심에 회부된 피의자들의 죄질로 보아 형 면제를 선고한 것은 납득 가지 않는 처사"라고 규정했다. 그러면서 안기부는 과거 '무림 사건'•으로 복역한 강 판사의 남편 김 아무개 씨를 주목했다. 안기부는 강 판사가 시위학생들에게 형 면제를 선고한 것에서 "남편의 영향에 의한 가능성"을 배제할 수 없다고 보았다. 안기부는 강 판사와 고교와 대학, 사법시험 동기인 김영란 판사(전 대법관) 주변을 탐문해 강 판사와 남편의 결혼 과정까지 파악했으나, "현재로서는" 강 판사가 남편의 영향으로 시위학생들을 풀어주었다는 "확증은 없는 상태"라고 보고서에 적었다.[1] 강 판사는 이 일로 안기부의 미움을 샀지만 인사상의 불이익을 받지는 않았다.

"알아서 조심하라" 사인 주는 안기부

정식재판도 아닌 즉심에서 정권의 뜻을 거슬러 인사조치 된 사례로는 박시환 판사(전 대법관) 사건이 유명하다. 유태홍 대법원장에 대한 탄핵안 표결까지 불러온 이 사건의 발단은 1985년 6월(일자 미상)에 작성된 안기부의 「인천공단 입구 가두시위 관련 즉심 회부자 무죄선고 경위 확인보고」에서 찾을 수 있다. 이 보고서에 따르면 1985년 6월 3일 19시 30분부터 25분간 인천시 북구 제5공단 입구 노상에서 서울대, 중앙대, 인하대, 숙명여대, 상명여대 등 5개 대학 150여 명이 시위를 벌였다. 이들은 "노동운동 탄압하는 군사독재 박살내

• 무림 사건
1980년 12월에 발생한 서울대 학회들의 지하모임 사건을 말한다.

자"라는 플래카드를 들고 화염병을 던지는 등 가두시위를 벌였고 인천동부경찰서는 현장에서 25명을 연행해 이 중 14명을 집시법을 적용하지 않고 도로교통법 및 경범죄처벌법 위반으로 6월 6일 인천지법 즉심에 회부했다. 그런데 담당 박시환 판사는 피의자 중 3명은 도로교통법 위반으로 구류拘留 3일에서 4일을 선고했지만 다른 11명에 대해서는 무죄를 선고했다.[2] "노동운동 탄압", "군사독재" 운운하는 구호에 화염병을 던진 '가두시위'에 무죄가 선고됐으니 안기부로서는 그냥 넘길 수 없었다.

안기부는 즉각 경위 파악에 착수했다. 안기부가 파악한 바에 따르면 인천동부서 정보과장은 학생들을 법원으로 넘기면서 즉심 담당 판사에게 사건을 설명하려고 면담을 요청했으나 박 판사는 서류를 보면 된다며 면담에 응하지 않았다. 박 판사는 사실심문에서 가두시위 관련 학생 피의자 14명 전원에게 "돌을 던진 사람 손들어봐", "화염병 던진 사람 손들어봐", "시위 시 서로 본 사람 있느냐"라는 질문을 던졌는데 아무도 답하지 않았다. 개별 심문에서도 학생들이 모두 "돌이나 화염병을 던진 사실이 전혀 없다고 진술"하자 박 판사는 "시위한 증거가 없고 본인들이 부인하므로 정식재판이 들어오면 공소기각감이다"라고 하면서 시위 가담을 부인한 관련자 11명 전원에게 무죄를 선고한 것이다.[3]

즉결심판 회부는 원래 검사의 손을 거치지 않고 경찰서장이 결정하는 것이지만, 학생들이 무더기로 무죄를 받자 인천지검은 발끈했다. 6월 8일 공안부장 박은은 인천동부서에 무죄 석방자에 대해 "재즉심청구 하도록 석방자 전원 재연행, 위반 사항을 추가하여 서류 보완하라"라는 지시를 내렸다. 이에 따라 인천동부서에서는 무죄 석방된 학생 중 여섯을 다시 잡아다 조사했고 연행에 실패한 다섯 명에 대해서는 "출석요구서 발부, 재즉심청구 가능하도록 신병확보 조치"를 취

전두환 정권이 유화조치를 취하자 1984년부터 대학생들은 다시 학교 밖으로 나와 가두시위를 벌였고, 정권은 그러한 학생들을 즉심으로 다스리고자 했다. 그러나 안기부는 즉심에 지속적으로 개입했다. 당시 젊은 판사였던 강금실(왼쪽)은 남부 즉결심판소에 회부된 서울대학교 학생에게 형 면제 선고를 했다는 이유로 안기부의 경위조사를 받았다. 강 판사의 친정과 시댁의 가족관계와 부친의 재산 사항까지 신변을 샅샅이 조사했고 강 씨가 무림 사건으로 복역한 남편의 영향을 받아 그러한 판결을 내린 것이라고 꿰맞추고자 했다. 전 대법관 박시환 판사(오른쪽)는 인사조치되는 일까지 벌어졌다. 박 씨는 1985년 6월 인천공단 가두시위 관련자들 11명에게 무죄를 선고했다는 이유로 판결 다음 날부터 안기부의 압력을 받았고, 결국 9월 1일자로 춘천지법 영월지원으로 발령을 받았다.

했다. 그러나 검찰 내부에서도 전례가 없는 '재즉심청구'는 아무래도 문제가 있다고 봤는지 담당 검사가 경찰에 재즉심청구 포기 결정을 통보함으로써 수사는 종결되었다. 이 판결에 대해 안기부의 보고서는 "동 박시환 판사는 85. 3. 형사사건 담당 판사로 임명되어 6. 6. 처음으로 즉결심판을 담당"한 초임 판사로 "학생시위 사건에 대한 처벌의 필요성을 직감하지 못하고 경솔한 판단을 한 것"으로 평가했다.

박 판사는 뒤에 언론과의 인터뷰에서 즉심판결 바로 다음 날부터 안기부의 압력이 시작되었다고 회고했다. 다음 날 저녁 법원 당직실에서 집으로 전화가 와, "안기부라면서 판사님 집 전화번호를 알려달라고 하는데 어떻게 하면 좋겠냐"라고 당직 직원이 묻기에 절대 가르쳐주지 말라고 했다고 한다. 다음 날 출근해보니 자신이 배석판사로 모시는 부장판사가 "안기부에서 당신 전임지를 묻더라" 하고 전해줬다고 한다. 천하의 안기부가 판사 집 전화번호를 법원 당직실에 묻거나 부장판사에게 배석판사의 전임지를 묻는 것은 뭔가 좀 이상했다. 박 판사는 부장판사의 이야기를 듣고서야 '아, 지켜보고 있으니 조심하라는 뜻이구나'라고 이해하게 되었다고 한다.[4]

박시환 판사는 9월 1일자 정기인사에서 춘천지법 영월지원으로 발령받았다. 인천지법으로 발령받은 지 6개월 만에 좌천된 것이다. 법관이 한 법원에 발령을 받으면 통상 2년간 근무한 뒤 자리를 옮기는 관례에 비추어 극히 이례적이었다. 박 판사는 김영삼 정권 시절인 1997년 3월 서울형사지법 단독판사로 있을 때도 1년 만에 서울민사지법 단독판사로 발령이 났다. 박 판사와 함께 시국사건에 대해 관대한 판결을 내려 공안검사들의 '천적'이라 불리던 유원석 형사단독판사도 이때 정기인사를 앞두고 석연치 않은 이유로 사표를 냈다.

1983년부터 1986년까지 인천지법에 근무한 경북대 법대 신평 교수(1993년 법관 재임명에서 탈락)는 당시 즉심과 관련해 법원장이 직접 자신을 불러 지시한 적이 있다고 필자와의 면담에서 밝혔다. 법원장은 "이번에 신 판사 담당 즉결심판으로 넘어온 아무개가 성향이 아주 악질적이라고 한다. 이런 놈은 일벌백계해야 하니 최소한 구류 20일 이상은 때려서 다시는 이런 짓을 못하게 해야 한다"라고 강력히 주문했다. 막상 즉심에 들어가 보니 "학생들이 정의감으로 반체제운동을 한 단순한 사건"이었다. 신 판사는 개인적으로는 무죄석방을 하고 싶었지만 법원장이 강력히 당부한 바도 있어 구류 3일을 선고했다. 그는 법원장에게 다시 불려가 "그만큼 당부했는데도 일을 이런 식으로 처리하느냐" 하는 호통을 들어야 했다. 신평 교수는 "법원장이 즉결사항을 그렇게 자세히 알 수 있는 상황이 아님에도 이러한 일이 있었다는 것은 안기부에서 특별히 압력을 가했기 때문이 아닐까 추측"된다고 말했다. 신평 교수는 그래도 자신은 같은 고향 선배인 김용철 대법원장이 각별히 신경 써준 덕택인지 별다른 불이익을 받지 않았지만 비슷하게 무죄판결을 내렸던 박시환 판사는 영월지원으로 좌천되었다면서 안타까워했다.[5]

국회 의사록 출판도 문제 삼아

안기부는 박시환 판사 관련 보고서를 작성하고 두 달쯤 지나 또다시 즉심판결을 문제 삼는 보고서를 작성했다. 이번 사안은 학생시위 관련이 아니라 출판물에 관한 것이었다. 1985년 2·12 총선에서 신민당 돌풍이 불어 강성 야당이 출현한 것이 안기부에는 큰 골칫거리였다. 5월 들어 국회가 개원하자 신민당 의원들은 민정당의 2중대라는 조롱을 받던 민한당과는 달리 군사정권을 맹공격했다. 당시 유력한 사회과학 출판사의 하나였던 일월서각은 12대 국회의 첫 번째 회기인

125회 국회가 끝나자마자 이민우, 김동영, 이철 등 야당 의원 열세 명의 국회 발언 속기록을 『민주정치 I』이라는 책으로 출간했다. 안기부는 경찰로 하여금 압수수색 영장을 발부받게 해 책자와 지형紙型을 압수하고, 최옥자 일월서각 대표를 연행했다. 경찰은 최옥자 대표를 상대로 책의 발간 경위 등을 조사한 뒤 경범죄처벌법 위반으로 즉심에 회부했다. 그런데 즉심을 담당한 서울형사지법 조재연 판사가 1985년 8월 23일 무죄를 선고해버렸다.

『민주정치 I』은 야당 의원 13명의 발언을 담고 있지만 안기부가 문제 삼은 것은 그중에서 이철 의원의 발언이었다. 1985년 6월 1일 국회 본회의에서, '돌아온 사형수' 이철 의원은 "존경하는 의정, 선배, 동료 의원 여러분"이라는 관용구도 생략한 채, 바로 "이 땅에 결단의 때가 왔음을 엄숙히 선언"한다는 말로 질문을 시작했다. 20여 분 남짓한 그의 발언에서 24회나 속기록이 삭제되었고 열일곱 번이나 장내소란이 일었다. 민정당은 이철의 발언을 앞두고 '야유조'를 편성해두는 등 대비했지만 그의 발언 수위는 예상보다 훨씬 높았다. 이철이 광주학살, 박정희와 전두환 일가의 부정축재 등을 지적하자 "집어치워", "임마"에 이어 육두문자가 난무했는데, 이철은 "구린 데가 있는 분들은 계속 떠들어주십시오"라며 더 큰 목소리로 발언했다. "현 정권의 즉각 퇴진"까지 요구한 그의 발언이 끝나자 민정당은 즉각 의원총회를 소집하는 등 법석을 떨었다. 마이크를 잡은 의원들은 "제헌 국회의 남로당 프락치를 연상시킨다"느니, "빨갱이를 빨갱이라 부르지 못하는 현실이 한탄스럽다"느니, "민중혁명을 주장하는 자와는 국회를 같이할 수 없다"라는 등 강경한 발언을 퍼부었다.

이런 문제 발언이 책으로 나오는 것을 막기 위해 안기부는 "법원에 유죄선고토록 사전협조(조정)" 하는 등 '강력조정'을 했다. 그런데도 무죄가 나자 안기부는 바로 다음 날 「일월서각 대표 최옥자 등 즉심, 무죄선고 사유 확인 및 조치 보고」라는 보고서를 작성했다. 이에 따르면 안기부는 8월 22일과 23일 두 차례에 걸쳐 서울형사지법원장 황선당과 수석부장판사 박만호에게 "『민주정치 I』 책자는 문제 국회 의원 이철이 홍보용으로 발간한 불순책자로서 동 책자 내용에는 실정법상 위반되는 내용이 포함되어 있어 시판될 경우 정국 안정에 위해롭고, 이를 묵인할 경우 유사 내용 책자 제작판매가 우려되므로 유죄선고토록 협조 요청(조정)"해 그들로부터 "최대 협조 다짐"을 받았다. 안기부는 이때 광주민중항쟁을 다룬 최초의 도서인 『죽음을 넘어 시대의 어둠을 넘어』를 판매한 혐의로 즉심에 회부된 책 도매상 진명서적의 영업부장 이규만 씨 사건과 민통련(민주통일민중운동연합)의 '불순성명' 제작과 관련하여 즉심에 회부된 이 단체의 민생분과 이부영 위원장과 실무자 오경열 씨 사건에 대해서도 '협조'를 요청했다. 이 보고서는 수석부장판사 박만호가 사건 담당 조재연 판사가 즉심에 들어가기 직전 "동 책자에 수록된 이철 의원 발언 중 광주사태 부분이 시중에 유포되면 유언비어가 되어 사회 안정에 유익한 것이 못 되며 유·무죄는 정식재판에서 논하도록 하고 즉심에서 유죄 인정 구류 선고해줄 것을 당부"했다고 밝혔다.[6]

수석부장판사의 "당부"에도 불구하고 "즉심 담당 판사 조재연"은 "국회 의사록이 일반에게 반포되었다 해서 허위사실 날조 유포가 되겠느냐"라고 반문했다. 그는 어떤 판결을 내릴지에 대해서는 "구체적 언급"을 "회피"한 뒤 법정에 들어가서는 "범죄 구성요건에 해당되지 않는다는 등 이유로 무죄를 선고"해버렸다. 당시『중앙일보』는 조 판사가 "국회의원의 발언을 수록, 편집한 것만 가지고는 유언비어 유포라고 볼 수 없다"라고 판결했다고 보도했다.[7] 안기부 보고서에 따르면 조 판사는 『죽음을 넘어 시대의 어둠을 넘어』를 전국 서점에 배포한 이규만 씨에 대해서도 "책장사라는 정상 참작, 형 면제를 선

야당 의원 13명의 발언을 담고 있는 책 『민주정치 I』과 광주민중항쟁에 관한 최초의 책 『죽음을 넘어 시대의 어둠을 넘어』.

고"했다. 다만 민통련의 성명 관련자인 이부영 위원장 등은 "사안이 중하다는 이유로 검찰 송치 명령"을 내렸다고 한다.

수사단장을 보내 강력하게 항의

이 보고서를 직접 작성했을 안기부의 서울형사지법 담당 조정관은 "무죄선고 즉시 서울형사지법원장 및 수석부장판사에게 강력 항의" 하여 법원장 등이 "면목 없다"라면서 "향후 대책수립 적극 협조 다짐"을 했다고 썼다. 당시 조정관들은 보고서를 작성할 때 자신들의 조정결과를 과장하는 경향이 심했다. 아무리 법원장과 수석부장이 정권에 '협조'를 잘하는 사람이었다 해도 법원장이 일개 조정관에게 "면목 없다"라고 했을 리 없다. 이 보고서는 안기부가 '수사2단장'을 보내 형사지법원장 및 수석부장을 "직접 방문"하여 "엄중 항의"하고, "담당 판사에 대해 엄중 조치해줄 것을 요구"했다고 밝혔다. 안기부 내부 보고서인지라 이름 없이 직함만 썼지만 당시의 수사2단장은 정형근이었다. 안기부가 이 사건과 직접 관련이 없는 대공수사2단장을 법원에 보낸 것은 같은 법조인을 보냄으로써 법원을 나름 '예우'한 것이라 할 수 있지만, 그 내용은 법원의 독립성을 중대하게 침해하는 것이었다. 안기부의 엄중 조치 요구에 대해 박만호 수석부장은 "향후 유사 사례 없도록 책임지고 자체 대책을 충분히 강구하겠으니 담당 조재연 판사에 너무 힐책 말아주길 요망"했다고 한다. 법원 측의 간곡한 부탁에도 불구하고 안기부는 조재연 판사에 대한 '조치'에 들어갔다. 보고서는 안기부가 "담당 판사 조재연"에 대해서는 "비위내사, 견제자료 확보" 조치를 취하고 "여타 비협조 판사들에 대한 비위자료" 역시 "집중 수집"하기로 했다고 결론지었다.

조재연 판사의 인사이동 기록 등을 보면 다행히 별다른 불이익을 당하지는 않은 것 같다. 아마도 박시환 판사에 대한 인사파동으로 유태흥 대법원장 탄핵안이 발의된 상황이어서 안기부나 법원이 조재연 판사에 대한 강경대응에 나서기가 어려웠을 것이다. 여기서 주목할 만한 부분은 즉심과 관련한 안기부의 사전 '조정'이나 사후 '조치'가 담당 판사에게 직접 가해지는 것이 아니라 법원장이나 수석부장판사를 향한다는 점이다. 바로 이 때문에 대다수 판사들은 법원 상부에서 오는 압력을 많이 받으면서도 그것이 법원 외부에서 오는 것인지 그저 법원 상부에서 내려오는 것인지 분명하지 않았다고 말하는 것이다.

대법원장 유태흥 탄핵안의 국회 표결을 앞둔 1985년 10월 10일에도 서울형사지법에서 시위물품을 운반하다 적발된 여대생을 즉심에서 무죄로 방면한 일이 있었다. 이에 안기부는 「서울대 여학생, 시위 준비물 운반 등 관련 즉심 무죄선고 경위 확인보고」를 올렸다. 이 보고서에 따르면 경찰은 "IMF, IBRD 총회 반대 가두시위설에 대비 경계근무 중" 광화문 덕수제과 앞 육교 위에서 메가폰과 신나 1리터가 든 상자를 갖고 있던 서울대 여학생 박현주 등 두 명을 불심검문으로 적발해 연행 조사했다. 이들은 수배 중인 서울대 인문대 여학생 회장 최미숙의 부탁으로 시위용품을 운반하다가 적발되어 "경범죄처벌법(제1조 4호 폭행 등 예비) 위반으로 즉심 회부"되었다. 그런데 담당 김대휘 판사는 피의자 등이 시위에 참석하려다 실패한 것은 경범죄처벌법상의 예비음모에 해당하지만 "단순히 메가폰 등만을 가지고 있었다는 사실만으로는 다른 사람의 신체에 대해 해를 입히기 위해 공모했다고 보기 어렵"다는 등의 이유로 무죄를 선고했다. 보고서에 따르면 김 판사는 서울민사지법에서 근무하다가 한 달 전인 1985년 9월 서울형사지법으로 전보되었고, 이번 사건은 그가 네 번째로 맡은 즉심이었다. 안기부는 김 판사의 성향을 "온순 단정, 정부 시책에 협조적"이라고 파악했다. 보고서에 따르면 "서울형사지법 수석부장판사 박만호는 담당 판사를 불러 '피의자들의 행위는 경범죄처벌법 입법정신에 충분히 합당, 유죄선고를 해야 했다'고 주의를 환기"했고, 김대휘 판사는 "차후 유사 사례 없도록 잘 살펴서 판결하겠다고 다짐"했다고 한다. 안기부는 황선당 서울형사지법원장에게 "향후 유사한 사례 재발치 않도록" "협조"하는 "조치"를 취했다.[8]

한 법관은 1985년 2·12 총선을 앞두고 김대중 씨가 귀국할 때 환영 벽보를 붙이던 아주머니 한 명이 잡혀 왔는데 서울형사지법 법원장이 전화로 구류 20~29일 이상을 살리라고 지시하자 지원장이 전화기를 집어던지며 화내는 모습을 봤다고 회고했다. 이 사건은 과태료 4,500원이나 구류 3일이면 충분했다. 서울의 한 지원장은 젊은 판사들을 모아놓고 사정을 하다 눈물까지 흘렸다고 한다.

6 불륜의 파트너, 조정관과 형사수석부장

중앙정보부(중정) – 안기부는 자신들은 재판에 개입하거나 부당하게 압력을 가한 적이 없다고 말한다. 다만 '조정'했을 뿐이란다. 이 조정 업무를 담당한 자가 바로 '조정관'인데, 법원에서는 때로 이들을 신문사의 출입기자에 빗대어 '관선기자'라 불렀다. 중정 – 안기부가 조작하거나 부풀린 수많은 사건은 모두 사법부에서 유죄판결을 받아내기 위한 것이었다. 조정관은 중정 – 안기부의 이런 목적이 원활히 이루어질 수 있도록 평소 사법부의 동향을 관찰하고 문제점이 파악되면 사전에 예방하는 역할을 했다. 이따금 사법부 전체의 개편이 있다든지 큰 사안이 발생하면 조정관 차원을 넘어 안기부의 특정 부서나 특별팀이 개입하거나 지휘라인이 움직이기도 했다. 지금 국정원에 남아 있는 사법 관련 보고서는 조정관들이 늘 상부로 올리던 보고서의 극히 일부분에 지나지 않을 것이다.

군사독재 시절, 중정 – 안기부는 무소불위의 권력을 휘두르는 전지전능한 존재였다. 중정이 모든 것을 손바닥처럼 들여다보고 있으리라 생각하며 사람들이 갖는 두려움이 바로 중정이 지닌 힘의 원천이었다. 그런데 송씨 일가 사건과 같이 안기부가 중요시한 사건에 첨부된 담당 판사의 신상기록을 보면 놀랍게도 아주 간단한 학력과 경력만 기재되어 있다. 이일규 대법원 판사의 경우 1977년 고영근 목사 사건*이나 1981년 홍선길 간첩 사건의 판결로 공안당국을 아주 불편하게 했음에도 불구하고, 안기부의 공판 예정보고에 첨부된 재판부 신원기록 카드에는 이런 내용이 전혀 기재되어 있지 않다. 그렇다고 안기부 조정관이 이일규 판사의 성향을 몰랐을 리 없다. 이 괴리는 어쩌면 안기부 조정관이 '정보'를 평시에는 자기 손에만 쥐고 있었다는 의미일 수 있다. 정보를 다루는 사람으로서 그것은 자신의 힘을 키우는 방법이기도 하다.

조정관의 일상적인 관리

이들이 작성할지 모르는 보고서는 법관들에게 매우 껄끄러운 고삐였다. 박우동 전 대법관도 소장 법관 시절 소신 판결을 한 뒤, "재임명에 탈락하는 걱정은 하지 않았지만 서울로 돌아갈 수 있을지는 자신이 없었다"라면서 "중앙정보부나 검찰, 기타 정보기관에서 신분 평가가 있었다는 불쾌한 소문도 들리고 아무래도 좋은 점수를 얻었을 이유는 없다고 생각되었기 때문"이라고 회고했다. 변정수 전 헌법재판소 재판관도 1975년 성동지원장 시절 중정 성동구 조정관이 가끔 자신의 방으로 찾아왔는데 이런 자들의 출입이 매우 못마땅했으나 그들이 쓸 보고서 때문에 싫은 내색을 하지 않고 친절하게 대해주었다고 한다.

1998년 세상을 떠들썩하게 한 국회 529호실 사건**을 보면 안기

* 고영근 목사 사건
고영근 목사가 1970년대 후반 단양장로교회와 강진읍교회에서 농민 문제와 고위층 및 군 장성들의 사치와 정권 찬탈 비판 등의 내용을 설교한 것이 문제가 되어 긴급조치 9호 위반 혐의로 구속된 사건을 말한다.

** 국회 529호실 사건
1998년 마지막 날, 한나라당이 '안기부의 국회 분실'이라며 국회 529호실(국회 정보위원회의 자료 열람실)을 무단 침입해 기물을 파손하고 기밀문서를 탈취해 간 사건이다.

1998년 12월 31일 한나라당이 '안기부의 국회분실'이라며 국회
529호실의 잠긴 문을 따고 들어갔다. 그 일이 있고 난 후 국회 직원이
정보원(옛 안기부) 정치사찰 의혹을 불러 일으킨 529호실의 폐쇄를
알리는 문구를 문에 붙이고 있다.

부는 김대중 정부 출범 이후에도 국회 내에 비밀 사무실이 있었다. 그러나 군사독재 시절 중정–안기부가 법원에 자체 사무실을 갖고 있었던 것은 아니다. 그럼에도 불구하고 필자와의 인터뷰에서 이일규 전 대법원장은 법원에 안기부에서 '주재'하는 사람이 있었다는 표현을 썼다. 그만큼 그들의 존재는 일상화된 것이었다. 그런데 안기부 직원으로 법원에 출입한 자들은 단지 조정관만은 아니었다. 안기부가 수사해 검찰에 송치한 사건의 공판이 시작되면, 사건을 수사한 부서의 수사관들이 법정에 나와 공판을 지켜보고 공판상황 보고서를 작성했다. 이들 보고서는 개별 사건의 사건철에 편철되어 비교적 풍부하게 남아 있다.

그래도 사법부는 중정–안기부 입장에서 조심스러운 존재였다. 재판부에 직접, 또는 법원 상층부를 통해 간접적으로 '조정'에 들어가기에 앞서, 안기부원들은 공판을 지켜보면서 혹시라도 무죄 또는 가벼운 판결이 나오지 않도록 조치를 취하곤 했다. 한 예로 1981년 9월의「연세대 내 불순 용공조직 사건 공판상황 보고」(4회)를 보면 그 다음 공판에 3인의 증인이 채택되었다는 사실이 포함되어 있다. 타자打字로 된 이 보고서 말미에는 손으로 이들 증인에 대해 "공판 전 소재 파악 조정 위계임(할 계획)"이라고 쓴 메모가 첨부되어 있다.[1] 증인 중 한 사람은 공판 전날 안기부에 소환되어 "상기 본인은 공산주의를 지향하는 불순써클에 가담하고, 동 써클을 통해 사회주의 및 공산주의 이론을 터득하고 이에 지향하는 행동을 하여온 사실이 있는 바, 지금에 와서 후회스럽게 생각"한다는「각서」를 썼다. 피고인에게 유리한 증언을 할 것처럼 보이던 증인은 다음 날 공판에서 안기부의 뜻대로 유죄 취지로 발언했다.[2]

개인에 따라 활동 방식이 달랐겠지만 조정관이 일반 법관들과 자주 접촉했던 것은 아니다. 이들은 주로 법원장이나 수석부장판사 등을 통해 간접적 압력을 가하는 방식을 선호했다. 그럼에도 이들의 달갑지 않은 방문을 받았다는 회고도 드물지 않게 나오는데, 이일규 전 대법원장도 중정 – 안기부원이 몇 차례 자신을 찾아온 적이 있다고 회고했다. 인사차 왔던 것이냐 하는 필자의 질문에 그는 "그런 사람들이 인사차 올 리가 없지" 하며 손을 내저었다. 그는 무슨 사건인지 기억이 나지는 않지만, 유태흥 대법원장 시절에 찾아온 사람에게는 그런 식으로 하면 안 된다고 오히려 호통을 쳐서 돌려보낸 적이 있다고 했다. 또 언젠가는 안기부 직원이라며 젊은 사람이 찾아와 위에서 그에게 퍽 관심을 가지고 있노라고 말한 적도 있다고 한다.

사법파동 이전에도 정보부원들이 법원에 드나들었지만, 이때는 유신 이후의 '조정'처럼 판결 내용에 직접적 영향을 미치기보다는 선고기일을 연기해달라거나 판결주문*을 미리 알려달라는 정도였다고 한다. 최영도 변호사에 따르면 재판장이 좋은 얼굴로 "그런 일은 있을 수 없다"라고 하면 조정관들도 "어차피 도청하면 합의 내용을 알 수 있으니" 미리 가르쳐달라고 했다고 한다. 그래서 일부 법관들은 사무실 여직원까지 정보부의 협조자가 아닐까 의심해 밖에 나가 판결을 논의하기도 했다는 것이다.[3] 때로는 조정관이 아니라 간부급이 직접 판사를 찾아오기도 했다. 1988년 통영지원에 근무했던 문흥수 변호사는 국가보안법 제7조 5항(이적표현물 소지)에 대해 위헌심판을 제청하자 지역의 안기부 책임자가 직접 찾아와 불쾌하다는 뜻을 전했는데 "이때의 좌절감과 분노가 사법부 개혁을 외치게 된 개인적 계기가 되었다"라고 말하기도 했다.[4]

* 판결주문
판결의 결론이 되는 부분을 의미한다. 재판의 대상이 된 사건에 대한 최종 결론이므로 '주문'이 없는 재판은 무의미하다고 할 수 있다.

서울형사지법 '수석부장판사'라는 자리

앞서 1부 3장에서 본 것처럼 박정희 정권은 깐깐한 김제형 서울지법 원장을 제거하기 위해 1963년 서울지법을 민사지법과 형사지법으로 쪼개버리더니, 1966년부터는 규정에도 없던 '수석부장판사' 자리를 만들었다. 형사수석에는 고등법원 부장판사가 편법으로 파견근무 형식으로 임명되었는데 첫 번째 형사수석이 유태흥이었다. 그는 대법원장으로서는 악명을 떨쳤지만, 홍성우 변호사나 최영도 변호사처럼 그가 수석부장을 맡던 시절 형사지법에 근무했던 인권변호사들은 한결같이 '바람막이' 역할을 충실히 해준 유태흥을 "훌륭한 분"이라며 높이 평가했다. 그가 수석부장으로 있던 시절, 소장 판사들은 외압을 걱정하지 않고 마음껏 소신 판결을 할 수 있었다. 그는 수석부장으로 있으면서 정보부가 요구하는 비밀영장 발부 등을 자기 손으로 처리했지만, 정보부나 검찰의 압력이 일선 판사들에게 미치는 것만큼은 최대한 막아냈다고 한다.

유신쿠데타 이후 형사수석부장의 역할은 크게 달라졌다. 변정수 전 헌법재판소 재판관의 말에 따르면 서울형사지법 수석부장은 "중앙정보부나 검찰에서 보기에 유신관이 투철하거나 박정희 씨에 대한 충성심이 강한 사람, 적어도 검찰이나 중앙정보부에 협조를 잘해줄 것으로 인정받은 사람들"이었고, 어떤 사람은 "판사나 변호사들로부터 '중앙정보부원'이라 불리기도 했다"라고 회고했다.[5] 1980년대에 형사지법원장이나 형사수석부장이 공안사범이나 시국사범의 양형에 관여하는 일은 공공연한 비밀이었다. 법원장이나 수석부장이 시국사건의 양형을 상의하자고 했을 때 이를 거부하는 법관들은 형사사건에서 배제되었다. 법원장이나 수석부장은 직무상의 상사가 아니라 행정적 감독관에 불과한데, 법관의 판결에 개입한다는 것은 있을 수 없는 일이었다. 그렇지만 "그런 짓을 말썽 없이 잘해내면 유능한 판사, 인품이 원만한 사람이라고 평하면서 더 높은 자리로 발탁"되곤 했다.

전두환 정권 시절 법원과 정치권력의 유착이 심해지면서 형사지법은 그 규모가 훨씬 큰 민사지법보다 서열이 앞서게 되었고, 형사지법원장이나 수석부장 출신은 대부분 대법원 판사로 승진했다. 고등법원 부장판사 승진에서도 형사지법 부장판사들이 대거 발탁되는 것이 관행으로 자리 잡았다. 안기부 조정관들은 형사지법원장이나 수석부장을 통해 안기부의 의사를 관철했다. 대부분의 경우 그들은 기꺼이 안기부의 요구를 수용했다. 만약 안기부가 직접 담당 판사에게 압력을 행사하면 소문이 날 수도 있고 법관들이 반발할 수도 있겠지만 법원 내부를 통한다면 '외압'이란 표현이 무색하게 된다. 2005년 이용훈 대법원장 후보자는 국회 인사청문회에서 "형사재판을 실제로 안 해보면 그것 경험을 못합니다. 왜냐하면 그것은 내놓고 하는 게 아니라, 그런 외압이 있었다면 아주 은밀하게 이루어지는 것이어서 그 재판을 직접 담당하지 않은 사람은 전혀 알 수가 없는 일입니다"라고 진술했다. 그는 "실제 그런 얘기는 어슴푸레 소문은 돌아다니고 그랬지만 그런 일이 있었다는 얘기를 판사들은 절대 하지 않습니다"라고 덧붙였다.[6]

권력과 사법부의 불륜은 깊어만 갔고 그 어둠의 자식들은 자꾸만 태어났다. 1994년 서울형사지법이 폐지된 것은 더는 불륜의 고리를 놔두어서는 안 된다는 공감대 때문이었다. 그러나 그 불륜을 그리워하는 자들이 지금 '사법개혁'이라는 이름하에 그 시절로 돌아가려하고 있다.

7 법정소란, 사법부를 믿지 못하는 피고인들

정권의 압력으로 제구실을 못하자 법원의 권위는 크게 실추되었다. 1985년부터는 피고인들이 재판을 거부하거나, 피고인과 방청객들이 구호를 외치고 노래를 부르고 법관에게 야유를 보내는 것이 일상화되었다. 사법부의 권위가 땅에 떨어지고 학생운동이 이념적으로 급진화한 것은 법정소란 사태를 불러오는 주된 요인이 되었다. 민정당사 점거 사건이나 서울 미문화원 점거농성 사건 같은 대형 사건에서 수십 명이 한꺼번에 재판을 받게 되자 학생들은 너나없이 법정에서 구호를 외치거나 노래를 부르며 재판을 거부했다.

법정소란을 핑계로 법무장관을 경질

1985년 7월 15일 서울 미문화원 점거농성 사건의 첫 공판(재판장 이재훈, 배석 서명수·강일원)은 1980년대 최대의 법정소란이었다. 피고인들이 법정에 들어서자 일부 방청객들은 박수를 쳤고, 피고인들은 "미국은 공개 사과하라, 우리는 재판을 거부한다" 등의 구호를 외

1985년 5월 23일 12시 73명의 학생들이 미문화원 도서실 계단을 뛰어 올라 미국을 우방이 아니라
광주학살의 책임자로 규정하면서 72시간 농성을 벌이다 26일 자진철수하고 있다(위). 그리고 아래
사진은 미문화원 점거농성 사건으로 구속된 학생들이 재판을 거부하며 완강히 버티고 있는 모습.
1985년 7월 15일에 서울 서소문 법원에서 열린 미문화원 점거농성 사건의 첫 공판은 피고인 및
방청객들의 소란으로 결국 연기됐다. 이날은 1980년대의 최대 법정소란으로 기록된다.

치며 노래를 불렀다. 변호인들도 피고인들을 제대로 접견하지 못했다면서 방어권 행사를 위해 공판에 응할 수 없다고 버텼다. 첫 공판은 피고인들에 대한 인정신문도 못한 채 끝이 났다.

미문화원 점거 사건 법정소란의 불똥은 엉뚱한 방향으로 튀었다. 마침 법무장관 김석휘는 해외출장을 앞두고 청와대에 가 출국신고를 했다. 전두환 대통령은 지나가는 말로 "미문화원 사건 공판은 잘 진행되느냐?" 물었고, 상황보고를 받지 못한 김석휘는 특이사항이 없다고 답변한 뒤 출장격려금까지 받고 청와대를 나섰다고 한다. 그러나 오후에 법정소란 상황을 보고받은 전두환이 격분해 다음 날 김석휘를 전격 해임했다. 한편 구속학생에 대해 무기정학이라는 '가벼운' 처벌을 내린 서울대 총장 이현재도 전격 경질되었다.

법무장관의 경질에는 미문화원 사건을 둘러싼 검찰과 안기부의 갈등이 작용했다. 안기부는 학생들이 사용한 "'민중'이라는 용어는 특정 계층의 연합 개념으로 이른바 계급투쟁의 전제 개념에 해당되기 때문에 관련자들 모두에게 국가보안법을 적용해야 한다는 의견을 제시"했지만, 검찰은 주동자 함운경에게만 이를 적용해 기소했다는 것이다. 김석휘는 또 국회에서 삼민투('민족통일·민주쟁취·민족해방을 위한 투쟁위원회', 즉 삼민투쟁위원회의 약칭)가 사용한 민중이라는 용어가 좌경적 계급 용어인지 감상적 의미로 사용된 것인지 계속 검토해야 한다는 신중한 입장을 취했다. 강경한 안기부가 온건한 법무장관을 못마땅해하던 차에 법정소란이 발생하자 전두환이 안기부를 확실히 밀어준 것이다.[1]

법정소란이 법무장관의 경질로까지 비화하자 법원과 안기부도 대책 마련에 부심했다. 안기부의 「농성사건 공판대책 보고」라는 보고서에 따르면 법원은 민정당 난입농성 사건 공판에 이어 다시 "극렬한 법정 내 소란"이 발생하자 이를 "향후 법정의 존엄성과 질서 유지의 분수령적 계기라고 판단"하고, "대법원장의 진두지휘하에 법원 행정처장, 대법원 비서실장, 서울형사지법원장, 서울형사지법 수석부장판사 등이 수시 대책회의"를 가졌다. 법원은 "법정은 법관 스스로가 지켜야 한다"라는 기본 방침 아래 "어떠한 경우에도 법정의 권위와 질서 유지를 위해, 자체적으로 강경 대처, 원만한 공판을 진행할 방침"을 세우고 "가급적 공판진행 절차, 조치 계획 등은 법원 및 재판부에 맡겨달라는 입장"을 취했다. 안기부는 서울형사지법원장이 "상부에 1회 공판 중간보고 시 피고인 및 방청객 등 계속 소란 자행 시는 부득이 경찰권 개입 요청도 불사하겠다는 소신"을 개진했다고 덧붙였다.[2]

안기부 보고서는 이어 이재훈 재판장에 대해 자세한 신원사항과 함께 '법조계 평판'이라는 항목으로 "온순단정, 국가관 확고, 방침 결정 시 강력하게 추진하는 성격 소유자"라고 기술하면서, "금번 재판에 대한 자세 및 태도"에 대해 이렇게 평가했다.

○ 미문화원 농성 사건 공판이야말로 향후 법원의 권위가 법정 존엄성을 지킬 수 있느냐의 시금석 재판으로 인식
○ 법정경찰권 소송지휘권의 소신 있는 행사로 강력한 법정질서 유지 표명
○ 1회 공판 과정에서 피고인 및 방청인의 소요, 소란으로 휴정 후, 형사지법원장, 수석부장판사에게 강력대처 방침을 개진하였으나 오히려 상사들이 금회 공판만은 인내하도록 만류하는 입장이었다 함
○ 2회 공판기일을 당초 방침과 달리 2주 후로 지정한 것은
  − 피고인 변호인단이 피고인과의 충분한 접견 기회가 없어 변론 준비를 못했다고 주장, 연기 신청을 해옴에 따라

- 일단 변호인 등의 일부 주장을 받아들여 향후 강경대처
방침 명분을 세우기 위한 조치이나
- 앞으로는 당초 방침대로 매주 월요일 공판 진행, 8월 중으
로 1심 공판 종결 복안임

법정에서 훈계하거나 재판을 기피하거나

이재훈이 1차 공판에서 벌어진 법정소란으로 휴정했을 때 법원장
및 형사수석에게 강력대처 방침을 개진했던 사실을 확인한 안기부
는 "재판부의 성향 및 자세는 전혀 문제점 없는 것"으로 평가했다. 실
제로 언론보도에 따르면 이재훈은 법정소란 사태 재발을 막기 위해
"방청객을 제한하고, 피고인을 분리 심리하며 주 3회씩 공판을 진행
해 빠른 시일 내에 재판절차를 끝내기로 하는 등 대응책을 마련"했
다.[3] 이재훈은 재판진행 과정 중 학생들이 '광주학살'을 자주 언급하
자 '광주사태'라는 말로 바꾸라고 훈시했는데, 변호인 중 한 명이 앞
으로 나와 손짓을 해가며 강력히 항의하자 어디다 삿대질이냐며 퇴
정을 명했다. 7회 공판에서는 재판부의 잦은 제지에 피고인들이 항
의하다가 12명 중 9명이 퇴정당하는 사태가 발생하기도 했다. 이재훈
은 변호인의 반대신문도 마치지 못한 상태에서 극히 이례적으로 사
실심리의 종결을 선언하기까지 했다. 변호인들은 재판부가 실질적인
공개재판을 진행하지 않는다는 등의 이유로 재판부 기피신청을 냈
으나 받아들여지지 않았다.[4]

　10월 2일의 선고법정에서 이재훈은 극히 이례적으로 판결문 이
외에 장문의 훈계문을 낭독했다. '훈계문'은 "법관은 판결로만 말한
다"라는 법언을 깬 이례적인 것이었다. 이 '훈계문'은 『조선일보』마

저 "자기 주관 및 사상을 지나치게 공표함으로써 이 사건을 대하는 재판부의 선입견과 예단을 스스로 드러낸 것으로 보일 수도 있다"라고 평했다.[5] 이 재판이 끝난 후 안기부는 "미문화원 담당 판사 격려 방안"을 모색했다. 안기부는 재판장과 배석판사 등 3인의 판사에 대한 격려 방안으로 해외여행 또는 격려금 지원 등을 검토했다.[6] 꼭 이 격려 방안 덕분은 아니었겠지만, 이재훈 부장판사는 재판이 종료되고 약 1년쯤 후인 1986년 12월 3일부터 23일까지 '제도시찰' 명목으로 미국 연수를 다녀왔다.[7]

『중앙일보』는 가두시위를 하다 구속 기소된 한 여학생이 "그 어렵다는 고시에 합격하시고 법대 위에 높게 앉아 계신 판·검사님들은 이 나라 민주화를 위해서 무엇을 하셨습니까"라며 "하루속히 참회하고 민주화 대열에 동참하라"라고 판사와 검사들을 준엄하게 꾸짖는 광경을 보도했다. 주객이 뒤바뀐 법정은 물을 끼얹은 듯 조용하기만 했다고 한다.[8] 이 학생은 그나마 점잖은 편이었다. 당시에는 신고 있던 고무신을 벗어 재판장에게 던지는 학생도 많았고, 어떤 학생들은 분리대를 넘어 법대를 향해 돌진하기도 했다. 방청객들도 학생들의 과격한 행동에 동참했다. 부천서 성고문 사건 공판 때는 구속학생의 어머니가 교도관의 모자를 벗겨 재판장에게 집어던졌다가 법정모욕 혐의로 구속되었고, 이후 전태일 열사의 어머니 이소선 씨와 박종철 열사의 아버지 박정기 씨도 법정소란으로 구속되는 등 법정모욕으로 실형을 선고받거나 감치되는 사람들의 숫자가 늘어만 갔다.

사법부에 대한 신뢰가 추락한 탓에 법정소란은 민주화 이후 오히려 더 거칠어졌다. 끊임없는 법정소란은 사실 법관들에게 큰 정신적 고통을 안겨주었다. 1988년 10월 서울형사지법 김종식 부장판사는 서울대 국사학과생 김학규의 공문서 변조 사건에 대해 재판을 진행하기 어렵다며 사건을 재배당할 것을 요구했다. 안기부의 「법조계

동향」이라는 1988년 10월 24일자 보고서에 따르면 9월 21일 개최된 1차 공판에서 김학규는 법정에서 공판기일 통지서가 겨우 하루 전에 도착해 가족이나 친구들이 방청하지 못했다며 "이런 재판이 어디 있느냐" 하고 소란을 피웠다. 재판장 김종식 부장판사는 당황하여 재판 진행을 중단하고 차기 공판기일을 추후 지정하기로 했다. 김종식 부장판사는 정상학 서울형사지법 수석부장판사를 찾아가 "동 사건 피고인으로부터 모욕당하는 등 계속 재판진행하기 곤란하다"라며 사건 재배당을 간청했다. 정상학 수석부장판사는 "동 사건을 다른 합의부에 재배당할 수 없어 자신이 담당키로" 했다고 한다.[9]

유신 이후의 시국사건에서 피고인이나 변호인이 담당 재판부를 기피하는 사례는 많았지만, 재판부가 피고인을 회피해 사건이 재배당된 것은 초유의 일이었다. 안기부의 보고서는 "동 사건 담당 재판부 교체와 관련 일부 법관 및 일반직원들 간"에 형성된 여론이라면서 "설령 관련 피고인들이 재판부를 골탕 먹이려고 하더라도 재판장이 장악, 재판을 진행하여야 함에도 최근 일부 판사들이 민주화 바람에 편승, 피고인들에게 끌려가며 재판을 진행하는 경향이 있는데 김종식 부장판사가 그 본보기인 것 같다"라고 지적했다. 안기부는 "앞으로 어렵고 복잡한 사건이 계속 기소될 텐데 그렇게 허약하고 능력 없는 사람이 어떻게 재판을 할 수 있을지 의문이고, 그런 사건을 감내할 자신이 없으면 사표를 내어야 마땅하지 않느냐는 등 비난 여론이 비등하고 있다"라고 전했다. 김종식 부장판사는 다음 인사인 1990년에 서울민사지법 부장판사로 전보되었기 때문에 당시에 바로 불이익을 받지는 않았지만, 1991년 8월 의원면직 형태로 법복을 벗었다.[10]

탄압받는 변호인들

중정 - 안기부는 유죄를 끌어내기 위해 법원·검찰뿐 아니라 변호인들에게도 압력을 행사했다. 변호인들에 대한 압력은 변호인의 접견 거부나 증인에 대한 압력 등 변론권 침해와 징계나 연행, 구속 등 변호인 자신에 대한 탄압 두 경우로 나눌 수 있다. 1980년대 말까지 중정 - 안기부에 연행조사를 받거나 심지어 구속된 변호인은 이병린, 김종길, 조승각, 강신옥, 한승헌, 임광규, 홍성우, 이돈명, 김성기 등을 비롯해 여럿이 있으며 그 외에 1973년 개정된 변호사법 제15조 "법무장관이 기소당한 변호사의 업무정지를 명할 수 있다"라는 조항을 들어 업무정지 처분을 당한 변호사도 이상수, 노무현, 박찬종 등이 있다. 또한 태윤기 변호사는 형사처분을 받지 않았음에도 변호사법 위반으로 징계위원회에 회부되어 제명조치를 당하기도 했다. 헌법에 보장된 변호인 접견을 금지했던 사례는 일일이 기록할 수 없을 정도로 많다.

두들겨 맞은 변호사

1988년 이일규 대법원장 체제가 출범하면서 법원은 공안기관의 변호인 접견 금지에 대해 준항고 제도*나 판결을 통해 제동을 걸었다. 1990년 1월 서울형사지법은 화가 홍성담의 간첩혐의 사건**에서 변호인 접견이 이루어지기 전에 검찰에서 작성된 피의자신문조서를 무효라고 판단했다. 이 같은 입장은 대법원으로 이어졌는데, 민주화 이후 무고한 간첩이 획기적으로 줄어든 것은 바로 이 때문이었다. 법원이 변호인 접견을 피의자의 방어권 보장에 필수불가결한 장치로 인정하자 검찰도 점차 이를 존중했다.

그러나 안기부는 여전했다. 1992년 김낙중 씨가 간첩혐의로 구속되었을 때 안기부 차장보 정형근은 중간수사 발표를 하면서 "김씨를 접견하려는 민변 소속 변호사들은 진정한 변호인이 아니고 '딴일'을 하는 사람들이다. 그런 변호사들에게 간첩 용의자를 접견하고 구속적부심을 하도록 허용하는 것은 마치 어린아이에게 칼을 쥐어주는 것처럼 위험한 일이다. 변호인 접견 불허가 비록 실정법에는 어긋나지만 크게 보면 정당하므로 앞으로도 계속 이런 조치를 취하겠다"라고 당당히 말하기도 했다. 정형근의 이런 발언에 민변은 물론 변협도 비난 성명서 발표와 고소·고발을 제기하며 강력 항의했다. 세상이 그래도 좋아진 탓인지 안기부는 창설 이래 처음으로 고위 간부들이 변협을 방문해 사과했고 성형근노 최종수사 발표 때 카메라를 지우고 공개 사과했다. 그런데도 '안기부'에서 '국정원'으로 이름이 바뀐 뒤에도 변호인 접견 제한은 계속되었다. 2006년 11월의 '일심회' 사건의 경우, 조사에 입회했던 장경욱 변호사가 사건과 관련 없는 부당한 질문에 대해 묵비권을 행사하라고 권유했다가 국정원 조사원들에게 강제로 끌려나오기까지 했다.

중정-안기부는 피고인에게 유리한 진술을 할 가능성이 있는 증

인이나 참고인을 연행하여 겁을 주거나 고문하고 구속까지 했다. 송씨 일가 사건의 경우 김재철 씨가 피고인에게 유리한 법정 증언을 했다가 위증죄로 구속되어 실형을 살았고, 이 밖에 다른 증인들도 안기부의 고문과 협박으로 거짓증언을 해야 했다. 1982년 간첩혐의로 기소되어 징역 10년과 자격정지 10년을 선고받았다가 2008년 7월에 열린 재심에서 무죄판결을 받은 차풍길 씨의 경우, 간첩혐의로 재판받을 때 안기부가 조총련 공작원에게서 받은 물품이라고 한 것은 사실 누나에게서 받은 것이라고 주장하여 변호인이 일본에 있던 누나를 증인으로 신청했다. 그러자 안기부는 일본 주재 파견관에게 「간첩 차풍길 연고자 차기순 입국저지 지시」라는 문서를 보내 결정적 증인의 입국을 저지시켰다. 역시 재심에서 무죄가 선고된 박동운 씨의 경우, 박동운의 알리바이를 입증하기 위해 변호인이 신청한 증인이 안기부에 끌려갔다 온 뒤로는 박동운이 거짓말을 하고 있다며 혐의를 입증하는 증인으로 뒤바뀌어버렸다.

한명숙 전 총리 등이 구속되었던 크리스찬 아카데미 사건*의 경우, 구속자 가족들은 구속자들이 정보부에서 고문당했다는 사실에 대해 종교계 및 재야인사의 서명을 받아 대통령과 법원에 청원서를 제출했다. 중앙정보부는 청원서에 서명한 천관우, 한승헌, 한완상, 김승훈, 백기완 등 36명을 연행하여 청원서에 서명한 경위와 크리스찬 아카데미 사건에 대한 태도를 상세히 조사했다. 이들의 수사보고서에는 「주요 인물 신상 정보」라는 형태로 지난 몇 년간 그들의 발언과 행적에 대한 세세한 자료가 첨부되었다. 중정이 사건 관련자도 참고인도 아닌 탄원서 서명자를 잡아다 조사한 것은 피의자들이 고문당한 사실이 알려지는 것을 차단하기 위해서였다.[1]

1974년 민청학련 사건 당시 강신옥 변호사는 군법회의에서 변론 중 자신은 "직업상 이 자리에서 변호를 하고 있으나 차라리 피고

* 크리스찬 아카데미 사건
한국 사회에 건강한 중간집단의 육성이 필요하다며 이를 위한 사회교육 프로젝트의 일환으로 세계교인협의회의 지원을 받아 1974년부터 5개년 계획으로 교육을 실시한 적이 있다. 그리고 여기서 교육을 받은 수강생들이 노조 및 민주화를 위한 각종 조직을 결성했다. 이에 중정은 '용공 매도'라며 1979년 3월 9일 한명숙 전 총리를 비롯해 관련자들을 연행해 고문 및 폭행으로 허위자백을 받아냈다.

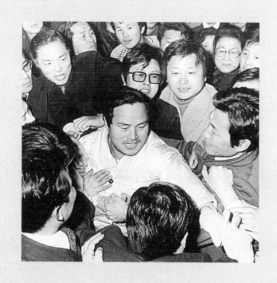

1975년 2월 17일 형집행정지로 석방되는 강신옥 변호사의 모습.

인들과 뜻을 같이하여 피고인석에 앉아 있고 싶은 심정"이라고 말했
다. 그와 홍성우 변호사는 휴정 중 옆방으로 불려가 중정 직원의 조
사를 받았다. 그날 밤 강신옥은 중앙정보부로 끌려가 잔뜩 두들겨 맞
았다. 한 시간쯤 뒤 연행된 홍성우 변호사는 그사이 누군가가 변호사
들을 때리지는 말라고 한 탓인지 다행히 맞지는 않았다고 한다. 강신
옥 변호사는 7월 15일 법정모욕죄와 긴급조치 위반 혐의로 구속되었
고, 반공법 위반 혐의로 조사받은 홍성우 변호사는 법리상 사건 구성
이 안 되어 그냥 넘어갔다. 아무리 군사법정이라지만 변호사가 법정
에서 한 변론 내용을 문제 삼아 구속한다는 것은 일제시대에도 없던
황당한 일이었다. 당시 군법회의법조차 "변호인은 재판에 관한 직무
상의 행위로 인해 어떠한 처분도 받지 않는다"라고 규정해놓고 있었
다. 강신옥 변호사는 이병린, 홍성우 등 93명의 대규모 변호인단의 노
력에도 군법회의에서 징역 10년을 받았다. 1975년 2월 석방된 그는

6월항쟁 이후인 1988년에 가서야 무죄 확정판결을 받았다.

구속되고 미행당하는 변호사들

유신정권은 강신옥에 이어 그의 변호인 이병린 변호사를 구속했고, 또 이병린의 변호인인 한승헌 변호사를 구속했다. 이병린 변호사는 1964년 6·3 사태 당시 대한변협 회장으로서 「인권에 관한 건의서」를 작성·배포했다가 계엄포고령 위반으로 처음 구속되었는데, 현직 변협 회장이 구속된 것은 전무후무한 일이었다. 민주수호국민협의회 공동대표 시절 이병린 변호사는 1972년 8월 대통령에게 보내는 청원서를 부치러 우체국으로 가던 중 중앙정보부로 연행되었다. 국정원 과거사위는 8월 17일자로 된 「이병린 조사결과 보고」 등의 문서를 확인했다. 이병린 변호사는 석방 이틀 뒤 공동대표직을 사임했다. 국정원에는 1974년 1월 20일자 「이병린에 대한 조사결과 보고」라는 문서가 또 남아 있어 박정희 정권이 긴급조치 1호 위반 구속자들의 변론을 위해 동분서주하던 이병린 변호사를 잡아다 조사한 일이 있음을 알 수 있다. 이병린 변호사는 이후 한동안 재야인사들과의 접촉을 끊고 칩거했지만, 1974년 11월 민주회복국민회의가 발족할 때 임시의장을 맡으며 민주화운동에 복귀했다. 민주회복국민회의 대표위원으로 맹활약하던 그는 1975년 1월 17일 간통 혐의로 구속되었다. 그에 대한 구속영장은 서울형사지법에서 비밀영장을 담당하는 수석부장판사에 의해 발부되었다.

이병린 변호사가 구속되자 한승헌 변호사가 구치소로 그를 찾아갔다. 이병린 변호사는 구속되기 전날 중정의 국내정치 담당 부서인 6국의 과장 한 사람이 자신에게 찾아와 "당신이 간통죄로 피소되었는데 민주회복국민회의 대표위원을 사퇴하겠다는 각서를 써주면 고소 사건을 잘 무마해주겠다"라고 하기에 대표위원 사퇴는 절대 있을

유신정권의 중정–안기부는 유죄를 끌어내기 위해 1980년대 말까지
변호인들에게도 압력을 행사했다. 이병린 변호사는 1964년 6·3 사태
때 대한변협 회장으로서 「인권에 관한 건의서」를 작성·배포했다가
계엄포고령 위반으로 처음 구속되었고, 긴급조치 1호 위반
구속자들의 변론을 맡았을 때도 잡혀가 조사를 받았다. 1974년 11월,
민주회복국민회의가 발족할 때 임시의장을 맡으며 민주화운동에 복귀해
민주회복국민회의 대표위원으로 활약하다가 1975년 1월 17일 간통
혐의로 고소당해 다시 구속됐다. 이병린 변호사는 구속되기 전날 중정
소속 과장이 자신에게 찾아와 대표위원 직에서 사퇴하겠다는 각서를
써주면 고소 사건을 무마해주겠다는 것을 외려 꾸짖으며 돌려보냈다고
한승헌 변호사에게 전했다. 당시 한승헌 변호사도 3년 전에 쓴 칼럼
「어떤 조사」가 간첩을 추모하는 글이라는 명목으로 구속되었다. 이병린
변호사는 구속 23일 만에 풀려났으나 1975년 말 경북 상주로 내려가
곤궁한 생활을 하다가 1986년 별세했다.

수 없으며 사표를 내도 왜 정보부에 내느냐고 꾸짖어 보낸 일이 있다고 털어놓았다. 이 사실을 기자들에게 전한 한승헌 변호사는 3년 전 『여성동아』에 쓴 칼럼 「어떤 조사」가 간첩으로 처형된 전 공화당 국회의원 김규남을 추모하는 글이라는 명목으로 반공법 위반으로 구속되었다. 한승헌 변호사는 강신옥 변호사가 맡았던 여정남의 변호를 이어받았는데, 민청학련과 인혁당의 연결고리로 지목된 여정남은 한승헌 변호사가 구속되어 있을 때 끝내 사형당하고 말았다.

이병린 변호사는 이돈명 변호사 등이 사건의 당사자였던 이모 여인의 아버지를 통해 고소인인 남편을 설득해 고소를 취하해 구속 23일 만에 풀려났다. 사실상 이혼 상태였던 남편을 찾아내 눈엣가시 같은 이병린 변호사를 얽어매려던 중정이 허를 찔린 것이다. 홍성우 변호사는 유신정권이 염문을 악용해 이병린 변호사를 굴복시키려 했지만, 이병린 변호사는 망신을 각오하면서까지 끝내 타협하지 않아 존경을 받았다고 회고했다. 그러나 중정은 이병린 변호사가 석방된 후에도 기관원을 배치해 그의 사무실을 지키게 했으니 수임할 사건이 들어올 리 없었다. 1975년 말, 아무 연고가 없는 경북 상주로 내려가 곤궁한 생활을 하다가 1986년 위암으로 별세했다.

이병린 변호사가 간통 혐의로 구속되었다가 석방된 직후인 1975년 2월 19일 중정은 「×××변호사 비서 ○○○에 대한 미행감시 종합 결과 보고」라는 문서를 작성했다. 중정은 "반정부 발언 많이 하는 변호사"에 대하여 "앞으로 현실참여 및 반정부적 활동을 지양하게 하고 동인을 순화시키는 데 목적"을 두고 그와 여비서를 감시했다. 그런데 정작 이 변호사는 여당인 공화당 출신의 전 국회의원으로서 유신체제에 반대하는 활동을 벌인 사람이 아니었다. 중정은 상당 기간 그를 미행 감시했으며 "본건 치정사실 증거를 포착지 못하여" 미행감시를 중단했다. 이 보고서는 ×××변호사가 "귀가 후 일체 외출을 안 하는 것을 보아 이병린 변호사의 치정관계가 발표되자 모든 행동의 특별한 경계를 하는 것으로 인정"한다고 분석했다. 이 문건은 이병린 변호사의 간통 사건이 어떤 맥락에서 나온 것인지를 잘 보여준다.

태윤기 변호사 제명 사건

전두환 정권 시절 변호사에 대한 대표적 탄압 사례로는 안기부가 태윤기 변호사를 제명한 사건을 들 수 있다. 태윤기는 일제 말 학병으로 징집되었다가 탈출, 광복군 제2지대원이 되었다. 해방 후 군 법무관이 된 그는 1955년 육군 대령으로 예편했다. 태윤기는 예편 직후부터 남들이 꺼리는 어려운 사건을 도맡아 변론했다. 이승만 정권 시절에는 이승만 대통령 저격미수 사건과 특무부대장 김창룡 암살 사건, 진보당 사건, 5·16 군사반란 후에는 박창암·김동하 등 반혁명 사건, 원충연 등 반혁명 사건, 백범 암살범 안두희에 대한 살인미수 사건, 통혁당 사건, 유신쿠데타 이후에는 강신옥·한승헌 변호사 사건, 10·26 사건 등의 변론에 앞장섰다. 태윤기는 정치적 사건뿐 아니라 남들이 꺼리는 재일동포 간첩사건도 적극 변호했다. 그는 1971년 대통령 선거를 앞두고 발생한 서승·서준식 형제 간첩단 사건을 비롯하여 다수의 간첩사건과 민청학련 사건 때 프리랜서 기자로서 민주화운동 취재를 하던 도중 구속된 일본인 다치가와 마사키 등을 변호했다.

태윤기는 안기부가 적발한 재미동포 홍선길 간첩사건(1981년)에서 대법원 무죄판결을 받아내 안기부와 악연을 맺었다. 그 후 안기부는 1981년 재일동포 사업가 손유형 등의 간첩사건을 적발했고, 손유형은 1심과 2심에서 사형 판결을 받았는데, 태윤기는 또다시 대법원에서 파기환송 판결을 받아냈다. 태윤기는 안기부가 증거로 제출한 손유형 여권의 출입국 기록이 공소장이나 일본에 보관된 출입국 기록과 일치하지 않는다는 점을 물고 늘어졌는데 이것이 주효했

태윤기 변호사. 이승만
정권 시절부터 전두환 정권
시절까지 위험한 시국사건
변호를 많이 맡았다.

다. 고등법원은 손유형에게 다시 사형을 선고했지만, 대법원이 손유형의 재상고를 받아들이자 안기부도 가만히 보고만 있지는 않았다. 1983년 2월 19일 오후 4시경 태윤기는 자신의 사무실에서 안기부원들에 의해 시내 모처로 연행되었다. 안기부는 태윤기가 손유형 가족에게 1, 2, 3심과 파기환송심 판결문과 공판조서 등을 복사해 전해준 것을 문제 삼았다.

변호인이 판결문 등을 가족에게 전달하는 것은 너무나 당연한 일이니, 안기부가 태윤기를 연행한 진짜 이유는 무엇이었을까. 1982년 12월 초순 태윤기는 손유형의 부인 부신화로부터 주한 일본대사관 일등서기관 이시즈키가 손유형의 여권 연장 문제로 문의해 왔다며, "여권의 압수경로와 처리상태를 알았으면 좋겠다"라는 부탁을 받았다. 태윤기는 공판 서류에 첨부된 수사기록에서 이를 메모해 1983년 1월 24일 사무실로 찾아온 이시즈키에게 전달했다. 그런데 수사기록에 여권 압수경로가 허위로 기재된 것이 문제였다.

수사기록에는 손유형이 일본의 부인에게 국제전화를 걸어 여권과 난수표 등 공작문건이 있는 자리를 알려주며 이를 주일 한국대사관에 임의 제출하라고 했고 안기부는 대사관이 외무부 정기 파우치 편으로 보내온 여권을 입수했다고 되어 있었다. 그러나 실제 사정은 달랐다. 안기부는 한국에서 손유형과 같이 검거되었던 부신화에게 손유형의 옛 여권을 제출해야만 손유형의 간첩 혐의가 벗겨질 것이라고 꾀어 오사카의 집으로 돌려보냈다. 집에 온 부신화는 여권 등을 찾아 근처 다방에서 황모라는 안기부원에게 전달했고 안기부는 이렇게 입수한 여권을 간첩활동의 증거로 활용한 것이다.

태윤기가 피고인 가족에게 재판기록을 전하는 과정에서 안기부원의 일본 내 활동이 알려지자 일본의 야당 의원들이 들고 일어났다. 1973년 김대중 납치 사건 이래 한국의 중정–안기부 요원들의 일본 내 불법활동은 일본에서 극도로 민감한 문제였다. 1983년 2월과 3월 일본 의회에서 사회당 야다베 오사무, 와다 시즈오 의원 등이 "한국 안기부가 일본 국내에서 증거 수집을 한 것이 아니냐" 하며 따져 물었다. 야당 의원들의 주권침해 주장으로 외교적 논란이 일자 안기부는 매우 곤란한 처지에 빠지게 되었다.

손유형은 변호인이 7일간이나 감금과 조사를 받고 있던 분위기에서 1983년 3월 22일 대법원에서 열린 재상고심에서 사형이 확정되었다. 국정원에는 이틀 후인 24일 작성된 「간첩 손유형 사건 관련 일본 사회당 변호사협회의 아 공관 수사활동 주장에 대한 진상 조사결과 및 대책보고」가 남아 있다. 이 보고서는 태윤기가 그동안 "일본 거점 우회침투 간첩만 총 14건을 수임"했으며, "주한 일본대사관 공안 담당 직원이 교체 시마다 후임자에게 태윤기를 소개(사무인계)하고 있음에 비추어 일 공관의 협조자로 판단"된다고 단정했다.[2]

진행되는 '징계 제명' 절차, 그 부끄러움의 기록

변호사가 의뢰인 측에 공판기록 등을 제공하는 것은 변호사의 고유 업무이고, 변호인의 공판기록 열람등사권은 형사소송법 제35조에 명시된 변호사의 권리였다. 안기부는 이를 처벌할 근거를 찾을 수 없자 변호인들이 방대한 공판기록을 복사해 가져갈 때 고생한 법원 직원에게 수고비를 주는 것을 '법원의 구조적 부조리 및 폐습'으로 몰고 갔다. "기록 열람등사와 관련한 현 실태는 법원 직원이 상습적으로 금품을 수수, 조정 수입인지 첩부 면제로 국고 손실, 감시 소홀, 열람등사부 불기재로 기록 등사 남발"하는 폐단이 있다는 것이다. 보고서는 '금품 제공 사례'로 1981년 10월 태윤기가 이 사건 공판기록을 등사하면서 네 차례에 걸쳐 6만 5,000원을 제공한 것을 '일반화된 폐습'의 사례라고 비난했다.

안기부는 관련 기관에 조치 의견을 내놓았다. 법무부에는 "태윤기 변호사의 공판자료 유출 행위를 제22조(비밀유지) 위반으로 징계 제명"하도록 했다. 주목할 것은 보고서에 "형사처벌 법규 없음"을 명시, 안기부 스스로도 태윤기의 행위가 '위법'이 아님을 인정했다는 점이다. 주일공관에는 "최근 '아국 공관의 일본 내 수사활동' 주장은 재일 불순단체의 모략 책동임을 주지"시키고 이에 "말려들어 한일 간 정치문제화되지 않도록 주의 환기"하고 "구속간첩 후원회 자처, 내한하는 일본인에 대한 신원성분 내사"하라 했고, 법원에는 "간첩 등 공소사건 공판기록의 철저한 관리 방안책 필요성 촉구"와 덧붙여 "공판기록 열람등사와 관련된 법원 직원 부조리 실태 통보"하도록 했다.

안기부는 태윤기의 제명을 위한 조치를 밟아나갔다. 1983년 5월 26일자 「태윤기 변호사 제명조치 조정결과 보고」에 따르면 안기부는 "○ 83. 3. 31. 대검(형사2부장 김두희 검사)에 태윤기 변호사 공판기록 해외유출 조사결과 통보, 법무부에 징계 제명 요청토록 조정, ○ 83. 4. 1. 법무부 법무실장(한영석 대검 검사)에게 태윤기 변호사에 대한 비위사실 자료 제공, 징계 제명 요청, ○ 83. 3. 31. 법원행정처(처장 김용철)에 진상통보+관련 법원 직원 자체조사 처리 대책 강구 협조(조정)" 등의 조치를 취했다. 검찰은 1983년 4월 15일 태윤기를 소환해 나흘간 조사했다. 조사결과는 변호사 수임료를 암달러상에게서 환전한 것이나 법원 직원에게 등사 수고비를 제공하고 일본대사관 서기관에게 압수품 압수 경위서 내용을 전달한 것 등의 혐의는 "사안이 경미"하여 입건은 불가하나 변호사법에 의한 징계는 가능하다는 것이었다.

법무부는 1983년 5월 25일 법무차관 정해창을 위원장으로 하고 검찰 측 김양균·한영석, 법원 측 정기승·박우동, 변협 측 조규광·이세중을 위원으로 하는 징계위원회를 열고 태윤기에 대해 변호사 제명 결정을 내렸다. 법조계에서 나름 존경받는 분들이 징계위원에 포함되어 있었지만 결과는 만장일치였다. 안기부는 바로 다음 날인 5월 26일 「태윤기 변호사 제명조치 조정결과 보고」를 작성해 안기부의 '조치의견'대로 처리되었음을 보고했다.

그러나 문제가 여기서 끝난 것은 아니다. 태윤기는 제명조치에 대해 대법원에 즉시항고*를 했고 일본도 가만있지 않았다. 1983년 6월 일자 미상의 「변호사 태윤기 제명 징계 관련 일본 외무성 우려 표명에 대한 대책 보고」라는 문건에 의하면, 일본 외무성은 "현재까지 재일 한국인 보안사범 문제는 태 변호사가 있음으로써 양국 간 외교 문제로 발전되지 않은 면이 있었는데 앞으로 동인의 활동이 불가하다면 일 측으로서는 정부 간 문제로 삼지 않을 수 없다"라고 통보했다고 한다. 일본의 예상 밖의 강력한 태도에 안기부는 급히 「태윤기 변호사 징계 제명 처분 관련 한일 간 외교 문제 발생 우려 예방 대책 보고」를 작성했다. 안기부는 "태윤기의 행위는 형법상 뇌물공여죄, 외국환관리법 위반죄 등 법조를 경합 적용하면 최고 징역 15년까지 선고 가능"하나 "정상참작, 사회적 물의를 감안, 형사처벌을 면제"했음을 강조하라는 의견을 내놓았다. 안기부와 검찰이 진작 형사처분의 근거가 없다는 입장을 밝힌 것에 비춰 터무니없는 변명이었다.

즉시항고가 받아들여지지 않자 태윤기는 1983년 7월 10일 변호사법 제76조에 의거 대법원에 재항고했지만, 안기부는 끝까지 그를 괴롭혔다. 1984년 5월 26일자 「공판기록 해외유출 사건 관련 제명 징계처분자 태윤기 변호사 재상고 기각 처리 상황보고」에는 "1984년 5월 25일 정태균 대법 판사가 이유 없다고 기각결정"을 했다면서 "당

• 즉시항고
항고의 일종으로 신속하게 확정해야 할 결정에 대하여 개별적으로
인정되는 불복신청 방법이다.

부 조정"의 결과임을 명시했다. '조정'이란 안기부의 요청에 따라 기각 결정이 이루어졌다는 뜻이다.

태윤기는 6월항쟁 후인 1988년 3월 22일 정해창, 박우동, 정기승 등 당시 징계위원 관련자, 최병국(당시 조사 담당 검사), 김석휘(당시 검찰총장)를 허위공문서 작성, 권리행사 방해죄 등으로 서울지검에 고소했다. 그러나 서울지검은 피고소인 조사도 하지 않고 이들을 모두 불기소처분했다. 태윤기는 고검과 대검에 항고, 재항고를 거쳐 1988년 12월 5일 "검사의 불기소처분으로 헌법에 보장된 기본권을 침해당했다"라며 헌법재판소에 헌법소원 심판을 청구했으나, 1990년 4월 2일 헌재는 태윤기 변호사의 헌법소원에 대해 기각결정을 내렸다. 자료를 정리하던 내가 다 부끄러웠다.

8 "돌출 판결"인가 "소신 판결"인가

1994년 10월 부산에서 여덟 살 강주영 양이 유괴 살해되었다. 부산 북부경찰서는 강 양의 사촌언니 이모 양과 친구 세 사람 등 네 명을 범인으로 구속했고, 이 사건을 신세대가 지존파(부자들을 증오한다 며 엽기적 연쇄살인을 저지른 범죄 일당)를 모방해 범죄를 저지른 것이라고 발표했다. 경찰의 발표가 있자 공범으로 지목된 세 사람의 가족과 친구들이 경찰서를 찾아가 각자의 알리바이를 주장했다. 그러나 청와대에서 지존파 사건의 여파가 채 가시기 전에 발생한 유괴 살인 사건의 범인을 신속하게 검거한 것을 치하하는 전화를 받은 경찰은 포상에 눈이 어두워져 수사 방향을 돌리지 않았다. 검찰도 한때 는 경찰 수사를 의심했지만 구속기간을 연장하며 알리바이 주장을 깨기 위한 보강수사를 벌이면서까지 경찰이 발표한 네 사람을 모두 진범으로 단정해 기소했다.

11월 21일 열린 첫 공판에서 피고인 중 이모 양을 제외한 세 명이 경찰의 고문에 못 이겨 허위자백을 했다고 재판부(부산지법 형사3 부, 재판장 박태범)에 호소했다. 검찰은 피고인 중 남성 두 명에 대해 "옷을 완전히 벗기고 신체검사를 실시했으나 아무런 상처가 없다"라는 부산구치소의 검사결과를 제출했다. 그러나 재판부는 이례적으로 기자들이 참가한 가운데 두 피고인에 대한 신체검증을 실시했다. 사건 발생 40여 일이 지났지만 이들의 몸에는 고문의 상처가 여전히 뚜렷했다. 변호인과 검찰은 무려 98명의 증인을 내세웠는데 그중에는 경찰에서 참고인 조사를 받던 중 "정신을 못 차릴 정도로 맞았다"라고 주장하는 사람도 있었다. 1995년 2월 24일 재판부는 무기징역이 구형된 사촌 언니 이모 양에게는 "언니 언니 하며 따르던 사촌 동생을 유괴 살해한 것은 인류에 반하는 죄로 용서할 수 없다"라며 사형을 선고했지만 다른 세 사람에게는 무죄를 선고했다.[1]

사건의 파장은 매우 컸다. 이미 부산변협 인권위원회가 진상조사소위(위원장 문재인)의 조사를 바탕으로 고문 경찰 14명을 대검에 고발했기 때문에 이들에 대한 사법처리도 불가피했다. 언론의 관심이 고조된 이날 판결에서 재판부는 이례적으로 법정에서의 사진촬영을 허용했고, 또 판결이 "재판부 3인이 일치된 의견을 보인 것은 아니며 토론을 거친 투표 결과 2대 1이 나왔다"라고 합의 과정을 공개했다.[2]

안기부의 뒷북 보고서

안기부는 이 사건에 대해 3월 8일자로 뒤늦게 보고서를 작성했다. 「대법원, 박태범 부장판사 경고 문제로 고심」이라는 보고서는 앞부분에서 "1. 대법원은 ○박태범 부산지법 부장판사가 지난 2. 25. 강주영 양 유괴 살해 사건 관련 ×××(24세) 등 3명에 대한 무죄를 선고함에 있어 ○'합의 비공개' 원칙을 무시하고, 사진촬영 허용은 물론 '2:1로 합의가 어려웠다'는 등 합의 과정을 공개하여 물의를 빚은 데

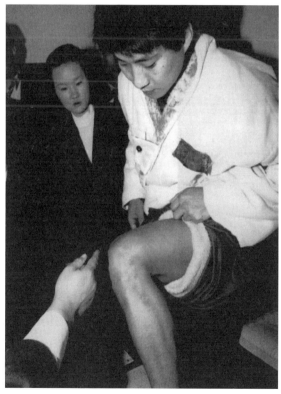

1995년 2월 24일에 열린 강주영 양 유괴 살해 사건 선고공판(위).
첫 공판에서 피고인이 경찰에서 조사를 받던 중 심한 고문을 당해
허위자백을 했다고 진술해 재판부는 이례적으로 기자들이 참가한 가운데
신체검증을 실시했다(아래).

대해 ○ '합의의 비밀은 재판의 독립을 보장하는 중요한 요소로서 어떠한 이유든 공개하는 것은 있을 수 없다'는 내부 방침을 결정하고 박태범 판사에 대한 경고조치를 검토 중인 바 2. 이에 대해 박태범 부장판사는 ○ '합의 공개는 고의적인 것이 아니라 동 사건의 주심판사인 황규순(35세, 사시 32회, 경남 고성) 판사가 자신은 동인들에 대한 무죄선고에 서명할 수 없다고 주장, 선고가 불가능한 상태에서 ○ 주심판사 주장을 언론에 공개하는 조건으로 서명을 받기로 합의했기 때문에 부득이 공개할 수밖에 없었다'고 변명하고 있어 고심 중이라 함"이라고 쓰고 있다.[3]

그런데 이 보고서는 정보보고의 신속성이라는 면에서는 완전히 뒷북을 친 것이었다. 3월 8일자인 이 보고서에서 대법원은 "박 판사에 대한 경고조치를 검토 중"이라고 했지만, 이미 대법원은 그 전날인 7일에 전국 법원에 공문을 보내 "법원조직법 65조는 '심판의 합의는 공개하지 아니한다'라고 규정하고 있고, 합의의 비밀은 재판의 독립을 보장하는 중요한 요소인 만큼 사건이 사회의 주목을 받고 있다는 등의 이유만으로 합의 내용을 공개하는 일이 없도록 하라"라고 지시했다. 그리고 이 사실은 당일 주요 신문에 보도되었다.[4]

그럼에도 안기부가 보고서를 작성한 것은 "3. 이와 관련, 법조계에서는 ○ 그동안 지나친 돌출 판결로 물의를 빚어왔던 박 판사가 자신의 공명심을 충족시키기 위해 판사로서의 존엄성을 실추시켰다고 박 판사를 비난하고 있다 함"이라는 얘기를 하고 싶어서였다. 그런데 안기부의 바람과는 달리 법조계나 언론은 합의 공개에 대해 꼭 부정적이기만 했던 것은 아니었다. 『국민일보』는 박 판사가 "재판부의 합의 내용을 공개하고 법정 촬영을 허용한 것"은 "사법사상 획기적인 조치"라며 이를 두고 대법원이 "발끈"한 것에 대해 "재야 법조계에서는 이것이 법원의 구태의연함을 드러낸 대표적인 사례"로 본다고 전했다.[5] 『중앙일보』도 합의 과정 공개는 "판결결과가 최대한 신중한 합의를 거쳐 도달했다는 신뢰감을 줄 수 있다는 반론도 있다"라고 지적했다.[6] 사실 대법원 전원합의체의 경우 평결결과와 소수의견은 공개되고 있다.

언론의 주목을 받은 법관

안기부 보고서가 악의적으로 비난한 박태범 판사의 돌출 판결이란 도대체 어떤 것이었을까? 사실 1980~1990년대에 활동한 법관 중 박 판사만큼 시국사건과 일반사건 모두에서 언론의 주목을 받은 법관도 없다. 박 판사가 언론의 주목을 받은 것은 6월항쟁 직전인 1987년 6월 3일 '보도지침'을 폭로한 혐의로 국가보안법 위반이 적용된 김주언, 김태홍, 신홍범 등 세 명에게 국가보안법 일부 무죄를 포함하여 집행유예와 선고유예로 석방한 때였다. 이때만 해도 국가보안법 위반자가 집행유예를 받는다는 것은 상상하기 힘든 일이었다.

당시 『동아일보』에서는 재판장의 '의연한 진행'이 돋보였다고 평가했지만, 이 재판도 약간의 우여곡절을 겪었다. 김정남의 회고록에 따르면 처음에 재판부는 변호인단이 신청한 4대 일간지 편집국장과 간부들, 문공부의 홍보정책실장 등 23명을 모두 증인으로 채택하는 등 "공정한 재판을 위해 노력하는 것처럼" 보였다고 한다. 그러나 재판부가 곧 증인채택 조치를 취소하는 등 '무엇인가 석연찮은 일'이 계속되었다. 판결 당일 박태범 판사는 "검찰, 변호인, 피고인 모두가 재판이 진지하고 성실하게 진행되도록 노력해주신 데 대해 감사"를 표하면서 "본 재판장 역시 최선을 다했으나 능력이 부족한 탓에 모든 재판절차를 뜻대로 진행하지는 못했다"라며 심경을 토로한 뒤 판결

이유를 설명했다. 20여 명의 취재기자를 포함해 전현직 언론인이 대부분이었던 방청석에서는 집행유예와 선고유예 판결이 나오자 "퇴정하려는 재판장을 향해 요란스럽지 않은, 그러나 힘찬 박수"가 터져 나왔다. 『동아일보』와 『중앙일보』는 고무신이 날고 야유와 소란이 상례가 된 시국사건 재판도 "법관의 공정하고 성의 있는 자세에 따라 전혀 모습을 달리할 수 있음"을 보여주었다고 찬사를 보냈다.[7]

박태범 판사는 화이트칼라 범죄에 특히 엄격했다. 그는 1987년 1월 치료기구 납품부정 사건과 관련해 약식 기소된 의대 교수 등을 정식재판에 회부했고, 1995년 2월에는 대출비리 사건으로 불구속 기소된 조흥은행 간부 네 명을 법정구속했다. 그는 부산지법에 있을 당시 자식을 성폭행하는 등의 반인륜 범죄, 공무원 범죄나 화이트칼라 범죄 등에 대해서는 구형량의 두 배 내지 다섯 배나 되는 중형을 선고했고, 검찰이 불구속 기소나 약식 기소한 공무원이나 지도층 인사를 석 달 동안 30여 건이나 정식재판에 회부했다. 이 때문에 구치소의 피고인들 중 죄질이 나쁜 자는 제발 박태범 판사에게 걸리지 않게 해 달라고 빌 정도였다고 한다. 반면 박 판사는 강주영 양 사건 이외에도 고문으로 억울하게 살인 혐의를 쓰고 사형을 구형받은 서보원 씨에 대해서도 무죄를 선고했다. 이 때문에 『중앙일보』는 1994년 12월 18일자에 "요즘 부산시민들 사이에는 '호랑이 판사'로 화제를 모으는 법관이 있다"라면서 한 지면을 모두 할애해 인터뷰 기사를 싣기도 했다.[8] 그의 이 같은 "소신 판결"에 대해 언론은 "재판부의 추상같은 엄정성을 밝힌 것으로 오랫동안 재판부가 정권에 끌려 다녔다는 오해를 불식시키고 법원의 권위를 회복했다는 점에서 긍정적인 평가를 받고 있다"(『세계일보』)라고 소개했지만, 한편으로는 "어디로 튈지 모르는 럭비공"이라는 부정적 평가도 존재(『동아일보』)한다고 덧붙였다.[9]

박태범 판사는 1980~1990년대 시국사건, 일반사건 재판에서 모두
언론의 주목을 받았다. 6월항쟁 직전에 있었던 국가보안법 위반 재판에서
무죄, 집행유예, 선고유예를 내렸는데 당시 언론은 이러한 박 판사에
대해 찬사를 아끼지 않았고 부산시민들 사이에선 '호랑이 판사'라는
수식어까지 따라붙었다. 그런데 1994년 1월 안기부법 개정으로 안기부의
수사권이 대폭 축소된 가운데 박 판사가 1995년 1월 17일 국가보안법
위반 혐의로 기소된 4명을 직권보석으로 풀어주는 일이 생기면서
안기부가 불편해지는 상황이 벌어졌다. 그러던 중 1995년 2월, 박씨가
강주영 양 유괴살해사건 판결에서 가혹한 고문으로 허위 자백을 했던
관련자 3명에게 무죄를 선고하자 안기부는 기다렸다는 듯 박씨가
'합의 비공개' 원칙을 무시했고 기자들에게 사진촬영을 허용했으며 잦은
돌출 판결로 판사의 존엄성을 실추시켰다는 내용의 보고서를 작성했다.
이러한 보고서 이면에는 국가보안법 위헌 논란에 다시 불을 붙인
박 판사에 대한 부정적 시각이 자리하고 있었다.

특정 법관이 '돌출 판결'로 주위로부터 부정적 평가를 받든 말든 그것은 안기부의 직무와 상관이 없었다. 당시 안기부가 진짜 주목한 박 판사의 '돌출' 행동은 이 보고서가 작성되기 채 두 달이 되기 전인 1995년 1월 17일 국가보안법 위반 혐의로 기소된 국제사회주의자들IS 소속의 피고인 4명을 직권보석으로 풀어주면서 국가보안법 제7조 1, 3, 5항에 대해 헌재에 위헌 심판을 제청한 결정일 것이다. 박 판사는 "주관적이고 모호한 표현으로 해석 기관의 자의에 따라 행위자 내심의 의사가 범죄가 되기도 하고 안 되기도 한다는 점을 문제로 지적"하면서 "서구의 여러 선진 민주주의 국가들의 경우를 보더라도 사회당이나 공산당이 합법적으로 활동하고 있음"을 세계화의 시대에는 참작해야 한다고 주장했다.[10]

이 위헌 제청에 대해 보수언론들조차 "문제의 조항 7조는 이미 1990년 4월 헌법재판소로부터 사실상 위헌이라고 할 수 있는 '한정합헌' 판정을 받은 규정"으로 "재판부의 위헌 제청 결정에 대해 법학자들과 변호사들은 대체로 공감하는 입장"이라고 긍정적으로 보도했다.[11] 안기부는 1994년 1월의 안기부법 개정에 따라 수사권이 대폭 축소된 상황에서 수사권 회복을 위해 전방위 노력을 계속해왔는데, 박 판사가 국가보안법 위헌 논란에 다시 불을 지른 것이다. 박태범 판사에 대한 안기부의 부정적인 보고서는 이런 맥락에서 나왔다.

9   암흑시대의 빛나는 판결들

회한과 오욕의 암흑시대에도 아주 드물게 좋은 판결이 여럿 있었다. 유신과 5공 시절 사법부에 벼락이 떨어지지 않은 것은 그래도 사법부에서 가끔씩 정말 의미 있는 판결이 나왔기 때문일 터이다. 꼭 지적해야 할 사실은 오로지 법률과 양심에 따라 용기 있는 판결을 내린 법관들 대부분은 별다른 불이익을 받지 않았다는 점이다. 1980년대에 가장 많은 소신 판결을 내린 것으로 손꼽혔던 이회창 전 대법원 판사도 판결과 관련해 외부 압력을 받은 적은 없었다고 회고한 바 있다. 그렇기에 그 시절 정치권력이나 사법부 상층부의 눈치를 보느라 말도 안 되는 판결을 내린 판사들이 더 원망스러운 것이다. 이 당시 보석같이 빛나는 판결을 내린 법관들 중에는 지금은 아주 보수적인 입장을 보이는 이도 많지만, 어쨌든 이런 판결이 공안사건에서 뒤늦게나마 무죄판결이 나오도록 길을 닦았다고 할 수 있다.

공안사건과 일반형사사건 가릴 것 없이 만연했던 수사기관의 고문은 일반형사사건에서 먼저 제동이 걸렸다. 한국의 사법부가 수사기관의 고문을 문제 삼아 피고인에게 무죄를 내린 대표적인 예는 1981년 8월 4일 서울 용산구 원효로에서 발생한 윤경화 노파 일가족

살해 사건*의 고숙종 피고인에 대해 1982년 2월 1일 서울형사지법 제
14부(재판장 김헌무 부장판사)가 무죄판결을 내린 것이다. 한국 사
회에서 고문이 없어지는 대장정이 시작되는 획기적 판결이었다. 그
런데 딱 석 달 전인 1981년 11월 3일 김헌무 부장판사는 이른바 '진도
간첩단 사건'의 주범 박동운에게 사형 판결을 내린 바 있다.

박동운은 사형, 고숙종은 무죄?

국정원 과거사위의 조작의혹 간첩 사건 조사 당시, 국정원 쪽 조사
관이 초기 기록 검토만으로 조작된 것이 분명하다고 인정한 것은 바
로 박동운 일가 간첩 사건 딱 한 건이었다. 이 사건은 국정원 과거사
위에서 아무런 이의 제기 없이 조작사건이라는 진실이 규명되었고,
2009년 11월 13일 서울고등법원에서 열린 재심결과도 무죄였다. 그
만큼 엉성한 조작사건인데도 1심에서 사형 판결이 떨어졌던 것이다.
　1심에서 나온 사건 내용은 너무도 황당했다. 안기부는 박동운이
자귀로 무전기 등 간첩행위를 하던 자료를 파괴했다고 주장하면서,
날은 없어지고 자루만 남았다며 나무막대기 하나를 유력한 물증으
로 제시했다. 박동운이 증거인멸죄로 기소된 것도 아닌데 어떻게 이
런 증거로 사형을 내릴 수 있었을까? 공판조서를 봐도 박동운 등 피
고인들이 안기부에서 당한 고문의 상처가 남아 있다며 재판부에 신
체감정을 신청하기도 했지만 재판부는 뚜렷한 이유 없이 이를 거부
했다. 1980년대 초반이 대단히 험한 시절이기는 했으나, 그래도 송씨
일가 사건에서 보듯 웬만한 간첩사건에서 사형 판결은 거의 나오지
않았다. 그런데 김헌무 부장판사는 사형을 선고한 것이다. 조작간첩
문제를 다루는 인권변호사나 활동가들은 박동운에 대한 사형 판결

* 윤경화 노파 일가족 살해 사건
1981년 8월 발생한 갑부 윤경화 노파 가족이 살해된 사건을 말한다.
당시 72세였던 윤씨는 양딸 둘과 함께 처참한 시신으로 발견됐다.
경찰은 조카며느리 고모 씨가 윤경화의 재산을 노려 세 명을 쇠망치로
살해했다고 발표했다. 고씨는 언론 인터뷰에서도 범행을 시인했지만
결국 무죄로 풀려났다. 고문과 구타에 의한 허위자백이었던 것이다.
아직도 진범은 모른다.

1981년 윤경화 노파 일가족 살해 사건의 피고 고숙종 씨의 4차 공판이
11월 16일 서울형사지법 대법정에서 열렸다. 고씨는 경찰에서 심한
고문을 받아 허리가 굽은 모습으로 법정에 서야 했으며, 고문 사실이
인정되어 고법과 대법에서 모두 무죄를 선고받았다.

에 대해 "뭐 이따위 판결이 다 있느냐" 하고 입을 모았다.

윤경화 노파 일가족 살해 사건의 범인으로 기소된 고숙종 씨는 경찰에서 심한 고문을 받아 꼽추가 된 몸으로 법정에 섰다. 경찰과 검찰은 고숙종 씨가 쇼를 하는 것이고 원래 디스크를 앓아 허리가 굽어 있었다고 주장했다. 재판부는 판결문에서 고숙종 씨가 당한 고문 피해를 상세히 기술한 뒤, "피고인이 검찰에서 한 자백의 임의성은 인정되나 그 검찰에서의 자백은 현장의 객관적 상황과 모순"되고, "진술의 일관성이 없는 점 등에 비추어 진술에 신빙성이 없어 이를 유죄의 증거로 삼을 수 없"다며 무죄를 선고했다. 고숙종 씨는 고등법원과 대법원에서도 모두 무죄를 받았고, 고문 피해에 대한 민사소송에서도 고문당한 사실이 인정되어 손해배상을 받았다.

고숙종 씨가 무죄를 받은 데 이어 1982년 7월 9일 서울지법 동부지원 형사부(재판장 양기준)는 여대생 박상은 양 살해 사건의 범인으로 기소된 정재파 피고인에 대해 무죄를 선고했다. 재판부는 판결문에서 "자백의 임의성은 인정하나 신빙성은 없다"라고 판시했고, 고등법원과 대법원은 검찰 측의 항소와 상고를 각각 기각했다. 당시 세상을 떠들썩하게 만든 살인 사건의 범인으로 기소된 고숙종 씨와 정재파 씨에 대해 무죄판결이 내려진 것이다. 『법원사』는 "단순히 살인 혐의자에 대한 무죄선고라는 의미를 떠나 종래 '자백은 증거의 왕'이라는 수사관행에 쐐기를 박는 획기적인 계기를 마련했다"라고 평가했다.[1]

고숙종 씨나 정재파 씨가 무죄판결을 받은 것은 대단히 의미 있는 일이지만, 이 두 사건에서 무죄판결의 근거가 된 논리가 공안사건에는 적용되지 않았다는 점은 큰 아쉬움으로 남는다. 또 이 두 사건에서 피고인과 변호인 측의 대응 역시 남달랐다는 점을 지적하지 않을 수 없다. 고숙종 씨의 경우 본인은 서울음대 출신이었고 남편은 당시 검찰의 사무직 간부였다. 이런 배경을 가진 사람이 고문을 받아 살인범으로 몰린다는 것도 놀랍지만, 바꿔 생각하면 이쯤의 배경이 있었기에 유능한 변호사를 선임하여 무죄판결을 끌어낼 수 있었던 것이다. 정재파 씨도 부친은 대기업 간부이고, 가까운 친척이 유력 언론사의 간부였기에 유능한 변호사를 선임할 수 있었다. 가족들은 변호인들이 접견만 사십여 차례, 현장조사만 여섯 차례를 하는 등 이 사건에 전념할 수 있도록 뒷받침해주었다. 유전무죄 무전유죄라는 말을 낳게 한 씁쓸한 측면이 전혀 없었다고는 할 수 없는 것이다. 그러나 물이 높은 데서 낮은 데로 흐르듯 이들이 무죄판결을 받으며 확립되기 시작한 이 원칙은 시간이 흐르면서 가난한 사람들에게도, 공안사범들에게도 적용되었다. 사족을 하나 단다면, 정재파 씨의 무죄를 끌어낸 변갑규, 윤태방, 나정욱 변호사는 당대 최고의 유능한 변호사로 이름을 날리게 되었고 그 덕에 요정주인의 외화밀반출 사건을 맡았다가 3년간 변호사 자격이 정지되는 수난을 당하기도 했다 (이 책의 3부 2장 참조).

그런데 박동운의 사형과 고숙종의 무죄 사이의 아득한 거리를 과연 어떻게 받아들여야 할까? 똑같이 고문에 의해 사건이 조작되었는데, 똑같은 재판장이 한 사건은 사형을, 한 사건은 무죄를 내린 것을 어떻게 이해해야 할까? 김헌무 판사는 여러 면에서 주목할 만한 법관이었다. 그는 1980년 전두환의 쿠데타 이후 국가보위비상대책위원회가 설치되었을 때 부장판사 신분으로 사회정화위원회에 파견되어 근무한 바 있다. 이때 그는 장인인 임항준 대법원 판사의 사표를 받아내는 곤욕을 치렀다.

그는 고숙종 씨 판결로 일반형사사건에서 고문에 의한 자백을 최초로 배척한 데 이어 1987년 2월 10일 재일동포 심한식 씨에 대한 간첩사건 항소심에서 징역 7년이 선고된 원심을 깨고 무죄를 선고했다. 이 판결은 박종철 군이 고문으로 희생된 뒤에 나온 것이지만, 안기부의 「간첩 심한식에 대한 항소심, 간첩 혐의 무죄선고 경위 등 확인보고」라는 보고서를 보면 김 부장판사가 박종철 군 사건이 나기 전인 1월 7일 이미 검찰에 간첩 부분 무죄 가능성을 시사했음을 기록으로 확인할 수 있다. 안기부 보고서에 따르면 김헌무 판사는 이 사건에 대해 "피고인이 북한 공작지도원의 지령을 받았다는 사실에 대한 증거가 없고 검찰 조사의 임의성 및 신빙성이 없고, 피고인이 34일간 불법 구속되었으며, 검찰 조사 시 보안사 수사관이 입회했고, 피고인과 북한 지도원이 회합했다는 초밥집이 존재하지 않는다는 사실" 등을 이유로 심한식에 대해 무죄를 선고했다.[2]

보고서는 법원이 "피고인 주장만을 믿고 고문사실 인정"이라고 불만을 터뜨렸지만, 제5공화국 시절에 이런 판결이 나올 수 있었던 것은 가벼이 볼 일이 아니다. 김헌무는 2002년 중앙선관위원회 위원이 되었는데 그 당시 인사청문회에서 이 판결에 대해 "전두환 대통령께서 '간첩이 무슨 증거가 있다고 무죄판결을 하느냐, 아직도 이런 판사가 있느냐, 이런 판사가 어떻게 고등법원 부장판사까지 되었느냐, 대법원장과 법원행정처장은 뭐 하느냐' 이런 식으로 기관장 모임에서 대통령께서 말씀하시는 통에 신문에는 일체 나오지 않았습니다마는 사법부가 한 번 발칵 뒤집혔습니다. 저는 그 당시 그 사건으로 인해서 법관을 그만두는 것 아닌가 생각했었는데 역시 운이 좋아가지고 법원장까지도 하게 되었습니다"라고 진술했다. 김헌무 부장판사는 3월 2일에는 납북 귀환어부 강종배 피고인에 대한 항소심 선고공판에서 "영장 없이 87일간의 장기 불법구금 상태에서 이루어진 피고인 진술에는 임의성 및 신빙성을 인정키 어렵다"라며 간첩죄 부분에 대해 무죄를 선고하기도 했다.

이런 판결들은 그 스스로 박동운 씨에 대한 사형 판결을 부끄럽게 생각했기 때문에 나온 것일 수도 있고, 국보위 근무까지 했던 경북고 출신 TK 본류라는 자신감에서 나온 것인지도 모른다. 나중에 김헌무는 노무현 정권 시절인 2004년 9월 "열린우리당을 벼락부자로 만든 4·15 총선의 특징은 진보의 가면을 쓴 친북·좌경·반대 세력의 대대적인 국회 진출이었다"라고 주장하는 보수 측 원로 시국선언에 서명해 중앙선관위원의 정치개입이라는 논란을 낳았고, 2007년에는 중앙선관위가 노무현 대통령의 발언을 선거법 위반이라고 결정하기까지 주도적 역할을 수행하기도 하는 등 확실한 보수인사였다. 그런 그가 박동운 씨에게 사형을 선고한 것은 정말 어이없는 판결이지만, 그 후 고숙종 씨의 무죄판결에 이어 심한식과 강종배 씨 등의 간첩사건에 무죄를 선고한 것은 대단히 높게 평가할 만한 일이다.

오송회 사건, '빨갱이'는 무죄일 수 없다?

1983년 5월 전주지방법원(재판장 이보환 부장판사, 배석 김능환·임종윤 판사)의 한 법정에서는 뜻밖의 판결이 나왔다. 이른바 '오송회 사건'으로 구속 기소된 아홉 명의 피고인 중 여섯 명이 선고유예 판결을 받은 것이다. 국가보안법 사건에서 이렇게 많은 사람이 1심에서 풀려난 것은 정말 보기 드문 일이었다. 당시 오송회 관련자들의 구명을 위해 애썼던 김정남(전 청와대 교문수석)은 "군사정권 시대에 이렇듯 정의롭고 용기 있는 판결을 내린 재판부에 많은 사람들이 속으로 놀랐고 또 경의를 표했다"라고 회고했다.[3]

그 후 오랜 세월이 흐른 2008년 11월 25일, 광주고등법원 형사1부(재판장 이한주 부장판사)는 오송회 사건 재심에서 관련자 전원에게 무죄를 선고했다. 이한주 부장판사는 판결을 마치고 "법원에 가면 진실이 밝혀지겠지 하는 기대감이 무너졌을 때 여러분이 느꼈을 좌절감과 사법부에 대한 원망, 억울한 옥살이로 인한 심적 고통 등에 대해 많은 고민을 했"다면서 "그동안의 고통에 대해 법원을 대신해 머리 숙여 사죄드린다"라고 말했다. 그는 또 피고인들 앞에서 "이번 사건을 계기로 재판부는 좌로도, 우로도 흐르지 않는 보편적 정의를 추구하겠다"라며 "법대 위에서는 그 누구도 그 무엇도 두려워하지 말라는 소신으로 판사직에 임하겠다"라고 밝히기도 했다. 무죄판결에 피고인과 가족들이 만세를 불러 법정 경위들이 제지하자 재판장은 "말리지 말라"라고도 했다 한다.[4]

그러나 어쨌든 선고유예는 유죄이기에 무죄와는 하늘과 땅처럼 다르다. 더구나 이광웅(4년), 박정석(3년), 전성원(1년) 등에게는 1심에서도 적지 않은 형이 선고되었다. 피고인들은 억울했다. 2심에 가면 징역을 받은 사람은 형이 깎이고, 선고유예를 받은 사람은 혹시 무죄가 나올 수 있지 않을까 하는 기대에 피고인들은 항소했다. 두 달 후 광주고법에서 항소심 판결이 있자, 김정남의 표현에 의하면 법정은 "아비규환"이 되었다. "주범" 이광웅은 7년, 박정석 5년, 전성원 3년으로 형량이 더 높아졌을 뿐 아니라, 선고유예를 받았던 여섯 명이 모두 법정구속된 것이다. 가족들은 "땅을 치며 통곡했고, 문규현 신부는 의자 뒤에서 울부짖었다."[5] 2심에서는 1심보다 형량이 낮아지는 것이 관례인데 도대체 무슨 일이 있었기에 마른하늘에 날벼락이 친 것일까?

당시 청와대 법률비서관으로 있었던 박철언에 따르면 1심 판결이 나자 "안기부와 검찰은 물론이거니와 법원도 발칵 뒤집어"졌다고 한다. 대법원장 유태흥은 "전주지법원장과 담당 이보환 부장판사를 즉각 서울로 호출"했고, "이 부장판사는 옷 벗을 위기에 빠졌다"라는 것이다. 이보환은 박철언과 서울법대 동기였는데, 박철언은 "소신 판결을 했다고 중도에 의원면직시킬 수는 없"다고 생각해 손을 썼다. 그는 "전주지법원장과 이보환 부장판사가 서울에 도착하기 전에 미리 유태흥 대법원장을 찾아가" "대통령의 노기도 상당히 수그러들었으니 이 부장 문제를 이쯤에서 조용히 마무리하는 것이 좋겠다며 대법원장의 걱정을 가라앉혔다"라고 한다. 덕분에 이보환에 대한 징계 분위기는 유야무야되고 말았다는 것이다.

그런데 박철언의 표현을 빌리면 "일이 조금 어색하게 된 것은" 청와대에서 7월 5일 대법원장과 대법원 판사들을 만찬에 초청했을 때였다. 여기서 전두환이 "사회불안·정치불안 요소에는 과감히 대처하겠다면서 '오송회 사건'을 예로 들며 '빨갱이를 무죄로 하는 것은 안 된다'고 했다"라는 것이다. 박철언도 유태흥도 모두 머쓱해져 서로 쳐다보았는데, 다행히 이보환은 별다른 불이익을 입지 않고 넘어갈 수 있었다. 오송회 사건의 항소심은 이 만찬이 있고 약 3주 후인 7월 28일에 열렸다.

'오송회 사건'은 그 시절의 공안사건이 대부분 그렇듯 참으로 황당한 사건이다. 우선 명칭부터가 그랬다. 전북도경에서 처음에 사건의 핵심 인물 다섯 명을 이리에 있는 남성고 교사 출신으로 알고 '오성회' 사건이라 부른 것인데, 그중 한 명이 다른 학교 출신이라 이름을 부랴부랴 '오송회'로 바꿨다. 왜 '오송'이냐 하자 다섯 그루 소나무라는 뜻이라고 하기도 하고 소나무 밑에서 교사 다섯 명이 모였기 때문이라고도 했다. 이 교사들이 모두 출옥한 뒤 누군가가 오송이 어디에 있는지 물었는데 아무도 몰랐다고 한다. 오송은 그들이 즐겨 찾던 군산 제일고 뒷산이 아니라 사건을 조작한 자들의 흑심 속에 있었던 것이다. 백일잔치에 모인 사람들이 걸리면 아기 이름을 따 '아람회'•가 되고, 금강에 놀러 갔던 사람들이 걸리면 '금강회'가 되던 시절이었다. 반국가단체란 원래 이북을 적국으로 규정할 수 없기에 만들어

• 아람회
1980년 5·18 광주민주화운동 당시 군부의 유혈진압 관련 유인물 배포 혐의로 여섯 명이 체포된 사건을 말한다. 1983년에 징역을 선고받은 이들은 1988년 특별사면됐다. 이 사건은 김난수 씨의 딸 아람 양의 백일잔치에 모여 반국가단체를 조직하고 결성했다는 혐의를 받으면서 '아람회 사건'이라는 명칭으로 불리게 됐다.

오송회 사건에 연루된 사람들. 맨 오른쪽이 '주범'으로 지목된 이광웅이며, 그 옆이 조성용, 앉은
사람이 박정석이다.

진 개념인데, 이제 2인 이상이면 '단체'가 되니 반국가단체 만들기 '참
쉽죠잉'인 세상이 온 것이다.

　언제부터인가 우리 사회에서는 4·19가 지워져갔다. 교사였던 사
건 관련자들은 자기들끼리라도 위령제를 지내자며 뒷산에 올라갔다.
그들은 22년 전의 4·19와 2년 전의 광주를 떠올리며 "지금까지 우리
들의 삶은 정의로웠는가" 하며 서로에게 물었고, "일상적 삶과 가족
에 연연하여 사회정의와 양심대로 살지 못하고 우물쭈물 살고 있는
자신들이 부끄럽다" 하면서 술잔을 찧었다. 국어교사 이광웅은 월북
시인 오장환의 「병든 서울」 필사본을 갖고 있었는데 제자가 그 복사
본을 빌려갔다가 버스에 두고 내렸다. 신고정신 투철한 안내양은 이
를 경찰에 가져갔고, 경찰은 문학 소양이라고는 지지리도 없는 어느
교수에게 감정을 맡겼다. 그 교수라는 자는 해방 후 오장환이 인민이
주인이 되어 새 나라를 만들자고 쓴 시를 고정간첩이 쓴 것이 분명
하다고 감정했다. 교복 입은 제자들까지 70여 명이 줄줄이 잡혀가 고
문을 당하며 '4·19 위령제'는 반국가단체 '오송회' 결성식으로 둔갑했

다. 처음에는 제발 살려달라고 빌던 이 선생님들은 나중에는 제발 죽여달라고 빌 만큼 모진 고문을 사십여 일간 당하고 수사관들이 불러주는 대로 "자백"했다.

오송회 사건이 재심에서 무죄판결을 받던 날, "주범" 이광웅은 그 자리에 없었다. 사건으로 모진 마음고생을 해야 했던 그는 이미 1992년에 암으로 세상을 등졌다. 그에게 한 주전자씩 물을 먹이며 그의 몸을 전기로 지지며 만들어낸 "범죄사실"들이 "공범"들을 감옥으로 보냈기 때문이다. 이 터무니없는 조작 사건으로 그가 재직하던 학교의 교장과 교감이 파면당하고, 교육감 이하 전북교위 간부들까지 줄줄이 징계를 당했으니 마음고생이 오죽했을까? 감수성 예민한 나이에 무시무시한 대공분실에 불려와 수사를 받고 검찰 측 증인으로 법정에까지 서야 했던 제자들에 대한 미안함은 암덩어리가 되어 그의 몸을 갉아먹었다. 한겨레신문사의 김의겸 문화부장도 오송회 선생님들의 제자로 이 사건에 대한 가슴시린 칼럼을 쓴 바 있다.[6]

이광웅이 온몸으로 쓴 시의 제목이 「목숨을 걸고」이다. 그 험한 시대는 '들잠'이라는 별명을 가진 사람 좋은 이광웅에게 목숨을 걸라고 했다. "이 땅에서 / 진짜 술꾼이 되려거든 / 목숨을 걸고 술을 마셔야 한다 / 이 땅에서 / 참된 연애를 하려거든 / 목숨을 걸고 연애를 해야 한다 / 이 땅에서 / 좋은 선생이 되려거든 / 목숨을 걸고 교단에 서야 한다 / 뭐든지 / 진짜가 되려거든 / 목숨을 걸고 / 목숨을 걸고……."

이보환은 친구를 잘 둔 덕에 화를 면했지만, 여러 해가 지나도록 형사사건을 맡지 못했다. 오송회 사건 1심 판결은 당시로서는 파격적인 것이지만, 앞서 말했듯 분명 무고한 사람들에게 유죄를 선고한 판결이기도 했다. 1심 판결은 1심에서 이만큼 해놓으면 고법과 대법에서 알아서 마무리해줄 것을 기대한, 당시 말로 '고민 많이 한 판결'이었는지 모른다. 2심 재판장이던 이재화는 1년 만에 서울고법으로 영전한 뒤 대전지법원장, 서울가정법원장, 대구고법원장을 거쳐 헌법재판소 재판관까지 지냈다. 1심의 배석이었던 김능환 판사가 대법관이 될 때 인사청문회(2006. 6. 26)에서 이종걸 의원은 주심판사나 재판장이 이 사건으로 불이익을 입지는 않았는가 물었다. 김능환은 자신이나 주심판사는 특별한 불이익을 입지 않았지만 이보환 부장판사는 "객관적으로 볼 때 불이익을 입었던 것이 아닌가" 생각한다고 답했다. 이에 대해 한나라당 의원들은 이보환이 고등법원 부장판사까지 승진했으니 불이익을 입은 건 아니지 않느냐고 다그쳤다.[7]

조용한 변화

5공 시절 의미 있는 판결로 인사상 불이익을 입은 법관의 대표적 예는 부림 사건●에 연루된 이호철(전 청와대 민정수석)에게 무죄를 선고했다가 바로 부산지법에서 진주지원으로 좌천된 서석구 판사다. 당시 대법원장 유태흥이 부산지법원장 김달식을 불러 "아직도 그런 판사가 있느냐" 하고 호통을 친 일은 유명하다. 서석구 판사는 곧 옷을 벗었고, 한때 대구경실련 대표를 지내는 등 시민운동에 몸담았으나, 요즘은 촛불시위에 나오면 일당 5만 원, 유모차 끌고 나오면 10만 원이라는 등의 강연을 하는가 하면 김대중 대통령 국장 및 현충원 안장 취소를 위한 소송을 제기하기도 했다. 2010년 MBC〈PD 수첩〉과 강기갑 의원에 대한 판결에 따른 사법부 문제로 시끄러웠을 때는 "사법부의 독립을 파괴하는 범죄를 저지른 대법원장과 좌파 판사들의 퇴진을 위한 국민저항을 강력히 호소"하기도 했다. 젊은 날 자신의 양심을 뒤늦게 후회하는 서석구는 참 안타까운 사례다.

1986년 4월 15일 유태흥이 역대 대법원장으로서는 처음으로 임

● 부림 사건
1981년 부산 지역의 학생, 교사, 회사원 등 22명이 '이적표현물 학습과 반국가단체 찬양 및 고무죄'로 구속된 사건이다. 2013년 이를 소재로 한 영화 〈변호인〉이 만들어지기도 했다.

기만료로 퇴임했고, 다음 날 법원행정처장 김용철이 새 대법원장으로 취임했다. 유태흥이 사법부 수장으로 있던 기간은 한국 사법부의 역사에서 최악의 시간이었다. 사법부는 권력에 완전히 종속되었고 법정소란과 재판거부가 일상적으로 일어났다. 시위 학생들에게 가벼운 판결을 내린 법관에 대한 보복인사 파문은 급기야 사법사상 처음으로 대법원장에 대한 탄핵안 발의로 이어졌다.

김용철은 이런 어수선한 상황에서 대법원장이 되었다. 그에 대해서는 기대와 우려가 교차했다. 서울법대를 수석으로 졸업한 그는 일제시대에 법률 교육을 받지 않고 대법원 판사가 된 첫 번째 인물이었다. 해박한 법률지식과 출중한 능력으로 김용철은 유태흥보다 빨리 대법원 판사가 되어 일찍부터 사법부 수장감으로 손꼽혔지만, 10·26과 5·17의 격변기에 맹활약한 유태흥이 먼저 대법원장이 되었다. 일각에서는 김용철이 불신의 대상이 된 사법부에 새바람을 불어넣어주기를 기대했다. 그러나 1975년 이후 10년간 대법원 판사를 지냈고 제5공화국 시절에는 법원행정처장을 지낸, 5년제 학교인 경북중학교 출신 TK 본류의 엘리트 법관인 그가 과연 사법부에 변화를 가져올지는 미지수였다.

당시 대법원 판사는 대법원장과 법원행정처장을 포함해 모두 14명이었는데, 이 중 3명을 제외한 전원이 임기만료되었다. 전두환은 5공 헌법의 대통령단임제를 엉뚱하게 대법원에도 적용해 임기만료된 대법원 판사 중 단 두 명만 재임명하는 등 대폭적인 물갈이 인사를 단행했다. 법원 내에서 차기 대법원장 재목으로 꼽히던 이회창이나 김덕주도 재임명에서 탈락했다. 이회창은 가장 많이 소수의견을 제출한 것, 김덕주는 송씨 일가 사건 재상고심에서 무죄판결을 내린 것이 탈락의 주된 이유라는 소문이 돌았다. 송씨 일가 사건 상고심에서 무죄판결을 내린 이일규는 이보다 앞서 1985년 12월 15일 정년퇴임했다.

김용철이 대법원장에 취임하고 채 1년이 안 된 1987년 3월 26일, 안기부는 「법원 출입기자, 김용철 대법원장 혹평여론 유포」라는 보고서를 작성했다. 이 보고서는 "최근 법원 출입기자 및 법원 일부 직원들 간에는 ○ 김용철 대법원장이 부임(86. 4) 이래 법관 인사이동을 비롯 법원 운영 등 주요 문제 결정 시 외부 눈치를 지나치게 의식, 소신껏 처리치 못하고 있으며 ○ 결정된 사안에 대해서도 외부 인사나 여론에 민감한 반응을 보이는 등 무능력한 업무 자세로 일관하고 있어, 되는 것도 없고 안 되는 것도 없는 주사급 대법원장이라고 혹평하는 여론이 유포되고 있다 함"이라고 쓰고 있다.[8] 왜 안기부는 일국의 대법원장을 '주사급'이라고 혹평했을까?

평소 일선 법관들에게 "재판은 결과 못지않게 과정이 중요"하다며 "결론이 옳아도 과정이 불만스러우면 사법부를 신뢰하지 않는다"라고 강조해온 김용철은 취임사에서 "오늘의 사법부에 부여된 가장 큰 사명은 사법부의 신뢰 회복"이라고 강조했다. 김용철은 또 "사회생활의 규범인 '법' 대신 '힘'이 지배하는 사회에서는 국민의 자유와 권리가 보장될 수 없음은 너무나 명백하므로 앞으로 사법부가 법의 지배, 즉 법치주의 실현을 위해 최선의 노력을 다하겠다"라고 밝혔다. 그는 국민의 권리신장을 위해 구속남발을 억제하고 구속적부심사 제도와 보석 제도를 보다 활성화하는 등 불구속 원칙과 무죄추정 원칙을 확고히 다지겠다는 뜻도 표명했다.

김용철이 대법원장이 된 후 사법부는 아주 조용히, 그리고 조금씩 변화해나갔다. 1986년 6월 5일 서울민사지법 합의8부(재판장 한광세 부장판사)는 국민은 "자신의 의사에 반해 경찰관서에의 동행을 강요당해서는 안 된다"라면서 임의동행 요구를 거부했다가 경찰에게 폭행을 당한 시민이 국가를 상대로 낸 손해배상 청구 소송에서 원

1986년 4월 23일 열린 취임식에서 김용철 대법원장이 취임사를 하고 있다.
김용철 대법원장 체제가 출범한 이후 사법부에는 조용한 변화가 일었다.
고문으로 조작된 사건이나 주요 시국사건에서는 여전히 정권이 깊이
개입했지만 사법부는 인신구속에 신중해지고 시국사건이나 공안사건에서
무죄를 선고하기도 했다. 그러나 건국대 사건으로 1986년 11월 1,290명이
구속되면서 그 이상의 변화를 기대하기는 힘들어졌다.
김용철 대법원장은 적극적으로 사법부의 독립을 추구했다고 할 수는
없지만 법과 양심에 따라 판결한 법관들에게 보복조치를 취하지는 않았다.
이런 그의 모습이 안기부의 눈에는 "여론에 민감한 반응을 보이는 등
무능력한 업무 자세로 일관"하는 '주사급' 대법원장으로까지 비쳤다.
결국 김용철은 1988년 제2차 사법파동으로 임기를 채우지 못한 채
대법원장직에서 물러났다.

고승소 판결을 내렸다. 주요 언론은 "법치주의 국가에서 당연히 지켜져야 할 일이 수사기관에 의해 지켜지지 않고 강제연행이 오히려 당연한 일처럼 관행화"되었던 현실을 바로잡는 계기가 마련되었다고 환영했다.[9]

6월 9일에는 수원지법 오상현 판사가 개헌을 요구하며 평화적인 교내시위를 벌이다 구속 기소된 대학생들에게 "시위는 헌법이 보장한 일종의 표현의 자유의 한 방법"이라며 무죄판결을 내렸다. 같은 날 서울지법 동부지원 유원규 판사는 화염병과 돌을 던지며 반정부 가두시위를 벌인 혐의로 구속 기소된 대학생들을 집행유예로 풀어 주었다. 시위를 주동한 학생들이 법원의 판결로 풀려나는 것은 유태흥 시절의 사법부에서는 기대하기 어려운 일이었다. 법원의 영장 발부도 한층 신중해졌다. 유태흥 대법원장 시절이던 그해 3월만 해도 영장 기각률이 3.7퍼센트에 불과했으나, 김용철 대법원장 취임 이후 5월에는 7.7퍼센트, 6월에는 8.1퍼센트로 현저히 늘어났다.

이근안이 고문한 김성학에게 무죄 선고

7월 14일에는 국가보안법 위반 사건에서도 무죄판결이 나왔다. 수원지법 성남지원 장용국 판사는 국가보안법 위반(반국가단체 찬양고무)으로 72일간 영장 없이 구금되어 조사받았던 김성학 피고인에게 무죄판결을 내렸다. 장 판사는 판결문에서 "장기구금 상태에서의 자백은 증거로 볼 수 없으며 김 피고인이 했다는 찬양 발언은 당시 보도기관을 통해 다 알려진 사실이므로 유죄 이유가 될 수 없다"라고 밝혔다. 강원도 속초 출신 김성학은 스무 살 때인 1971년 아버지가 선장으로 있는 오징어잡이 배를 탔다가 북한 함정에 납치되어 1년간

북의 지령으로 남한 첩보부대에 입대해 군사기밀을 탐지하려 했다며 간첩으로 몰렸던
김성학(왼쪽)은 고문기술자 이근안(오른쪽)에게 여섯 차례나 전기고문을 당했다.

억류 끝에 귀환했다. 하필 그는 첩보부대에서 특수훈련을 받으며 군
대 생활을 했다.

　　1985년 12월 인천의 경기도경 대공분실로 끌려간 김성학은 여기
서 '사장님'이라 불리던 이근안에게 여섯 차례나 전기고문을 당했다.
수사관들은 김성학이 첩보부대에 입대한 것은 북의 지령에 의해 군
사기밀을 탐지하려는 속셈이라는 쪽으로 몰고 갔다. 볼펜이 지렁이
로, 조서 용지가 요술 담요로 보일 정도로 고문을 당한 김성학은 북
에서 받은 간첩교육에 대해 진술하라는 추궁에 "알아야 말을 하지요"
라고 답했다. '친절'한 수사관들은 "네가 재북 시 북에서 받아온 지령
을 너무 오래되어서 기억을 못하는 모양인데"라며 하나하나 불러주
었다. 전기고문을 당할 때는 고통에 몸부림치는 통에 눈가리개가 벗
겨지는 바람에 자신의 몸에서 하얗게 피어오르는 연기를 직접 봐야
했다. 제발 죽여달라는 울부짖음 속에서 간첩은 이렇게 만들어졌다.

　　조갑제는 사건을 담당했던 김성철 변호사의 이야기를 빌려 김성

학이 "무죄를 선고받는 데는 드러나지 않게 도운 사람"이 많다고 썼다.[10] 경찰은 김성학을 간첩 혐의로 검찰에 송치했는데, 검사는 경찰이 조작해서 덮어씌운 간첩 혐의는 빼버리고 찬양고무 부분만 기소했다. 이렇게 검찰에서 한번 걸러졌기 때문에 판사도 부담을 많이 덜었다는 것이다. 또 김성학 자신이 검찰 조사와 재판 과정을 잘 견뎌냈다. 보통은 그렇게 고문을 당하고 검찰에 가면 다시 경찰이나 안기부로 보낸다는 말에 주눅이 들기 마련인데 김성학은 끝까지 자신의 억울함을 호소했다고 한다. 김성학의 친척 중에 고시를 공부하던 사람이 여기저기 뛰어다니며 무죄의 증거를 수집해 제출한 것도 큰 보탬이 되었다. 이런 바탕이 있었기에 장용국 판사도 과감히 무죄를 선고할 수 있었던 것이다. 인권운동가 서준식은 그 당시 김성학이 무죄판결을 받은 것은 사실 이해가 가지 않는 일이라고 했는데, 사람들이 이렇게 조금씩 자기가 할 도리를 하면 그런 기적 같은 일이 벌어지는 것이다. 이근안이 고문해서 조작한 사건이 6월항쟁 이전에 무죄판결을 받았다는 것은 정말이지 뜻깊은 일이었다.

김용철 대법원장 체제가 출범한 이후 사법부에서는 분명 변화가 시작되었다. 사법부가 인신구속에 신중해지고 시국사건이나 공안사건에서 무죄가 선고되는 일이 나타나기 시작한 것이다. 그러나 고문으로 조작된 사건이나 주요 시국사건 등은 여전히 정권의 입맛대로 유죄가 떨어지고 있었다. 조금씩 조금씩 불구속 재판 원칙을 세워가려던 사법부의 노력은 건국대 사건으로 1986년 11월 무려 1,290명이 구속되면서 도루묵이 되고 말았다. 단일 사건으로 1,290명이 구속된 것은 근대 사법체계가 만들어진 이후 전 세계 어느 곳에도 없던 야만이었다.

건국대 사건으로 크게 위축되었던 사법부가 다시 중심을 잡은 것은 1987년 1월 14일 박종철 군 고문치사 사건이 일어나면서였다.

고문에 대한 지탄 여론이 비등한 가운데 앞서 소개한 김헌무 판사의 재일동포 심한식 간첩사건에 대한 무죄판결이 2월 10일, 납북 어부 강종배 간첩사건에 대한 무죄판결이 3월 2일 나온 데 이어, 대구고법에서도 3월 11일 납북 어부 여덕현에 대해 간첩죄 부분에서 무죄판결이 나온 것이다.

안기부가 김용철 대법원장을 '주사급'이라고 씹은 것이 바로 이 시점이다. 김용철은 적극적으로 사법부 독립을 추구했다고는 할 수 없어도, 법과 양심에 따라 판결한 법관들에게 유태흥처럼 보복조치를 취하지는 않았다. 또 박종철 사건 이후 간첩사건에서 연달아 무죄판결이 나오는 것을 방임했다. 이것이 안기부의 눈에는 "외부 눈치를 지나치게 의식"하고 "여론에 민감한 반응을 보이는 등 무능력한 업무 자세로 일관"하는 '주사급' 대법원장으로 비친 것이다. 김용철은 노태우 정부 출범 이후 1988년 제2차 사법파동으로 임기를 채우지 못하고 2년 만에 대법원장직에서 물러났다. 그가 제5공화국의 마지막 대법원장으로서 보인 태도는 전임자에 비하면야 나름 훌륭한 것이었지만, 6월항쟁 이후 새로운 변화를 바라던 소장 법관들에게는 지나치게 소극적인 모습으로 비쳤을 것이다.

4

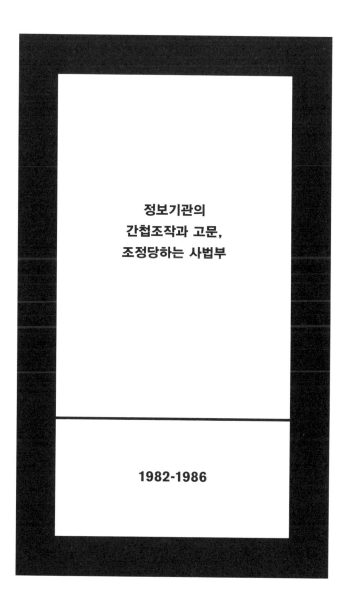

정보기관의
간첩조작과 고문,
조정당하는 사법부

1982-1986

1   송씨 일가 간첩단 사건 (1)

첨예한 대치 상황이 계속된 한반도에서 남과 북은 각각 상대 진영에
많은 공작원을 침투시켜 정보 수집, 반정부 지하조직 구축, 파괴, 납
치 등의 활동을 시도했다. 따라서 남과 북의 체제에서는 상대편이 침
투시킨 간첩을 적발해내는 작업이 무엇보다 우선순위가 높은 과제
였다. 1968년의 1·21 사태* 당시 북쪽이 파견한 무장 공작원들이 청
와대 턱밑까지 침투했던 것에서 보듯 위기는 분명 실재했다. 한국 정
부는 다양한 루트로 침투해 들어오는 북쪽의 간첩을 막기 위해 방대
한 방첩기구를 운영했다. 중앙정보부 – 보안사 – 육·해·공 각 군 – 경
찰에 걸친 이들 기구의 인력과 예산은 1·21 사태 등을 거치면서 크
게 증강되었다.

줄어드는 진짜 간첩, 늘어나는 조작간첩

대한민국에서 간첩을 막아내야 한다는 것은 절체절명의 과제였고
국민 모두로부터 절대적 지지를 받는 국가대사였다. 국정원 과거사

---

* 1·21 사태
1968년 1월 21일 북한 민족보위성 정찰국 소속인 124군부대 무장 게릴라
31명이 청와대를 기습하기 위해 서울에 침투한 사건을 말한다.

위가 조사한 바에 따르면 1951년부터 1996년까지 당국은 모두 4,495명의 간첩을 적발했다. 북측이 침투시킨 간첩을 적발해내기 위해 관계당국이 벌인 노고는 치하를 받아 마땅한 것이겠지만 문제는 적발된 간첩의 상당수가 조작되거나 무리한 법 적용에 의해 간첩이라는 어마어마한 누명을 뒤집어썼다는 점이다. 또한 독재정권은 정적을 제거하거나 불리한 정치적 국면을 돌파하기 위해 간첩사건을 조작하기도 했다.

앞에서 살펴본 1958년의 진보당 사건이나 1974년의 인혁당 재건위 사건이 대표적 예다. 이런 대규모 공안사건은 일반인에게도 널리 알려진 것이지만, 간첩사건을 좀더 자세히 들여다보면 정말 돈 없고 백 없는 선량한 소시민들이 무고하게 간첩으로 몰린 경우가 너무나 많다. 그 일차적 책임은 불법 장기구금과 고문으로 사건을 조작한 수사기관에 있겠지만 사법부 역시 조작간첩 사건의 책임을 면할 수 없다. 사법부가 인권의 최후 보루라고 불리는 이유는 수사기관이 조작한 무고한 혐의를 재판에서 걸러주는 역할을 하기 때문인데 불행하게도 1970년대와 1980년대의 사법부는 그 역할을 포기했다.

1960년대까지는 북쪽에서 간첩이 정말 많이 내려왔다. 그런데 한국전쟁 이후 20년이 흐르다 보니 전쟁 당시에 월북한 사람들을 남파해봤자 금세 체포나 될 뿐 별 효과가 없었다. 1972년 7·4 남북공동성명을 거치면서 남과 북은 서로 상대 지역에 공작원을 침투시키지 않기로 '신사협정'을 맺었다. 이 신사협정이 철저하게 지켜졌다고는 할 수 없지만, 남쪽 당국의 간첩적발 통계를 보면 적발된 간첩의 수는 급격히 줄었음을 알 수 있다. 1950년대와 1960년대는 각각 1,600명가량의 간첩이 적발되었는데 1970년대에는 681명으로 절반 이하로 줄어든 것이다. 그리고 1980년대에는 적발된 간첩이 340명으로 다시 1970년대의 절반으로 줄어들었고, 1990년부터 1996년까지는 모두 114명으로 1980년대의 3분의 1로 감소했다.[1] 북쪽이 보내는 간첩은 이렇게 줄어들었지만, 남쪽 방첩기구의 인원은 줄어들지 않았다. 이들은 간첩이 와도 걱정이지만 간첩이 오지 않아도 걱정인, 오히려 더 큰 걱정이 생길 수 있는 사람들이었는지도 모른다.

필자가 국정원 과거사위에서 조사한 바로는 7·4 남북공동성명 이후 생포되거나 자수한 1,000여 명의 간첩 중 북측이 직접 파견한 '직파간첩'의 숫자는 30~40명을 넘지 않았다. 그 나머지를 모두 조작된 것이라고 할 수야 없겠지만, 순도가 떨어지는 함량 미달의 간첩이 차고 넘쳤던 것은 사실이다. 중정-안기부가 사법부에 부당한 압력을 행사한 주된 이유의 하나는 이런 함량 미달의 조작간첩들이 유죄판결을 받도록 하기 위함이었다. 불행하게도 한국의 사법부는 중정-안기부의 이런 요구에 대체로 순응했다. 이런 요구를 거스른 법관이 없지는 않았으나 매우 드물었다. 고문에 의한 허위자백임을 호소하는 피의자들에게 바짓가랑이 한번 걷어보라고 하는 판사가 없었던 것이 우리 사법부의 명에다.

1950년대에 남파된 공작원들 중에는 간첩죄가 아니라 간첩미수죄로 처벌받은 사람이 상당히 있었다. 그만큼 간첩죄가 엄격히 적용되었다는 얘기다. 그런데 1970년대 들어 간첩죄가 제멋대로 적용되었다. 1980년대의 말도 안 되는 간첩사건 공소장을 읽노라면 남파 공작원이 간첩죄로 처벌되지 않던 1950년대가 태평성대로 느껴진다. 1960년대까지만 해도 사법부가 독립성을 유지하고 있었기에 납북 어부들이 간첩으로 몰리는 일은 없었다. 당시 법원은 북에 억류된 상태에서 자신이 이미 알고 있는 일정한 정보를 제공하고 돌아올 때 금품을 받았다 하더라도 그런 행위는 이른바 '강요된 혐의'로서 형법상 처벌할 수 없다는 입장을 견지했다.

그러나 1970년대가 되면서 납북 어부들이 간첩죄로 처벌을 받기 시작했다. 대단히 불행한 일이지만 적발된 간첩의 숫자를 결정하는 최대 요인은 북이 얼마나 많은 간첩을 보냈느냐보다는 한국의 사법부가 간첩죄를 얼마나 엄격하게 적용했느냐였다. 특히 신문에도 날 정도의 공지 사항이라 해도 그것이 적에게 알려져 적의 이익이 될 수 있다면 국가기밀로 본다는 대법원 판례는 간첩의 범위를 무한정 넓혀놓았다. 피의자가 기밀을 북에 전달하는 것이 아니라 탐지만 해도 '목적 수행'으로 최고 사형까지 처해질 수 있게 되자 무전기나 난수표도 없는 함량 미달의 간첩이 쏟아져 나온 것이다.

이런 상황에서는 수사기관에서 납북 어부나 재일교포를 고문해 간첩으로 만들기가 너무도 간단한 일이었고, 그리하여 1980년대에 들어서는 조작 의혹이 제기되는 간첩이 마구 양산되었다. 만일 사법부에서 고문에 의한 허위자백임을 호소하는 피의자에게 바짓가랑이라도 들어 올려보라고 했다면 오늘날 재심에서 무죄를 선고받는 억울한 조작간첩이 이토록 많이 나오지는 않았을 것이다. 그러다 1990년대 이후 간첩이 줄어들었는데, 이는 1980년대에 정보기관의 위세에 눌려 제 기능을 못하던 사법부가 민주화 분위기 속에서 조금씩 독자성을 회복하면서 고문과 증거에 대해 엄격한 입장을 취했기 때문이다. 사법부가 어느 정도 독립성을 확보하면서 수사기관이 1980년대식으로 불법 구금과 허위자백에 의해 간첩을 만들어 기소하더라도 공소유지가 불가능하거나 무죄판결이 속출하게 된 것이다.

송씨 일가 간첩단 사건의 평퐁 재판

1982년 9월 10일 안기부는 6·25 당시 충청북도 인민위원회 상공부장으로 활동하다가 월북한 후 남파된 송창섭에게 포섭되어 서울·충북

1960년대까지는 사법부가 독립성을 유지했기에 납북 어부들이 간첩으로
몰리는 일은 없었다. 그런데 1970년대가 되면서 납북 어부들이 간첩죄로
처벌을 받기 시작했다. 당시 적발된 간첩의 숫자를 결정하는 최대의
요인은 북이 얼마나 많은 간첩을 보냈느냐보다는 남한의 사법부가
간첩죄를 얼마나 엄격하게 적용했느냐에 달려 있었다. 위의 사진은
1974년 7월, 유신정권이 만든 최대 조작간첩 사건으로 알려진 '울릉도
간첩단 사건'에 연루된 47명이 재판을 받고 있는 모습이다.

을 거점으로 25년간 간첩활동을 해온, 일가친척 28명으로 구성된 대규모 고정간첩단을 적발했다고 발표했다.

안기부에 따르면 송창섭은 1957년 5월부터 1977년 2월까지 여덟 차례에 걸쳐 남파되어 그 공로로 '북괴 노동당 연락부 부부장'으로까지 승진했다. 송창섭의 처로 남쪽에서 공화당 중앙위원을 지낸 한경희는 정계에, 군 수사기관에 근무하던 송지섭은 군 쪽에, 사업을 하던 송기준은 산업계에, 서울시 공무원이던 송기섭은 공무원 사회에, 대학교수 한광수와 중학교 교사 송기복은 학원에 침투하여 국가기밀을 수집·보고했고, 이들은 네 곳의 대학에 재학 중인 자녀들까지 간첩조직으로 끌어들여 학원 동향을 보고하는 한편 악성 유언비어를 날조하고 학생들을 자극, 선동했다는 것이다. 안기부는 이들이 사회혼란을 조성할 목적으로 불순단체를 조직해 부마사태, 광주사태, 10·26 사태 등 중요 사건 때마다 각종 유언비어를 날조·유포하고 동조 세력을 규합, 대정부 투쟁을 유도하는 등 25년간 장기 암약해왔다고 강조했다.

중앙정보부는 한때 국가최고정보기관으로서 나는 새도 떨어뜨린다는 권력을 행사했지만, 김재규가 박정희를 살해하면서 권부 내에서 하루아침에 '역적 기관'으로 전락해 주요 간부들이 보안사에 끌려가 고초를 겪고 기관의 문서를 압수당하는 등 수모를 겪었다. 송씨 일가 사건은 중앙정보부가 명칭을 안기부로 바꾼 뒤 옛 위상을 회복하고자 대대적으로 준비한 사건이었다. 그런데 의욕이 과했던 것일까, 최초 연행자 송기복 씨의 경우 무려 116일간 불법 구금되어 모진 고문을 당하는 등 안기부는 처음부터 무리수를 많이 두었다. 게다가 이 사건은 여느 간첩사건과 달리 황인철, 홍성우, 조준희 등 당대 최고의 인권변호사들이 변론을 맡았다. 그러다 보니 뜻밖에도 대법원에서 무죄판결이 나와 서울고등법원으로 파기환송이 되었다. 그러자

송씨 일가 간첩단 사건의 배후로 지목된 송창섭 씨의 젊은 시절(왼쪽 위)과 그의 아내 한경희(그 아래) 씨. 그의 딸 송기복(오른쪽 위) 씨와 그의 조카 송기준(그 아래) 씨 역시 이 사건에 연루되어 안기부에서 모진 고문을 당해야 했다.

송씨 일가 간첩단 사건의 증거물품이라며 안기부가 내놓은 것들.

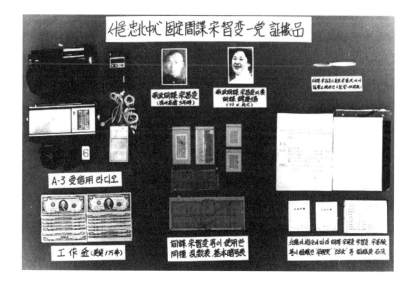

안기부는 몹시 당황해 만일 이 판례가 굳어진다면 앞으로 간첩사건 조사가 아예 불가능하리라 보고 고등법원이 유죄판결을 내리도록 전력으로 압력을 가했다.

법원조직법에 따르면 상급심의 판결은 하급심을 기속하는 법이다. 그런데 안기부의 개입으로 고등법원은 재항소심에서 대법원의 판결을 치받아 다시 유죄판결을 내렸고, 대법원은 재상고심에서 다시 무죄, 고등법원이 재재항소심에서 다시 유죄, 대법원이 재재상고심에서 마침내 유죄판결을 내려 2년 4개월간 장장 일곱 차례에 걸친 재판 끝에 관련자들의 유죄가 확정되었다. 이 사건은 대법원장 3인 등 한국 사법부의 수뇌부가 모두 관련되었다. 사건 당시의 대법원장은 유태흥이고, 상고심과 재상고심에서 무죄판결을 내린 이일규 판사와 김덕주 판사는 민주화 이후 연이어 대법원장을 지냈으며, 재재항소심에서 유죄판결을 내린 김석수 서울고등법원 부장판사는 김대중 정부의 마지막 국무총리가 되었다. 또 재재상고심에서 유죄판결을 내린 김형기가 대법원 판사로 선임되는 데는 안기부가 개입했다. 송씨 일가 간첩단 사건은 고문에 의해 조작된 간첩사건을 둘러싸고 1980년대 초반의 안기부와 사법부와 검찰이 어떻게 행동했는가를 보여주는 가늠자다. 2009년 8월 28일 재심에서 무죄가 선고된 송씨 일가의 기막힌 사연이야 책 몇 권을 써도 다 못할 이야기이지만, 재판과 관련된 부분으로 한정해 서술해본다.

송충건을 찾아라

안기부는 송충건이라는 충청북도 출신의 월북자를 중심으로 북한이 지하당을 건설 중이라는 첩보를 입수했다. 송충건의 이름에서 성은

'송'이고 충은 충청도를 뜻하며 건은 '지하당 건설'이라고 풀이한 안기부는 충북 출신 월북자 중 송씨 성을 가진 22명과 연고자 324명을 내사한 결과 한국전쟁 중 월북한 송창섭을 송충건으로 지목했다. 한마디로 이 사건은 '송창섭 남파'라는 확실한 정보에서 출발한 것이 아니라 충북 출신의 송씨 월북자는 아마 송창섭일 것이라는 추정에서 시작되었다. 송창섭은 1960년 4월 남파되어 일본 유학 시절의 동창인 김영선 의원(장면 내각의 재무장관 역임)을 접촉한 적이 있는 인물인데 당시 김영선은 이 사실을 당국에 신고했다. 5·16 이후 군사정권은 민주당 요인들이 간첩과 접촉했다며 이를 '용공 음모'라고 대대적으로 선전했다. 그때 송창섭은 서울의 친척집에서 부인 한경희와 장녀 송기복 등을 만나고 갔다. 송창섭이 남파된 사실을 확인한 당국은 한경희 등에게 그를 만난 적이 있느냐고 추궁했지만 한경희는 완강히 부인했다. 그로부터 22년이 흐른 1982년 3월 2일, 안기부 충북지부는 중학교 미술교사인 송창섭의 장녀 송기복을 수업 중에 연행했다. 송기복은 일주일 동안 고문을 당하면서도 아버지를 만난 사실을 부인했다. 송기복은 필자에게 정말로 자신의 기억 속에서는 아버지를 만난 사실이 완벽하게 지워졌다고 이야기했다. 월북자 가족으로 이 땅에서 살기 위한 자기방어기제의 놀라운 작동이었다. 일단 풀려난 송기복은 또 다른 친척이 송창섭을 만난 사실을 실토하자 하루 만에 다시 잡혀갔다. 해안선이 없는 충청북도는 그때까지 단 한 건의 간첩 침투도 없었던 곳이다. 바꿔 말하면 안기부 충북지부는 한 번도 간첩을 잡아본 적이 없었다. 경험은 없이 의욕만 앞섰던 탓일까, 충북지부의 수사는 별 진전 없이 두 달 가까이 시간만 흘러갔다.

충북지부가 사건을 주물러 터뜨리고만 있자 본부가 나섰다. 4월 27일자로 피의자들과 관련 자료를 인계받은 안기부 본부는 빠른 속도로 그림을 그려나갔다. 충북지부가 애초 밑그림을 너무 크게 그린 탓인지 본부가 속도를 냈는데도 다시 두 달여가 흐른 뒤에야 사건은 검찰에 송치되었다. 송기복이 구속된 것이 7월 2일이니 처음 연행일로부터 꼭 넉 달 만이었다. 안기부가 검찰에 보낸 「인지동행보고」나 피의자신문조서 등의 수사서류를 보면 최초 연행일자는 6월 15일이다. 안기부가 불법 구금을 감추려고 공문서를 위조한 것이었다.

안기부는 송창섭의 가족들이 22년 전 송창섭을 만난 사실을 밝혀낸 것을 엄청난 성과로 생각했다. 그러나 가족들이 송창섭을 만났을 당시는 국가보안법에 불고지죄가 생기기 전이었다. 남파된 가족을 만난 뒤 이를 신고하지 않았다고 해서 처벌할 법적 근거는 없었다. 불고지죄가 있었다 하더라도 22년이라는 세월은 살인죄의 공소시효 15년보다도 훨씬 긴 시간이다. 안기부는 송창섭이 무려 여덟 번이나 남파되었다고 주장했지만 아무런 증거가 없었다. 1960년의 남파를 제외하고는 모두 조작된 것이니 증거가 있을 수 없었다. 정말 참담한 사실은 안기부는 송창섭이 남파될 수 없다는 사실을 이미 알고 있었다는 점이다. 지구상의 어떤 공작기관도 침투 사실이 이미 신문에 대서특필된 공작원을 다시 그 지역에 침투시키지는 않으니까 말이다. 이런 개연성은 차라리 작은 문제였다. 안기부는 최초의 제보자 박정수를 통해 송창섭이 1968년에 김일성의 직접 지시에 따라 숙청되었다는 사실을 이미 파악하고 있었던 것이다.

검찰, 바보인가 공범인가

필자가 조작간첩 사건을 조사하면서 한없이 절망스러웠던 것은 안기부의 조작은 그렇다 치더라도 어떻게 검찰이 그럴 수 있었느냐는 점이다. 안기부가 넉 달간 공을 들이기는 했어도 서류는 너무나 엉성했다. 북에 가서 밀봉교육*을 받고 왔다는 송기준이 인천 만석동 부두에서 간첩선을 타고 입북했다가 다시 만석동 부두에 간첩선을 타고 내렸다는 검찰조서와 공소장을 보았을 때 필자는 너무나 당혹스러웠다. 철책을 통해 민간인이 월북을 해도 사단장까지 보직해임이 되는데, 간첩선이 버젓이 인천 부두에 배를 대고 간첩을 태우고 북으로 갔다가 다시 데려다준단 말인가? 송지섭의 경우 공소장에 기재된 입북 및 복귀 루트를 따져보면 휴전선을 넘어 30분을 걸어와 양주 덕정에서 버스를 타고 의정부로 나왔다는데 덕정에서 가장 가까운 휴전선은 직선거리로 20킬로미터가 넘어 차를 타도 30분에 갈 수 없는 거리다. 안기부 서류에는 왜 이런 말도 안 되는 대목이 들어 있을까? 혹 안기부에 그래도 양심적인 사람이 있어 검찰이나 법원에서 누군가 살펴보고 풀어주라고 일부러 이렇게 만든 것은 아닐까? 그런데도 안기부에서 넘어온 말도 안 되는 내용을 그대로 검찰 조서와 공소장에 반영한 검사들은 바보천치일까, 직무유기일까, 아니면 조작의 공범일까? 이런 자들이 얼마 전까지 고검장이나 법무장관이었다는 것이 한국 검찰의 아픈 현실이다.

안기부의 피의자신문조서와 검찰의 신문조서는 법률적 효력이 크게 다르다. 사법경찰관이 작성한 신문조서는 피의자가 법정에서 부인하면 증거능력이 없지만, 검사가 작성한 조서는 피의자가 부인한다 해도 증거능력이 인정된다는 점에서 차이가 있음을 아는 사람이 얼마나 될까? 조작간첩 사건의 피의자들은 법률적 지식도 없었고 변호사의 조력도 얻지 못했다. 그런 피의자들에게 검사들은 안기부에선 인정하고 여기서는 왜 부인하느냐며 다시 안기부로 보낸다고 윽박질렀다. 임휘윤 검사는 송기준이 자기 앞에서 안기부 조사 내용을 부인하자 다시 수사관을 불러 "이 사람 또 부인한다. 이야기 좀 잘해주지"라고 말했다. 피의자가 안기부 조서 내용을 부인하면 어김없

• 밀봉교육
외부와의 접촉을 끊고 비밀리에 행해지는 교육으로 특히 북한에서
대남간첩 양성에 사용하는 방법이다. 첩자 등 특수 목적을 수행할 사람을
양성하기 위하여 일정한 기간, 일정한 장소에 수용하여 비밀교육을 한다.

이 안기부 수사관들이 나타나 "너 왜 검사 앞에서 부인하느냐. 자백하면 기소유예나 집행유예로 내보내주려고 상사들과 다 합의가 됐는데 왜 엉뚱한 소리 하느냐. 다시 가서 조사받아야겠다"라고 협박했다.

송지섭과 송기준 두 사람의 경우 안기부 수사관의 구치소 접견 기록이 남아 있다. 안기부 수사관들은 "김 검사에게 이야기를 들었어", "무슨 소리를 하고 있어? 그때는 모든 걸 시인하고 이제 와서 번복을 해?", "듣기로는 사실을 자꾸 부인한다는데 안기부에서 모든 것을 확인하고 왜 또 다른 소리를 하고 그러나요?" 하며 검찰에 와서 혐의사실을 부인하는 것을 힐난했다.[2] 실제로 송기준의 검찰 피의자신문조서 기록을 보면 7월 9일 제1회 피의자신문조서에서 입북 부분을 부인했던 송기준이 안기부 수사관 접견 이후에는 입북 부분을 비롯한 대부분의 혐의를 시인했다.

베스트셀러 형사소송법 교재를 쓴 백형구 변호사는 담당 판사에게 들은 이야기라며 국정원 과거사위와의 면담에서 송기복의 사연을 전했다. 검찰 조사 당시 고문의 상처가 남아 있던 송기복은 창피함을 무릅쓰고 옷을 벗어 고문당한 모습을 보여주며 사진을 찍어달라고 요구했다. 송기복의 강력한 요구에 검사가 사진을 찍기는 했지만, 검사는 송기복이 안기부에서 고문당해 허위자백을 했다는 사실을 인정하지 않았다. 그는 안기부 수사관을 불러 이대로는 기소할 수 없다며 도움을 청했다. 수사관은 구치소로 송기복을 찾아가 안기부에서 자백한 대로 인정하라고 종용했다.[3] 송기복은 상고이유서에서 "검사 수사 도중에 두 번씩이나 수사관이 방문했고 이러한 심리적인 공포 속에서 안기부의 진술서를 그대로 읽어나가는 조사를 받았다"라고 주장했다. 검사 임휘윤은 이 모든 것이 운명이고 숙명이라 생각하고 받아들이라고 종용했다고 한다. 그는 "분단된 조국이 당신의 잘못만은 아니요. 우리 모두가 책임이 있는데 이것은 어쩔 수 없는 사건이니 시인하라", "당신만 혼자 아니라고 부정해도 당신의 친척, 동생들이 전부 시인했는데, 어떻게 당신은 홍수 속으로 떠내려가는 무리 중에 혼자만 떠내려가지 않고 서 있을 수 있겠는가. 또 혼자만이 독야청청할 수 있겠는가"라고 역설했다.

검찰은 마침내 1982년 8월 4일 이들을 기소했다. 이 과정에서 김경한과 임휘윤 검사는 다시 한번 안기부의 '조정'을 받았다. 안기부1국에서 1982년 8월 4일 작성한「서울·충북 거점 간첩단 사건 피의자 한영희, 송광섭, 김춘순 처분의견」이라는 보고서를 보면 담당 검사는 "한영희, 송광섭, 김춘순 등의 편의 제공 및 회합 부분에 대한 공소유지는 가능하나 범증이 경미하고 상 피의자들과의 친족관계인 점 등을 감안, 기소유예 처분"을 하자는 의견을 내놓았다. 안기부는 이에 반대하며 "당부에서는 위 피의자들의 범증이 경미하여 구속 해제하더라도 불구속 기소 처리하도록 협의한 바 있다"라면서 검찰 측과 재협의해 처리하겠다는 조치의견을 밝혔다.[4] 이 보고가 올라간 바로 그날 임휘윤 검사는 편의 제공 혐의로 한영희를, 회합 혐의로 송광섭과 김춘순을 불구속 기소했다.

검찰이 지니는 힘의 원천은 기소독점권에 있다. 그러나 안기부의 손을 거친 사건은 안기부가 기소 여부를 결정했다. 이는「정보 및 보안업무 기획, 조정 규정」제9조 "검사가 주요 정보사범 등에 대해 공소보류 또는 불기소 의견으로 송치된 사건을 기소하거나 기소 의견으로 송치된 사건을 공소보류, 불기소처분을 할 때 안기부장과 협의를 해야 한다"에 기초한 것이다. 대통령령에 불과한 이 규정은 형사소송법상의 기소독점주의 원리에 반하는 것이었다. 그러나 1년 전 이 조항에 항의하다 결국 사표를 내고 만 구상진 검사의 사례를 바로 옆에서 지켜본 김경한·임휘윤 검사는 아무런 이의 제기 없이 안기부의 '조정'을 그대로 받아들인 것으로 보인다.

2 송씨 일가 간첩단 사건 (2)

검찰은 안기부 수사관의 '도움'을 받아가며 구치소에서 피고인들을 조사하여 공소장을 작성했다. 3월 초에 잡혀간 피고인들은 9월이 되어서야 재판정에 섰다. 안기부는 공판이 열릴 때마다 수사관을 보내 공판상황 보고서를 작성했다. 재판정에서 피고인들은 공소사실을 대부분 부인했다. 피고인들은 한결같이 심한 고문과 장기간의 불법 구금 때문에 허위자백을 할 수밖에 없었다고 억울함을 토로하면서, 검찰 조사 역시 안기부 수사관들이 구치소로 찾아와 협박하는 가운데 이루어졌다고 호소했다.

'거물간첩'의 증언과 이 아무개 판사의 유죄판결

많은 간첩사건이 변호인(대부분이 국선)조차 피고인들의 호소에 귀 기울이는 대신 검찰에서 자백한 대로 다 인정하고 재판장에게 관대한 처분을 내려줄 것을 빌라고 권유한다. 그런데 이 사건은 여느 간첩사건과 달리 홍성우 변호사 같은 인권변호사가 1심부터 참여했다. 변

호인들은 검찰 자백의 임의성을 문제 삼았다.[*] 그러자 검찰과 안기부
는 무려 23명의 증인을 내세워 피고인들의 유죄를 입증하려 했다.

검찰 측 증인 중 눈에 띄는 사람은 1976년에 자수한 거물간첩 김
용규였다. 그는 이 사건과 아무 상관이 없었지만, 간첩들이 남파될
때 '비상시 행동전술'의 하나로 '법정투쟁전술'을 교육받는다고 증언
했다. 남한에서 재판을 받게 될 경우 유력한 변호사를 돈으로 매수하
고, "자신이 진술한 내용까지도 과학적인 근거가 없는 한 무조건 부
인"하라고 훈련받았다는 것이다. 왜 이런 진술을 했느냐고 판사가 물
으면 "너무 심하게 고문하기 때문에 한 대라도 덜 맞기 위해서 거짓
을 진술"했다고 "끝까지 우겨대면 된다"라는 것이 '법정투쟁전술'의
핵심 내용이었다.

이런 식으로 진행된 재판에서 검찰의 구형은 대단히 무거웠다.
송지섭, 송기준, 송기섭은 사형, 한광수는 무기징역, 송기복은 징역
15년, 송기홍, 송기수 형제는 징역 10년, 한용수는 징역 5년, 송오섭은
징역 3년, 송광섭, 김춘순, 한영희는 징역 2년이었다. 징역형에는 같
은 기간의 자격정지도 함께 부과되었다. 임휘윤 검사의 말처럼 '숙명'
으로 받아들이기에는 너무 무거운 형량이었다. 재판장이었던 이 아
무개 부장판사는 송시섭, 송기준에게 사형을 선고하는 등 피고인 전
원에게 유죄를 선고했다. 송기섭은 무기, 한광수는 징역 15년, 송기복
은 징역 10년, 송기홍, 송기수는 징역 5년 6월이었고, 나머지 피고인
다섯 명은 집행유예로 풀려났다. 1980년대에 『신동아』 기자로서 이
사건을 최초로 심층 보도했던 서중석 교수는 349면에 이르는 방대한
1심 판결문은 공소장의 오기(공소장 99면에 송지섭이 1968년 1월 송
창섭과 접선한 것으로 되어 있는 것이 '네 번째'인데도 '다섯 번째'로
오기)까지 적고 있듯이(판결문 79면) 거의 글자 하나도 틀리지 않게
공소장을 그대로 옮긴 것이었다고 지적했다.[1]

---

[*] 자백의 임의성 법칙
임의성 없는 자백, 곧 강제성이 있는 자백의 증거능력을 배제하는
증거법칙을 말한다. 현행법은 헌법과 형사소송법에서 자백의 임의성
법칙을 헌법 제12조 7항, 형사소송법 제309조에 규정해놓고 있다.

필자가 두 명이나 사형을 선고받은 1심 판결을 비판하자 송기수는 손을 내저었다. 그는 재판장이 매우 동정적인 눈빛으로 높은 법대 위에서 몸을 앞으로 수그려가며 자신들의 이야기를 경청했다고 회고했다. 일곱 번 재판받는 동안 가장 따뜻한 눈빛이었다는 것이다. 간첩사건의 최저형이 징역 7년인데, 자신과 형은 그 이하를 받았고 다섯 명이나 집행유예로 나왔으니 그 시절 판사로서는 나름 고민한 판결이라는 것이다. 어쩌면 그랬는지도 모른다. 안기부의 공판상황 보고서에는 이 아무개 부장판사에 대한 '신원 특이사항'이 첨부되어 있었다. 그의 아버지는 한국전쟁 당시 보도연맹원으로 '아군의 처형'을 당했다는 것이다. 그의 운신 폭이 좁을 수밖에 없는 이유다.

조작을 뒤엎은 알리바이 입증

1심 재판에서는 특이한 일도 있었다. 증인이 위증죄로 구속된 것이다. 안기부는 송기준이 1968년 입북하여 간첩교육을 받고 복귀한 것으로 조서를 꾸몄다. 조작간첩 사건에서 입북 혐의가 등장하는 경우는 대개 피의자가 직장을 옮기는 시기다. 멀쩡하게 출근 기록이 있는 사람을 입북했다고 할 수는 없으니 입북 시기는 늘 피의자가 알리바이를 증명할 수 없는 그런 시기로 선택된다. 진도 간첩 사건●의 박동운도 직장을 옮기는 사이 북으로 가 간첩교육을 받고 온 것으로 되어 있

● 진도 간첩 사건
안기부는 1981년 진도에서 박씨 성을 가진 자가 간첩활동을 하고 있다는 제보를 받고 진도 출신으로 한국전쟁 당시 행방불명된 박동운 씨의 아버지 박영준 씨를 찾아내 그 일가족을 간첩으로 몰았다. 박씨는 안기부에 끌려가 공중에 거꾸로 매달려 매를 맞고 얼굴에 고춧가루물을 맞는 등 60일 넘게 가혹한 고문을 당했다. 결국 박씨는 허위자백을 했고, 1심에서 사형선고를 받았다. 2심에서는 무기징역으로 감형됐고 1982년 대법원에서 무기징역형이 확정됐다. 1998년 8·15 특사로 석방될 때까지 16년간 복역했다. 박씨뿐 아니라 그의 가족 7명도 상당 기간 옥고를 치렀다. 하지만 박씨는 2009년 과거사위의 진실규명 결정에 이어 서울고법의 재심에서 무죄판결을 받았다. 이 사건 1년 전인 1980년 진도에서 간첩으로 몰려 사형을 당했던 고 김정인 씨 사건을 '1차 진도 간첩 사건'이라고 부른다.

었다. 송기준의 경우 부산에서 음료수 판매대리점을 하다가 이를 정리하고 서울로 올라온 1968년 9월이 입북 시기로 선택되었다. 1982년 기소될 때로부터 14년 전이니 아직 공소시효 15년이 지나지는 않았지만 피의자가 알리바이를 증명하기에는 너무 많은 시간이 이미 지나가버린 때였다. 그런데 송기준의 부인이 알리바이를 입증해줄 증인을 찾아냈다.

그 사람은 송기준이 부산에서 음료수 판매대리점을 할 때 경리를 맡았던 김재철이었다. 김재철은 송기준의 동업자의 조카로 공무원 출신이라 서류를 잘 챙겨 그 당시 송기준과 자신이 작성한 인수인계 서류를 갖고 있었고 기억력도 좋아 그 당시의 정황을 정확히 기억했다. 그 서류에 적힌 날짜는 안기부가 송기준이 북에서 밀봉교육을 받고 있다고 조작해놓은 날짜였다. 안기부는 송기준이 부산의 친지들에게는 서울에 간다고 해놓고 10여 일간 북에 다녀온 것으로 해놓았는데 김재철은 당시 송기준은 치질수술을 받아 서울은커녕 동래온천도 가기 어려운 처지로 자신과 매일 인수인계 작업을 했다는 사실을 송기준의 부인에게 이야기했다. 안기부의 조작을 뒤엎을 수 있는 결정적 증인과 물증이 나타난 것이다. 부인이 증언을 부탁하자 김재철은 "이런 데 증언한 사람들이 다 경치고 왔다는데 증언 서기 좀 그렇다"라고 말했다. 부인이 거듭 "그래도 자세히 알고 증언 서줄 사람은 댁밖에 없으니" 좀 서달라 부탁하자 김재철은 고민 끝에 내가 안 서주면 누가 서겠나' 하는 심정으로 법정에서 증언하기로 승낙했다. 홍성우 변호사는 미리 증인신청을 했다가는 안기부의 손길이 뻗칠 것을 우려해 김재철을 11월 30일 공판에서 재정증인으로 신청했다. 재정증인이란 미리 증인으로 호출해놓거나 소환하지 않고 법정에서 바로 선정되는 증인을 말한다. 김재철은 12월 7일 공판에서도 재정증인으로 다시 송기준의 알리바이를 증명하는 증언을 했다.

김재철이 증언을 마치고 거주지 군산으로 돌아온 지 사나흘 후 안기부에서 그를 찾아왔다. 안기부원들은 그의 눈을 가린 채 군산분실로 데려갔다가 다시 인근 여관으로 끌고 갔다. 안기부원들은 그의 옷을 벗기고 "네가 14년 전 일을 뭘 알아, 이 자식아" 하며 발로 차고 때렸다. 그들은 증언을 한 번만 했으면 봐주려고 했는데 두 번씩이나 해서 다 된 밥에 재를 뿌렸으니 도저히 용서할 수 없다고 을러댔다. 김재철은 그 기세에 눌려 그들이 시키는 대로 진술하고 그들이 조서를 내밀자 읽어보는 것도 포기하고 도장을 찍었다. 조서 내용은 송기준의 부인에게서 돈을 받고 홍성우 변호사가 시키는 대로 위증을 했다는 것이었다. 임휘윤 검사실로 끌려온 김재철은 입회서기가 하라는 대로 똑같은 내용의 조서를 작성했다. 김재철에 대한 제2회 피의자신문조서를 보면 김재철은 "변호사 홍성우가 허위 증언하여달라고 하므로 그렇게 허위 증언한 것인가요?"라는 질문에 "송기준에 대한 인정도 있었고, 또한 홍성우 변호사가 송기준을 위해서 유리하게 신문하므로 그 신문 내용에 끌려 들어가 허위 증언한 셈"이라고 답했다. 안기부는 김재철의 친구까지 연행해 김재철이 허위 증언한 사실을 자신에게 고백했다는 진술까지 받아냈다. 김재철을 데려온 안기부 직원들이 검찰 입회서기에게 잘 처리하라고 지시하는 걸 본 김재철은 그게 이제 자신을 내보내라는 소리로 알았는데 구속하라는 뜻이었다.

국정원에는 「간첩 송기준에 대한 변호인(홍성우) 측 증인 김재철 출장수사 결과보고」라는 안기부 보고서가 남아 있다. 이 보고서에 따르면, "82. 12. 14. 군산 출장, 친구 ○○○의 여관 건축현장에 피신 중인 위 김재철의 신병 확보, 현지 조사 결과 82. 12. 5. 군산에서 간첩 송기준의 처 ○○○와 접촉, 그로부터 송기준에게 유리한 증언을 해달라는 조건으로 10만 원 수수, 82. 12. 6. 상경, 12. 7. 법정에 출두, 변호인 홍성우의 유도신문에 따라 기억이 전혀 없음에도 송기준 입북 시기인 68. 9. 매일 회사에서 접촉했다고 허위 증언 사실 자백"했다고 한다.[2] 안기부는 12월 16일 김재철을 서울로 연행, 12월 17일 임휘윤 검사에게 신병을 인계했으며 12월 20일 검찰에서 위증죄로 구속 처리했다고 밝히고 있다. 선고공판은 김재철을 구속하고 그 나흘 후인 12월 24일에 있었다. 김재철은 위증죄로 기소되어 1심에서 6개월형을 받았고, 항소가 기각되어 만기 출소했다. 재재항소심에서 위증죄로 감옥에 간 김재철의 증언을 받아들여 송기준의 입북 혐의에 무죄를 선고했으니, 이런 기막힌 옥살이가 또 어디 있을까.

김재철은 자기가 구속까지 되었는데 송기준의 부인이 변호사비도 대주지 않았다며 야속해했다. 송기준의 부인은 김재철에게 10만 원을 준 사실이 있음을 필자와의 면담에서 인정했다. 그러나 그것은 어디까지나 김재철이 두 차례나 자기 돈과 시간을 들여 법정에서 증언해준 것이 고마워 차비와 밥값으로 드린 것이지 위증을 교사한 것은 아니라고 했다. 송기준의 부인 역시 이 일로 다시 검찰에 불려가 조사를 받았다. 김재철과 대질했는데 그는 다리가 아픈 듯 자꾸 손으로 무릎과 허벅지를 만졌다. 그 모습을 보며 조사를 마치고 나오는데 하염없이 눈물이 쏟아졌다고 한다. 내 식구가 당한 것과는 또 달라서 너무 힘들더라는 것이었다. 그 후 남편의 영치금을 넣으러 갔다가 김재철의 부인을 만났는데 그녀 또한 자신을 보고 많이 울었다고 했다. 그 뒤로는 자기도 영치금 넣으러 가서도 너무 미안해 그에게는 가지 못했다고 한다. "그 후에도 미안해서 연락도 못하고 그쪽에서도 연락이 없고……" 하며 여든 넘은 할머니가 25년 전의 일 때문에 처음 보는 필자 앞에서 펑펑 울었다. 하염없이 울었다.

대법원장 비서실장을 통해 상고심에 압력 행사

1983년 4월 25일 열린 고등법원의 선고공판(재판장 이영모, 뒤에 서울고등법원장과 헌법재판관 역임)에서 송씨 일가 사건의 피고인들은 모두 유죄를 선고받았다. 그래도 다행인 것은 2심에서 형량이 대폭 낮아진 점이다. 1심에서 사형이 선고된 송지섭과 송기준은 징역 25년형으로, 무기징역이 선고된 송기섭은 15년, 15년이 선고된 한광수는 10년이 선고되었다. 2심에서 가장 혜택을 본 것은 송기복이었다. 10년 징역이 선고된 송기복은 군사기밀누설죄 부분에서 무죄판결을 받아 2년으로 형량이 대폭 낮아졌다. 재판부는 신문 등에 보도된 널리 알려진 사항이라도 기밀에 속한다는 기존의 판례를 따랐지만, "피고인이 그의 아버지인 재북 간첩 송창섭이 피고인의 그동안의 근황을 물어보는 데 대한 답변으로 이야기한 단순한 피고인의 신변에 관련된 사항에 불과한 사실은 위 법조 소정의 군사상의 기밀에 해당하지 않는다"라고 보았다.

대법원 판결을 앞두고 안기부도 조금은 불안해했던 것으로 보인다. 사건을 배당받은 재판부(주심 이일규)가 "1981년 8월 24일 안기부에서 송치한 재미교포 간첩 홍선길에 대한 상고심 선고공판에서 간첩죄 부분을 인정치 않고 서울고법에 파기환송한 사실이 있기" 때문이었다. 일자 미상의 「간첩 송지섭 사건 상고심 공판대책 보고」라는 안기부 보고서를 보면 안기부는 "공안부장 및 공판송무부 부장검사로 하여금 담당 재판부와 긴밀히 접촉, 각 피고들의 활동 특성 등을 설명, 심증을 갖도록 하고 담당 간부들이 대법원장 비서실장을 만나, 최근 북괴의 대남 전략전술 및 간첩사건의 특성 등을 설명, 동 비서실장으로 하여금 담당 재판부에 반영시키도록 협조"한다는 대책을 세웠다. 이 대책에 따라 안기부 대공수사국의 수사1단장과 2단장,

수사3과장과 5과장 등 주요 간부들은 대법원장 비서실장 가재환 판사를 불러들여 "최근 북괴의 대남 전략전술 및 간첩사건의 특성들을 설명, 동 비서실장으로 하여금 담당 재판부에 반영시키도록 협조"하는 조치를 취했다. 보고서는 이 사건을 담당한 임휘윤 검사가 "본 사건 상고심에 있어 검찰 측 조서 및 법률 적용 등에 하자가 없으므로 별 문제가 없을 것이라고 전망"했다고 끝을 맺었다.[3]

안기부가 이렇게 대법원장 비서실장을 통해 상고심에 압력을 행사하려 했으나 효과는 없었다. 상고심의 주심 이일규 대법원 판사(재판장 전상석, 관여법관 이성렬·이회창)가 1983년 8월 23일 검찰 조서의 임의성 문제를 들어 무죄 취지 파기환송 결정을 내린 것이다. 이일규 판사는 피고인들이 적게는 75일, 많게는 116일의 장기 불법 구금을 당하면서 인간으로서는 감당할 수 없는 신체상 부당한 대우를 받았고, 검사가 구치소에서 피고인들을 조사하는 동안 안기부 수사관들이 구치소까지 찾아와 피고인들을 협박했다는 점을 중시했다. 그는 "피고인들의 검사에 대한 자백은 부당하게 장기화된 신체구속 후에 또다시 신체상의 고통을 받지나 않을까 하는 불안하고 두려운 심리 상태하에서 한 임의성 없는 것이라고 의심할 만한 이유가 있다고 할 것"이라면서 검사가 작성한 피의자신문조서의 증거능력을 부인했다.

안기부는 발칵 뒤집혔다. 우선 안기부는 언론을 통제해 이 판결이 크게 보도되지 못하도록 했다. 광복 이후 최대의 간첩단 적발이라고 요란하게 신문과 방송을 장식했던 이 사건의 무죄판결은 언론에서 거의 다뤄지지 않았다. 안기부 수사5과는 바로 당일 「간첩 송지섭 상고심 파기환송에 따른 법원동향 보고」를 올리면서 법원동향을 전했다. 이 보고서에 따르면 "유태흥 대법원장은 이일규 대법원 판사를 불러 파기 사유를 힐책하자 이일규는 기록 검토 결과 피고인이 이

북에 다녀오지 않은 것 같은 심증이 들어 파기환송한 것이라고 보고. ○ 유태흥 대법원장은 정지형 법원행정처 송무국장으로 하여금 판결문 및 공판기록을 검토, 보고토록 긴급 지시하는 한편 가재환 비서실장에게도 판결문 검토 지시. ○ 유태흥 대법원장은 가재환 비서실장으로부터 이일규 판사의 판결대로 확정될 경우 수사기관의 간첩조사가 불능할 뿐만 아니라 앞으로 간첩사건 재판에 큰 문제점이 있다는 보고를 받고 지난번 홍선길 간첩사건 판결 때 그렇게 이야기했는데도 또 그런 판결을 내렸다는 것은 그 저의가 의심된다며 무슨 수를 써서라도 판결을 바로잡아야겠다고 다짐하면서 그런 사람은 규탄을 받아야 마땅하므로 가만히 둘 수 없다고 흥분"했다는 것이다.[4]

그러나 이일규 전 대법원장은 필자와의 면담에서 홍선길 사건 판결 때나 송씨 일가 사건 판결 전후로 대학동창인 유태흥 당시 대법원장에게 어떠한 압력도 받은 바 없다고 회고했다. 그는 송씨 일가 사건 때문이었는지는 기억이 확실치는 않지만 대법원장 비서실을 통해 이러이러한 사건과 관련해 몇 차례 안기부 직원이 다녀갔다는 이야기는 들었지만, "우리는 다만 사건 기록을 검토해서 결정할 뿐"이라며 거절했다는 것이다.[5]

발칵 뒤집힌 안기부, 이일규 판사 미행 감시

이어서 안기부는 구체적으로 문제점 분석과 대책 마련에 나섰다. 날짜 미상의 보고서 「서울, 충북 중심 고정간첩단 사건 대법원 파기환송에 따른 문제점 분석 보고」에서는 "명백한 사실상의 간첩사건을 무죄선고할 경우" "현재 공판 계류 중이거나 향후 송치될 수사 중인 간첩사건에 대해서도 사사건건 선임 변호사가 본건 판례를 인용, '수사기관에서의 장기구금으로 인한 검찰 조서의 증거능력 배척'을 주장해 간첩사건 재판법정이 장기구금, 고문 시비장是非場화함은 물론 하급심 판결에 지대한 파급 영향"이 있을 것이라고 우려했다. 안기부는 "간첩사건 수사에 있어 일반형사사건과 같이 검거 후 48시간 이내에 구증口證, 구속영장을 신청할 것이 요구된다면 간첩수사는 사실상 불가능"하다고 고백했다. 안기부는 간첩이 대공수사기관의 장기간 구금을 이유로 무죄 방면되면 "국민 대공신고체제의 막심한 차질"이 발생할 것이고, "수사당국의 공신력 실추로 앞으로의 간첩사건 보도에 대한 국민 홍보효과"를 기대할 수 없다고 우려했다. 안기부는 이러한 상황에 대한 '조치 건의'로 "우리나라의 특수안보 환경과 대공수사 요원들의 애국충정을 깊이 통찰, 국가안보적 차원에서 유죄 판결 건의"를 내놓았다.[6]

대법원 판결 다음 날 작성된「간첩 송지섭 사건 상고심 선고 공판 및 대책 보고」라는 안기부의 또 다른 보고서는 이일규 대법원 판사가 안기부가 검거한 홍선길 간첩 사건도 파기환송한 장본인임을 환기시키면서 "대공사건에 관하여는 상습적으로 애매한 태도를 견지하고 있는 법관"이라며 "안보사건에 대한 태도가 선명하지 못한 이일규 판사에 대하여는 배후와 동향을 내사, 인사에 반영"하겠다는 계획을 세웠다. 이 보고서에는 이일규 대법원 판사 이외에 전상석, 이성렬, 이회창 대법원 판사의 인물조사서가 첨부되어 있다. 안기부가 작성한 이 인물조사서는 아마도 많은 법관에게 공포의 대상이었을 것이다. 그런데 뜻밖에도 인물조사서에는 학력과 경력, 가족관계 외에 별다른 내용이 기재되어 있지 않다. 다른 대법원 판사들의 경우 사상과 성품은 모두 '온건'이나 '온순'으로 되어 있고, 참고사항에는 아무 내용도 기재되어 있지 않다. 이일규 판사에 대해서는 성품란에 '냉정(고집쟁이)', 참고사항에 '김재규 사건 이의 제기"라고만 적

1988년 7월 18일 제10대 대법원장에 임명된 이일규 판사가 취임식장에
들어가는 모습.

혀 있을 뿐이다.[7]

　국정원 존안자료 중 1983년 9월의 날짜 미상 문서로「문제 법관 이일규 신원 및 동향감시 결과보고」라는 것이 있는데, 이 보고서에는 선고 사흘 후인 1983년 8월 26일부터 9월 19일까지 25일간 이일규 판사의 일거수일투족을 미행 감시한 결과가 정리되어 있다. 매일 몇 시에 출근해 몇 시에 퇴근하는지, 식사는 주로 어디서 하는지, 주말에는 무엇을 하는지 등을 일일이 미행해 보고한 데다 부인 명의로 대전에 토지 세 필지를 소유했다는 사실까지 조사해 적어놓았다. 이 보고서에는 이일규 판사의 사진, 주택 사진, 자동차 뒷모습 사진, 그가 자주 가는 한정식집 사진 등이 첨부되어 있다.[8]

　이일규 전 대법원장은 필자와의 면담에서 송씨 일가 사건 판결 즈음해서였는지는 잘 기억나지 않지만 "안기부에서 나를 미행하는 것이 아닌가" 하는 생각을 몇 번 했었다고 말했다. 하루는 손녀가 병원에 입원해 매일 다니던 길 대신 다른 길로 병원에 들러 손녀를 보고 출근했는데, 어떤 사람들이 병실로 찾아와 이일규 판사와 관계가 어떻게 되는지, 그가 다녀간 용건이 뭔지 아들에게 꼬치꼬치 캐묻고는 아버지한테는 이야기하지 말라고 했다는 것이다. 또 이일규 판사는 대법원 수석판사로서 외국 총리나 약소국 원수 영접을 많이 나갔는데, 하루는 내외가 함께 영접을 나갔다가 돌아왔는데 누가 집안을 난장판으로 만들어놓았더란다. 딱히 없어진 귀중품도 없었고, 뒷집 사람에게 물어보니 예비군복 같은 얼룩덜룩한 옷을 입은 젊은이 둘이 담을 넘어 들어가는 걸 봤다고 했다. 그는 "마포경찰서장을 불러 이 사건에 대해 아는 바 있느냐 물어보니 없다고 하여 그렇다면 이런 짓을 할 만한 곳은 안기부밖에 없다고 판단한 일이 있다"라고 회고했다. 그런데「문제 법관 이일규 신원 및 동향감시 결과보고」내용의 '미행 기간 중 주요 동향' 중에는 "83. 9. 10. 요르단 국왕 후세인 방한 환영식 참석"이라는 내용이 있어 이 자택 침입 사건과의 연관성 여부를 의심하게 된다. 안기부는 이렇게 한 달 가까이 이일규 판사를 미행했으나 별다른 꼬투리를 잡을 수 없었다. 고지식한 이일규 판사는 점심식사는 주로 대법원 구내식당에서 했고 매주 금요일 한정식집을 갔으나 가더라도 거의 동료 법관들과 갔고, 월 2회 골프를 쳤지만 그 역시 동료 법관이나 오랜 친지와 쳤을 뿐이었다.

'대책 없는' 안기부와 대법원이 마련해준 '대책'

안기부는 송씨 일가 사건이 대법원에서 무죄 취지로 파기환송이 되자 계속해서 대책 마련에 고심했다. 안기부는 "파기환송 후 고등법원에서 4개월간 재심리 기간 중 법원, 검찰과 협조, 증거보강 등으로 필히 유죄토록 유도"한다는 전반적인 대책하에 "송치된 사건이 기소된 이후의 공소유지, 형량, 선고 등은 전적으로 검찰 책임"이라면서 검찰에 책임을 떠넘겼다. 안기부의 한 보고서에 따르면 대검 공안부장 최상현은 대법원 판사를 접촉해 "국가안보의 현실 및 대남 전술양성과 간첩수사의 장기 불가피성"을 설명하면서 법원의 '협조'를 구했다. 그러나 안기부나 검찰은 그리 뾰족한 대책을 마련하지 못했다. 법원조직법에 따르면 상급심은 하급심을 기속하게 되어 있어 상급심인 대법원에서 무죄판결이 나온 이상 하급심인 재항소심은 대법원 판결을 따라야 했기 때문이다. 또 대법원에서 쟁점이 된 피고인들의 공소사실 부인, 사법경찰관의 장기간 불법구금과 고문 시비, 검찰자백의 임의성 시비 등은 '간첩의 대법정 투쟁 전술의 하나'라고 비난하는 것 이외에는 달리 대응방법이 없었다. 결국 안기부는 '국가안보적', '정책적' 차원에서 유죄판결을 건의할 수 있을 뿐이었다.

대책을 마련한 곳은 오히려 대법원이었다. 게다가 파기환송 판결로부터 채 열흘도 걸리지 않았다. 1983년 9월 1일자로 된 「유태흥 대법원장, 송지섭 등 간첩사건 파기환송에 따른 처리방안 확정」이라는 안기부 보고서에 따르면 유태흥 대법원장은 송씨 일가 사건이 이일규 대법원 판사의 판결대로 확정될 경우 "앞으로의 대공수사 및 재판에 치명적인 타격이 있다고 판단"하여 "그동안 동 사건 처리를 위해 사건 기록과 판결문을 면밀히 분석, 검토하고 현재까지의 대법원 판례를 근거로 동 사건을 원심대로 확정할 수 있는 근거를 찾아" 그 "처리방안을 확정"했다.[9] 이 보고서에는 누가 처리방안을 마련했는지는 밝혀져 있지 않지만, 8월 24일자 보고서에 따르면 이일규 판사의 파기환송 판결 직후 유태흥 대법원장이 법원행정처 송무국장 정지형과 비서실장 가재환에게 각각 판결문 및 기록을 검토해 대책을 마련할 것을 지시한 바 있다.

법원조직법 제7조 2항(당시)에 따르면 "상급법원의 재판에 있어서의 판단은 당해 사건에 관하여 하급심을 기속한다"라고 규정되어 있었다. 이에 대해 대법원은 "법률관계 및 사실관계는 기속을 받는다고 해석하고 있지만, 사실관계에 있어 기속의 범위에 대해서는 현재까지 판례가 없"다는 점에 주목했다. 이일규 판사가 파기환송을 할 때 구체적인 사실관계에 대해서는 판단을 하지 않고 "장기구금 상태 및 부당 대우 등 환경하에서 작성한 검사의 피의자신문조서는 임의성이 없다고 판시"하였기 때문에 "장기구금을 했다 하더라도 부당한 대우가 없었고 또한 자유스러운 분위기에서 조서가 작성되었다는 입증만 있으면 검사 심문조서는 증거능력이 있다고 해석함이 타당"하다는 것이다.

대법원은 "그러므로 본건 대책으로 항소심 재공판 시 수사 당시의 담당수사관, 공소 제기한 담당 검사 등을 증인으로 신청(항소심

검찰부), 이를 담당 재판부가 받아들이게 하여 사실관계를 명백히 진술토록 하여 검찰 작성 심문조서가 임의성이 있다고 판결"하도록 한 뒤, "재상고하면 사건을 특별배당"하여 "기각 판결토록" 한다는 것이었다. 송씨 일가 사건의 결말이 깨어나려는 사법부를 죽였다면, 그 독약은 이렇게 사법부 내에서 준비된 것이었다.

변호인 내사와 압박, 대법원을 치받은 고등법원

송씨 일가 사건은 고등법원에서 형사4부(재판장 오병선 부장판사, 주심 박동섭, 배석 김명길)에 배당되었다. 안기부는 11월 7일 오병선 부장판사실에서 수사관들을 출석시켜 비공개로 증언토록 했다. 이들 수사관들은 재판장을 만나러 가기 전 임휘윤 검사와 진술 내용을 협의했다. 같은 날 오전에는 안기부의 통신 담당 직원이 오병선 부장판사실에서 비공개로 간첩지령 통신에 대해 재판부에 설명했다. 11월 21일에는 자수간첩 박정수와 박종덕 그리고 사망한 '재남 망책網責' 한경희의 친지 두 명이 증인으로 출석해 진술했다. 이들은 모두 수사 초기에 청주분실에서도 진술한 바 있는데, 주목할 점은 수사 초기의 보고서에 남아 있는 진술 내용에 비해 파기환송심에서는 훨씬 구체적으로 증언하고 있다는 것이다.

이를테면 박종덕은 1974년 출옥 후 한경희에게 편지를 보내 '동업'할 수 있는지 물었고, 한경희는 '매형'(송창섭)이 다녀가서 상의했는데 "동생은 본디 사업하다 실패한 사람이기 때문에 동업하다가는 틀림없이 실패할 수밖에 없으니 조용히 시골에서 농사나 짓고 단념하라" 하기에 그렇게 답장을 보냈다고 진술했다. 이런 내용은 안기부 수사에서도, 박종덕의 1심 증언에서도 나오지 않은 새로운 내용이었다. 박종덕은 필자와의 면담에서 한경희에게 편지를 보낸 일도, 답장을 받은 일도 없지만, 안기부에 다시 잡혀가 "두들겨 맞는데 어떻게 할 도리가 없어" "내가 살려니까 그들(안기부 수사관들)이 원하는 대로 해주었다"라고 진술했다.[10] 한경희는 사건이 발생하기 5년 전에 사망했으니 안기부는 한경희를 직접 조사한 적도 없다. 한경희를 간첩망 책임자로 모는 데는 박종덕의 증언이 결정적이었는데, 그의 증언은 안기부의 가혹행위에 의한 것이었다.

파기환송심에서도 변호인들이 치열하게 허점을 파고들자 안기부는 변호인들을 밀착 감시했다. 안기부의 11월 24일자 보고서「간첩 송지섭 사건 관련 변호인 동향 보고」를 보면 한경희 사망 후 간첩망 책임자를 맡은 것으로 지목된 송지섭의 변호인 조준희 변호사에 대한 내용이 나온다. 이 보고서는 조 변호사가 "반정부 활동자"로서 "본명은 76.4. 세칭 명동 사건 및 79.12. 고 박 대통령 시해 사건 피고인 김재규 담당 변호인"이었다고 기술했다. 이 보고서는 조 변호사의 "동향"에 대해 "간첩 송지섭 사건 재심공판 시 피고인이 당부 수사 과정에서 협박과 고문에 못 이겨 허위자백한 것이라고 변론"했고, "사법경찰관 및 검사 작성의 신문조서에 대한 임의성을 전면 부인하는 변론을 하고 있"다면서 특히 "11월 24일 10시 본 사건 담당 재판부 오병선 부장판사실에서 재판부, 관여 검사(임휘윤) 및 변호인(조준희, 박종연) 등 참석하에 당부 7국 분석계장 ○○○ 직원이 본 사건 간첩 통신에 대한 설명 시 위 조준희는 당부에 전환된 간첩지령 통신자료를 송지섭의 자료인 양 조작한 것이 아니냐고 주장한 바 있음"이라고 서술했다. 안기부는 조 변호사에 대한 "조치"로 "본명에 대한 동향 내사, 비위사실 수집하겠음"이라고 밝혔다.[11]

조준희 변호사는 이돈명, 황인철, 홍성우 변호사와 함께 제1세대
인권변호사로 활동하며 시국사건을 도맡아왔다. 1980년대에 변론했던
대표적인 사건으로 부천서 성고문 사건, 김근태 고문 사건, 서울 미문화원
점거 사건 등이 있다. 또한 그는 송씨 일가 간첩단 사건 당시 송지섭의
변호를 맡았는데, 안기부는 11월 24일자 보고서에서 조 변호사를 '반정부
활동자'로 칭했고, 사법경찰관 및 검사 작성의 신문조서에 대한 임의성을
전면 부인하며 송지섭을 변론한다고 비난하기도 했다. 그러나 조 변호사는
이후에도 뜻을 굽히지 않았다. 1988년에는 '민주사회를 위한 변호사
모임'을 설립해 초대 회장을 맡았고 2000년대 이후에는 언론중재위원회
위원장, 사법개혁위원회 위원장으로 일하며 사법부를 지켜내기 위해 애썼다.
2015년 11월 18일 향년 77세로 별세했다.

그러나 조준희, 홍성우, 황인철 변호사 등 드러내놓고 인권변호사로 활동을 하는 경우에는 안기부도 섣불리 손을 대지 못했다. 안기부에 불려가 곤욕을 치른 사람은 한경희와 사돈뻘이라는 인연으로 처음 시국사건을 맡은 김성기 변호사였다. 이와 관련해 홍성우 변호사는 필자와의 면담에서 "이돈명, 조준희, 황인철, 홍성우 등 인권변호사 4인방으로 '공인'된 변호사들의 경우 정보부에서 사건 관련 압박을 그리 심하게 받지 않았지만 처음 시국사건을 맡은 변호사들에게는 사건에서 손을 떼라는 정보부의 압박이 상당했다. 송씨 일가 사건을 담당한 김성기 변호사는 재판 끝나고 사무실에 들어가기만 하면 정보부 직원이 와서 못살게 군다고 하소연하곤 했다"라고 전했다.[12] 안기부는 김성기 변호사를 일주일 동안 모 호텔로 아침 9시에 나오라고 해 저녁 6시까지 잡아두었다고 한다. 아침에는 수사관 서너 명이 나왔지만 거의 온종일 혼자 우두커니 앉아 있어야 했다. 고문을 당하지는 않았지만 이 역시 죽을 맛이었을 것이다.

12월 12일에 파기환송심 구형공판이 있었는데, 검찰은 2심 구형량과 같은 형을 구형했다. 12월 23일 서울고법 115호 법정에서 열린 선고공판에서 피고인들은 모두 유죄판결을 받았다. 일부 공소사실에 대해 무죄가 나왔고 형량이 절반 정도로 깎이기는 했어도 대법원에서 파기환송한 사건을 하급 법원인 고등법원에서 치받아 유죄를 선고한 것이다. 이일규 대법원 판사는 검찰 조서의 증거능력 문제, 간첩방조 문제, 편의 제공 문제, 검사의 상고 등에 대해 일일이 구체적으로 적시해 판결했다. 이는 어쩌면 하급심에서 혹시라도 외부의 압력을 이겨내지 못할까 봐 책임을 상급심에 미룰 수 있도록 배려한 것인지 모른다. 그러나 고등법원 재판부는 대법원의 명판결을 지켜내지 못했다.

안기부는 파기환송심 재판부에 상당한 압력을 행사했을 것이다.

그러나 국정원 과거사위는 이와 관련된 보고서를 확보하지 못했다. 오병선 변호사는 과거사위의 면담 요청을 정중히 거절했다. 백형구 변호사는 위원회와의 면담에서 당시 오병선 판사가 어찌된 일인지 안기부보다는 보안사로부터 엄청난 압력을 받았다면서, "만약 오 판사가 무죄판결을 했으면 그 당시에 바로 옷을 벗어야 했을 것"이라고 말했다. 또 이일규 전 대법원장도 위원회와의 면담에서 "당시 고등법원 오 판사가 안기부의 부탁을 받고 이렇게(유죄판결) 한 것이 아닌가 추측했다"라면서 그 이후 다시 만날 일이 없었는데 만났더라면 그때 그 사건을 왜 그렇게 처리했는지 물어보고 싶었다고 진술했다. 안기부는 오병선 판사의 유죄판결을 두고 법원의 동향이 어땠는지를 수집해 보고했다. 「간첩 송지섭 사건 공판대책 자료」라는 보고서에 따르면 "오병선 부장판사는 자기의 소신대로 유죄판결했다고 의연한 태도"이나 "일부 주변에서는 오 부장이 이상한 판결을 했다", "오 부장은 다음에 대법관으로 승진하기로 공안부로부터 보장을 받았다"라는 둥 "빈정거리는 여론"이 있었다는 것이다.[13]

3 송씨 일가 간첩단 사건 (3)

재항소심에서 오병선 판사로부터 유죄를 받아낸 안기부는 대법원의 재상고심을 담당할 재판부(재판장 정태균, 주심 김덕주, 배석 윤일영·오성환)가 결정되자 「간첩 송지섭 사건 상고심 재판부 구성상황 보고」를 올렸다. 그러고는 공판일자가 결정되자 「간첩 송지섭 사건 파기환송 후 상고심 공판예정 보고」를 작성했다. 뒤의 보고서에는 참고사항으로 "본 사건 담당 재판부 주심 대법관 김덕주(51)는 ○ 신원특이점이 없고 ○ 과거 업무 사건에 대해서는 대체로 원심판결을 인정하는 등 비교적 온건하다는 세평"이라는 서술과 함께 그의 신원 기록을 첨부하고 있다. 안기부는 유죄판결을 낙관한 듯 재상고심 선고가 나오기까지는 특별한 대책을 마련하지도 않았고, 김덕주 판사 등 재판부의 동향을 파악하지도 않았다.

대법원 판사의 무죄판결과 보충 설시

그런데 1984년 4월 24일, 안기부가 믿고 있던 김덕주 대법원 판사는

"83. 8. 23. 상고심에서 이일규 대법관이 검사 작성 피의자신문조서는 임의성 없어 증거능력이 없고 장기 불법구속(75~116일)으로 인한 강압에 의한 자백이라고 판결, 파기환송한 것은 옳은 판단이며 하급심을 기속한다"라며 무죄 취지로 사건을 고등법원으로 돌려보냈다. 당황한 안기부는 바로 법원 및 검찰의 동향을 파악해 다음 날「간첩 송지섭 사건 상고심 공판상황 보고」를 올렸다. 대검 공안부는 "담당 재판부인 주심 김덕주 대법관이 선임 이일규 대법관의 판결에 기속, 판결한 것"으로 해석하면서 앞으로 "검찰의 명예를 걸고 공판관리에 만전을 기할 방침"을 취했다. 그리고 대법원이 적극적으로 해명한 내용은 안기부에 나름 위안이 되는 것이었다. 보고서에 따르면 "대법원 측(비서실장 가재환)에서는 이일규 대법관의 체면유지 등 대내 사정에 의하여 대법원장의 사전 양해하에 정책적으로 파기한 것"으로 "다음 상고심에서는 유죄를 선고할 예정이니 관계기관의 큰 오해 없기를 바라고 있다"는 것이었다. 안기부도 이에 수긍한 듯 "대법원의 의도를 면밀 파악, 대처하면서 검찰로 하여금 공판관리에 만전을 기하도록 협조하고 당부에서는 보강증거 제공(2심) 등 필요로 되는 방식을 강구"하겠다는 입장을 보였다.[1]

나중에 대법원장을 지낸 김덕주 판사의 당시 판결문에는 '보충설시'補充說示가 붙어 있어 이후의 재판에서 유죄판결이 나올 여지를 남겼다. 보충설시는 "하급심이 상급심의 판결에서 파기 이유로 설시한 위와 같은 전제사실을 증거능력이 있다고 하기 위하여는 임의성이 없다고 의심할 만한 이유가 있는 자백에 대하여 적극적으로 그 인과관계가 존재하지 않는다는 증거가 있어야 하는데, 그러한 증거가 불충분함에도 원심이 유죄로 인정한 것은 위법이다"라면서 "자백의 임의성 없다고 의심하게 된 사유와 결과 사이에 적극적으로 인과관계가 존재하지 아니하는 것이 인정되면 유죄로 할 수 있다"라고 주장했다.

　매우 복잡한 이야기로 들리지만 간단히 말해 불법 장기구금이나 고문(자백의 임의성이 없다고 의심하게 된 사유)이 있었다 하더라도 자백의 내용은 고문이나 불법 구금과 상관없이 사실임이 입증되면 유죄로 할 수 있다는 것이다. 만약 고등법원이 사실관계 판단에서 이런 내용을 판결문에 담아 다시 대법원으로 사건을 보내면 대법원에서 유죄로 확정판결을 할 수 있다는 의미. 이 때문에 변호인들은 무죄판결에도 불구하고 이 보충설시가 '타협'이나 '함정'이라고 비판한다. 안기부 역시 날짜 미상의 「간첩 송지섭 사건 상고심 공판상황 보고」에서 보충설시 내용을 요약한 후 "이후 2심에서는 대법원에서 주장하는 방향으로 재판(판결문 설시)하면 상고심 유죄판결 가능"이라고 분석했다. 이런 이유에서인지 안기부는 대법원에서 다시 무죄판결이 나왔음에도 이일규 판사의 첫 번째 무죄판결 때와는 달리 김덕주 판사를 미행하거나 뒷조사를 하지는 않았다.

　대법원의 '정책적' 판단에 따라 공은 다시 고등법원으로 넘어갔지만, 안기부는 여전히 불안감을 감추지 못했다. 1984년 5월 15일 사건 담당 재판부가 서울고법 형사1부(재판장 김석수, 배석 박상선·유창석)로 결정되자, 안기부는 「간첩 송지섭 사건 공판대책 자료」를 작성했다. 이 자료에 따르면 안기부는 "검찰로 하여금 공판관리에 만전을 기하도록 협조하고 당부에서는 보강증거 제공 및 2단(대공수사 2단)과 협조, 필요로 되는 방책을 강구"하겠다는 방침을 세우고 검찰 공안부를 통해 재판부의 동향을 파악했다. 공안부는 "2심 재판부에 당부 존안 간첩통신문 자료를 보완 설명"하고, "(재상고심의 '보충설시'에 맞춰) 형식상 하자 없는 판결문의 설시를 하도록 유도"하기로 했다.

　그러나 여전히 어려움은 있었다. 우선 "상급심이 파기환송 이유로 설시한 검사 작성의 피의자신문조서의 증거능력을 인정받을 만한 새로운 증거 수집이 곤란"했다. 이미 1년 넘게 안기부가 총력을 기울여 수사했는데도 나오지 않았으니 무슨 새로운 자료가 또 나올 수 있겠는가 하는 것이다. 검찰은 "고법 재판부(김석수 부장판사)에 당부 간첩지령 통신자료 등 정황증거를 제출하여 간첩행위에 대한 실체를 인정받게 할 수는 있으나 하급심은 상급심의 판결에 기속된다는 대원칙하에서 사실상 불가다"라는 입장을 보였다. 이 보고서는 오병선 판사에 대한 고등법원 주변의 부정적 여론을 소개하면서, "이러한 상황하에서 새로 담당한 김석수 부장판사가 어떠한 법적 논리로 재판을 하게 될 것인지 의문시"된다고 우려했다.[2]

이에 안기부는 두 가지 공판대책을 세웠다. 먼저 안기부 수사관 및 검거간첩 등을 증인으로 내세워 주요 피의자들의 간첩 호출부호가 안기부에 보존되어 있는 통신지령 카드와 일치한다는 것을 '새로운 증거'로 제시했다. 또 서울구치소 교도관을 증인으로 신청해 그가 "검사의 피고인 구치소 신문 시 입회한 사실이 있는데 조사는 문답식으로 자유스러운 분위기였으며 검사가 피고인들에게 폭행, 협박한 사실과 조사 당시 안기부 수사관이 참여한 사실은 없다고 진술"하게 했다. 이는 검찰 자백의 임의성을 의심하게 만든 사안과 자백 내용 사이의 '인과관계'가 없음을 입증하려는 시도였다. 안기부는 대법원장 비서실장이 다음 상고심에서 유죄를 선고하겠다고 밝혔음에도 불구하고 마음을 놓지 못했다. 위의 공판대책 자료를 보면 "파기환송 시 대법원 측에서 언급한 바 있는 차후 유죄판결 보장설을 뒷받침하는 대법원과 고법의 '공작 차원'에서의 작업 여부"를 확인해보기로 했다. 그리고 "위와 같은 대책 강구에도 불구하고 유죄판결의 전망이 희박할 경우"에는 "당부 부장, 법무장관 등 장관급 고위층에게 대법원장과 협조, '정책적 차원'에서 유죄판결을 유도"하겠다는 계획을 세웠다.

담당 재판부를 직접 접촉해 받아낸 '유죄판결'

공판 날짜가 다가오자 안기부는 담당 재판부를 직접 찾아갔다. 주로 법원 상층부에 압력을 넣는 식으로 행동해온 안기부였으나 당시에는 몹시 초조했던 것이다. 「송지섭 사건 2차 파기환송 후 공판대책 진행 상황 보고」라는 보고서에는 안기부가 어떤 방식으로 고등법원과 대법원의 담당 재판부를 접촉했는지가 일자별로 상세히 정리되어 있다. 7월 10일 첫 공판을 앞두고 안기부 수사단장과 담당 과장, 그리고 정형근 법률보좌관은 담당 재판부를 방문해 "송지섭 사건 배경 및 간첩수사의 애로점 등 설명"을 하고 "유죄판결 유도"를 했다. 첫 공판이 끝난 뒤인 7월 13일에는 담당 과장 등이 대법원장 비서실장을 다시 찾아가 "보강증거 등 공판대책 협의, 유죄판결 유도" 등을 했다. 놀라운 것은 고등법원 공판이 겨우 두 차례 열렸을 뿐인데도, 안기부는 대법원의 재재상고심에서 사건을 맡게 될 대법원 판사 김형기에게 보고하기 위해 「송지섭 사건 공판상황 및 대책 자료」를 작성해 8월 3일 그의 집으로 찾아가는 등 접촉을 시작했다는 점이다.[3]

그 이튿날인 8월 4일에는 안기부 수사단장이 고등법원 재판장 김석수 부장판사의 집으로 찾아가 같은 자료를 전달하며 유죄판결을 유도했다. 8월 9일 3회 공판이 끝난 뒤인 8월 12일에는 수사단장이 김석수 부장판사와 점심을 같이했고, 13일에는 안기부에서는 수사단장과 담당과장이, 검찰 측에서는 이건개 서울지검 공안부장과 임휘윤 담당 검사가 재판부와 점심을 같이했다. 그리고 구형공판 전날인 8월 15일에는 안기부의 수사단장, 담당 과장, 정형근 법률보좌관, 검찰 측의 이건개 부장 등 세 명, 법원 측의 두 배석판사가 함께 골프를 쳤다.

8월 24일 열린 선고공판에서 김석수 부장판사는 피고인 전원에게 유죄판결을 내렸다. 대신 피고인들의 형량은 한층 낮아져 해방 이후 최대의 간첩단 사건이라는 이름이 무색하게도 송지섭만 간첩사건 최저 형량인 7년을 넘겼을 뿐 나머지는 모두 최저형량에도 못 미치는 낮은 형을 받았다. 김석수 판사는 안기부 수사관이나 교도관의 증언을 받아들여 검사심문에 안기부 수사관이 직접 참여한 사실이 없고, 부인하면 안기부에 돌려보내겠다고 검사가 협박하지도 않았으며, 피고인들이 조서를 열람하고 서명 날인했다는 이유로 자백의 임의성이 없다고 의심하게 된 사유와 자백 내용 사이에 적극적으로 인과관계가 존재하지 않는다며 그것을 유죄의 근거로 삼았다. 그렇다면 그가 안기부와 만나고 밥 먹고 골프 친 것과 그의 유죄판결 사이의 '인과관계'는 어떨까? 법관의 판단에서 법과 양심과 안기부는 각각 어떤 '인과관계'를 갖고 있었을까?

1984년 11월 27일 대법원 형사2부(재판장 이정우, 주심 김형기, 배석 정태균·신정철)는 송씨 일가 사건 피고인과 변호인의 상고를 기각, 마침내 유례없는 핑퐁 재판에 종지부를 찍었다. 이미 재상고심 무죄판결 때 대법원이 안기부에 "다음 상고심에서 유죄를 선고할 예정"이라고 해명했듯이 판결의 결과는 예상된 것이었다. 유죄를 확정 지은 재재상고심의 주심 김형기 대법원 판사가 1984년 7월 20일 경쟁자들을 물리치고 대법원 판사로 선임된 것은 송씨 일가 사건의 '정책적' 처리와 무관하지 않을 것이다. 제5공화국 성립 이후 실질적으로 첫 번째 대법원 판사 인사에서 그 전 3년간의 행적이 판단기준이 되는 것은 당연했다.

대법원 재판은 13명의 판사 중 대법원장을 제외하고 네 명씩 한 개의 부部를 형성해 진행되었다. 송씨 일가 사건의 상고심은 대법원 제1부(주심 이일규), 재상고심은 제3부(주심 김덕주)에서 담당했기 때문에, 사건이 다시 대법원으로 올라가게 되면 제2부에서 담당해야 했다. 정년퇴임할 김중서 대법원 판사가 제2부 소속이었기 때문에

1984년 8월 24일 열린 송씨 일가 사건 고등법원 선고공판에서 김석수 부장판사(오른쪽)는 피고인 전원에게 유죄판결을 내렸다. 그는 1991년 노태우 대통령 시절 대법관으로 임명되었고, 이후 김대중 정부의 마지막 국무총리를 지냈다.

신임 대법원 판사는 제2부에 배치될 예정이었다. 이 사건이 무죄로 확정되면 앞으로 간첩수사는 불가능하다며 전전긍긍하던 안기부로서는 두 차례의 무죄판결을 뒤엎고 과감히 유죄판결을 확정해줄 새로운 대법원 주심판사가 필요했다.

안기부의 대법원 판사 선임 기준

신임 대법원 판사 선임을 석 달쯤 앞두고 1984년 4월 9일 안기부는 「김중서 대법원 판사 정년퇴직 예정에 따른 후임판사 경합설 등 관련동향 보고」라는 보고서를 작성했다. 이 보고서는 "법원 내에서는 위 자리를 놓고 치열한 경합이 예상되는 가운데 후임자로 등장되고 있는 자들은 자신들의 배후 영향력자들을 수시 접촉, 지원해줄 것을 은밀히 당부하고 있다는바, 후임 거론자별 법원 내 여론 다음과 같음"이라고 한 뒤, 유력한 후보자로 거론되는 박우동 법원행정처 차장, 김형기 서울형사지법원장, 정기승 서울민사지법원장 등 세 사람의 인물평과 학력, 경력 등을 소개했다.[4]

　안기부 보고서에 처음 거론된 사람은 대법원 판사 0순위라 불리는 보직인 법원행정처 차장으로 있던 박우동 판사였다. 박우동 판사는 퇴임 후 간행한 회고록에서 간첩사건(강희철 사건)의 수사와 재판에 대해 강력히 비판했는데, 이런 사실에서 볼 수 있듯 안기부 입장에서는 껄끄러운 인물이었다. 박우동 판사에 대해 위 보고서는 "본명은 학구적(민사법)이고 우수하나 다소 비판 성향의 소유자로 대법원 판사로 임명될 시 이일규 판사와 유사한 야적 성격으로 정책적 사건에 다소 비협조할 것이라는 평"이라면서, 그가 "독선적이고 깐깐하다"라는 평을 받고 있다고 덧붙였다. 송씨 일가 사건이 안기부의 초미의 관심사인 상황에서 이일규 대법원 판사와 비슷한 성격으로, "정책적 사건" 처리에 "비협조"적일 것이라는 평가는 안기부 입장에서는 충분한 비토veto 사유가 되고도 남았다. 당시 대법원장은 대법원 판사를 제청할 때 대법원장이 한 명을 선정해 제청하는 것이 아니라, 복수 후보를 추천해 청와대의 낙점을 받았다. 안기부 보고서에서 부정적으로 거론된 박우동 판사가 송씨 일가 사건을 다루게 될 대법원 판사 후보 복수 추천에서 배제되는 건 불 보듯 뻔했다.

안기부가 1984년 4월 9일자 보고서에서 두 번째로 거론한 인물은 당시 실제로 대법원 판사로 임명된 김형기 서울형사지법원장이었다. 그에 대해 보고서는 "유태흥 대법원장의 후광으로 차기 대법원 판사 보임에 가장 유리하다는 평"이라면서 "정치적 감각이 뛰어나 정책적인 사건 처리에 무난할 것으로 적임자"라는 평을 받고 있으나 "민사법에 다소 실력이 부족하다는 것이 흠"이며, 성향에 대한 "세평"은 "온건, 대인관계 원만하다는 평"을 받고 있다고 했다.

또 다른 후보자 정기승 서울민사지법원장에 대해서는 "연령이나 경력 면에서 서열 1위로서 차기 대법원 판사에는 최적임자이나 충남 공주 출신으로서 JP 계열이라는 오해가 다소 불이익하다는 평"이며 "그 이외에도 유태흥 대법원장의 후광으로 좋은 자리인 민사지법원장직에 너무 오래(3년간) 있었다는 것이 감점 요인으로 대두"하고 있으며 "민사법에는 정통하나 형사소송에 다소 실력부족이라는 것이 흠"이고, "세평"으로는 "온건, 업무에 치밀하다는 평"을 받고 있다고 소개했다.

언론에서 신임 대법원 판사 내정 보도가 나오기 사흘 전인 7월 13일자 보고서인 「유태흥 대법원장, 각하 알현 예정동향 보고」에서는 유태흥 대법원장이 정년퇴임한 김중서 대법원 판사의 "후임자 임명 문제를 보고"하기 위해 "각하를 알현할 예정"이라며 김형기 형사지법원장과 정기승 민사지법원장이 추천될 것이라 보고하고 있다. '알현'이라는 봉건적 표현만 봐도 당시 안기부의 분위기가 어떠했는지를 충분히 알 수 있다. 이 보고서는 두 사람이 "다 같이 국가관에 투철하고 직무에 성실하여 능력이 있는 자들로 누가 되더라도 손색이 없다"라면서도, "정기승은 김형기보다 지법원장을 먼저 지냈고 고법 부장판사도 먼저 되었기 때문에 서열상 1위로 당연히 정기승이 먼저 대법원 판사가 되어야 한다는 것이 지배적인 여론"이라고 소개했다. 그러나 김형기에 대해서는 "정치적 감각이 뛰어나 정책적인 사건 또는 안보사건 처리를 누구보다도 잘해낼 것"이라고 "정책적인 사건"의 처리가 당장 필요한 안기부는 역시나 그를 선호하고 있음을 분명히 했다.[5]

경합자를 흠집 내 원하는 사람을 선임시킨 안기부

이 두 편의 보고서를 보면, 안기부가 '미는' 후보의 경쟁자들을 안기부가 어떻게 흠집 냈는지도 분명하게 확인할 수 있다. 안기부가 지적한 후보자들의 단점은 모두 사실이 아니거나 왜곡된 것이었다. 안기부로서는 자기들이 선호하는 김형기보다 서열과 경력이 앞서는 정기승을 2순위로 돌리려면 정보의 왜곡이 불가피했다.

안기부 보고서는 정기승이 "유태흥 대법원장의 후광으로 좋은 자리인 민사지법원장직에 너무 오래(3년간) 있었다는 것이 감점 요인"이라고 지적했다. 정기승은 민사지법원장이었고, 김형기도 형사지법원장이었는데, 두 사람은 1981년 4월 21일 같은 날 임명되었으니 사실 정기승만 좋은 자리에 너무 오래 있었던 것은 결코 아니었다. 더구나 1980년 이후에는 "서울형사지방법원장이 그 규모가 훨씬 큰 서울민사지방법원장보다 상서열의 지위"에 있었다. 또 정기승이 1988년 6월 이른바 '제2차 사법파동' 이후 노태우 대통령에 의해 대법원장으로 지명되어 국회에 임명동의안이 제출되었을 때 캐스팅보트를 쥔 김종필의 비협조로 임명동의안이 부결된 것을 보면 JP 계열이라고도 말할 수 없다.

안기부 보고서가 김형기에 대해서는 "민사법에 다소 실력이 부족"하고, 정기승에 대해서는 "민사법에는 정통하나 형사소송에 다소 실력이 부족"하다고 기술한 것은 안기부의 오만이 극에 달한 것이라고 말할 수밖에 없다. "형사소송에 다소 실력이 부족"하다던 정기승은 김형기의 후임으로 형사지법원장으로 임명되었는데, 형사소송에 실력이 부족한 사람을 형사지방법원장에 임명할 리는 만무하기 때문이다. 또 "민사법에 다소 실력이 부족"하다던 김형기는 일찍이 1959년에 『민법총칙』을 저술한 바 있고 서울민사지법에서도 1975년부터 2년간 부장판사로 재직했다. 안기부 보고서에서 실력이 부족하다고 평가한 사람들은 30년 가까이 법관으로 재직하면서 대법원 판사로 거론되는 사람들이었고, 또 세 명 모두 대법원 판사가 되었으며, 대법원장 선임 때 모두 물망에 오른 최고의 엘리트들이었다. 안기부 조정관에게 "다소 실력이 부족"하다는 소리를 들을 위치에 있는 사람들이 결코 아니었다.

김중서 대법원 판사의 정년퇴임이 6월 29일이었고 후임 논의가 이미 4월 초에 상당히 진척되었음에도 불구하고, 김 판사 퇴임 이후 보름 동안 후임자 제청은 이뤄지지 않았다. 이는 법원 내에서 0순위로 꼽히는 법원행정처 차장 박우동과 서열과 경력이 앞서는 정기승을 제치고 안기부가 가장 선호하는 김형기가 복수 추천에서 1순위로 올라가도록 대법원장 등 사법부 수뇌부를 설득하려면 아무래도 시간이 필요했기 때문일 것이다.

안기부는 1984년 퇴임한 김중서 대법원 판사의 자리에 김형기
형사지법원장을 앉히기 위해 그와 경합 중이던 정기승 민사지법원장에
대한 흠집내기를 시도했다. 하지만 정기승 역시 김형기 못지 않게 정권에
협조적인 인물이었고, 이런 이유로 1988년에는 대법원장 임명동의안이
부결되는 수모도 겪었다. 사진은 1988년 7월 그의 대법원장
임명동의안이 부결됐다는 소식에 환호하는 시민들 모습.

송씨 일가 28명에 대한 간첩조작 사건은 7번의 유죄와 무죄가 오간 사법사상 최악의 판결로 꼽힌다. 지방법원(유죄) ⇒ 고등법원(유죄) ⇒ 대법원(무죄 취지 파기환송) ⇒ 고등법원(유죄) ⇒ 대법원(무죄 취지 파기환송) ⇒ 고등법원(유죄) ⇒ 대법원(유죄 인정 상고기각) 순으로 핑퐁 재판이 이어졌다가 27년 만에 열린 2009년 재심에서 무죄판결을 받았다. 사진은 무죄판결을 받을 당시의 모습이다. 왼쪽부터 한용수, 송기홍, 송기춘, 송기복.

사실 정기승 역시 충분히 정권에 협조적인 사람이었다. 대법원 장에 지명되었다가 임명동의안이 부결되는 초유의 일을 겪은 것도 형사지법원장 재직 시 시국사건을 정권의 요구대로 처리했기 때문 이었다. 그렇다면 안기부는 왜 정기승이 아니라 김형기를 밀었던 것 일까? 김형기는 1977년 이후 형사지법 부장판사–서울고법 형사3부 부장판사–형사지법 수석부장판사–형사지법원장을 거쳐 대법원 판 사로 임명된 특이한 경력을 가진 소유자였다. 고시 1기 후배인 정기 승보다 고법 부장 승진이 5년이나 늦었던 김형기가 정기승보다 앞서 대법원 판사가 될 수 있었던 것은 형사지법 수석부장판사 시절부터 5 공 정권에 협력해준 덕분이다. 수석부장판사에서 형사지법원장으로 수직 상승한 예는 김형기가 유일하다. 법원장 시절 김형기는 앞서 살펴본 것처럼 안기부의 '학생시위 주동자 엄벌' 방침에 적극 부응했다.

김형기가 7월 20일 대법원 판사로 임명되자 앞서 언급했듯 안기부도 발 빠르게 움직였다. 아직 고등법원에서 재파기환송심이 진행 중인데도 사건에 대한 보고자료를 만들었고, 8월 3일 수사단장과 정형근 법률보좌관이 "유죄판결 유도"를 위해 김형기의 집으로 찾아갔다. 사건이 공식적으로 김형기에게 배당된 것은 50여 일 후인 9월 20일이었다. 김형기는 안기부의 기대에 어긋나지 않게 11월 27일 "송치후 2년 4개월 만에 전원 유죄 확정"을 시켜주었다. 대한민국은 그렇게 죄인이 되었다.

4 김근태 고문 사건 (1)

한국 사회의 공공연한 비밀이던 고문 문제가 공론화된 것은 1985년 하반기에 김근태 민주화운동청년연합(민청련) 의장이 자신이 당한 고문을 폭로하면서다. 이어 1986년에는 부천서 성고문 사건이 발생했고, 1987년 신년 벽두에는 박종철 군 고문치사 사건*이 일어났다. 고문은 군사정권이 권력을 유지하는 요긴한 방편이었지만, 군사독재의 몰락을 재촉한 독배이기도 했다.

* 박종철 군 고문치사 사건
1987년 1월 14일 서울대생 박종철이 남영동 치안본부 대공분실에서 조사를 받던 중 고문과 폭행으로 사망한 사건을 말한다. 처음에 경찰은 박종철 사망 원인을 단순 쇼크사로 발표했으나, 물고문과 전기고문이 있으리라는 심증을 굳히는 부검의剖檢醫의 증언이 나오자 사건 발생 5일 만인 19일 물고문 사실을 시인했다. 또한 수사경관 조한경과 강진규를 특정범죄가중처벌법 위반 혐의로 구속했다. 사건의 진상 일부가 공개되자 신민당은 정부여당에 대하여 대대적 공세를 개시했다. 재야단체들은 규탄성명을 발표하고 진상규명을 요구하며 농성에 들어갔고, 각계 인사 9,000명으로 구성된 '박종철 군 국민추도회' 등을 주도했다. 이를 계기로 정국이 고문정권 규탄 및 민주화투쟁의 소용돌이에 휘말려들자 정부는 내무장관 김종호와 치안본부장 강민창의 전격 해임과 고문근절대책 수립 등으로 사태를 수습하려 했다.
그러나 5월 18일 천주교정의구현전국사제단의 성명을 통하여 치안감 박처원과 경정 유정방, 박원택 등 대공간부 3명이 이 사건을 축소 조작했고, 고문 가담 경관이 5명이었다는 사실이 밝혀졌다. 이 폭로로 서울지검은 6명을 추가 구속했고, 정부는 주요 인사에 대한 문책인사를 단행하여 사태를 수습하려 했으나 경찰과 검찰의 사건 은폐조작 시도는 정부의 도덕성에 결정적 타격을 주었다. 이 사건과 관련된 일련의 추모집회와 규탄대회가 개헌 논의와 연결되며 6월항쟁으로 이어져 1987년 민주운동의 촉발제가 되었다.

1987년 1월 14일 서울대학교 학생 박종철이 치안본부 남영동
대공분실에서 조사를 받던 중 고문과 폭행으로 사망했다. 1987년 1월
24일 서울 고려대학교 교문 앞에서 대학생들이 박종철 군 고문치사 항의
시위를 하고 있다.

기적 같은 1분

1985년 10월 29일 전두환 정권은 대학가의 각종 시위와 노사분규의 배후에 좌경용공 학생들의 지하단체인 '민주화추진위원회'가 있으며, 이 단체의 위원장 문용식의 배후에 김근태가 있다면서 관련자 26명을 국가보안법 등 위반 혐의로 구속하고 17명을 수배했다고 발표했다. 정권의 앵무새였던 언론은 '남파'보다 무서운 '자생' 공산주의자라며 김근태의 '정체'를 폭로하는 데 지면을 할애했다. 이 사건은 전두환 정권이 저지른 대표적 용공조작 사건이었다. 1985년 2·12 총선 이후 거센 도전에 직면한 전두환 정권은 재야에서 선도적으로 투쟁해온 민청련과 학생운동을 하나로 묶어 뿌리를 뽑아버리려 했다.

1985년 9월 4일은 2년간 민청련 의장으로 있으면서 일곱 번째 구류를 살던 김근태가 석방되는 날이었다. 비 내리던 이날 새벽 김근태는 서부경찰서 유치장에서 석방되는 대신, 남영동의 악명 높은 치안본부 대공분실로 연행되었다. 이곳에서 김근태는 9월 25일까지 23일간 불법 구금되어 모진 고문을 당했다. 대공분실에서 벌어진 끔찍한 일은 김근태의 문집 『남영동』 등을 통해 잘 알려져 있다. 김근태 역시 고문을 이겨내지 못했다. 김근태는 차라리 죽여달라고 호소했지만, 고문자들은 "그건 말하지 않겠다는 것"이라며 완전한 항복을 요구했다. 김근태는 알몸으로 바닥을 기며 살려달라고 애원하며 빌라는 저들의 요구에, 삼천포에서 배를 타고 월북했으며 간첩으로 남파된 형들과 자주 만났다는 황당한 소설을 사실이라고 시인해야 했다.

고문을 당했다고 호소한 사람이 김근태가 처음은 아니었다. 수많은 사람이 고문에 의해 허위자백을 할 수밖에 없었다고 법정에서 눈물로 호소했지만, 그들의 호소는 대개 허공을 맴돌다 사라졌다. 이일규 대법원 판사처럼 아주 드물게 그런 호소에 귀 기울인 이도 있었지만, 대부분은 이런 호소를 무시했고, 언론은 단 한 줄도 이들의 이야기를 써주지 않았다. 김근태를 재판한 판사들도 그의 호소를 무시하기는 마찬가지였고 제도권 언론 역시 김근태의 고문 폭로를 외면했다.

그런데도 고문 문제가 뜨거운 쟁점으로 부각될 수 있었던 것은 김근태의 폭로에 이전과 다른 점이 몇 가지 있었기 때문이다. 다행히도 그에게는 인재근이라는 동지이자 아내가 있었다. 인재근은 구류에서 석방되었어야 할 남편이 사라지자 여기저기 수사기관을 쫓아다녔다. 아무도 남편의 행방을 가르쳐주지 않았지만, 어디서 조사받든 이런 사건에 걸려든 사람들은 결국 검찰에 송치되게 되어 있었다. 기약 없이 며칠을 기다린 끝에 인재근은 9월 26일 검찰청사 9층 승강기 앞에서 기적적으로 남편과 마주쳤다. 김근태는 1분도 안 되는 짧은 시간에 자신이 당한 처참한 고문의 내용을 이야기했고, 발과 팔꿈치의 상처와 발등에 시꺼멓게 남아 있는 전기고문의 흔적을 보여주었다. 남편의 증언을 가슴에 새긴 인재근은 민청련 명의로 「무릎 꿇고 사느니 서서 죽기 원한다」라는 유인물을 작성해 이 사실을 널리 알렸다. 언론은 침묵했지만, 이를 계기로 그동안 따로 놀던 재야와 정치권이 하나가 되어 '민주화운동에 대한 고문수사 및 용공조작 공동대책위원회'를 결성했다.

구체성의 힘

김근태의 폭로는 대단히 구체적이었다. 김근태는 23일 동안 자신이 당한 고문 내용과 일시, 고문한 사람의 실명과 대공분실에서 통하는 별명, 생김새, 저들이 고문을 통해 조작하려던 내용, 고문 당시의 정

김근태와 그의 아내 인재근. 김근태가 당한 고문은 1985년 9월 26일
인재근에 의해 가장 먼저 세상에 알려졌다. 민청련 탄압으로 구류를
살던 그가 9월 4일 갑자기 사라졌다. 이날 김근태는 남영동 치안본부
대공분실로 끌려가 고문을 당하고 있었고 이 사실은 비밀에 부쳐졌었다.
김근태의 소재를 찾을 수 없었던 인재근은 9월 26일까지는 검찰로
송치될 거라는 점을 알았던 것이다. 그래서 시국사건 피의자들이 검찰로
송치되어야 한다는 사실을 알기에 검찰청사에서 계속 기다렸고, 9월
26일 9층 승강기 앞에서 기적적으로 김근태를 만났다. 담당 검사실로
가는 짧은 시간 동안 김근태는 자신이 받은 참혹한 고문 사실을
인재근에게 전했다. 그리고 인재근에게 상황을 전해 들은 민청련은
바로 다음 날 '치안본부의 살인적인 고문수사를 규탄한다'라는 내용의
성명을 발표하고, 구속자 가족 및 회원 30여 명이 사무실에서 항의농성을
시작한다.

황 등을 하나하나 기억했다. 필자도 고문 피해자를 여럿 만나보았지만 그 고통 속에서 이렇게 세세한 내용을 기억하기란 보통 일이 아니다. 즉 다른 사람들의 고발은 절실했지만 모호했다. 조금만 구체적인 상황으로 들어가면 "그걸 어떻게 말로 다해요"라며 울음을 터뜨리기 일쑤였다. 하지만 김근태는 달랐다. 그는 고문자들의 손목시계를 보고 시간을 기억했고, 조서에 날인할 때 얼른 사법경찰관 아무개라고 쓰인 이름을 머릿속에 새겨 넣었다. 고문을 당해 정신이 몽롱한 와중에도 고문자들끼리 시집간 딸은 잘사는지, 아들놈이 체력장 시험은 잘 쳤는지 등등 서로서로 가족의 안부를 걱정하는 소리를 듣고 진저리를 치면서도 그 정황을 기억해두었다. 얼마나 많은 고문 폭로가 얼마나 덧없이 사라졌는지를 누구보다 잘 알았기에 치 떨리는 분노와 굴욕감을 삭이며 필사적으로 세세한 사실을 기억해두었다.

김근태는 또 고문의 증거를 확보하려고 노력했다. 아무도 없는 밀실에서 자행된 고문에는 어떤 증거도 목격자도 있을 수 없다. 법정에서 고문 피해를 호소해도 증거가 없다며 외면당했던 현실을 김근태는 너무나 잘 알고 있었다. 전기고문을 당할 때 김근태는 고통에 못 이겨 몸부림쳤고 담요를 깔아두었음에도 그의 발뒤꿈치는 짓이겨져 야구공만 한 딱지가 남았다고 한다. 구치소로 옮겨진 뒤 딱지가 떨어졌는데 김근태는 그걸 휴지로 싸서 잘 보관했다. 공판 일주일 전에야 처음으로 변호사를 접견하게 된 김근태는 이돈명 변호사 등에게 그 딱지를 보여주며 증거로 제출할 것을 요청했으나, 교도관이 막아 뜻을 이루지 못했다. 감방으로 돌아온 뒤 교도관들은 김근태로부터 딱지를 강제로 탈취해 가버렸다.

김근태는 치안본부 대공분실에서 고문을 받았기 때문에 언뜻 이 사건은 안기부와 무관한 사건으로 보일는지 모른다. 그러나 안기부는 '안보수사조정권'을 휘두르며 주요 공안사건들을 사실상 진두지휘했고, 관계기관대책회의를 통해 자기들의 뜻을 관철했다. 이 사건에서도 처음에 김근태 등 민청련 간부들을 연행하는 계획을 세우는 것부터 세세한 공판대책까지 구석구석 안기부의 입김이 미치고 있었다.

김근태, 이을호, 김병곤 등 민청련 간부들이 연행되고 닷새 후인 1985년 9월 9일, 안기부가 작성한 「학원소요 배후 조직 '서울대 민추위' 등 수사 진행상황 보고」라는 보고서는 치안본부 대공분실에서 진행 중인 수사와 관련해 안기부가 어떻게 조정권을 행사했는지를 명확히 보여준다. 이 보고서는 먼저 이 사건의 수사 과정에서 "당부는 수사관 상주, 수사 조정 및 각종 자료 지원" 역할을 하고 있음을 명시하면서, 수사 처리방향으로 "금번 수사를 계기로 민청련 조직 자체를 최소한 국가보안법상 이적단체 이상 수준으로 의율*, 조직 와해"시키고, "다소의 부작용을 감수, 강력수사로 사건 실체 전모 규명"을 한다고 제시했다. 안기부는 또 "관련자 전원 법정 중형으로 엄단"하여 이들을 "사회로부터 장기간 격리 차단"하고, "수사종료 후 적기에 사건 전모 홍보로 학원소요 배후 실상 폭로"한다는 방침을 갖고 있었다. 이렇듯 안기부는 수사 초기부터 이 사건의 확실한 처리방향을 세워두었고, 치안본부 대공분실에 수사관들이 상주하면서 '조정'이라는 이름으로 수사를 사실상 지휘했으며, "다소의 부작용을 감수"하고 "강력수사"를 하도록 부추겼다. 고문을 하지 말라고 해도 일선에서 고문이 자행되는 판에 '강력수사'를 하라거나 '엄문'하라고 했으니 이것이 무슨 뜻인지 이해하지 못할 수사관은 없었다.[1]

재야의 신망을 받고 있던 김근태가 끔찍하게 고문당했다는 사실이 알려지자 인권변호사들이 바쁘게 움직였다. 10월 2일 변호인단은 김근태의 상처에 대해 '신체감정 증거보전'을 청구했다. 안기부는 고문의 상처가 남았을 경우 변호인 접견이나 가족의 면회를 금지해 고문의 흔적이 알려지지 않도록 하는 방법을 주로 써왔는데, 뜻밖에 검

• 의율
죄의 가볍고 무거운 정도에 따라 법을 적용하는 것을 말한다.

찰청 복도에서 인재근이 김근태를 봐버리는 바람에 골치 아픈 상황이 벌어진 것이다. 안기부로서는 고문 문제를 덮기 위해 증거보전 신청을 기각시켜야만 했다. 안기부의 「학원 및 노조 배후 조직 민청련 수사 진행상황 보고」(1985년 10월)에는 안기부가 담당 재판부를 '강력 조정'하여 이 신청을 기각시킨 상황이 잘 나타나 있다. 이에 따르면 안기부는 "사전 물의 야기 예방 차원에서 법원(김오수 판사)을 강력 조정"하여 "10. 12. 김근태에 대한 증거보전 필요성을 인정할 수 없다는 이유로 청구 기각결정 처리"토록 했다.[2]

이 보고서의 '처리 상황' 항목에는 증거보전 신청을 둘러싼 움직임이 날짜별로 상세히 기록되어 있다. 10월 2일 "증거보전(신체검증 및 감정) 신청"이 제기되자, 담당 재판부는 10월 4일 "변호인에게 증거보전 목적 소명 요구"를 했다. 다음 날 변호인들은 "담당 재판부에 검증기일 조속 지정"을 요구했고, 담당 재판부는 10월 8일 "검증 실시 검토"를 했다. 10월 10일 담당 재판부가 "국립의료원으로부터 감정인(정형외과 부과장 조○○) 추천 회보서"를 받은 것으로 볼 때 재판부는 증거보전 신청을 받아들일 목적으로 국립의료원 측에 감정인 추천을 의뢰했던 것으로 보인다. 그런데 10월 11일 재판부는 돌연 "감정 절차 진행 연기 결정 및 경찰 김근태 조사기록 검토"를 했고, 다음 날인 12일 "증거보전 필요성 불인정, 기각결정"을 내렸다. 『조선일보』는 김오수 판사가 "김 피고인이 검찰에서 묵비권을 행사했기 때문에 고문 여부로 증거능력을 다툴 진술 내용이 없어 증거보전 절차에 실익이 없다"라는 이유로 이 신청을 기각했다고 보도했다.[3] 안기부의 '강력 조정'은 역시 잘 먹혀들어갔다.

김근태의 묵비권과 안기부의 야비한 대응

안기부는 김근태의 신체감정 및 증거보전 신청을 기각시키며 한숨 돌렸지만, 사회에서는 고문 문제가 점점 이슈가 되고 있었다. 이 무렵에는 민청련 정책실장 이을호, 전학련 삼민투 위원장 허인회, 백범사상연구회장 정진관 등 여기저기서 고문 및 조작시비가 끊이지 않고 발생했다. 안기부나 경찰은 고문 시비에 대처하기 위해 여러 차례 관계기관대책회의를 소집했다. 당시 치안본부 대공수사단장이었던 박처원(박종철 고문치사 은폐사건과 이근안 도피사건의 배후 책임자)은 김근태 고문이 사회문제가 되자 "전희찬 안기부 대공수사국장, 정형근 안기부 대공수사단장, 최환 서울지검 공안부장, 김원치 검사 등과 함께 서울 남영동 대공분실에서 대책회의를 열었으며, 이 자리에서 김 씨에 대한 면회, 접견 금지 및 상처 조기치유 방안 등을 논의했다"라고 1999년 이근안 사건으로 조사받을 당시 검찰에서 진술했다.[4]

김근태는 검찰청 복도에서 기적적으로 아내 인재근을 만나 고문을 폭로한 그 힘으로 검찰에서 묵비권을 고집하며 버틸 수 있었다. 하지만 묵비권의 대가는 참으로 비쌌다. 김오수 판사가 증거보전 신청을 기각할 때의 이유도 묵비권 행사였고, 검찰에 의한 가족면회 금지의 이유도 묵비권 행사였으니까 말이다. 1심 재판장 서성 판사에 의한 면회금지 결정에도 진술을 거부했기 때문에 죄증을 인멸할 상당한 우려가 있다는 것이 핑계로 작용했다. 김근태는 변호인 접견도 1차 공판을 열흘 앞둔 12월 9일에야 할 수 있었고, 가족면회는 1차 공판을 마친 뒤에야 할 수 있었다. 서성 판사의 면회금지 조치는 김근태를 도와줄 수 있는 모든 사람으로부터 김근태를 차단해버린 야비한 조치였다.

묵비권의 또 다른 대가는 민청련 간부들에 대한 전면적 구속과

1983년 민청련(민주화운동청년연합) 현판식에서 환하게 웃고 있는
김근태(왼쪽)의장과 장영달 부회장(오른쪽)의 모습. 민청련은 1980년
5·18 광주민주화운동 이후 본격적으로 반독재 민주화운동을 펼치기 위해
모인 1970년대 학번 운동권들이 주축이 됐다. 1983년 9월 30일 돈암동에
위치한 가톨릭 상지회관에서 결성했고 단체 대표로 김근태를 추대했다.

지명수배였다. 1985년 10월 초순 최민화, 김희상, 김종복 등 민청련 간부가 줄줄이 구속된 것이다. 경찰의 신문조서는 당사자가 그것을 법정에서 부인하면 증거능력이 없지만, 검찰에서 작성된 신문조서는 본인이 법정에서 부인해도 증거능력이 있다. 그런데 김근태가 뻗대면서 '가당치 않게도' 묵비권을 행사함으로써 검찰은 '증거의 왕'인 '자백'을 받아내지 못했다. 이 때문에 전두환 정권은 민청련 간부들을 대거 구속해 그들의 신문조서를 김근태에 대한 유죄 증거로 삼으려 했다. 검찰이 김근태에게 묵비권을 고수하면 오히려 큰 불이익을 입게 될 것이라고 거듭하던 협박이 현실이 되어버린 것이다.

바깥에서 끊임없이 고문조작에 대한 논란이 계속되자, 1985년 11월 안기부는 「최근의 학원 좌경폭력소요 배후사건 수사과정 시비에 대한 진상」이라는 보고서를 작성하여 김근태 등의 고문 주장이 모두 이들의 구명 및 정치투쟁 가속화를 위해 재야 운동권 세력이 허위로 주장하는 것이라고 강변했다.[5] 비슷한 내용을 담은 날짜 미상의 또 다른 보고서는 제목 자체가 「허구적 주장의 배경」이었다. 이 보고서는 김근태가 "고문 주장과는 달리 일절의 흔적이 없고 얼굴색도 건강, 보행 및 거동도 정상"이라면서, 변호인이 제기한 증거보전 신청을 김오수 판사에게 '강력 조정'해 기각결정토록 한 사실을 자랑스럽게 기술했다.[6]

국정원 존안문서에는 안기부에서 작성한 것으로 되어 있는 이 「최근의 학원 좌경폭력소요 배후사건 수사과정 시비에 대한 진상」 보고서 외에도 서울지검 공안부가 작성한 것으로 되어 있는 「고문 및 용공조작 시비에 대한 대응논리」라는 보고서도 남아 있다. 이 두 보고서는 서로 다른 두 기관에서 각각 작성한 것으로 되어 있지만, 그 내용은 목차부터 본문까지 한 사람이 작성했거나 거의 베껴 썼다 싶을 정도로 유사하다. 아마도 안기부가 작성한 보고서를 서울지검에서 조금 수정해 유관기관에 배포한 것이 아닐까 한다.[7] 안기부의 보고서는 검찰 명의의 보고서에 비해 사건의 "진상"을, "김근태는 검찰수사 시 자신에게 불리한 일체의 진술을 거부하였으므로, 가혹행위나 진술강요조차 없었음이 자명하고 경찰 수사 과정에서도 폭행, 전기고문 등 가혹행위 사례는 일체 없었으며 그렇게 할 필요도 없는 것임. 왜냐하면 경찰 수사 시의 자백은 본인이 공판정에서 부인하면 증거로 사용될 수 없기 때문에 가혹행위를 하여 자백을 받을 필요가 없는 것임"이라고 좀 더 자세히 기술하고 있다.

이 보고서들 역시 "고문을 당했다는 주장에 따라 검찰 수사 과정에서 동 사실의 진부를 조사하였으나 고문의 흔적을 일체 발견할 수 없고, 얼굴색도 건강할 뿐만 아니라 보행이나 거동에 고문의 의심을 가질 만한 여지를 전혀 발견할 수 없었"다면서, "동인은 자신의 죄상을 은폐하고, 처벌을 면해보려는 군색한 방편으로 검사의 신문에서조차 시종일관 묵비하는 등 갖은 수단을 모두 동원하는 것으로 미루어 보아 앞으로 가족이나 변호인들을 만날 때 수사기관에서의 고문 사실을 왜곡 주장할 가능성이 있음"이라고 결론지었다.

'좌경세력' 처리를 위한 안기부의 시나리오

1985년 11월 안기부는 김근태 등이 정치적 목적으로 거짓말을 하고 있다는 대응논리를 개발했고 그 후 12월에는 6단계에 걸친 장기적인 '민주화운동청년연합 등 문제권 단계별 처리계획'을 세웠다. 안기부는 보고서의 목적을 "제5공화국 후반기 정국 안정 도모는 물론 '86아시안게임 및 '88올림픽 등 국제행사의 성공적 수행과 '88 평화적 정권교체 기반을 공고히 하기 위해 민민련(민통련) 등에 대한 단계별 소탕 처리계획을 수립 시행"하는 것이라고 밝혔다. 이 보고서는 1985년 12월 1일~1986년 2월 28일까지 민청련 관련 수사 종결, 홍보계획, 조직 완전척결, 공판대책 강구 등의 시행계획이 담긴 1단계, '민민련 등 문제권 관련 조사 착수', 홍보계획, 예상 상황 적극 대처, 공판대책 강구 등의 시행계획이 담긴 2단계 처리계획을 비롯하여 비상조치 발동까지 이어지는 총 6단계의 처리계획을 담고 있다.[8]

이 계획에 따르면, 민청련은 "관련자 전원 국가보안법상 이적단체로 엄단"되어야 했다. 안기부는 민민련('민족민주학생연맹' 약칭) 등 문제권의 경우 "전원 구속 엄단 조사, 문제단체 척결 및 문제권 소탕, 사안에 따라 국가보안법 적용 검토, 사회안정 풍토 정착"을 기본 방침으로 관계기관대책회의 개최를 통해 대처해나간다는 계획을 세웠다. 이 계획의 집행을 위해 안기부는 검찰과 법무부에 각각의 역할을 부여했다. 여기서 검찰에 부여한 역할을 살펴보면, '시행계획 1. 수사종결' 단계에서 "김근태 등 관련 구속자(7명) 관리 철저, 공소유지 만전"과 "묵비권 행사 중인 김근태 공소사실 추가 보완" "반성문 제출한 최민화(부의장), 김희상(대변인) 및 이을호(정책실 부실장) 등 3명 계속 설득, 공소 유지"하는 것으로 되어 있다. '시행계획 2. 홍보계획' 단계에서는 대학가 방학 후인 1986년 1월 중 보도문 초안을 작성해 서울지검 공안부장이 기자회견 형식으로 사건을 발표하여 '시행계획 3. 조직 완전척결' 단계에서는 '잔존 세력'이 "계속 불순활동 자행 시 의법 조치"해야 하고, '시행계획 4. 공판대책 강구' 단계에서는 법원과 협조해 공판기일을 결정하고 '최고형'을 선고하도록 했다.

연출자 안기부가 재판부라는 광대에게 부여한 역할은 좀 길지만 원문 그대로 살펴볼 필요가 있다.

○ 관련자 전원 중형 선고, 엄단 조치 검찰, 사전 법원 협조 최고

형 선고

○ 1심 공판, 최소한 개학 전 종료
  – 피고인별 분리 심리
  – 검찰, 법원과 협조 공판기일 결정
  – 주 1회 이상 공판 개정
  ✱ 피고인 묵비권 행사, 방청객 소란 난동 등 사정 발생 시 주 2회 이상 공판기일 변경 조정

○ 공판정 내외 소란 및 불순행위 저지
  – 공판정 내외 병력 배치, 경비 강화
  – 공판정 주변 검문검색 강화, 문제인물 출입 차단
  – 방청객 소란행위 시 형소법 제281조(법정경찰권)에 의거 필요조치 강구

○ 공판정 출입자 통제 및 피고인 호송 방법 결정
  – 방청권 제한 발부(가족 1매, 일반 방청권 20매 내), 학생, 문제인물 출입 엄격통제
  – 출정 거부 피고인 순화, 최단시간 내 출정
  – 입퇴정 시 불순구호 제창 등 소란행위 강력 저지
  – 피고인은 최단시간 내 입퇴정, 가족 및 학생 등과의 접촉 대화 차단

○ 공판정 내 대정부 비난 발언 등 정치선전 강화 강력 저지
  – 피고인, 변호인 등 공소사실 이외 발언 즉각 저지
  ✱ 필요 시 일시휴정 등 공판 절차 최대 활용, 탄력적 운용
  – 정치성 색채 문제인물 증인 신청 시 기각, 최소 인원으로 조정

○ 공판 상황, 사실보도에 국한
  – 문공부, 사전 언론사 협조

- 사실보도에 국한 축소 보도
○ 유관기관 공조, 변호사 사전 순화
   - 재판부 기피신청 예방
   - 정치사건화 저지
○ 피고인, 변호인 등 재판부 기피신청 시 신속 대처
   - 법원과 협조, 최단 기일(16일) 내에 신속 처리
   - 1심 구속만기일 임박 시에는 "급속을 요한다"라는 이유로 신속 처리(형소법 22조)

재판은 정말 이대로 진행되었다. 딱 하나 이 공판대책과 어긋난 것은 "1심 공판, 최소한 개학 전 종료"라는 방침이다. 1심이 끝난 때는 1986년 3월 6일이었다.

5 김근태 고문 사건 (2)

1985년 12월 19일 오전 10시 서울형사지방법원 118호 법정에서는 마침내 김근태 전 민청련 의장의 1차 공판이 서울형사지법 합의11부(재판장 서성, 배석 김희근·여상훈) 심리로 열렸다. 재판은 처음부터 난장판이었다. 재판부는 법정이 협소하다는 이유로 방청권을 따로 발행해 제한함으로써 가족과 민주인사들의 재판 방청을 사실상 방해했다.

방청권을 가족에게 1매, 일반 방청객에게 20매 내외로 한정한 것은 앞서 살펴본 안기부의 공판대책을 충실히 따른 것이었다. 그나마 방청권을 받고 법정에 들어온 사람 중 절반은 안기부나 치안본부에서 나온 기관원들이었다. 안기부에는 이들이 올린 공판상황 보고서가 남아 있다. 이 보고서 중 '관련동향' 항목을 보면 "08:00 소란책동 예상자 문익환(민민련 의장), 계훈제(민민련 부의장), 김정남(민민련 회원), 김현숙(민청련 회원), 임채영(명동성당 청년회원) 등 6명 법정 주변 차단", "08:00 공판정 내 외곽에 경찰병력 3개 중대(12/450) 배치, 검문검색" 등이 적혀 있어 앞의 단계별 처리계획대로 '법정소란'을 방지하기 위해 경찰병력이 배치되고, '소란책동 예상자'의 방청

을 제한하는 등의 조치가 이루어졌음을 보여준다.[1]

통곡의 법정

공판은 재판부의 인정심문에 이어 변호인들이 방청제한을 항의하면서 여러 차례 중단되었다. 방청석에서는 누군가가 "김근태 씨 부인도 방청제한으로 이 자리에 들어오지 못하고 있다"라고 거세게 항의했다. 공안검사 김원치가 5분가량 공소사실 요지를 낭독하는 동안 방청권을 얻지 못해 법정에 들어오지 못한 가족과 친지, 민청련 회원 30여 명은 법정 입구에서 손으로 문을 치며 "김근태, 재판받지 말라!"라고 외치기도 했다. 변호인이 재차 강력히 항의해 부인 인재근 등 7~8명이 출입문을 열고 겨우 들어올 수 있었다.

　　재판절차를 둘러싸고 검사와 변호인의 공방이 있자, 서성 재판장은 뜻밖에도 피고인에게 "재판에 들어가기 전에 재판진행에 대하여 피고인의 의견을 진술"하라고 말했다. 김근태는 재판절차보다 더 급박하고 현존하는 위험이 있다며 "본인은 지난 9월 한 달 동안 남영동에 있는 치안본부 대공분실에서 참혹한 고문을 당했습니다"라고 입을 열었다. 검사석의 김원치가 벌떡 일어나 황급히 제지했지만 김근태는 말을 이어갔다. 김근태는 어지러운 듯 난간을 붙들고 숨을 몰아쉬면서 변호인 접견제한과 딱지 탈취 사건에 대해 차근차근 이야기를 시작했다. 법정은 숙연해졌다. 그가 남영동에서 당한 고문 내용을 본격적으로 진술하려 하자 검사는 다시 제지했고 방청석에서는 "놔둬!", "도둑놈들"이라는 아우성이 터져 나왔다. 김근태가 전기고문을 당하면서 죽음의 그림자는 코앞에 다가왔다고 말할 때 방청석에서 울음이 터졌다. 그가 떨리는 목소리로 고문을 당하면서 "무릎을

1986년 1월 8일 서소문법원(옛 대법원은 1995년 10월 29일부터
현재의 서초동 대법원 시대가 열렸다)에서 열린 김근태 2차 공판에
방청객이 몰려 북새통을 이루고 있다.

꿇고 사느니보다 서서 죽기를 원한다"라는 노래를 속으로 불렀다고 말할 때는 교도관들조차 눈시울을 붉혔고 방청석은 울음바다가 되었다. 김근태가 고문자들이 시집간 딸을 걱정하는 소리에 자신은 인간적 절망에 몸서리쳤다고 말하자 방청석의 울음은 이내 통곡으로 변했다.

　김근태의 모두진술이 끝난 후 검사는 사실심리를 진행하자고 했다. 재판장도 공소내용의 첫 번째 항목이라도 오늘 진행하자고 했지만, 김근태는 변호사와 공소내용에 대해 한 번도 이야기한 적이 없을 정도로 방어권이 침해당했다고 주장했다. 변호인도 고문에 의해 공소가 제기된 이 사건의 공소사실은 당연히 무효라면서 고문 여부에 대한 조사가 선행되어야 한다며 사실심리 연기를 주장했다. 재판부가 이를 받아들여 1986년 1월 9일로 재판기일을 정하면서 1차 공판을 마쳤다.[2]

　1차 공판에서 행해진 김근태의 고문 폭로가 커다란 반향을 일으키자 안기부와 검찰은 공판대책을 강화했다. 1986년 1월 6일자「민청련 김근태 인권문제 관련 관계기관대책회의 자료」라는 보고서는 "개황" 항목에서 "지난 12. 19. 1심 1회 공판 시 법정진술에서 경찰 조사기간 중 고문 및 가혹행위를 받았다고 주장, 이를 계기로 재야, 종교, 구속자 가족 등 문제권이 연합, 고문 빙자 대정부 투쟁을 전개하는 일방, 공판정에서 의도적으로 소란 등 시비, 공판을 방해함은 물론 공판정을 정치선전장화하기 위해 획책하고 있고 해외 문제교포, 국외 인권단체 및 조야 등에 왜곡 전파하여 인권문제 위요, 국익을 저해하고 있다"라고 서술했다. 보고서는 이에 따른 예상 문제점으로 "구속자 가족, 문제권과 연계, 김근태 구명운동 전개"와 "고문 수사 시비, 의도적 공판 방해 자행"을 들었다. 안기부는 이에 대해 "재야 문제권의 김근태 등 고문 시비 관련 불순행사 철저 와해", "구속자 가족 관리 철저, 구명운동 등 저지", "문제권 대정부 투쟁 강력 대처로 초동단계 와해", "철저한 공판대책 수립 대처", "해외 문제인물의 국익저해 등 불순활동 철저 봉쇄", "국내 인권문제 관련 해외홍보 철저" 라는 대책을 세웠다.[3]

방청객 연행과 급속 재판, 최후진술

안기부 보고서에 따르면 2차 공판이 있는 1월 9일에는 미국 교회협의회 및 국제인권위 변호사협회로부터 지원을 받는 피카트 변호사가, 1월 23일에는 국제인권변호사협회 총무 에미 영이 3차 공판을 방청하기 위해 내한할 예정이었다. 김근태는 저서 『남영동』에서 자신의 공판을 방청하러 온 미국인 변호사 중 한 명은 자칭 미국 대사관 직원이라 하는 건장한 사내들에 의해 사실상 끌려갔다고 회고했다. "해외 문제인물의 국익 저해 등 불순활동 철저 봉쇄"라는 방침의 확실한 집행이었다. 그가 끌려간 곳은 공안연구소장 김경한 검사(이명박 정부의 첫 법무장관) 앞이었다고 한다. 김경한은 김근태가 "남영동에 있을 때 변호인 접견이나 조력을 요청하지 않았다. 고문받지 않았다. 만일 고문받은 사실이 판사에 의해 인정되면 석방될 것이다. 필요하다고 요청하면 물론 자기의 외래의사의 진료와 치료를 받을 수 있다. 그러나 아프지 않다"라고 말했다고 한다. 김근태는 "부끄러움을 모르는 이 뻔뻔한 거짓말 중에 그래도 꼭 하나 사실과 맞는 이야기가 있다"라면서, 자신이 "변호인의 접견이나 조력을 요청"하지 않은 것은 사실이라고 말했다. 그는 만약 남영동에서 고문을 당하면서 변호사를 불러달라고 했더라면 "아직도 정신을 못 차린 한심한 작자라고 구박받으면서 한 차례 더 전기, 물 고문"을 당했을 것이라

고 회고했다.[4]

　안기부가 보다 철저한 공판대책을 세운 2차 공판에서는 큰 소동이 벌어졌다. 재판부는 35매의 방청권을 발부했는데, 방청권을 소지한 사람이라도 20명만, 그것도 시경기동대 형사들의 이중삼중 경비하에 몸수색을 당하고서야 재판정에 들어갈 수 있었다. 사람들은 "무엇이 무서워서 방청을 방해하느냐", "방청권이 있는데 왜 못 들어가게 하느냐", "당신들은 법원정리도 아니고 도대체 누구냐" 하며 거칠게 항의했다. 항의가 거세지자 형사들은 힘으로 방청객을 밀어냈다. 좁은 복도는 아수라장이 되었고 김근태의 부인 인재근은 정신을 잃고 쓰러졌다. 가족과 친지들이 인재근을 둘러싸며 보호하는 사이에도 형사들은 출구 쪽으로 방청객들을 계속 밀어붙였다. 그 바람에 사람이 깔리고 격투가 벌어져 "악", "사람 살려" 등 비명소리가 터져 나왔다.

　갑자기 형사들이 길을 터주며 방청권 소지자만 한 사람씩 들여보냈지만 연행대기조는 차례로 이들을 닭장차에 실었다. 30여 분의 실랑이 끝에 문익환, 곽태영, 인재근, 이해찬 등 16명이 연행되었다. 연행 도중 사건 관련 수배자 이범영의 부인으로 임신 8개월이던 김설이 실신해 인근 병원으로 이송되었다. 연행자들은 그날 늦게, 재판이 끝나고서야 석방될 수 있었다.

　재판은 매주 목요일 꼬박꼬박 진행되다가 8차 공판부터는 주 2회씩 열렸다. 안기부의 「관계기관대책회의 자료」에 나타난 대로 "2월 중 1심 선고 완결"을 위해서는 어쩔 수 없었다. 공판에는 많은 기자가 참석해 열심히 메모했지만, 안기부의 공판대책에는 "언론 축소보도로 자극배제"라는 항목도 들어 있었다. 이 글을 쓰면서 들춰본 옛 신문을 보면 정말 우표딱지만 하게 공판이 열렸다는 사실만 슬쩍 보도되었을 뿐이다. 고문 사실이 사회적 쟁점이 되자 정부는 어용 보도기관인 KBS와 연합통신을 동원해 사실을 왜곡, 날조함으로써 사전에 관제 여론재판을 강행하려 시도했다. 이런 용공조작 사건에서 공통된 점은 방송 뉴스나 신문 기사에 주요 혐의사실이라고 나와 있는 것들 중에는 공소장에서는 눈 씻고 찾아봐도 없는 경우가 잦다는 사실이다. 재판장인 서성 부장판사조차 공판정에서 이 사건이 신문, 방송에 보도된 것과는 다르다고 말하기까지 했다.

2월 27일에 열린 11차 공판에서 김근태는 최후진술을 했다. 그는 "이제 본인은 징역을 삽니다"라는 말로 자신에게 유죄판결이 내려질 것이라는 점을 당연시했다. 그 징역은 개인적으로는 "쇠창살 너머 하늘의 별에서 윤동주 시인의 눈물을 만나며" "고문으로 인한 마음의 상처를 달래며 회복하는 과정"인 동시에, 사회적으로는 광주의 통곡을 들으며 민주화를 꿈꾸는 과정이었다. 징역을 살려 가며 김근태는 자신은 "본 사건을 시대의 불행 중 하나라고 봅니다"라면서 "이 공판에 참여하여 고충과 어려움을 겪어온 재판부, 변호인들, 검찰관들의 노고를 위로하고 싶습니다. 그러나 이것은 본인의 불행일 뿐 아니라 이 시대 우리 사회의 비극으로서 우리가 같은 공감대를 갖고 통곡해야 마땅하다고 봅니다"라고 말했다.[5] 불행하게도 '우리'는 재판부와 검찰과는 25년이 지난 지금까지도 그 어떤 '공감대'를 가져본 적이 없다. 통곡은 계속되고 있다.

슈퍼맨이 되지 못한 죄

1986년 3월 6일 열린 선고공판에서 서성 판사는 공소사실 전부를 유죄로 인정하고 김근태에게 안기부의 방침대로 징역 7년에 자격정지 6년을 선고했다. 『중앙일보』는 서성 판사가 구두로 "변호인들은 경찰의 위법수사와 가혹행위를 들어 검찰의 공소권이 남용되었다고 주장하나 실정법과 판례는 공소권 남용을 인정하지 않고 있어 하급심인 재판부는 이를 받아들이지 않습니다. 수사 과정의 가혹행위 문제는 증거능력의 문제이지 공소의 적법 여부 문제는 아닙니다"라고 밝혔다고 전했다.[6]

서성은 공소장에 나온 "6차례의 집회·시위 주도 사실도 모두 유죄로 인정"했다. 재판 과정에서 변호인들은 "같은 행위를 한 다른 관련자가 가벼운 구류 처벌을 받거나 문제시되지 않았던 점"을 강조했다. 서성은 이에 대해 "같은 행위를 한 다른 관련자가 가벼운 구류 처벌을 받거나 문제시되지 않았던 점은 인정되나 그것은 공소기술상 문제일 뿐, 유·무죄에는 영향이 없"다고 주장했다. 판결이 내려지자 방청객들은 "생각했던 것보다 너무 적군", "창피하게 여기시오"라고 재판부를 비아냥거렸다. 김근태에 따르면 자신을 호송하느라 여러 번 재판을 방청했던 교도관들도 "재판장이 대가 약하군", "배짱이 없는 사람이야", "너무 심하군", "승진은 이제 따놓은 당상이군" 등등 자기들끼리 한마디씩 했다고 한다.[7]

『중앙일보』는 "묵묵히 판결이유를 경청하고 있던 김 피고인은 예상했다는 듯 아무런 표정의 변화를 보이지 않고 법정을 나섰다"라고 썼다.[8] 그러나 김근태는 "그래도 그래도" 하면서 서성에게 무언가 기대를 걸었던 스스로에 대한 혐오 때문에 지글지글 부아가 끓어올라 3월 한 달을 내내 메스꺼운 상태로 보냈다. 김근태는 회고록에서 "웃기는 얘기지만 사실 난 그랬다"라면서 "경기고등학교 4년인가 선배라는 이야기에 뭔가 기대를 건 적이 있었다"라고 쑥스럽게 고백했다. 그는 "검사 또는 판사 그 개인들과 은근히 통하고 있다고 믿고 싶은 어떤 관계"에 취했고, "상대적으로 부드러운 분위기 그리고 거기서 느껴지는 개인적 관계를 확대해서 재판을 보려고" 했던 것이다.

서성은 김근태가 남영동에서 당한 고문을 폭로하는 동안 그의 이야기에 제동을 걸지 않았다. 이것은 고마운 일이었다.

　재판이 시작되기 전 변호인은 김근태에게 "사회적으로 일단 날카로운 쟁점이 되어 있는 사건의 경우에는 그 공판절차가 비교적 민주적으로 수행되는 방향으로 나아가는 것 같다. 그러나 결과에는 아직 변함이 없다"라고 조언했다. 김근태는 "그래도 법관을, 법원을 믿으려고" 하면서 "이를 나로부터 변경시키겠다는 의욕"을 갖고 "은근히 설마설마"했다. 김근태는 뒤늦게 자신이 서성의 "작전을 모른 채 이리저리 끌려 다니다가 패대기쳐진 것"임을 깨달았다. 서성은 "고문에 대한 광범한 분노를 잘 읽고, 형식 또는 절차는 주고 내용은 완전히 꿀꺽 먹어치운 것"이다.[9]

　이 사건의 핵심 공소사실은 전부 고문으로 조작된 것이기에 김근태는 법정에서 고문 폭로에 온 힘을 쏟았다. 하지만 재판부는 고문이라는 "이 사건의 본질을 구성하는 정치군부의 범죄행위"에 대해 판단하지 않았다. "수사 과정의 가혹행위 문제는 증거능력의 문제"일 뿐이라고 본 서성은 자유심증주의*를 내세우며 고문에 의한 자백을 유죄의 증거로 삼았다. 김근태가 지적하듯이 "재판부는 이렇게 함으로써 고문자들을 적극적으로 두둔한 것이었고 고문이 계속될 수 있도록 보장한 것"이다. 재판 과정에서 서성 스스로 인정했듯 이 사건은 "이을호, 문용식, 최민화 등 각 증인에 의하여 진정이 성립된 조서, 자술서를 검찰이 갖고 있지 않았다면 기소 제기조차 가능하지 못했을" 사건이었다('진정이 성립'되었다는 말은 본인이 검사 작성 피의자신문조서에 도장을 찍었다는 뜻이다). 김근태는 감옥에서 판결문을 되씹으면서 고문당한 사람들이 "혼란과 공포 속에서 찍은 손도장"을 유일한 증거로 삼아 유죄판결을 내린 것은 판사가 "누가 손도장을 찍으라고 했느냐. 원망하지 마라. 그것은 당신들 탓이다"라고

* 자유심증주의
증거의 가치를 법관의 자유로운 판단에 맡기는 제도를 말한다.

말한 것과 같다고 생각했다. 고문에 의해 조작된 사건에 대해 공소기각을 결정하는 대신 유죄판결을 한 것은, 고문한 자들의 죄를 묻지 않고 고문에 굴복한 죄를 물은 것과 같다. 고문을 이긴 슈퍼맨이 되지 못한 죄였다.

서성은 경제학과 출신의 김근태가 영국의 경제학자 모리스 돕이 쓴 『자본주의의 과거와 현재』라는 영문 소책자를 갖고 있었던 것을 "국외 공산계열의 활동에 동조하여 반국가단체인 북한공산집단을 이롭게 할 목적으로 소지"했다고 판시했다. 이 판결은 "수치스러운 속임수"였다. 너무 점잖은 게 탈인 김근태조차 이 대목에서는 "상스럽게 말할 수밖에 없는 나를 이해해달라" 하며 "이렇게까지 되고 보면 발길로 걷어차버리고 서로 침을 퉤퉤 뱉고 돌아서는 편이 피차간에 차라리 솔직한 것이 아닌가 하는 생각이 든다"라고 흥분했다. 변호인 측은 한국경제학회장, 서울상대 학장을 지낸 변형윤 교수를 증인으로 불러 이 책의 성격과 가치를 따졌다. 재판부는 변형윤의 증언 대신 내외문제연구소 연구원 김영학이라는 검찰 측 증인의 증언을 채택했다. 한국경제학계 태두의 의견을 배척하고, 모리스 돕이 쓴 책의 제목조차 잘 모르는 '듣보잡'의 '감정'을 채택한 것이다. 김근태는 경제학의 기본소양조차 없는 자의 "증언과 감정서를 증거로 하여 유죄를 인정하는 이 철면피의 뻔뻔스러움은 역사에 길이길이 남겨져 기억되어야 할 것"이라고 했다.[10]

엘리트 판사 '서성'의 행로

김근태도 운동권의 최고엘리트였지만 서성도 법원에서 첫손에 꼽히는 엘리트였다. 서성은 고등고시가 사법고시로 바뀐 뒤 제1회 사시

2014년 5월 29일 고 김근태 전 의원의 아내 인재근 씨가 고문사건 재심을
신청해 '민청련 사건'선고공판이 열렸다. 이날 서울고법 형사2부는 김근태
의원에게 무죄를 선고했다.

에 수석합격한 수재형 법관이었다. 김근태는 서성이 뒤에 고법 부장판사로 승진했다는 소식을 듣고 "선뜻 축하해주고 싶은 마음이 들지 않는다"라면서도 "능력이 있고 충분한 기간이 있었기 때문에 그렇게 된 것이고, 정치군부의 요구와 기대대로 재판의 결과가 마무리된 때문은 아닐 것이라고 믿고 싶다"라고 말했다. 김근태는 "그러나 한 가지 분명한 것이 있다"라면서 "보다 공정한 재판결과가 나왔다면 어떻게 되었을까. 그건 잘 모르는 일"이라고 토를 달았다. 서성과 김근태는 악연이라면 악연이 있었다. 서성은 1971년 11월 정보부가 조작한 서울대생 내란음모 사건 재판의 배석판사였다. 검거를 모면하여 이 사건에 '공소 외'란 접두어를 달고 등장하는 김근태는 이때부터 이 별명을 갖고 오랜 수배생활을 시작했다.

광주고법 부장판사로 승진한 서성은 1987년 3월의 간첩사건 판결로 인해 박우동 대법관으로부터 호된 비판을 받았다. 박우동은 『판사실에서 법정까지』라는 회고록에서 수사기관과 1심 법정에서는 범행을 자백했지만 고등법원에 와서는 피고인이 공소사실을 전부 부인하기 시작한 어떤 사건에 대해 자세히 서술했다. 그는 고등법원에서 "단숨에 결심하고 항소를 기각"한 이 사건의 피고인이 너무 억울해 보여 원심을 파기하자고 했으나, 1심 법원에서 한 자백 때문에 사실오인의 상고이유가 성립하지 않는다는 다른 대법원 판사의 강력한 반대로 상고기각*을 할 수밖에 없었다. 박우동은 법률상 "상고기각의 판결이 불가피하고 보니 항소심 재판에 부아가 치밀었다. 사형 다음의 중형을 선고한 판결에 그렇게 아무 감정도 고뇌의 흔적도 느낄 수 없는 것은 처음 보았다. 그 재판장이라는 사람이 원망스러웠

• 상고기각
원칙적으로 상고는 항소심의 판결 즉 제2심 판결에 대한 불복신청이다.
제1심 판결에 대해서도 이른바 비약飛躍 상고가 인정되어 있으므로
예외적으로 제1심 판결에 대한 상고도 포함된다. 상고심 관할권을 가지는
법원은 어떠한 경우에도 대법원이며, 그 제기기간은 항소의 경우와
마찬가지로 7일이다(형사소송법 제374조).
상고도 상소의 일종이므로 당사자의 구제를 목적으로 하지만, 상고심의
주된 사명은 하급법원의 법령 해석·적용의 통일을 기하는 것이다.
상고는 최종심이므로 상고심의 재판에 대하여는 다시 상소의 방법이
없기 때문에 현행법원은 신중을 기하는 의미에서 '판결의 정정' 제도를
인정하고 있다(제400조).

1997년 9월 12일 김영삼 대통령이 청와대에서 서성 신입 대법관
(오른쪽)과 함께 기념 촬영을 하고 있다.
서성은 제1회 사법고시에서 수석합격한 수재형 법관이었다. 1971년
정보부가 조작한 서울대생 내란음모 사건 재판의 배석판사였는데 이
사건에 김근태가 '공소 외'로 등장했고 이때부터 김근태와의 악연이
시작된다. 이후 민청련 사건 재판에서 김근태가 고문받은 사실을
폭로했으나 서성은 자유심증주의를 내세우며 유죄판결을 내렸다.

다"라고 썼다.[11] 2008년 6월 재심에서 무죄가 선고된 강희철 씨의 조작간첩 사건이었다. 박우동은 재판장의 이름을 적시하지 않았는데 판결문을 찾아보니 바로 서성 판사였다. 판결문은 충격적이었다. 무기징역 선고에 해당하는 항소기각*의 이유가 달랑 원고지 1.6매 분량이었다.

1994년 7월 사시 1회가 처음으로 대법관에 진입하게 되었을 때, 사시 1회의 선두주자인 춘천지법원장 서성은 이임수 전주지법원장과 치열한 경합을 벌였다. 이때 안기부는 뜻밖에도 김근태 사건 당시 고군분투한 서성이 아닌, 이임수를 지원했다. 「법원, 대법관 인사에 소장파 영향력 우려」라는 1994년 7월 2일자 보고서를 보면, 안기부는 서성을 "자신의 이미지 관리에만 치중해온 이기적인 성품"의 "보신주의적 인사"라고 폄하했다. 반면 이임수를 놓고는 "확고한 국가관과 탁월한 능력을 인정"받는 그가 소장파로부터 "법원행정처 기조실장과 서울형사지법 수석부장을 거치며 정부시책에 적극 협조했다며 매도"당하고 있다면서 그를 비호했다.[12] 그런데 이임수는 『한겨레』에서조차 "법원 내에서 정치를 해야 하는 기획조정실장을 3년이 넘게 지내면서 잡음이 거의 나지 않아 처신에 아주 뛰어난 면모를 보여주었다"라면서 "약점이 너무 없는 것이 약점"이라는 우호적 평가를 받고 있었다.

1994년 7월 대법관 인사의 특징은 "정치판사 시비 등 문제의 소지가 있는 판사들을 배제"하는 분위기여서 서성은 대법관 선임에서 탈락했다. 언론은 윤관 대법원장이 "가재환(송씨 일가 사건 당시 대법원장 비서실장), 서성 원장 등 출중한 능력으로 주목을 받아온 법관들에 대한 미련을 버리지 못했으나, 결국 울면서 마속을 베는 심정으로 뜻을 꺾었다"라고 보도했다.[13] 가재환은 끝내 대법관이 되지 못했으나, 서성은 1997년 1월 다시 한번 고배를 마신 뒤 그해 9월 마침

* 항소기각
항소법원이 원심 판결이 옳다고 인정하여, 항소 사건의 소송절차를
종결하는 판결이나 결정을 말한다.

내 대법관이 되었다. 어쨌든 안기부가 김근태 사건을 안기부의 공판 대책 그대로 처리해준 서성을 왜 "자신의 이미지 관리에만 치중해온 이기적인 성품"의 "보신주의적 인사"라고 폄하했는지는 참으로 이해가 되지 않는다. 서성으로서는 정말 뭣 주고 뺨 맞은 격이었다.

6 부천서 성고문 사건의 두 공범

처음으로 고문을 제대로 폭로했던 김근태가 징역 7년을 선고받은 지 채 석 달도 안 되어 세상을 뒤흔든 고문 문제가 또다시 발생했다. 경찰에서 조사를 받던 권인숙이라는 학생 출신의 여성 노동자가 문귀동이라는 경찰관에게 성고문을 당한 사건이 터진 것이다. '부천서 성고문 사건'의 처리 과정은 제5공화국이라는 체제의 최고엘리트가 모인 검찰과 법원에 일말의 도덕성조차 남아 있지 않다는 참담한 사실을 확인해주었다. '부천서 성고문 사건'은 그 시절, 정치적 양심이라는 것의 한 조각을 가슴에 품고 사는 사람들에게 광주항쟁과는 또 다른 각도에서, 이 정권과는 도저히 같은 하늘 아래 살 수도 살아서도 안 된다는 다짐을 하게 만들었다. 사반세기가 지나 이 글을 쓰는 오늘도 그날 어느 서점에서 변호인들이 작성한 유인물을 보며 분노와 수치심에 덜덜 떨었던 기억이 어제 일처럼 생생하다.

1985년 2·12 총선으로 안기부가 만든 민한당을 대신해 신민당이 출현하면서 '직선제 개헌'이 정치권 최대 쟁점으로 등장했다. 신민당은 2·12 총선 1주년을 맞이하여 '대통령직선제 개헌 1,000만 명 서명운동'에 돌입했다. 신민당은 3월 8일 헌법개헌추진위원회 서울

시 지부 현판식이라는 형식을 빌려 새로운 명목의 장외투쟁을 시작
했다. '현판식'이란 본래 건물 밖에 간판을 내거는 일이니 옥외집회가
될 수밖에 없고, 각 지부가 저마다 현판식을 하도록 했으니 자연스럽
게 전국 릴레이 집회가 열리게 되었던 것이다. 그 때문에 1986년 봄
은 '현판식' 정국이라 부를 만한 상황이 조성되었다. 전국을 돌며 개
최된 릴레이 옥외집회의 피날레로 예정된 것은 5월 3일의 인천지부
현판식이었다.

'현판식' 정국과 5·3 인천 사태

각지의 현판식은 신민당이 주도한 행사였지만 재야와 학생운동, 노
동운동 세력도 적극 참여했다. 그런데 급진적인 민중운동 세력과 신
민당 간에 묘한 균열이 발생했다. 당시의 민중운동은 이념적으로 대
단히 급진화되어 있었다. 특히 4월 28일에는 "반전반핵 양키 고홈!"
이라는 구호를 내걸고 김세진, 이재호 등 서울대생 두 명이 분신하는
충격적인 사건까지 발생했다. 전두환은 4월 30일 신민당 총재 이민
우와 회담을 갖고 여야가 합의하면 임기 중에 개헌을 할 수 있다면서
신민당이 재야나 민중운동 세력과 선을 긋기를 요구했다. 이민우 역
시 과격한 좌익학생운동은 단호히 다스려줄 것을 주문하며 이에 화
답했다.

　　이런 상황은 5월 3일의 인천지부 현판식을 그 이전의 현판식과
는 사뭇 다른 분위기로 만들었다. 전국 순회 집회로 분위기가 달아오
른 상태에서, 민중운동 세력은 "인천을 해방구로!"라는 구호를 내걸
고 인천에 총집결해 "미제 축출", "파쇼 타도"를 외치며 격렬한 가두
시위를 벌였다. 학생들은 "신민당은 각성하라" 등의 구호도 함께 외

1986년 5월 3일, 신민당은 헌법개헌추진위원회(헌특위) 인천지부 현판식을
열 계획이었으나 급진적 민중운동 세력의 가두시위로 무산되었다.
사진은 5·3 인천 사태 당시 불에 타고 있는 차량과 현장의 모습.

쳤고, 신민당의 현판식은 무산되고 말았다. 지금은 저 멀리 가버린 경기도지사 김문수는 단군 이래 가장 많은 화염병이 허공을 가른 '5·3 사태'의 핵심 지도부였다.

이른바 '5·3 사태'의 파장은 심각했다. 전두환 정권은 사건 관련자 319명을 연행해 129명을 구속했고 37명을 수배했다. '부천서 성고문 사건'의 피해자 권인숙도 정권이 눈에 불을 켜고 '위장취업자' 등을 색출하는 과정에서 동네 통장의 신고로 6월 4일 경찰에 연행되었다. 권인숙의 죄목은 공장에 취업하기 위해 다른 사람의 주민등록증을 고치는 등 공문서 위조를 했다는 것이었지만, 경찰의 주된 관심은 권인숙으로부터 5·3 사건 수배자들에 대한 정보를 캐내는 것이었다. 이때 문귀동이라는 자가 권인숙에게 차마 입에 담기 힘든 몹쓸 짓을 했다.

교도소에 갇혀 있던 권인숙은 용기를 내 그 끔찍한 일을 면회객들을 통해 밖으로 알렸다. 가족들이나 가족들이 선임한 공문서 위조 사건의 변호사는 권인숙에게 조용히 있으면 기소유예나 집행유예가 될 수 있다고 만류했으나, 권인숙은 또 다른 피해자를 막기 위해서라도 진실을 알려야 한다며 뜻을 굽히지 않았다. '민주사회를 위한 변호사 모임'의 전신인 '정법회'에서는 권인숙이라는 여성이 감옥에서 변호사와의 만남을 간절히 원한다는 소문을 듣고 이상수 변호사를 보냈다. 권인숙을 면회하고 온 이상수 변호사의 충격적인 얘기를 듣고 조영래·홍성우 변호사 등이 한달음에 달려갔다. 몇 년 전부터 이런저런 풍문으로 떠돌던 성고문의 실체는 이렇게 드러났다.

사건이 발생하고 한 달 만인 7월 3일에는 권인숙이, 7월 5일에는 조영래 등 변호사 아홉 명이 문귀동을 정식으로 고발했다. 당시 안기부장 특별보좌관으로 5공과 6공 시절 권력 실세의 한 사람이었던 박철언에 따르면, 경찰·검찰·안기부 등 공안당국은 "권인숙이 허위사실을 주장하고 있으며 심지어 급진좌경 사상에 물든 나머지 혁명을 위해 성적 수치심마저 이용"한다고 보고 있었다. 안기부 인천분실장이 7월 10일에 올린 보고서에도 권인숙이 성고문을 당했다고 주장하는 6월 6일과 7일 문귀동은 집에서 쉬고 있었고 권인숙을 취조한 일이 없다고 되어 있었다고 한다. 이런 잘못된 보고서를 토대로 안기부장 장세동은 7월 11일 열린 안기부 확대부서장회의에서 "현 상태에서는 공권력 마비를 위한 공산세력의 조작이다. 사실대로 수사하여 진위를 가려야 한다. 수사결과에 따른 대책을 강구하라"라고 지시했다.[1]

누구나 자기편 말에 더 귀 기울이는 것은 인지상정이라 할 수 있지만, 조금만 주의 깊게 들여다보면 누가 거짓말을 하는지는 금방 알 수 있는 일이었다. 그러나 권력은 눈을 감았다. 아니 눈을 감기로 했다. 이 사건의 본질이 "문귀동이라는 한 변태성욕자가 우발적인 충동에 의해 저지른 단독 범행이 아니라 경찰관료 조직 내부의 의도적인 성고문 계획에 따른 자행된 조직범죄"였다는 점은 권력의 판단력을 마비시켰다. 도마뱀은 꼬리라도 자르건만, 권력은 도덕성은 물론이고 도마뱀만 한 판단력도 보여주지 못했다.

이상한 논쟁: 성은 혁명의 도구인가, 고문의 도구인가

당시 인천지검장으로 지금은 고인이 된 김경회 변호사는 회고록에서 권인숙이 문귀동을 고발한 다음 날인 7월 4일 법무장관 김성기가 "경찰에서 권인숙을 명예훼손과 무고로 맞고소하면 받아줘야 할 것 아니냐" 하며 신경질적인 전화를 했다고 밝혔다. 장관의 전화가 있고 두 시간이 채 안 돼 인천경찰국장 유길종 등이 찾아와 경찰에서 조사해보니 '성고문'은 터무니없는 허위사실이라며, 상부의 지시로 경찰을 무력화하려는 권인숙을 무고 혐의로 맞고소하겠다는 뜻을 전했다. 이들이 돌아간 후 경찰은 곧 고소장을 접수시켰다. 도둑이 매를 든 것이다. 이 모든 일은 결코 우연이 아니었다. 법무장관 김성기가 내무장관 정석모와 협의한 뒤 김경회에게 압력을 가한 것이다. 법무부는 이 사건이 "초임 검사도 처리할 수 있는 50대 50의 사건"인데 검사장 김경회가 신속히 수사하지 않고 미적거린다며 볼멘소리를 했다. 양쪽의 고발을 받은 뒤 문귀동과 권인숙을 모두 무혐의 처리하라는 분위기였다는 것이다.[2]

처음에 인천지검은 나름대로 의욕을 갖고 사건을 수사했다. 검찰은 경찰서 유치장과 인천교도소에서 권인숙으로부터 성고문 사실을 들은 수감자들과 경찰관 등 43명을 소환하여 진술을 받았다. 인천지검 검사 남충현은 변호인과 기자들에게 "나중에 결과를 보면 우리가 얼마나 공정하게 수사를 했는지 알 것이다"라고 호언했다. 그런데 7월 16일의 검찰 수사결과 발표는 참담하기 짝이 없었다. 검찰은 권인숙이 조사받은 방은 안이 들여다보이는 곳이고 다른 경찰관들이 옆방에서 날씨가 더워 모두 문을 열어놓고 왔다 갔다 하는데 성고문이 있었다는 주장은 인정할 수 없고, 단지 문귀동이 조사 중 티셔츠를 입은 가슴 부위를 몇 차례 쥐어박은 사실이 있을 뿐이라고 강변했다. 검찰은 문귀동이 조사에 집착한 나머지 우발적 과오를 저질렀지만 "그는 이미 파면처분을 받았고 지난 10년 이상 검찰에 봉직하여 성실하게 근무하여왔을 뿐만 아니라 자신의 과오를 깊이 반성하고 있는 점 등을 참작하여 문귀동을 기소유예할 방침"이라고 밝혔다. 검찰이 실제 조사한 내용과는 딴판인 발표였다.

더구나 검찰은 수사결과 발표문 말미에 '사건의 성격'이라는 제목의 보도자료를 달아 기자들에게 배부했는데, 이 보도자료는 당시의 검찰총장 서동권이 나중에 국회에서 밝힌 바에 따르면 검찰이 작

1986년 5·3 사건 이후 검거된 권인숙(왼쪽)을 사건 수배자 정보를
캐내던 경찰관 문귀동(오른쪽)이 성고문한 사실이 세상에 알려졌다.

권인숙은 또 다른 피해자를 막기 위해서라도 진실을 알려야 한다는
생각에서 자신이 당한 끔찍한 일을 면회객들을 통해 밖으로 알렸다.
아래 사진은 성고문이 일어난 부천서 조사실.

성한 게 아니라 안기부와 문공부에서 작성한 것이었다.[3] 권인숙은 "목적을 위해서는 어떤 비열한 짓도 서슴지 않는 운동권"으로 매도되었고, 안기부는 운동권이 "성을 혁명의 도구화"한다며 펄펄 뛰었다. 보도자료는 이렇게 주장했다. "급진좌경 사상에 의한 노학 연계 투쟁을 전개해왔던 권인숙의 '성적 모욕'의 허위사실 주장은 운동권 세력이 상습적으로 벌이고 있는 소위 의식화투쟁의 일환으로서, 폭행 사실을 성 모욕 행위로 날조, 왜곡함으로써 자신의 구명과 아울러 일선 수사기관의 위신을 실추시키고 반체제 혁명투쟁을 사회 일반적으로 확산시켜 정부의 공권력을 무력화시키려는 의도로 판단됨."

앵무새 언론도 준엄하게 운동권을 꾸짖었다. '성'이 혁명의 도구인가, 고문의 도구인가 하는 논쟁이 벌어진 것이다. 사실 논쟁이고 뭐고 할 문제도 아니었다. 김수환 추기경이 7월 21일 "개헌보다 인권문제가 더 시급하다"라는 제목으로 행한 강론은 논쟁 같지 않은 이 논쟁에 마침표를 찍었다. 이 강론을 통해 권인숙의 고통스러운 폭로를 감싸안은 김수환 추기경은 옥중의 권인숙에게 "무어라고 인사와 위로의 말을 하면 좋을지 모르겠습니다"라는 따뜻한 편지를 보냈다. 추기경의 강론은 진실을 감추려던 전두환 정권에 치명타였다.

김경회 검사장의 고백

인천지검장으로서 당시 사건의 수사책임자였던 김경회는 회고록 『나 이제 자유인 되어』(랜덤하우스코리아, 2002)에서 이 사건의 결론이 어떻게 어이없이 뒤집히게 되었는지를 자세히 밝혔다. 말기 암을 선고받고 죽음을 앞둔 상태에서 작성된 그의 회고록은 보기 드물도록 솔직하게 자신의 검사 생활 중 "가장 치욕스럽고도 부끄러운 사건"을 고백한다.

　김경회에 따르면, 부천서 성고문 사건은 "정권의 존립과 직결되는 사건"이었다. 인천지검은 나름 사실을 밝히려고 노력했지만 "경찰은 물론 모든 공안기관"이 인천지검의 수사를 "사시의 눈으로 보고" 있었다. 문귀동을 구속하려던 김경회 검사장은 "고립무원"의 처지에 빠졌다. 인천지검 특수부장 김수장은 당시 정권 실세의 한 사람인 박철언 안기부장 특보의 사시 동기였다. 박철언은 청와대와 안기부에서 주로 근무했지만, 친정은 역시 검찰이었다. 김경회와 상의한 김수장은 7월 9일 박철언에게 도움을 요청했고, 박철언은 자신이 뒷받침해줄 테니 소신껏 수사하라고 김수장을 격려했다. 박철언은 다음 날 김경회에게도 전화를 걸어 검찰총장에게 원칙대로 사건이 처리되어야 한다고 말했음을 전했다.

　김경회에 따르면 박철언의 전화를 받자마자 법무부 검찰국장 김두희가 전화를 걸어왔다. 법무장관 김성기가 아침 간부회의에서 "나의 직을 걸고 명령하니 원칙대로 파헤치라"라고 호언했다는 것이다. 김경회는 "어제까지의 태도와는 판이한 이 현상이 정부권력의 취약성 때문인가 아니면 줏대 없는 검찰권의 방황이라 할 것인가?"라는 느낌이 들어 실소를 금할 수 없었다고 했다. 김경회는 김수장에게 박철언에게 도움을 청한 사실은 "우리 둘만의 비밀로 하자"라고 다짐하면서 "수사에 대한 열정을 다시 한번 불태웠다"라고 회고했다.[4]

　이렇게 '실세' 박철언의 지원으로 탄력을 받았던 인천지검의 수사는 하루아침에 뒤집혔다. 수사결과 발표 전날인 7월 15일 오전, 김경회는 검찰총장 서동권에게 불려갔다. 안기부장 장세동이 주도한 관계기관대책회의를 마치고 나온 서동권은 "안기부에서는 발표문과 대통령에 대한 보고문서 등에 성고문의 '성'자도 나와서는 안 된다고 했다"라는 것이다. 김경회는 기가 막혀서 자신도 모르게 소리 내 웃었다고 한다.

문귀동을 구속해야 한다던 인천지검의 수사결론이 뒤집힌 것에 대해 당시 안기부장이던 장세동은 이 시나리오는 "전직 대통령의 결정이겠지요"라고 훗날 진술한 바 있다.[5] 5공 비리 청문회 등에서 온몸을 내던지면서까지 전두환을 보호했던 장세동이 그렇게 얘기했다면, 그것은 전두환의 결정이었음이 틀림없다. 실세 박철언은 5공 시절에는 경찰의 영향력이 상당했다면서, 그 이유를 전두환의 형 전기환이 경찰 출신인 데서 찾았다. 제5공화국판 '형님정치'였던 것이다.

수사결과 발표가 있던 7월 16일 아침, 수사에 참여했던 한 검사가 간부회의가 열리고 있던 검사장실로 들어와 대성통곡했다고 한다. 김경회도 회의를 마치고 "혼자 방에서 문을 걸어 잠근 채 소리 없이 울었다"라고 썼다. 김경회가 할 수 있었던 최대의 저항은 검사장이 직접 수사결과를 발표하라는 대검의 지시를 거부한 일이다. 그 때문에 오후 4시로 예정되었던 수사결과 발표는 6시 30분으로 미뤄졌고, 발표는 특수부장 김수장이 대신했다. 언론사에는 검사장이 직접한다고 알려두었기 때문에 TV 화면에는 김수장의 얼굴 밑에 김경회라는 자막이 떠 있었다고 한다. 김경회는 김수장에게 "평생에 못할 짓을 내가 시킨 꼴"이 되었다며 미안해했다.

다음 날 검찰총장은 전화를 걸어 인천과 서울의 일부 검사들이 어제 발표에 대해 이견과 불만을 내는 소리가 공안기관에 감지되니 부하들 입단속을 시키라는 지시를 했다고 한다. 김경회는 "지금 이 마당에 검사장이 입단속이나 시킬 형편인가? 수챗구멍에 목을 묻고 죽지 못해 살고 있는 처지가 아닌가? 아무리 보안을 당부한들 손바닥으로 하늘을 막는 격이니 창피해서 얼굴을 들고 다닐 수가 없었다"라고 회고했다. 문귀동의 기소유예 처분에 이르기까지의 기간에 대해 김경회는 "사실과 동떨어진 엉터리 발표를 해놓고 그래도 일말의 양심은 있어서인지 최종 불기소 결정론을 놓고 이리저리 잔머리”를 굴리는 검찰 조직을 보며 “거대한 정신병동에 살고 있는 것 같은 느낌”이라고 썼다. 문귀동에 대해 기소유예 처분을 내리자, 장관이 간부들에게 나눠 주라며 격려금 200만 원을 보내왔다고 한다.[6]

“오늘 우리는 사법부의 몰락을 봅니다”

검찰이 문귀동을 기소유예 처분하자 조영래 등 변호인들은 이에 불복해 9월 1일 재정신청서를 제출했다. 재정신청에는 무려 166명의 변호사가 소송대리인으로 참여했다. 그러나 서울고법 형사3부(재판장 이철환)는 10월 31일 “권인숙의 일방적인 진술만으로는 이 사실을 인정하기가 어렵다”라며 재정신청을 기각했다. 재판부는 “피의자 문귀동은 직무에 집착한 나머지 무리한 수사를 하다가 우발적으로 저지른 범행으로 이미 파면되고 비등한 여론으로 인하여 정신적 고통을 받았었기 때문”에 기소유예 처분이 정당하다고 보았다. 사법부도 적극적으로 성고문 은폐에 가담한 것이다.

이 기막힌 결정에 대해 조영래 변호사는 이렇게 탄식했다. 조금 길지만 꼭 되새겨야 할 말이다. “우리는 오늘 우리 사법부의 몰락을 봅니다. 아무리 뼈아프더라도 이 말을 들어주십시오. 사법부는 그 사명을 스스로 포기한 것입니다. 한 그릇의 죽을 얻는 대가로 장자 상속권을 팔아넘긴 에서처럼, 사법부는 한갓 구구한 안일을 구하기 위하여 국민으로부터 위탁받은 막중한 사법권의 존엄을 스스로 저버린 것입니다. 우리는 이 사태에 대하여 사법부에 몸담고 있는 법관 개개인들만을 비난할 생각은 추호도 없습니다. (……) 그러나 적어도 사법부로서는 이 사태의 책임을 다른 누구에게도 전가하려 들어

1988년 5월 '부천서 성고문 사건'의 위자료 청구 소송 첫 재판이 끝난 뒤
법정을 나오고 있는 조영래 변호사(오른쪽)와 권인숙(왼쪽) 씨. 검찰이
문귀동을 기소유예 처분하자 조영래 등 변호인들은 이에 불복해 9월
1일 재정신청서를 재출했다. 검찰뿐 아니라 사법부도 성고문 은폐에
가담한 것으로 본 것이다. 조영래는 "우리는 오늘 우리 사법부의 몰락을
봅니다⋯⋯. 용기가 없는 사법부, 스스로의 사명을 저버린 사법부는 국민의
신뢰와 지지를 기대할 자격이 없습니다"라며 탄식했다. 조영래는 혼신의
힘을 다해 권인숙을 변호했으나 12월 4일의 선고공판에서 재판부는
권인숙에게 실형 1년 6월을 선고했다.

서는 안 된다는 것을 강조해두고자 합니다. 용기가 없는 사법부, 스스로의 사명을 스스로 저버린 사법부는 국민의 신뢰와 지지를 기대할 자격이 없습니다. 우리는 비통한 심정으로 말하거니와 이 재정신청 기각 결정으로 인하여, 이제 더 이상 사법부의 독립성을 믿는 사람은 거의 없게 되었다고 하여도 과언이 아닐 것입니다. 사법부의 존립 근거 자체에 대하여 의문을 제기하지 않을 수 없게 하는 이 사태의 위험성에 대하여, 사법부에 몸담고 있는 모든 법관들이 깊이 통찰하고 사법권의 존엄을 스스로 지키기 위한 건곤일척의 몸부림을 시작하지 않으면 아니될, 더 이상 늦출 수 없는 역사적 순간이 도래했다고 우리는 믿습니다."[7]

전두환 정권은 어떻게든 권인숙을 묶어두어야 했다. 어쩌면 이미 결론이 나 있는 재판에서 변호인들, 특히 조영래 변호사는 혼신의 힘을 다했다. 그가 쓴 변론요지서는 학살과 고문이 자행되던 불행한 시대가 낳은, 다시 읽기 힘든 명문이었다. 변론요지서는 "변호인들은 먼저 이 법정의 피고인석에 서 있는 사람이 누구인가에 대하여 이야기하고자 합니다. 권 양…… 우리가 그 이름을 부르기를 삼가지 않으면 안 되게 된 이 사람은 누구인가? 온 국민이 그 이름은 모르는 채 그 성만으로 알고 있는 이름 없는 유명 인사, 얼굴 없는 우상이 되어버린 이 처녀는 누구인가"로 시작했다. "눈물 없이는 상기할 수 없는 '권 양의 투쟁'"을 실제로 조영래는 눈물을 쏟아가며 변호했고, 변론이 끝난 뒤에도 한동안 울음을 그치지 못했다고 한다.

12월 4일의 선고공판에서 재판부(인천지법 형사2부, 재판장 윤규한)는 "비록 목적이 근로자의 권익보호를 위한 심정에서 위장취업했다고 하나 남의 주민등록증을 훔쳐 사진을 갈아붙이고 기타 인적 사항을 도용해 이력서를 작성한 행위는 그 방법에 있어 지나치다"라며 실형 1년 6월을 선고했다. 문귀동은 기소유예 처분을 받고 풀려났는데 권인숙은 공문서 위조 혐의로 실형을 살게 된 것이다.

『조영래 평전』(안경환 지음, 강, 2006)에 의하면 "당시 재판을 맡았던 인천지방법원 합의부가 당초 집행유예 처분을 내림으로써 권인숙을 즉시 석방하는 것으로 합의를 보았으나 선고 직전에 실형 1년 6월로 조정했다"라고 한다. 이는 "재판장과 주심판사가 나머지 배석판사와 상의 없이 결정한 형량"이었으며 "재판부의 한 사람은 선고를 내리기 직전에 정부의 압력이 있었다고 후일 사석에서 고백했다"라는 것이다.[8] 국정원 과거사위가 확인한 바로는 당시 안기부 인천분실 대공과장이 재판부에 권인숙이 실형을 언도받도록 강력히 조정했음을 입증하는 보고서가 국정원에 남아 있다.[9]

사람은 참 가지가지다. 문귀동 같은 자가 있는가 하면, 문귀동을 써먹어 출세하려던 자가 있고, 문귀동의 죄악을 덮어버려야 정권이 산다고 생각한 자가 있고, 문귀동을 잡아넣는 것이 오히려 체제유지에 도움이 된다고 생각한 자도 있다. 검찰과 사법부가 성고문 은폐의 공범이 될 때 거기에 기꺼이 협력한 자도 있고, 부끄러워한 자도 있고, 분해서 눈물을 흘린 자도 있을 것이다. 그리고 권인숙의 고통에 아파하며 눈물을 흘린 자도 있다.

2005년 강정구 교수 사건 당시 천정배 법무장관의 수사지휘권 발동에 반발해 검찰총장이 사표를 낸 사건이나 요즘 자기들의 권위가 침해당했다고 눈을 부라리는 검찰을 보노라면, 검찰에는 그저 분노만 남은 것 같다. 부끄러움이란 가르쳐서 알게 되는 것은 아니다. 부끄러워할 줄 알았던 김경회 검사 같은 분이 그래서 돋보인다. 고인은 진정으로 검찰의 성고문 은폐를 부끄러워했고, 이는 한국 검찰의 풍토에서 정말 소중한 자기반성이었다. 다만 그분의 회고록에서도 비록 검찰의 치욕에 대한 반성은 있었을지언정 피해자에 대한 미안함은 없었다. 그래서 아쉽다.

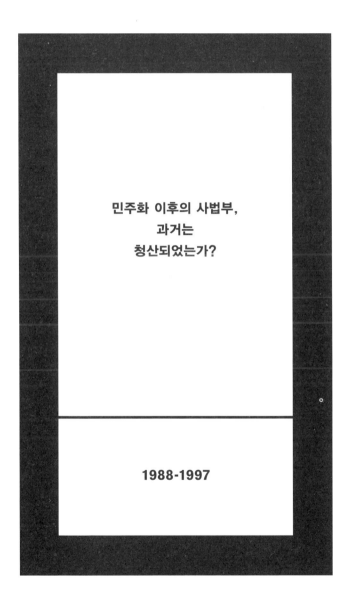

5

민주화 이후의 사법부,
과거는
청산되었는가?

1988-1997

1 '공안판사제'를 꿈꾼 안기부

1989년 동구 사회주의 체제 붕괴 이후 운동권 진영에는 급진적 사회변혁 대신 체제 내의 개혁을 추구하는 움직임이 일었다. 학내시위나 조직사건으로 실형을 살았거나 '위장취업'을 해서 노동현장에 갔던 사람들 중 뒤늦게 고시를 통과하는 사례도 나오기 시작했다. 서울대 총학생회장 출신으로 국가보안법 위반으로 징역을 산 이정우가 1990년 외무고시에 처음으로 합격하고는 이어 고시 3과에 모두 합격해 화제가 되었고, 같은 해 사법시험에서는 『깃발』 사건*으로 실형을 산 이홍구가 처음으로 합격했다. 시위와 관련하여 유기정학을 받은 바 있는 '위장취업자' 원희룡은 1992년 사법시험에 수석합격하기도 했다. 운동권 출신의 사법시험 합격자 수는 1993년 대략 20명이었고, 1996년에는 100명 선을 넘어 더는 화젯거리가 되지 않았다.[1]

* 『깃발』 사건
1985년 10월 29일 검찰이 서울대학교 학생운동의 비공개 조직인
'민주화추진위원회'(민추위)를 이적단체로 규정해 관련자 26명을
구속한 사건이다. 민추위는 '노동문제투쟁위원회', '민주화투쟁위원회',
'홍보위원회', '대학 간 연락책' 등 4개 기구를 두고 1985년 3월
삼민투쟁위원회를 결성해 그해 5월의 서울 미문화원 점거농성 사건 등을
주도했다. 또한 단체활동에 대한 평가 및 올바른 운동 방법 등에 대한
내용을 담은 신문 『깃발』을 두 차례 발행했다. 1985년 10월 29일 검찰은
민추위를 국가보안법상의 이적단체로 규정한 뒤 관련자들을 구속하거나
수배했다. 이 사건과 관련해 민청련 의장 김근태가 구속됐으며 수배자
박종운의 소재를 파악한다는 이유로 서울대생 박종철을 조사하다 그가
고문과 폭행으로 사망하는 사건이 발생하기도 했다.

운동권 출신 법관의 출현, 그러나 임용 배제

운동권 출신들이 처음 사법시험에 합격했을 때만 해도 보수언론은 이들의 새로운 선택을 반겼다. 이흥구의 합격에 대해 『중앙일보』는 사설을 통해 "지난날에는 필기시험에 우수한 성적으로 합격하고도 면접시험에서 전력이 문제가 되어 불합격된 경우가 적지 않았다는 항간의 말들을 생각할 때 면접시험까지 거친 이번 최종합격이 사회의 변화를 시사하는 것이 아닌가 하는 기대를 갖게 하는 것은 사실"이라고 반가움을 표시했다.[2]

이흥구는 사법연수원을 마치고 1993년 3월 1일자로 서울지법 남부지원 판사로 무사히 임명되었다.[3] 그리고 그의 이름은 2년여 후 안기부의 보고서에 등장하게 된다. 「문제 성향 판사의 형사부 보직 배제 필요」라는, 1995년 7월 25일자 안기부 보고서는 "최근 서울지법 이흥구 판사의 김일성 전기 판매자에 대한 구속영장 기각 등 문제 성향 판사의 좌익사범 관용조치가 빈발"하고 있다면서, "체제도전 세력에 대한 검찰의 대응을 곤란케 함은 물론 국민 대공 경각심을 해이"시킬 것이라 우려했다. 안기부는 "운동권 출신 예비 법조인(9명)의 법조계 진출 시 관용조치 증가가 명약관화"하기 때문에, "법원과 협조, 문제 성향의 현직 판사와 예비 법조인들에 대한 형사부 보직 배제를 유도해나감이 바람직"하다고 강조했다.[4]

위 보고서가 문제 삼은 사건의 결정문에서 이흥구 판사는 "국민들이 우리의 사회체제에 대해 자신감을 갖고 있는 점 등을 감안하면 김일성의 정통성을 인정하거나 혁명 노선에 동조하는 책에 대해 국민들은 오히려 비판하게 될 것"이라고 우리 체제에 대한 자신감을 내비쳤다. 검찰은 이흥구 판사에 의해 기각된 구속영장을 다시 청구했는데, 국가보안법 전력자가 아닌 서울지법 형사22부 박재완 판사

역시 그 영장을 기각했다.[5]

안기부는 사법연수원에서 연수 중인 운동권 출신 아홉 명이 '형사부 보직'에서 배제되어야 한다고 주장하면서 신원조사를 대폭 강화했다. 『한겨레』는 안기부가 임용 예정자의 취미, 애인, 차종, 재산 상황, 서울에 사는 고교 동창 이름, 결혼계획 등을 묻는 전화를 여기저기 걸었고, "그 사람이 판(검)사로서 자질이 있는 사람이라고 보느냐" 하며 탐문하는 등 "관례를 벗어나는 질문"을 했다고 보도했다. 안기부는 질문 내용에 항의하는 지망자에게는 "당신이 그렇게 불쾌하게 여긴다면 그런 태도도 보고서에 그대로 써서 올리겠다"라고 위압적 태도를 보였다. 다음 날짜 신문에는 "당국은 과거에도 실형을 받은 사람은 임용한 선례가 없다며 임용에 부정적인 것으로 알려졌다"라는 불길한 예측 기사가 실렸다.[6]

실제로 법무부는 1996년 2월 23일 검사직을 지망한 연수원 25기 수료자 가운데 시국사건 실형 전과가 있는 천낙붕, 최승수와 면접 때 "그동안 검찰은 권력에 아부하는 등 정치지향성이 많았다"라고 지적한 천삼현 등 세 명을 임용에서 떨어뜨렸다. 언론의 보도에 따르면, 이들은 "이번에 검사직을 지망한 수료자들 가운데 성적이 우수한 편에 속할 뿐 아니라 임용에서 제외될 만한 다른 특별한 사유가 없는" 사람들이었다.[7] 이들은 국가를 상대로 '검사 임용거부 처분 취소소송'을 냈으나, 1997년 6월 20일 서울고법 특별9부는 "이유 없다"라며 원고패소 판결을 내렸다.[8] 1996년도 사법시험에서는 시위 전력자 오기형 씨가 3차 시험에서 탈락했다.[9] 사면과 복권은 아무런 의미가 없었다.

1997년 서울고법의 판결 이후 대법원은 공공연하게 학생운동 전력자들의 판사 임용을 거부했다. 1998년 1월 5일 열린 대법관들의 간담회는 "우리 사회의 최후 보루인 법원에 급진적인 사상이 어울리지 않으며, 개인의 특수한 경험이 공정한 재판을 해칠 우려가 있다"

라는 등의 이유로, 학생운동으로 실형을 선고받은 경력이 있는 사법연수원생들의 법관 임용을 허락하지 않기로 결정했다. 이에 따라 법원행정처는 사법연수원 27기생으로 법관을 지망하려는 학생운동 전력자 네 명을 불러 "법원에 지원하더라도 임용하지 않을 방침"임을 통보했다.[10] 이후 학생운동으로 집행유예 이상의 형을 받은 사람들이 사법연수원 성적과 관계없이 판검사 임용에서 탈락하는 일이 줄을 이었다. 그러나 형을 산 적이 없는 운동권 출신까지 걸러낼 방법은 없었고, 1980년대의 시대정신을 간직한 사람은 걸러내기에는 너무 많았다.

안기부의 오랜 소원

안기부 등이 운동권 전력이 있는 판사들을 문제 삼은 것은 1980년대에 비해서는 법원이 민주화되고 사법부의 독립성도 조금이나마 회복되었기 때문이다. 1988년 소장 판사들의 사법부 독립 요구로 세칭 제2차 사법파동이 일어난 이후, 정치권력이 사법부의 인사나 판결에 개입하는 데는 상당한 제약이 생겼다. 『한겨레』도 1992년에 이미 "이일규 대법원장 이래 재판과 관련한 압력은 없어졌다"라고 단언했다.[11]

그럼에도 정치권력은 정치권력대로, 안기부는 안기부대로 사법부의 판결에 영향을 미치고 싶은 욕구를 포기하지 않았다. 한동안 잠잠했던 정치적으로 '문제'가 있는 성향의 판사들에 대한 인사조치가 부활했다. 1996년 3월의 신규 법관 임용에서 실형을 산 시위 전력자들이 탈락한 데 이어 "공안검사 울리는 두 명의 판사" 또는 "공안검사들의 천적"이라고 신문에 소개되었던 판사들이 인사조치를 당했다. 유원석 판사는 1997년 2월 18일 갑자기 사표를 냈고, 박시환 판사도 2월 말 정기인사에서 서울지법 형사단독에 임명된 지 1년 만에 이례적으로 서울지법 민사단독으로 발령이 났다.[12] 두 판사의 인사는 국회에서 "소신 있는 판결과 관련된 편파적·불공정 인사"로 문제가 되었다.[13]

안기부는 이 무렵 「법원의 공안판사제 신설 검토 필요」라는 파격적인 주장을 내놓았다. 이 보고서에서 안기부는 "체제수호의 일익을 담당하고 있는 사법부의 경우, 소장 판사들 간 신세대적 자유주의 사고 유입, 운동권 출신 판사 임용, 사법부의 연소화 등으로 체제수호 의지가 약화"되고 있다고 진단했다. 안기부는 "1980년대에 대학을 다닌 20~30대 판사가 70퍼센트"가 되고 영장실질심사 등 피의자의 인권을 보호하는 장치가 상당한 수준에서 도입된 상태에서 "북한은 물론 좌익세력들의 조직, 투쟁전략 등에 대한 이해가 부족"한 일반형사부에 사건을 맡겼다가는 "체제도전 세력들에게 수시 불구속, 무죄선고 등 관대한 처분"을 내리는 경우가 속출할 것이라고 우려했다. 그 대안으로 안기부는 "법원에 기존 민사·형사·가사부와 별도 공안부를 신설"할 것을 제안했다. "국가관이 투철하고 전문지식을 보유한 판사들로 하여금 공안사건을 전담"케 하겠다는 이야기다.[14]

법원에 공안사건을 전담하는 판사나 재판부를 두자는 안기부의 발상은 사실 이 보고서에서 처음 선보인 것이 아니다. 1996년 10월 1일 서울지법 등에 대한 국정감사에서 신한국당 의원 정형근은 "특허, 교통, 선거 등 전문화 시대에 맞춰 법원도 전담재판부를 설치해서 의료사고, 지적재산권, 국제거래, 해상사건 전담재판부가 설치·운영 중"이라며, "공안사건의 경우 일반인이 판단할 수 없는 고도의 위험성에 대한 판단으로 어느 사건 못지않은 전문성이 필요하나 현재 법원은 국보법에 대한 인식도가 다소 미흡한 소장 법관들이 판결하고 있어, 공안사건의 특수성을 인식하지 못하고 일반형사사건과 같은 기준으로 처리하고 있어 좌익사범 척결에 어려움이 대두하고 있다"라고 주장했다. 그는 이어 "따라서 그 해소방안으로 공안사건 전담 재판부를 설치하거나 단독판사가 아닌 합의부에서 재판하는 방안을 검토할 용의가 없는지" 물었다.[15]

과거 제5공화국 시절 사법부에 대해 강력한 영향력을 행사했던 안기부는 1988년 제2차 사법파동 이후 점차 사법부에 대한 영향력을 잃어갔다. 하지만 안기부 등 수구세력은 1996년 한총련 사태 등을 발판으로 다시 사법부에 대한 음습한 영향력의 회복을 꾀했다. 그런 기도는 안기부와 뜻을 같이할 수 있는 법관들로 따로 검찰처럼 공안부를 만들자는 발상에서 절정에 달했다. 안기부는 이렇게 하면 배당 규칙을 둘러싼 시비나 여러 가지 잡음이 아예 발생하지 않을 것이라고 생각했다. 그러나 안기부의 바람은 그해 말 국민들이 정권교체를 선택함으로써 실현될 수 없었다.

법원을 장악하려는 수구세력의 그 오랜 소원이 최근 다시 꿈틀대고 있다. 20대 청년시절 진보당 사건 무죄판결에 불만을 품고 법원에 난입했던 그 부류의 사람들은 이제 70~80대 어르신 '용팔이'가 되어 마음에 안 드는 판사의 집 앞에서 데모를 한다. 민주주의의 후퇴는 어디를 향하고 있을까? 1980년대일까? 1950년대일까? 역사의 퇴행을 가져올 수구의 만용을 막아설 보수는 어디에 있는가.

2 법관들에게도 이념교육이 필요하다?

1996년 8월 연세대학교에서 열린 제6차 8·15 통일대축전 행사를 둘러싸고 벌어진 한총련 사태는 여러 가지 신기록을 세웠다. 이 사건은 5공 최대의 공안사건인 건국대 사건의 연행자수 1,200여 명의 다섯 배에 가까운 5,800여 명의 연행자를 내고 진압되었다. 범청학련('조국통일범민족청년학생연합' 약칭)의 8·15 행사는 6년째 계속되던 연례행사였는데 유독 1996년 행사에서는 공식행사가 끝난 뒤에도 경찰이 봉쇄망을 풀지 않았다. 학생들의 해산을 용납하지 않고 계속 몰아붙인 것이다. 이에 사전영장이 발부되었던 한총련 주요 간부를 포함한 참가학생 수천 명은 종합관, 과학관 같은 건물에 들어가 준비되지 않은 농성에 돌입했다.

꼭 10년 전 건국대 사태와 비슷한 양상이었다. 언론은 10년 전보다 한술 더 떠 '공안정국'이나 '공안검찰'이라는 말에 이어 '공안언론'이라 해도 어색하지 않을 정도로 섬뜩한 말을 퍼부어댔다. 『조선일보』는 학생들을 "난동배"로 규정하면서 이들은 "대한민국의 학생"이 아니라 쇠파이프와 화염병으로 무장한 "북의 직계부대"이자 "조선노동당 재남 행동대원"이라고 규정했다. 수구언론의 성원에 힘입어

경찰청장 박일룡은 필요한 경우 시위대에 총기를 사용하겠다는 방침을 공식적으로 밝히기까지 했다. 총기까지 쓰겠다는데도『조선일보』주필 김대중 등은 정부와 여당이 너무 "안이하게" 대처하고 있다면서 "세금을 내야 하나" 하며 초강경 대응을 부추겼다.

한총련 사건과 안기부의 무더기 연행

국정원 과거사위원회는 1986년의 건국대 사건이나 그 10년 뒤의 한총련 사건에서 당국이 어떤 사전계획을 갖고 학생들의 귀가를 허가하지 않아 결국 초대형 사건으로 몰고 갔는지, 그 과정에서 안기부는 어떤 입장을 취했는지에 대한 자료는 찾을 수 없었다. 다만 1996년 한총련 사태 이후 연행된 학생들의 사법처리를 둘러싸고 안기부가 사법부에 대해 유무형의 압력을 가한 몇 건의 보고서를 찾을 수 있었다.

　안기부는 당시 한총련 사태로 연행된 학생들의 구속영장이 법원에 의해 기각되거나, 구속 기소된 학생들이 집행유예를 선고받는 데 대해 민감한 반응을 보였다. 안기부가 보기에 공안사건에 대한 당시의 법원 판결은 극히 우려스러웠다.「법조계 일각, 판사 이념교육 필요성 지적」이라는 1996년 8월의 안기부 보고서는 "지난 7. 12. 서울지법 유원석 판사가 국보법 위반 혐의로 구속된 당시 전국연합 사무차장 박충렬을 무죄로 석방하는 등 공안사범에 대한 관용 판결이 빈발"하고 있고, "심지어 현직 판사가 국보법의 문제점을 지적하며 헌재에 위헌심판을 제청하는가 하면 최근 연대 사태 관련자에 대한 영장기각 사례까지 발생하고 있는 실정"이라고 개탄했다. 안기부는 그 사례로 "서울지법 박시환 판사는 지난 3. 5. 국보법 19조(구속기간 연장)에 대해 위헌제청, 박범계 판사는 8·15 한총련 손평길 영장 기각"

1996년 8월 제6차 8·15 통일대축전 행사에 참가한 한총련 학생들이
연세대에서 무더기로 연행되는 모습.

한 것을 들었다. 이런 상황에 대해 안기부는 "법조계 일각"이라는 이름을 빌려 "최근 공안사건 발생 등을 계기로 판사들에 대한 이념교육 필요성"이 제기되고 있다고 주장했다.[1]

유원석 판사의 '관용 판결'이란 안기부와 검찰이 박충렬의 간첩 혐의를 입증하지 못해 구속 사유였던 간첩 혐의가 공소장에서 빠지고 별개의 건인 재야단체 활동과 관련된 이적표현물 제작 혐의가 공소장에 올랐는데 그에 대해 무죄가 선고된 것을 말한다.[2] 이 판결은 안기부의 수사권 남용에 제동을 건 역사적 판결이었다. 안기부는 박시환 판사가 국가보안법의 '구속기간 연장에 대한 특례조항'을 위헌이라고 제청한 것도 몹시 불쾌해했다. 그런 안기부에 박범계 판사가 8·15 축전에 참가하려고 지방에서 올라와 연세대로 들어가려다 경찰과 충돌해 연행된 손평길의 구속영장을 농성 학생들의 진압과 대규모 사법처리를 앞둔 상황에서 기각한 것은 몹시 불길한 일이 아닐 수 없었다. 안기부의 보고서에는 언급되지 않았지만, 경찰은 손평길에 대한 영장을 다시 청구했으나 서울지법 민사40단독 손차준 판사는 17일 "손평길 씨가 붙잡힐 때 쇠파이프를 들고 있던 점은 인정되지만 시위에 적극 가담했다는 수사기관의 소명이 여전히 부족하다"라는 이유로 다시 기각했다.[3]

안기부는 물론 정부여당도 법원에 의해 영장이 기각된 것에 격앙했다. 『한겨레』는 여당인 신한국당이 8월 17일 "소명자료 부족을 이유로 한 서울지법의 시위 학생 구속영장 기각에 대해 '법원도 시야와 시각을 국가안위 차원에 맞춰야 한다'고 사법부의 독립성에 대한 간섭이라는 논란까지 불러일으킬 수 있는 주문까지 한 것은 여권의 경직도가 어느 정도인지를 짐작게 하는 대목"이라면서, "80년대 공안정국을 연상시키는 여권의 이런 강성기류는 청와대를 중심으로 형성되고 있는 것으로 전해졌다"라고 보도했다.[4] 이런 분위기에서 손평길에 대한 구속영장을 기각했던 박범계 판사는 몇 주 동안 "아들 잘 크고 있느냐" 하는 식의 '안부전화'에 시달려야 했다. 박 판사의 신변보호를 위해 출동한 경찰은 오히려 주변 사람들에게 박 판사의 사상을 캐묻고 다녔다.

공안당국은 연세대 사태와 관련해 8월 20일 진압작전 당일 3,499명 등 총 5,848명을 연행해 이 가운데 462명을 구속하고 3,341명을 불구속 입건, 373명을 즉심에 회부, 1,672명을 훈방했다. 구속자 462명에는 진압 이전에 구속된 사람 93명과 진압 당시 연행된 3,499명 중 369명이 포함되었다. 진압작전 전날인 8월 19일 국무총리 이수성은 단순가담자에 대해서는 최대한 관대하게 처분할 방침이라는 담화를 발표했지만, 수구언론은 "이번 사태에 단순가담자는 없다"라고 못 박았다.

"최근 연대 사태 관련자에 대한 영장기각 사례까지 발생하고 있는 실정"이라고 우려한 안기부가 미리 손을 쓴 탓인지 무더기 구속영장이 대부분 통과되었다. 서울지검 공안검사들은 시위 사진 300여 장을 들고 영장 발부를 담당하는 당직판사를 찾아가 수사결과를 설명했다. 이런 노력 탓에 연행 직후 검찰이 청구한 371명의 구속영장 중 단 두 건만 기각되어 영장 기각률은 0.539퍼센트에 그쳤다. 한총련 사건 전체를 보면 구속영장이 청구된 사람 470명 중 464명에게 영장이 발부되어 기각률은 1.28퍼센트에 지나지 않았다. 이는 1996년 상반기 전국 법원의 영장 기각률 7.5퍼센트나 서울지법 관내 기각률 10.4퍼센트에 비하면 이례적으로 매우 낮은 수치였다.[5]

아직 한총련 학생들이 연세대 안에서 농성을 하고 있을 때 "서울지법 고위 관계자"는 이와 관련해 "청구만 하면 법원이 으레 영장을 발부하리라는 수사기관의 기대는 잘못된 것"이라며 "소명자료가 부족하거나 검·경찰이 엉성하게 수사해 영장을 올리면 기각하는 것은 너무나 당연하다"라고 말했다.[6] 농성진압 이전만 해도 구속영장이 청구되었던 40명 중 두 명의 영장이 기각되어 기각률은 5퍼센트에 달했다. 그러나 학생들이 대거 연행되고 청와대의 초강경 방침이 천명되면서 상황은 달라졌다. 경찰이 총기 사용을 공공연히 말하고, 공보처가 발행하는 「국정신문」에 공권력에 도전하면 사형으로 다스린다는 내용의 기사가 실리는 경색된 분위기 속에 법원 역시 태도를 바꾸어 검찰의 청구대로 영장을 발부해준 것이다.

또한 법원은 한총련 사건의 배당을 통해 정권과 공안당국에 협조했다. 서울지법은 9월 10일 "한총련 폭력시위 사태와 관련해 곧 기소될 시위 관련 학생들을 모두 형사합의부에 배당해 심리하기로 결정"했다. 언론이 지적한 것처럼 "법원이 형사단독부로 배당될 사건을 형사합의부로 옮긴 것은 이례적"이었다. 3년 이상의 유기징역형으로 규정된 일부 국가보안법 위반이나 특수공무집행방해 사건 등을 제외한 보통의 시국사건은 대부분 형사단독부에 배당하는 것이 '일반적 관례'였다. 관례대로라면 서울지법 관할 240여 건 중 "200여 건은 형사단독에 배당되어야" 했으나 "서울지법은 사태 관련자 240명의 재판을 형사합의 3개부에 각 80여 건씩 배당하기로 한 것"이다. 이런 결정은 "각 재판부의 양형을 비슷하게 맞추려는 법원 고위층의 의도에 따른 것"으로 알려졌는데, "11명이나 되는 단독판사들보다는 3개 합의부가 의견조정을 하기에 훨씬 수월할 것이기 때문"이었다. '양형의 균형'을 꾀하기 위해 사건을 특별배당했다는 언론의 보도에 대해 서울지법 관계자는 강력히 부인했지만, 1996년도 국정감사에서 서울지법원장 정지형은 양형의 균형을 유지하는 것이 사건을 합의부에 배당한 주된 이유임을 인정했다.[7] 그러나 특별배당의 보다 근본적인 이유는 "법원 수뇌부가 일부 형사단독판사들의 평소 경향을 우려한 결정"이었을 것이다. 법원 주변에서는 "특히 몇몇 단독판사들이 증거

부족 등을 이유로 집행유예나 무죄판결을 내리고 나머지 판사들이 유죄판결을 낼 경우 모양이 좋지 않다는 점이 고려됐으리라는 분석"이 나돌았다고 한다.[8]

수사권 폐지로 불안해진 안기부

예상대로 법원은 한총련 관련자들을 엄벌에 처했다. 10월 28일에 이루어진 110명에 대한 선고공판에서 이들 중 절반에 가까운 51명에 대해 실형이 선고되었고, 집행유예로 풀려난 사람은 59명에 그쳤다. 대부분의 언론은 한총련 사태 관련 학생들에게 "무더기 실형"이 떨어졌으며, 이는 사법부의 "불법 폭력시위를 엄단"하려는 의지가 반영된 것이라고 평가했다. 특히 『동아일보』는 이 판결을 두고 "그동안 학생운동에 대해서는 관대한 처벌을 해온 관행을 깬 것"이라 평가했고, 『한국일보』는 피고인 "46퍼센트인 51명에게 실형"이 선고된 것은 "86년 건국대 사태로 구속 기소된 피고인 400여 명 중 90명(23퍼센트)에게 실형이 선고된 점에 비춰 볼 때 매우 높은 실형 선고율"이며 "집행유예가 선고된 59명은 미성년자이거나 구호만을 외친 단순 가담자"였다고 보도했다.[9] 그러나 안기부는 아직도 배가 고팠다.

1996년 8월의 한총련 사태에 관한 한 법원은 5공 시절의 사법부만큼이나 권력에 협조적이었지만, 안기부는 여전히 사법부를 못마땅해했다. 안기부는 민주화 이후 과거와 같이 판결에 개입할 수 없게 된 데다 학생운동 출신 법관까지 나오자 매우 불안해졌다. 1991년 5월의 국가보안법 개정 이후에도 1995년 1월에는 부산지법 박태범 부장판사, 1996년 3월에는 서울지법 박시환 판사 등 중견 법관들이 국보법 위헌심판을 제청하자 안기부의 불안은 가중되었다. 이보다 앞서 1993년 12월의 안기부법 개정으로 국보법 7조(고무·찬양)와 10조(불고지)에 대한 안기부의 수사권이 폐지되었다. 이는 공안기관에 대한 민주적 통제라는 관점에서 볼 때 아주 초보적인 변화였지만 안기부의 권한을 최초로 축소시킨 사건이었다. 수사권 폐지로 한총련 사건 관련자들을 "공식적"으로 수사할 수 없었던 안기부는 이들의 구속영장이 기각되거나 집행유예 판결이 내려지자, "시국 인식이 크게 미흡"한 법관들에 대해 무언가 대책을 세우고 싶어했다. 그러나 이미 안기부가 직접 사법부에 대해 강력한 조정이나 통제를 하기는 어려웠다.

그러던 차에 김영삼 대통령은 한총련 사태와 관련해 "대학생들의 폭력시위에 대한 근원적인 처방으로 새로운 이념교육의 틀을 마련할 것을 정부에 지시"했다. 대통령은 학생들에 대한 이념교육 방안을 마련하라고 했지만, 안기부는 판사들에 대한 이념교육을 하고자 했다. 앞서 언급한「법조계 일각, 판사 이념교육 필요성 지적」이라는 안기부 보고서는 "예비 법조인들의 교육기관인 사법연수원에 체제수호 의지를 뒷받침하기 위한 이념교육과정이 마련되어 있지 않은 데다" "검사들은 법무연수원에서 수시 이념교육을 받는 데 비해 법관들은 별도 교육과정이 없어 안보관이 결여되기 쉬우므로" "사법연수원에 이념교육 강좌를 개설하는 한편 법관들에게 북한 정세, 좌익 운동권의 실상을 알릴 수 있도록 특강 기회 등을 수시 마련해야 한다"라고 주장했다.[10]

이 무렵 사법연수원의 교육과정에는 연수원생들은 1년차 6월에 안기부 청사를 방문하여 안보교육을 받는 것이 이미 정례화되어 있었다. 그런데도 안기부는 이에 만족하지 않고, 연수원생들과 법관들에게 이념교육을 실시하자고 건의한 것이다. 안기부는 한총련 사태 발생 이전인 1996년 6월 24~25일 사법연수원 1년차들을 신청사로 불러 "사회 각계의 좌익세력"을 언급하는 가운데 "특정 시국사건의 무죄 선고나 영장 기각을 예로 든 슬라이드를 방영"한 바 있다.[11] 이때 일부 연수원생들이 불만을 표했지만 슬라이드 교육이 안기부 내에서 이루어진 탓인지 바깥에는 널리 알려지지 않았다.

공안검사의 해괴한 특강

한총련 사건에 이어 9월 18일 강릉에서 이북 잠수함이 침투하는 사건이 일어나자, 안기부는 더욱 적극적으로 이념교육에 나섰다. 그런데 안기부가 외곽단체 명의로 제작·배포한 비디오 교육자료가 큰 말썽을 빚었다. 11월 9일부터 주요 언론은 "정보기관이나 예비군 훈련장에서 당국이 시국사건의 구속영장을 기각하거나 재판에서 무죄 판결을 내린 판사를 겨냥해 '한총련 비호세력', '좌익 비호세력' 등으로 표현한 비디오테이프를 상영하는 것으로 밝혀짐에 따라 대법원이 진상조사에 나섰다"라고 보도했다.[12] 문제의 테이프는 "한총련 영장이 기각될 당시의 한 텔레비전 뉴스 화면을 빌리면서 '좌익 동조자'라는 대사를 교묘하게 삽입"했는데 "뉴스 화면은 법복을 입은 판사 형상을 그림으로 처리해 등장시킨 뒤 옆에 '한총련 시위학생 영장 기각−증거 불충분'이라는 자막을 넣었다"라는 것이다. 비디오는 이런 화면에 "우리 사회에는 좌익 동조자가 많습니다. 이로 인해 아직도 한총련 사태를 옹호하는 행동과 발언, 언론 보도 및 칼럼이 계속 나오고 있습니다"라는 내레이션을 달았다. 언론은 "비디오를 본 사람은 누구라도 영장 기각 판사를 '좌익 동조자'로 연상할 수밖에 없다"라고 보도했다.[13]

사법부, 특히 소장 법관들은 "법관이 법과 양심에 따라 판단한 재판결과를 두고 '비호세력' 따위의 표현을 쓰는 것은 사법권 침해로 보지 않을 수 없다"라며 격앙했다. 안기부는 중간 간부가 나서서 '실무자의 실수'라는 해명으로 얼버무리려 했다. 그러나 대법원장이 휴가를 중단하고 서울로 돌아오는 등 법원의 분위기가 심상치 않자 결국 안기부장 권영해가 전화로 공식 사과하고 재발 방지를 약속했으며 그 내용을 담은 공문을 대법원에 보냈다. 이로써 사태는 일단락되었는데, 안기부가 외부에 사과문을 보낸 것은 처음 있는 일이었다.[14]

안기부는 이런 일까지 벌어졌음에도 집요하게 안보교육을 밀고 나갔다. 안기부는 11월 14일과 19일 서울 시내 고교 교장 227명을 안기부로 불러 '민주시민 통일안보 교육' 강좌를, 20~22일에는 윤리·사회과 교사 528명을 동원해 같은 교육을 실시했다.[15] 일반 국민에 대한 안보교육 및 이념교육은 안기부법에 규정된 직무범위를 명백히 벗어난 일로, 정부조직법상 통일원과 교육부가 맡아야 할 일이었다. 김영삼 정권은 한총련 사건 이후의 공안 분위기 속에서 1996년 말 안기부법을 날치기통과시켜 안기부의 수사권을 부활시켰다. 안기부는 자기들이 수사한 사건에 사법부가 무죄나 가벼운 형을 줄까 우려하여 계속 판사들을 길들이려 했다.

한총련에 대한 정부당국의 강성기류는 해가 바뀌어도 변하지 않았다. 1997년의 한총련 제5기 출범식 폭력시위와 관련해 구속된 학생들의 숫자는 무려 195명에 달했다. 검찰은 1996년의 연세대 사태 때는 단순가담자 27명을 기소유예했지만, 이번에는 폭력시위를 근절한다는 차원에서 구속자 전원을 기소한다는 방침을 세웠다.[16] 이런 상황에서 서울지법 형사부 판사 20여 명은 6월 14일 서울지검 공안2부장 신건수로부터 '학생운동의 변질과 실체'라는 주제의 특강을 들었다. 이 특강은 판사들의 요청으로 마련되었는데 별다른 토론이나 질문 없이 한 시간 동안 진행되었다.

안기부는 이 특강에 대해 다음과 같은 보고서를 올렸다. "법조계 일각에서는 / (……) / 법원이 지난해 연세대 난동 사건 관련 구속자 473명 중 430여 명(91퍼센트)에게 집행유예를 선고하는 등 법관들의 시국 인식이 크게 미흡하다고 지적하면서 / 지난 6. 14. 서울지법의 서울지검 공안2부장 초청 강연 시 일부 언론이 한총련 사건 재판에 영향을 미칠 수 있다고 비판했음에도 불구하고 / 강연에 참석했던 판사들은 좌익세력의 실상을 이해하는 데 있어 커다란 도움이 되었다고 호평했던 만큼 / 법원으로 하여금 북한전문가 또는 공안 분야에 정통한 학자 등을 초청하여 자연스럽게 이념교육을 실시토록 유도하는 한편 차제에 사법연수원의 안보교육도 강화해야 한다고 제언하고 있음."[17]

안기부의 보고서는 늘 그렇듯 '법조계 일각'이라는 표현으로 우호적 여론만 소개하지만, 이 사건으로 법조계와 언론은 무척 시끄러웠다. 민변뿐 아니라 변협도 법원이 이런 강연을 마련한 것 자체가 형사소송법의 근본원칙에 어긋나는 것이라고 강도 높게 비판했다. 변협과 민변이 이 설명회를 비판한 내용은 안기부의 일일 동향보고에도 소개되어 있다.[18] 보수신문 역시 "판사가 사회적 논란이 되고 있는 쟁점에 대해 담당 검사로부터 설명을 듣는 것은 극히 이례적인 일"로 "이날 강연이 공안 담당 검사가 판사들을 교육하는 형식을 취했다는 점에서 공안검사를 통한 판사들의 의식화가 아니냐는 일부 지적"도 있다고 보도했다. 언론의 보도는 "법원 주변"에서는 "판사들이 학생운동 현황을 파악하자는 취지는 좋지만, 한총련 사건 담당 검사로부터 강의를 받은 게 재판에 영향을 미치는 것은 아닌지 모르겠다면서 걱정하기도" 했다는 등 비판적인 내용이 주를 이뤘다.[19]

『한겨레』는 사설과 기자의 논평을 통해 한총련 사건 재판을 앞둔 판사들이 집단으로 재판의 한쪽 당사자가 될 공안부장을 초청해

'한총련 특강'을 받은 사실을 "해괴한 일"이라며 강력히 비판했다. 법원이 "판사들은 모든 사건에 대해 예단을 갖지 않고 증거를 토대로 판단을 해야 한다"라는 형사소송법의 대원칙을 어겼다는 것이다. 이 신문은 형사소송법에 "재판이 시작되기 전에는 공소장을 제외한 일체의 검찰 수사기록을 보지 못하게 한 '공소장일본주의'公訴狀一本主義를 규정해놓은 것"은 "법관의 선입관을 최대한 배제하기 위한 것"이라고 지적했다. 이 신문은 또 이 강의가 법원의 요청에 의해 이뤄졌다는 점은 "모든 법관은 개별적인 사건들에 대해 독자적으로 판단해야 한다"라는 원칙을 무시한 것이라고 비판했다. 이 신문은 이번의 특강 파문은 과거 독재정권 시절의 "정찰제 판결", "자판기 판결" 등의 악몽을 떠올리게 한다면서, "검찰의 특강을 받은 판사들이 집단적 예단을 한 나머지 한총련 관련 학생들에게 붕어빵 찍어내듯 똑같은 판결을 한다면 어떻게 할 것인가"라며 우려했다.[20]

판사들에 대한 공안검사의 한총련 특강 파문은 국회로도 비화되었다. 1997년 7월 8일 열린 법사위에서 검사 출신 조찬형 의원은 "과연 이것이 이래도 되는 것인지" 개탄했다. 천정배 의원은 법원이 아직도 이 문제가 사법부의 독립성과 공정성을 얼마나 침해하는 것인지에 대한 인식이 부족하다고 질타했다. 그는 "법관이 공판정 밖에서도 검사로부터 공소사실과 관련이 없는 내용의 강연을 듣는다면 재판의 공정성은 유지가 될 도리가 없고 재판에 대한 국민의 신뢰도 위기에 처하게 될 것"이라고 경고했다.[21]

3 민주화와 제2차 사법파동

1987년 대통령 선거에서 민정당의 노태우 후보는 민주 진영의 김대중, 김영삼 두 후보가 분열함에 따라 간신히 당선되었다. 그러나 이듬해인 1988년 4월 26일 치러진 13대 총선에서 민정당이 125석으로 제1당을 차지하기는 했으나 김대중의 평민당이 70석, 김영삼의 민주당이 59석, 김종필의 공화당이 35석을 차지하여 한국 역사상 처음으로 여소야대 국회가 출현했다. 새로운 헌법에 의해 정부와 국회의 개편이 마무리되자 새로운 사법부 구성이 중대한 과제로 제기되었다. 재야는 "만약 새 국회 개원과 더불어 새로 구성될 사법부에서 이렇다 할 수뇌부의 개편이 없다고 한다면 그것은 새 정부가 '제6공화국'이 아니라 '5.5공화국' 정부임을 입증하는 확실한 증거가 될 것"(조영래)이라고 주장하는 등 사법부의 개혁을 강력히 촉구했다.[1]

소장 판사들, 개혁을 요구하다

노태우 대통령은 동향인 경북 출신의 김용철 대법원장의 유임을 원하고 있었다. 앞서 3부 9장에서도 살펴본 것처럼 김용철이 대법원장이 된 뒤에는 전임자 유태흥 시절에 비해 나름 의미 있는 판결들이 없지 않았다. 그러나 김용철은 역시 전두환이 임명한 제5공화국의 대법원장이었다. 노태우가 김용철을 유임시키려 하고 김용철도 임명 동의안의 국회 통과를 위해 야당의 협조를 구한다는 소문이 돌자 소장 판사들이 행동에 나섰다.

1988년 6월 15일, 서울민사지법의 단독판사들을 중심으로 법관들의 서명운동이 시작되었다. 「새로운 대법원 구성에 즈음한 우리의 견해」라는 성명서는 사법부가 인권의 최후 보루가 되지 못하고, 국민들은 기본권을 "국민들 자신의 희생과 노력으로써 스스로 쟁취"해 왔다고 지적했다. 이어 성명서는 "민주화 열기의 와중에서도 사법부가 아무런 자기반성의 몸짓을 보여주지 못했다는 점" 때문에 "많은 국민들이 사법부를 불신하고 심지어는 매도"하게 되었다고 평가했다. 소장 법관들은 사법부가 새로운 신뢰를 쌓아갈 발판을 마련하는 길은 "사법부의 수장 등 대법원의 면모를 일신함에 있다"라고 주장했다.

법조계에서는 이 성명서 발표를 '쿠데타에 버금가는 혁신적인 사건'으로 받아들였다. 처음 성명서에 서명한 민사지법 판사는 37명이었지만 서명자 수는 금방 430여 명으로 늘어났다. 당시 법관 숫자가 1,000명이 안 됐고, 부장판사급 이상은 서명에 참가하지 않은 사실을 고려한다면 평판사 직급 법관들은 대부분 서명한 것이다. 서명은 전국의 거의 모든 법원에서 이루어졌지만, 딱 한 군데 예외가 있었다. 5공 시절 시국사건의 대부분을 처리했던 서울형사지법 판사들은 단 한 명도 서명에 참여하지 않았다. 한 언론은 서울형사지법 판사들은 '스크린'을 거쳐 임명되고 법원의 분위기에 따라 서서히 '새끼 정치판사'로 단련되기 때문이라고 분석했다.[2]

고위 법관들은 소장 판사들의 집단행동에 격앙했지만, 정작 김용철 대법원장은 서명이 확산되자 "모든 책임은 수장인 나에게 있다"라면서 "법관들의 서명 사태는 사법 발전을 위한 충정에서 비롯된 것이니 사법부 발전의 계기가 돼야 한다"라는 기자회견을 갖고 사퇴했다. 그는 퇴임식을 마치고 "사법부의 앞날이 여러분에게 달려 있다"라며 젊은 법관들의 등을 두드리며 격려하고는 법원을 떠났다.

김용철의 퇴임으로 후임 대법원장이 누가 되느냐가 초미의 관심사로 등장했다. 이헌환 교수는 "바야흐로 대법원 수뇌부와, 소장 법관 및 민간 사회 사이의 사법부 개혁투쟁이 벌어지게 되었다"라면서 이는 "1945년 해방 이후 40여 년 만에 빠른 속도로 성장해온 민간 사회가 그동안 권위주의 정권의 통치수단으로 전락한 사법부를 상대로 한 힘찬 투쟁"이라고 평가했다.[3] 소장 법관들은 성명서에서 "국민의 민주화 의지를 무시한 채 여러 정당 간의 산술적 정치거래만으로 끝나서는 안 된다고 믿습니다"라고 못 박았지만, 노태우 정권은 대법원장 임명동의안의 국회 통과를 위한 표 계산에 분주했다.

정기승 임명동의안 부결, 이일규 체제 출범

노태우 정권은 국회의 의석 분포상 공화당의 지지를 얻는 것이 중요하다고 보고 충청도 출신을 우선적으로 고려했다. 노태우는 공화당 총재 김종필의 고등학교 후배인 대법원 판사 정기승을 대법원장 후보로 지명했다. 노태우는 나름 표 계산을 한 것이지만, 정기승의 지명은 법조계 안팎에 기름을 붓는 꼴이 되었다. 서울형사지법원장에서 대법원 판사로 승진한 정기승은 군사정권과의 협력으로 영달한 대표적 인사로 꼽혔기 때문이다. 노태우가 정기승을 대법원장에 임명하려 한다는 사실이 알려지자 대한변협은 당일 긴급이사회를 소집하고, "안보를 핑계로 인권이 무시되던 제5공화국 시대의 대법관을 새 대법원장으로 받아들일 수 없다"라고 반대성명을 냈다.[4]

민변은 "정부가 유신시대와 제5공화국 치하에서 사법부의 요직을 두루 거치면서 시국사범 재판 등에 부당한 간섭을 일삼는 등 정치권력의 의도에 직접·간접으로 협조해온 허물 있는 인사를 재조·재야 법조인들의 압도적인 여론에도 불구하고 굳이 대법원장으로 임명동의를 요청한 것은 국민들의 민주화 열망을 짓밟고 사법부를 손아귀에 장악하려는 불순한 의도를 드러낸 폭거"라며, 정기승의 임명을 강력히 비판했다. 민변은 공화당을 향해 "우리는 정기승 씨가 김종필 신민주공화당 총재와 동향이고 고교 선후배 사이라는 인연을 고려해 지명한 것임이 분명하다는 사실을 지적하면서 신민주공화당의 태도를 예의주시한다"라고 압박했다. 사법연수원생 185명도 7월 1일 「사법부 독립에 관한 우리의 견해」라는 성명서를 발표해, 정기승은 "사법부에 대한 실추된 국민의 신뢰를 회복하기에 미흡"한 인물이라며 그에 대한 임명 철회를 주장했다.[5]

노태우 정권은 여소야대 국회에서 이뤄지는 첫 표대결을 앞두고 총력을 기울이며 지지표를 모았다. 평민당과 민주당은 이탈표 방지를 위해 명패와 투표용지를 받아 기표소에 들어가지 말고 바로 투표함으로 가 투표용지를 백지 그대로 넣는다는 계획을 세웠다. 캐스팅보트를 쥔 공화당은 의원들의 자유투표에 맡긴다는 방침을 정했지만 김종필은 "나는 원칙적으로 찬성"이라며 정기승에 대한 지지를 표명했다. 그러나 투표함을 열자 뜻밖의 결과가 나왔다. 재석 295명 중 찬성 141표, 반대 6표, 기권 134표, 무효 14표 개표로, 국회동의에 필요한 재석과반수 148표에 7표가 모자라 임명동의안이 부결된 것이다. 흥미 있는 것은 무효표의 내용이었다. 국회법상 찬반은 '가' 또는

'부'로 표시하게 되어 있는데, 무효표의 절대다수가 '정기승'이라고 이름을 적거나 'ㅇ' 또는 '찬'이라고 쓴 것이다. 여당의 원내 지도부가 의원들에게 기표 방법을 제대로 교육하지 않은 것이 역설적으로는 사법부의 새 출발을 앞당긴 것이다.

정기승의 임명동의안 부결은 노태우 체제에 치명적 타격을 입혔다. 이제 새로운 대법원장은 야당의 적극적 협조를 얻을 수 있는 인물이 될 수밖에 없었다. 후임으로는 자연히 이일규 전 대법원 판사가 부각되었다. 회한과 오욕으로 얼룩진 1970년대와 1980년대의 사법부에서 이일규는 대법원 판사로 있으면서 송씨 일가 간첩단 사건에 대해 무죄판결을 내리고, 또 수많은 소수의견을 냄으로써 사법부 안팎의 신망을 얻고 있었다. 그는 1985년 12월 대법원 판사에서 65세로 정년퇴임했지만 대법원장의 정년은 70세였던 까닭에 대법원장으로 임명되었고, 1990년 12월 다시 정년퇴임했다. 이일규 전 대법원장은 필자와의 인터뷰에서 한 직장에서 두 번 정년퇴임한 사람은 아마도 자신밖에 없을 것이라며 웃었다.

이일규는 대법원장 취임 의사 타진을 위해 찾아온 청와대 정책보좌관 박철언에게 사법부의 독립성을 보장해줄 것을 요구했고, 선택의 여지가 없었던 노태우 정권은 이를 수용했다고 한다. 실제로 새로운 대법관 구성에서 이일규는 종래 대법관 후보를 2배수 대통령에게 제청하여 낙점을 받던 관례를 깨고 대법관 정수 13명만을 제청해 정치권의 영향력을 차단했다. 그는 5공 들어 두 명으로 늘어난 검찰 출신 대법관의 수를 한 명으로 줄이고, 5공 시절 대법원 판사 재임명에서 탈락했지만 법원 내의 신망이 두터운 이회창과 김덕주 등을 다시 대법관으로 기용하는 등 재야에서 네 명을 발탁했다. 제2차 사법파동은 대법원장 교체를 가져왔고 이일규 신임 대법원장은 대꼬챙이라는 별명답게 재판에 대한 외부 압력을 적극 차단했다. 그러나 이일규 체제의 사법부도 과거청산이나 인적 청산으로 나아가지는 못했다. 당시 소장 판사들 사이에서 "정치판사 퇴진!"이라는 요구가 일부 나왔으나, 한인섭 교수의 지적처럼 "다수가 암흑기 재판에 관여한 터라 '누가 누구를 나무라는가' 하는 반격을 이겨내기 어려웠다."[6]

이일규 체제 출범으로 사법부에 대한 외압이 완전히는 아니라 해도 상당히 사라졌다. 그러나 사법부의 불행했던 과거는 결코 외압만으로 이뤄진 것이 아니었다. 사법부가 입은 상처를 치유하고 신뢰의 위기를 극복하려면 사법부 내에서 자체 반성과 개혁이 필요했다. 몇 년 전 수구세력이 법원 내의 '하나회'라는 터무니없는 누명을 씌운 '우리법연구회'는 1988년 6월의 서명을 주도한 소장 법관들이 주축이 되어 1988년 10월에 탄생했다. 6월항쟁 직후의 7·8·9월 노동자 대투쟁을 거치며 체불임금이나 휴일·야간 근무수당을 제대로 계산해 지급해달라는 노동자들의 집단소송이 급증해 법관들이 노동법에 대해 연구할 필요성이 급증했고, 민주화 분위기에 맞춰 헌법에 대한 관심이 크게 고조되었기 때문이다. '우리법연구회'는 제2차 사법파동이 직접적 계기가 되어 조직되었고, 그 구성원들은 심정적으로 한국 사회와 사법부의 민주화를 염원하는 사람들이었다. 그러나 사법 관료인 법관들이 주축이 된 만큼 활동이나 생각은 재야 단체와는 달리 철저하게 체제 내에서만 이뤄졌다.

4 제3차 사법파동과 '정치판사' 논란

1993년 김영삼 대통령이 취임하자 사법부 개혁 문제가 다시 도마 위에 올랐다. 이해 4월 29일 서울지법 서부지원 김종훈 판사가 법원 상층부에 개혁을 촉구하는 의견서를 제출했다. 그는 이 의견서에서 "우리 법관들 중 누가 감히 국민들에게 비친 우리의 모습이 헌법정신에 투철했다고 장담할 수 있는가. 안기부(중정), 검찰, 심지어는 기무사(보안사) 등으로부터 얼마나 자유롭게 재판권을 행사하였는가. 인사권을 통한 간접통제는 없었는가. 왜 법관이 국보위나 대통령비서실에 파견 나가 있었는가"라고 자문했다.

또 하나의 사법파동, 그 서막

김종훈 판사의 의견서에 이어, 광주지법 방희선 판사, 대구지법 신평 판사 등의 언론기고문이 나오고, 마침내 6월 서울민사지법 단독판사들이 「사법부 개혁에 관한 우리의 의견」이라는 문건을 발표했다. 이들은 "지난날 사법부의 비겁함을 꾸짖는 역사 앞에 참담한 심정으로 속죄한다. 과거사 반성과 청산 없이는 사법부 개혁이 올바른 방향으로 나갈 수 없다"라고 고백했다. 이 글은 법관은 오직 판결로만 말한다는 말을 빗대어 "판사들은 판결로써 말해야 했을 때 침묵하기도 했고 판결로써 말해서는 안 될 것을 말하기도 하였으며 판결이라는 방패 뒤에 숨어 진실에 등 돌리기도 했다"라고 스스로를 비판했다. 제3차 사법파동의 막이 오른 것이다.

이 문건은 애초 민사지법 단독판사 40명이 모여 작성했으나, 대법원에 제출하는 문제를 놓고 표결에 부친 결과 그중 28명만이 서명했다고 한다. 법관들이 논의에 논의를 거듭하는 과정에서 문건의 표현은 초안보다 많이 온건해졌고 '정치판사 퇴진' 요구도 빠졌다. 그럼에도 내용은 5년 전의 제2차 사법파동 때에 비해 상당히 격렬했고 사회에도 큰 반향을 불러왔다. 진보적인 민변은 물론이고 상대적으로 보수적인 변협도 사법부 수뇌부와 정치판사 퇴진을 요구했다.

당시 법원행정처장 대법관 안우만은 7월 1일 기자회견을 갖고 "정치판사는 있을 수도 없고 있지도 않다"라면서 "여론재판식으로 특정 법관의 퇴진을 요구하는 것은 있을 수 없는 일"이라고 강력히 반발했다.[1] 그는 5공 시절 서울형사지법에서 수석부장판사와 형사지법원장을 지낸 뒤 대법관으로 승진한 경우라 정치판사 중에서도 첫손에 꼽히는 인물이었다. 그는 형사지법원장 시절 제2차 사법파동 당시 소장 판사들이 동조 서명할 움직임을 보이자, 소속 법관 전원을 불러 "구속영장 한번 처리해보지 않은 법관들은 우리들의 고충을 제대로 이해하지 못할 것"이라며 김용철 대법원장이 사퇴하게 된 마당에 "더 이상 시체에 칼을 꽂는 행동을 자제해달라" 하며 눈물로 설득해 서명을 막은 일로도 유명하다.[2]

안우만 법원행정처장의 사임 선에서 마무리되는 듯싶었던 제3차 사법파동은 공직자 재산 등록이 시작되면서 김덕주 대법원장이

제3차 사법파동 시 사임한 당시 법원행정처장 안우만(왼쪽)과 김덕주 대법원장이 재산 문제로 물러나면서 제12대 대법원장으로 취임한 윤관(오른쪽).

변호사 시절의 재산 축적과 관련해 물러나면서 재연되었다. 신임 대법원장으로는 재산 등록에서 꼴찌를 한 윤관 대법관이 선임되었다. 윤관 대법원장이 취임한 뒤 그보다 고시 기수가 앞선 대법관 두 명이 사임함에 따라 대법관 자리는 모두 세 석이 비게 되었다. 이때 사법부 내에서 가장 유력한 후보는 재판능력은 물론 행정능력도 겸비해 "일찌감치 대법관 재목으로 지목"되어온 서울민사지법원장 가재환이었다. 그는 대법관 0순위라는 법원행정처 차장도 지냈고 고시 15회 동기 중에서 확실한 선두주자였지만 대법관 선임에서 탈락했다. 언론은 그의 탈락이 "법원 내에서 충격으로 받아들여지고 있다"라고 보도했다.[3]

　유태흥 대법원장의 비서실장을 5년간 지낸 가재환은 송씨 일가 간첩단 사건 등 많은 공안사건에서 안기부의 압력을 사법부에 전달하는 창구 역할을 했다. 그가 대법관 선임에서 고배를 마시기는 했어도, 1994년 7월에 대법관 여섯 명의 임기가 만료되고 9월에는 헌법재판소 재판관 다섯 명이 임기만료로 물러나게 되어 있어 아직 기회가 완전히 사라진 것은 아니었다. 안기부는 대법관 인사를 앞두고 5월 12일 「가재환 민사지법원장, 당부 업무 중요성 강조」라는 보고서를 올렸다. 이에 따르면 "1. 가재환 민사지법원장(54세, 고시 15회, 충남)은 최근 조계종 사태 수습 혼선(……) 등과 관련, ○ 예전에 안기부가 국가의 정책 및 조정에 적극적이었을 때에는 이렇게까지 혼란스럽지 않았다며 당부의 기능약화를 아쉬워하고 있음. 2. 이와 관련, 가 원장은 ○ (……) 국민들이 정보기관을 백안시하는 풍조에 의해 안기부의 기능이 너무 축소되는 것 같다고 우려하면서 ○ 자신의 오랜 공직 경험과 시각으로 볼 때 국민들의 감상적인 권력기관에 대한 불신에서 오는 무질서는 오히려 더욱 큰 사회혼란을 초래할 수 있다며 당부 업무에 대한 재평가가 있어야 될 것이라는 견해를 피력"했다 한다.

이 보고서에는 가재환이 언제, 어디서, 누구에게 이런 말을 하였는지에 대한 기초적인 사실조차도 빠져 있다. 안기부 실무자들이 이 보고서를 올린 진짜 이유는 마지막 부분에 나온다. "3. 한편, 가 원장은 ○ 민사지법원장으로 국가관이 확고하고 특히, 당부 업무에 적극적으로 협조하고 있어 금번 대법관 인선에 유력하게 거론되고 있으나 ○ 소장 법관들이 대법원장 비서실장 경력 등 과거 경력을 내세워 거부 반응을 보이고 있어 내심 초조해하고 있다 함." 안기부는 수사권이 폐지되고, 고문과 가혹행위를 놓고 안기부장이나 수사관에 대한 고소고발이 빈발하는 상황에서 가재환같이 안기부에 우호적인 인사가 대법관이 되는 것을 확실히 바라고 있었다.

가재환의 '고배'

대법관 선임이 임박한 7월 2일 안기부는 「법원, 대법관 인사에 소장파 영향력 우려」라는 또 다른 내부보고서를 작성했다. 이 보고서는 "1. 법원에서는 최근 대법관 인사와 관련, ○ 소장 법관들이 과거 정부시책에 적극 협조한 법원 간부들을 탈락시키기 위한 음해 여론을 유포시키고 있어 우려하고 있는 바, 2. 소장 법관들과 민변 소속 변호사들은 ○ 안우만, 윤영철 대법관 연임 여부 및 고시 15회인 가재환 민사원장, 이용훈 행정처 차장, 사시 1회인 이임수 전주지법원장, 서성 춘천지법원장 등이 치열한 각축을 벌이고 있는 것과 관련, ○ 안우만 대법관은 경남고 출신으로 서울형사지법 수석부장, 원장, 법원행정처장 등 요직을 거친 실력자임에도 정치판사로 매도하고 있고, ○ 고시 15회의 가재환 서울민사원장은 유태흥 전 대법원장 비서실장 등 재직 시 정부시책에 협조적이었다는 이유로 반대투서를 하고 있고(……) 3. 이에 대해, 법원 간부들은 소장 법관들이 음해하고 있는 안우만, 가재환, 이임수 등은 확고한 국가관과 탁월한 능력을 인정받고 있는 반면에, ○ 경쟁자로 거론되는 윤영철, 이용훈, 서성 등 3명은 모두 자신의 이미지 관리에만 치중해온 이기적인 성품인데도 ○ 소장파들이 음해하고 있어 능력 있는 법관들이 희생되고 보신주의적 인사들만 중용될 우려가 있다며 문제점을 지적하고 있다 함"이라고 적고 있다.

안우만과 윤영철은 모두 대법관 연임에서 탈락했는데, 김영삼의 경남고 후배인 안우만은 2기 헌법재판소 소장으로 내정된 것이 알려졌다. 대표적인 정치판사 안우만의 헌법재판소장 내정이 보도되자 민변은 반대서명운동에 돌입했고, 변협은 매우 격렬한 어조의 반대 결의문을 채택했다.[4] 여론의 거센 반대 때문에 결국 윤영철이 헌법재

가재환은 유태흥 대법원장 비서실장 시절부터 많은 공안사건에서 안기부의
입장이 판결에 영향을 줄 수 있도록 하는 창구 역할을 했다. 그러나 사법파동
당시 정치판사라는 비판을 받고 법원행정처 차장직에서 물러났다. 그리고
1994년 7월 대법관 인사를 앞두고 이용훈과 경합을 벌였으나 탈락했고, 이후
헌법재판소 재판관과 법무장관 인선에서도 연거푸 고배를 마셨다.

판소장이 되어 2004년 탄핵과 행정수도 이전 불가라는 역사적 결정의 주역이 된다.

가재환은 훗날 제14대 대법원장(2005. 9~2011. 9)을 지내게 되는 이용훈과 경합을 벌였는데, 당시 언론에 보도된 하마평을 보면 이용훈은 "법조계 안에서 이른바 '물먹던' 사람 가운데 한 명"으로, 과거 형사사건을 거의 맡지 못하고 보직 등에서 불이익을 보았지만, 문민정부 출범 이후 이런 과거가 "오히려 행운"으로 작용했다.[5] 이용훈은 사법행정의 달인이라 불리던 가재환이 법원행정처 차장에 임명된 지 6개월이 안 되어 정치판사라는 비판을 받고 물러나자 그 후임이 되었고, 7월 인선에서 가재환을 제치고 대법관에 선임되었다. 가재환은 9월에 다시 헌법재판소 재판관 물망에 올랐으나 이 역시 좌절되었다.

사법연수원장으로 가게 된 가재환은 이해 11월 15일자 안기부 보고서에 다시 등장한다. 「가재환 사법연수원장 관련동향」이라는 보고서는 "타고난 기획력과 행정력으로 사법연수제도의 합리적 개선에 일조해오던" 가재환이 법무사교육원의 요청으로 휴가도 취소하고 법무사들에 대한 강연에 나서, '법무사윤리'라는 제목으로 "각 조 540명씩 5개 조로 나누어 1시간 30분씩 실시"했다는 내용이다. 보고서는 가재환이 "시종 유쾌한 언변과 유모어"로 "명강의"를 했고, 수강생들도 "알찬 내용과 성실한 자세"에 호평을 보냈다고 쓰고 있다. 아무런 정보가치가 없는 이 보고서가 올라간 이유는 아마도 당시 청와대가 개각을 앞두고 법무장관 후보를 법원 출신에서 찾고 있던 분위기와 무관하지 않을 것이다. 그러나 가재환은 법무장관 인선에서도 부산-경남 인맥의 힘을 받은 안우만에게 밀리고 말았다.

필자가 만나본 모든 관련자가 가재환은 참으로 능력 있고 친화력도 대단한 사람이라고 입을 모은다. 윤관 대법원장도 끝까지 가재환을 중용하고 싶어했으나 읍참마속의 심정으로 그를 탈락시켰다고 한다.[6] 사실 정치판사로 지목된 법관들 다수는 법원 내에서 능력을 인정받는 엘리트들이었다. 아까운 인재들이 많이 다친 것이다. 문민정부가 들어선 뒤 가재환은 몇몇 기자에게 과거 안기부에서 메모가 들어오면 대법원장이 직접 지시할 수 없기 때문에 중간에 자신이 그 역할을 했는데, 이를 두고 "몹쓸 짓 많이 했다"라며 고백했다고 한다.[7] 그 시절 누군가는 그 짓을 할 수밖에 없었다는 것이다. 그랬을지도 모른다. 다만 한 가지, 필자가 이해할 수 없는 부분은 사법연수원장으로 그가 가르친 과목이 '법조윤리'였다는 점이다. 법률과 양심 이외에 안기부의 뜻이 판결을 좌우하던 시절, 법조윤리는 무엇을 해야 했는가?

5 사법부의 과거청산

한국 사회가 민주화되면서 이행기의 정의를 세우는 문제가 초미의 관심사로 떠올랐다. 그중 사법부의 과거청산 문제는 가장 예민하고 복잡한 문제였다. 인혁당 사건 같은 '사법살인'도, 수많은 조작간첩 사건도 모두 사법부의 판결을 거쳤다는 점에서 사법부는 과거청산에 대한 안팎의 요구를 비껴갈 수 없었다.

2005년 9월 이용훈 대법원장은 취임사에서 "독재와 권위주의 시대를 지나면서 사법부는 정치권력으로부터 독립을 제대로 지켜내지 못하고, 인권보장의 최후 보루로서의 소임을 다하지 못한 불행한 과거를 갖고 있다"라며, "대법원장인 저를 포함한 사법부 구성원 모두는 국민 여러분께 끼쳐드린 심려와 상처에 대하여 가슴 깊이 반성"한다고 밝혔다. 그는 "권위주의 시대에 국민 위에 군림하던 그릇된 유산을 깨끗이 청산"해야 한다며 과거청산에 대한 의지를 보였다. 그는 이어 열린 기자간담회에서 "과거사 문제는 ○ 재심 확대를 통한 청산 ○ 부당한 재판에 관여한 법관 청산 ○ 위원회 구성을 통한 방식 등 세 가지가 있을 수 있지만, 모두가 판사 개개인의 재판의 독립을 해칠 우려와 관련자가 거의 남아 있지 않다는 문제가 있다"라며 "우선 기존 행정조직을 통해 문제가 되는 시기 판결의 흐름을 검토한 뒤 후속 조처를 신중히 검토하겠다"라고 밝혔다. 그는 이와 관련해 "국가정보원과 경찰청의 자체 과거사 조사가 매듭지어지면 그 결과도 분석해 참조할 계획"이라고 덧붙였다.[1]

보수적인 사법부에서 대법원장이 이 정도의 의지를 밝힌 것은 드문 일이었다. 이용훈은 1993년 서울지법 서부지원장으로 있을 때 같은 법원 김종훈 판사의 「개혁시대 사법의 과제」라는 글이 제3차 사법파동의 도화선이 되자 서부지원의 전체 법관회의를 열어 소장 판사들의 의견을 수렴해 대법원장이 주재하는 법원장 회의에 보고하여 소장 판사와 법원 상층부의 가교 역할을 한 적이 있다. 이런 역할 때문에 과거청산에 대한 그의 입장 표명은 일정한 기대를 불러일으켰다. 그러나 역시 사법 엘리트의 한 사람인 그가 제대로 과거청산을 할 수 있을 것인가에 대한 우려 또한 높았다.

어느새 실종된 '과거청산' 의지

취임 1년이 지나 2006년 국정감사에서 이용훈 대법원장은 "과거 시국사건 6,000여 건을 수집해 법원행정처 판사들에게 검토 작업을 지시했고, 이미 대략적인 당시 판결 등의 흐름을 파악한 상태이며 기회가 닿는 대로 법원 역사를 재정립할 기회로 삼겠다. 시국 관련 재심사건이 대법원에 상고되면 판결문에 법원의 과거사를 반성하는 내용을 명시하겠다"라고 밝혔다. 그리고 2008년 9월 말, 이용훈 대법원장은 과거사에 대해 다시 한번 사죄했다. 그는 "권위주의 시대의 각종 시국 관련 판결문을 분석했고 조만간 발간될 사법부 역사자료에 포함해 국민에게 보고할 예정"[2]이라고 했으나, 사법부의 과거청산 작업이 가시화되지는 않았다. 남미에서 군사정권에 적극적으로 협력한 법관들을 사법처리한 일을 고려한다면 사과에만 그친 한국의 현실은 매우 답답한 것이 아닐 수 없다. 그러나 이명박 대통령이 앞장서 "과거와 싸우면 미래가 피해를 본다", "사법 포퓰리즘을 경계해야 한다"라는 해괴한 주장을 펴면서, 행정부 차원의 과거 사건 진실규명 작업을 무력화하고 근현대사 교과서 개악에 팔을 걷어붙이고 나선 상황을 고려한다면, 대법원장이 이 정도 사과한 것도 다행이라 생각해야 할지 모른다.

그런데 이러한 일말의 기대는 2009년 말 사법부가 『역사 속의 사법부』를 펴내면서 산산이 깨졌다. 예컨대 송씨 일가 사건의 경우 고등법원과 대법원을 오가며 도합 일곱 차례의 판결 결과 피고인들이 유죄로 확정되는 과정만을 기술했을 뿐 안기부가 이 판결에 어떻게 작용했고 법원이 어떻게 안기부에 협력했는지는, 국정원 과거사위의 조사결과로 상세히 밝혀졌음에도 한마디 언급이 없었다. 이 책에 대한 전체적인 평가는 1995년에 발간된 『법원사』보다도 오히려 크게 후퇴했다는 이야기가 나왔다.

또한 이용훈 체제의 사법부는 재심만을 사법부 과거청산의 유일한 방법으로 선택한 듯싶다. 국가폭력 피해자들은 20, 30년 전 법정에서 온몸으로 억울함을 호소하며 울부짖었지만 끝내 외면당했다. 그런 피해자들이 자신에게 부당한 판결을 내린 그 사법부에 다시 자기 사건을 들고 가는 것이 과거청산의 유일한 방법이라는 말인가? 더구나 현행법의 재심 개시 기준은 너무나도 엄격하고 까다롭다. 현행 재심 기준은 정상적 상황에서 발생할 수 있는 오판, 다시 말해 법관이 오로지 법률과 양심에 따라 최선을 다해 판단했음에도 숙명적으로 발생할 수밖에 없는 오판의 피해자들을 구제하기 위한 것이다. 그러나 과거 권위주의 시대의 공안사건과 시국사건 판결은 불행하게도 법과 양심만이 아니라 안기부에 의해 결정되었다.

대법원은 어떤 기준을 택했는지 모르지만 문제 판결 240여 건의 판결문을 분석했다고 한다. 긴급조치 사건만 해도 1,500여 건인데 문제가 되는 판결이 240여 건에 그친 것일까? 그나마도 요즘 재심이 이루어지는 사건은 가중 과거사위원회가 오랜 시간에 걸쳐 조사하여 재심을 권고한 사건들이다. 약 40여 건의 사건에 대해 재심이 권고되어 그중 20여 건의 재심이 개시되었다. 과거의 시국사건이나 공안사건이라고 해서 무조건 잘못된 판결이라고 말하려는 것은 아니다. 그러나 법원이 인권의 최후 보루이기를 포기하면서 고문으로 받아낸 자백을 '증거의 왕'으로 추대하고 누구나 다 아는 공지의 사실을 국가기밀로 만든 나쁜 판례가 나온 뒤 억울한 조작간첩이 속출하지 않았던가. 중정-안기부가 적발한 400여 건의 간첩사건 중 국정원 과거사위원회의 조작의혹 간첩사건 분야 소위원회는 시간과 인력의 부족으로 겨우 16건만을 조사대상으로 선정해 사건 기록을 복사했다. 그 산더미 같은 기록에서 소위원회는 그나마 4건만을 조사했을 뿐이다. 나름 죽어라 하고 조사했지만, 기록을 복사해놓고도 검토조차 하지 못한, 아니 기록조차 찾아볼 엄두를 내지 못한 수많은 사건의 피해자들은 도대체 어디 가서 하소연을 해야 할까?

후배 법관의 사과만으로 되나?

지금까지 판결이 이루어진 15건가량의 사건은 모두 무죄가 나왔고, 그중 재판장이 판결문에서 과거 잘못된 판결을 내린 선배 법관을 대신해 사과한 것은 9건이라고 한다. 한 예로 오송회 사건의 경우 2008년 11월 광주고법 이한주 부장판사가 이렇게 말했다. "피고인들이

(……) 받았던 기나긴 세월의 쓰라린 고통과 인권보장의 최후 보루인 사법부에 걸었던 기대감의 상실, 그리고 수십 성상 동안 가슴속 깊이 새겨왔을 사법부에 대한 거대한 원망을 재판부는 머릿속 깊이 새기게 되었다. (……) 원심 및 재심 대상 항소심은 피고인들이 수사기관에서 폭행·협박·고문을 당했다는 점을 입증하기 위한 변호인들의 증거신청을 받아들이지 않고 이에 대한 특별한 증거조사도 하지 않은 채 피고인들의 수사기관에서의 허위자백을 기초로 피고인들에 대하여 유죄판결을 선고했다. (……) 피고인들이 무고하게 유죄판결을 받아 복역했고, 그로 인해 피고인들과 그 가족들이 감내할 수 없는 처절한 고통을 받았던 점에 대하여 재판부는 깊은 사과의 말씀을 드린다."

2009년 5월 서울고법 이성호 부장판사는 아람회 사건 재심 선고 공판에서 법관은 "비록 극심한 불이익을 받더라도 진실을 밝히고 지켜내야" 한다며 "교사, 경찰·검찰 공무원, 새마을금고 직원, 주부 등 평범한 시민들이 국가기관에 의해 저질러진 불법 구금을 법정에서 절규했음에도 당시 법관들은 이를 외면하고 진실을 밝혀내지 못했다"라고 시인했다. 그는 "선배 법관을 대신해 억울하게 고초를 겪은 시민들에게 위로의 말씀을 드리며 고인이 된 이재 씨가 하늘나라에서 평안하기를 바라며 나머지 피고인들도 평화와 행복을 찾기 바란다"라는 위로의 말을 전했다. 법정은 울음바다가 되었다. 『동아일보』에 따르면 판결 직후 이성호 부장판사는 자신을 '진보판사'라고 분류한 일부 언론보도에 대해 "나는 서울 강남에 살면서 종합부동산세도 내고 평소 성향도 보수 쪽에 가깝다"라며 "하지만 사실에 대한 판단은 정권이나 이념에 따라 달라지는 것이 아니다"라고 말했다고 한다.[3]

이 책의 서두에서 이야기한 것처럼 이영섭 전 대법원장은 신군부에 밀려 대법원장 자리에서 물러나면서 자신의 재임기간을 "회한

2008년 11월 25일 오송회 사건 재심판결에서 연루자 9명에게 무죄가 내려졌다. 당시 광주고법 이한주 부장판사는 "피고인들과 그 가족들이 감내할 수 없는 처절한 고통을 받았던 점에 대하여 재판부는 깊은 사과의 말씀을 드린다"며 선배 법관을 대신해 사과를 전했다.

과 오욕의 나날"이라고 표현했다. 그런데 1987년 이회창 전 대법관이 자신은 그 말에 강하게 반발하지 않을 수 없다면서 "회한과 오욕의 나날이었다면 그와 같이 만든 것은 바로 그 자리에 있던 본인이지 다른 사람을 탓할 일은 아니라고 생각되기 때문"[4]이라고 비판했다. 사실상 사법부에 가해진 외압은 사법부 내부의 협력자를 통해 관철되었다. 마지못해 외압에 굴복한 자도 있지만 자신의 영달을 위해 적극적으로 협력한 자들 또한 있었다. 신영철 파동에서 보듯 지금도 사법부 내부에는 정치권력에 영합하는 자들이 분명히 있고 그들은 권력에 의해 보상을 받고 있다. 반면 민주화 덕분에 오로지 법과 양심에 의해 판결을 내리는 법관들의 숫자도 크게 늘어났고 정치권력의 무리한 기소에 대해 법원의 무죄판결이 속출하고 있다. 이에 대해 정치권력과 보수언론과 수구세력은 소장 법관들이 좌경화되었다며 목청을 높인다. 1970, 1980년대와 비교해 외압이 가해지는 방식이 바뀐 것이다. 과거에는 은밀한 공작정치를 통해 압력이 가해졌다면 이제는 노골적이고 원색적으로 압력을 가하는 상황이다.

사법부의 독립성은 헌법기관인 법관 개개인이 스스로 지키려 하지 않으면 지켜낼 방도가 없다. 2007년 1월 말 긴급조치 사건 판결문 공개를 둘러싸고 법관의 이름을 포함시킬 것인가가 논란이 되었다. 법관의 이름은 판결문의 일부다. 법관은 판결로 말한다고 하지 않는가? 일말의 양심이 남아 있다면, 자신이 미처 걷어보라고 말하지 못했던 그 바짓가랑이의 무게가 수십 년 세월이 지난 뒤에도 여전히 그 양심 위에 드리워 있음을 깨닫지 않을 수 없을 것이다.

민주화 이후 검찰개혁은 이루어졌는가?

우리나라는 자주 검찰 때문에 나라가 시끄럽다. 나라의 시끄러운 일을 검찰이 나서서 해결하는 것이 아니라 검찰이 문제를 일으킨다. 공익의 대표자로 정의를 실현해야 할 검찰이 정치적 사건의 무리한 기소로 물의를 일으키거나 범죄 수준의 스캔들로 손가락질을 받는다. 군사독재 시절 '권력의 시녀'였던 검찰은 민주화 이후에는 시녀가 아니라 '권력 그 자체'로 등장했다. 민주화로 안기부와 군이 정치의 전면에서 물러나고 청와대의 권력은 임기라는 덫에 걸려 힘이 약해진 반면, 검찰은 '삼성'을 제외하고는 누구에게도 통제받지 않는 막강한 권력으로 부상했다. 2010년 MBC 〈PD 수첩〉이 폭로한 부산의 건설업자 정모 씨의 '상납일지'로 불거진 검찰의 스폰서 추문은 절대권력은 절대부패한다는 옛말이 틀리지 않음을 보여준다. 과거 안기부가 기세등등하던 시절에 아무리 검찰이 보기 흉하게 찌그러졌었다 해도 이렇게까지 '썩은' 것은 아니었다. 외부의 견제와 감시가 일정하게 작용했기 때문이다. 민주화로 큰 권한을 누리게 된 뒤 검찰은 자정기능을 수립하지 못했고, 민주정권은 검찰개혁에도 문민통제에도 모두 실패했다. 그 결과가 오늘의 검찰이 보여주는 추한 모습이다.

역대 정권의 검찰 길들이기

이승만의 최대 권력기반은 친일경찰이었다. 악질 친일경찰의 대명사 노덕술은 반민특위에 검거되었는데 도피 중일 때 수도경찰청장 김태선이 그를 관용차로 도피시키고 경호경관까지 붙여준 사실이 드러났다. 검찰총장 김익진이 김태선을 범인은닉 혐의로 수사하라는 엄정한 지시를 내리자 경찰은 이승만에게 떼를 써 검찰총장 김익진을 서울고검장으로 좌천시켜버렸다. 이승만 정권은 검찰총장에서 고검장으로 강등되는 굴욕을 참고 버티던 김익진을 1952년 그의 먼 친척인 의열단원 김시현이 주도한 이승만 저격 계획에 얽어 구속해버렸다. 이보다 앞서 1948년 10월 25일 순천지청 박찬길 검사가 여순 사건의 와중에서 경찰에 의해 총살되는 어처구니없는 일이 발생했다. 박 검사가 반란군의 처형을 모면하게 해주었고 토벌 중 민간인을 살해한 경찰에게 중형을 구형했다며 경찰이 그를 총살한 것이다.

5·16 군사반란 직후, 4월혁명 이후 특별검찰부를 이끌어온 김용식 부장 이하 특검 검찰관 18명이 뇌물수수 혐의로 모두 구속이 되었다. 이들이 무더기로 구속된 까닭은 김용식 부장이 향후 특검의 방향을 묻는 군인들에게 법대로 하겠다는 방침을 밝혀서다. 군인들은 자신들의 특검을 새로 만들어 입맛대로 사건을 처리했다. 제천지청장이던 황천수 검사는 5·16 이후 특무대원이 자기 방에 찾아왔을 때 앉으라는 말을 하지 않자 그에 앙심을 품은 특무대원에 의해 뇌물수수 혐의로 구속되기도 했다. 5·16 이후의 특검 그리고 1974년 긴급조치 1호와 4호 위반 사건을 일반검찰이 아닌 비상군법회의 검찰부에 맡겨 처리하게 한 것은 제도적으로 검찰권을 유린한 것이었다. 박정희 정권은 인혁당 사건 처리에서 검찰을 권력에 완전히 복속했지만, 오랜 검·경 갈등에서는 대체로 검찰의 손을 들어주었다. 박정희는 현직 검사 한옥신을 경찰의 총수인 치안국장에 임명했고 서른한 살

의 검사 이건개를 서울시경국장에 임명해 경찰의 자존심을 상하게 했다.

전두환 정권 시절에는 검찰이 10·26 사건으로 입지가 약해진 안기부와 힘을 겨뤄보려다 큰 곤욕을 치렀고 때로 경찰에 밀리기도 했다. 앞서 살펴본 대법원장 비서실장 뇌물 사건 당시 검사 두 명이 구속되고 서울지검장과 남부지청장이 옷을 벗었으며 안보수사조정권과 관련해 구상진 검사도 사표를 썼다. 검찰의 치욕은 부천서 성고문 사건 처리에서 절정에 달했다. 군사정권은 정권유지를 위해 수만 명의 전투경찰과 엄청난 숫자의 정보요원을 가진 경찰력에 크게 의존했다. 박종철 고문치사 사건 무렵에는 경찰이 검찰의 힘을 압도하고 검찰을 우습게 볼 지경이었다. 이 때문에 검찰 내부에는 '위기감과 함께 더 늦기 전에 어떻게든 위상을 되찾아야 한다는 절박감이 가득 차 있었다'라고 한다. 당시 서울지검 공안부장 최환은 안기부나 청와대의 압력에도 불구하고 박종철 사체 부검을 실시해 사건의 진상을 밝히는 데 크게 기여했다. 그러나 검찰 지휘부와 담당 검사 안상수는 경찰과 안기부가 주도한 은폐조작을 적극 수용했다.

노태우 정권 시절은 검찰 출신들의 전성기였다. 5공 시절부터 정치검사와 정치군인들이 서로 어울리는 것을 '육법당'이라고 비꼬았는데, 6월항쟁 이후 군 출신들이 누리던 권력을 6공의 황태자 박철언, 안기부장 서동권, 청와대 비서실장 정해창 등 경북고를 나온 검찰 출신들이 차지했다. 검찰사상 최악의 사건이라 할 1991년의 유서대필 사건*은 바로 이런 구도에서 발생했다. 과거에는 정권 핵심이나 안기부가 기획한 사건을 검찰이 법률적으로 뒤치다꺼리를 해주었다면 이제는 검찰이 전면에 나서서 정권의 위기를 돌파했다. 유서대필 사건은 이례적으로 서울지검 공안부가 아니라 강력부에서 수사했는데, 부장 강신욱 역시 경북고 출신이었다. 서동권에 앞서 검찰 출신

• 유서대필 사건
1991년 5월 전민련('전국민족민주연합' 약칭) 사회부장 김기설의 분신자살에 대해 검찰이 그의 친구 강기훈이 유서를 대필하고 자살 또한 방조했다는 혐의로 기소해 인권을 침해한 사건. 2007년 과거사정리위원회는 이 사건의 진실 규명 및 국가의 사과와 재심조치를 취할 것을 권고했다. 2015년 강기훈은 무죄판결을 받았다.

배명인도 안기부장을 지냈으니, 안기부에 눌려 지내던 검찰로서는 톡톡히 자존심 회복을 했다 할 것이다.

김영삼 정권 시절 검찰은 12·12 사건과 5·18 사건을 두고 "성공한 쿠데타는 처벌할 수 없다"라며 '공소권 없음' 결정을 내렸다. 이는 광주학살 책임자들과 손을 잡아 대통령이 된 김영삼의 입장을 반영한 것인데, 정권의 존립이 위태로울 정도로 강한 반발을 불러왔다. 검찰은 지난번 수사는 '나가리'라며 재수사에 착수, 전두환·노태우 일당을 기소했다. "우리는 개다. 물라면 문다"라는 검찰의 정체성 고백은 바로 이때 나온 것이다.

최초의 정권교체로 출범한 김대중 정권은 호남 출신을 중용해 검찰을 장악해보려 했으나 실패로 끝났다. 1999년에는 대검 공안부장 진형구가 조폐공사 파업을 두고 검찰이 유도한 일이라고 기자들에게 자랑했다가 구속되었고, 또 검찰총장을 거쳐 법무장관이 된 김태정의 부인이 재벌 회장 부인으로부터 '옷 로비'를 받았다는 주장 때문에 나라가 발칵 뒤집혔다. 제5공화국 이래 검찰에서는 공안검사들이 성골로 통했는데, 민주화 이후로는 대형 국가보안법 사건이 거의 사라지자 공안검사들은 노동운동에 대한 통제와 단속을 새로운 일감으로 삼았다. 조폐공사 파업 유도 발언도 진형구가 기자들과 폭탄주를 돌리며 자신의 업적을 자랑하다가 나온 것이다. 이 두 사건으로 두 개의 특검이 동시에 출범했지만, 아쉽게도 김대중 정권은 이 두 사건을 검찰개혁의 기회로 삼지 못했다.

검찰개혁의 실패, 노무현의 죽음

검찰에 구속된 바 있던 노무현 대통령은 검찰개혁의 중요성을 잘 알고 있었다. 그는 법무부의 문민화를 꾀해 검사 출신이 아닌 강금실과 천정배를 법무장관에 임명하는 실험을 했다. 40대 여성 강금실의 임명은 검찰의 집단적 반발을 가져와 '대통령과 검사의 대화'라는 초유의 일이 벌어졌다. 천정배 장관 시절에도 강정구 교수의 구속 문제를 둘러싸고 장관의 수사지휘권 발동으로 검찰총장이 사임하는 등 검찰과 정권의 갈등은 노무현 정권 내내 지속되었다.

검찰개혁을 위해서는 정치검찰과 부패검찰에 대한 인적 청산, 오욕의 역사를 바로잡는 과거청산, 그리고 막강한 검찰권의 오·남용을 방지하기 위한 제도개혁이 반드시 필요했다. 여기에 한 가지 덧붙인다면, 대통령도 검찰을 정치적 도구로 악용하지 말고 검찰의 독립을 보장해주어야 했다. 노무현 대통령은 청와대 민정수석을 통해 검찰에 개입하는 일은 하지 않겠다는 뜻으로 검찰 출신이 아닌 문재인, 전해철, 이호철 등을 민정수석에 임명했고, 실제로 자신의 지지자들이 '희망돼지' 저금통으로 선거법을 위반했다며 검찰의 수사를 받을 때 전화 한 통 하지 않았다. 이것은 나름 훌륭한 태도였지만, 인적 청산, 과거청산, 제도개혁이 수반되지 않고는 부질없는 일이었다. 인적 청산은 전혀 이뤄지지 않았고, 국정원·국방부·경찰 등 다른 권력기관은 자체적 과거청산을 했지만 검찰은 꿈쩍도 하지 않았다.

노무현 정권은 검찰의 조폭문화, 떼거리문화의 법적 원천으로 전락한 '검사동일체의 원칙'을 검찰청법에서 삭제하고, 경찰의 수사권 독립을 위한 기반을 조성하는 등 제도개혁 분야에서 아주 작은 성과를 거두었다. 그러나 차관급인 검사장 자리를 크게 늘려주었을 뿐 검찰의 기소권 독점에 대한 핵심적 견제장치가 될 만한 '고위공직자비리 수사처'(공수처) 설치는 무산되었다. 노무현 대통령은 인적 청산, 과거청산, 제도개혁 등 세 가지 과제를 제대로 해결하지 못한 채 검찰의 독립만을 존중해주다가 못된 검찰의 힘은 키워주고 결국 검찰에게 당해 벼랑 끝에서 떨어진 것이다.

이명박 정권은 '촛불' 위기를 검찰과 경찰의 공안권력으로 돌파했다. 〈PD수첩〉에 대한 무리한 수사를 반대하다 임수빈 부장검사는 사표를 썼다. 옷 벗는 자리라는 수원지검장 시절 원정화 간첩 사건*을 처리해 중앙지검장으로 영전한 천성관은 〈PD수첩〉 수사의 공으로 검찰총장이 되었다가 스폰서 문제로 낙마했다. 〈PD수첩〉이 밝힌 스폰서 검찰의 추악한 사례로 처음 등장한 자는 대검 감찰부장 한승철이었다. 검찰의 자정능력이란 기대할 수 없는 것이라는 현실을 이보다 더 잘 보여줄 수는 없다.

한국 사회가 민주화되면서 시민들의 삶이 '아주 조금' 나아졌다면 '아주 많이' 좋아진 것은 재벌과 검찰이었다. 과거에는 독재자가 정보기관이나 권력기관을 서로 견제시켰고 재벌의 힘도 상당히 통제했다. 그러나 철저하지 못한 민주화는 민주공화국 대신 삼성공화국과 검찰공화국을 불러왔다. 재벌의 불법행위를 단속해야 할 검찰은 재벌에 의해 관리되는 '떡찰'이 된 지 오래다. 통제받지 않는 두 권력, 삼성과 검찰의 결탁은 진정 대한민국의 미래를 위협하고 있다. 이제 검찰개혁은 한국 민주주의의 존망을 가름할 매우 중요한 과제가 아닐 수 없다. 조선시대에 포도청을 좌포청과 우포청으로 쪼갰던 이유가 무엇이겠는가?

---

* 원정화 간첩 사건
위장 탈북여성 원정화가 2005년 9월 결혼정보회사를 통해 군 장교와
교제하며 간첩행위를 한 정황이 포착되어, 2008년 8월 27일 그녀의 애인,
계부와 함께 국군기무사령부에 구속된 사건이다. 촛불 시위의 여진이
계속되는 가운데 당국이 사건을 발표했다.

에필로그

'사법부―회한과 오욕의 역사'의 연재가 끝난 것이 2010년 5월 18일이니 거의 6년이란 시간이 흘렀다. 그동안 한국의 민주주의는 더욱 후퇴했고, 사법부는 오욕의 역사를 청산하지 않은 채 그 위에 화려한 탑을 세웠다. 사법부는 반성하지 않았다. 2009년 12월에 발행된 『역사 속의 사법부』 제3부 제3장의 '제4절 형사재판과 인권보장'에서 널리 알려진 정치재판의 사례를 나열식으로 간략히 설명했을 뿐이다. 이용훈 대법원장은 2005년 9월 취임 일성으로 과거사에 대해 사과하면서 "권위주의 시절인 1972~87년 사이 이뤄진 잘못된 재판에 대해 자체 조사를 벌인 뒤 구체적인 후속 조처를 마련하겠다고 약속"한 바 있다. 2005년에서 2009년으로 넘어오는 동안 노무현 대통령에서 이명박 대통령으로 정권은 바뀌었지만 이용훈은 여전히 대법원장 자리에 있었다. 이용훈 체제의 사법부는 긴급조치와 국가보안법 등 시국·공안사건 판결문을 검토하여 자체적으로 문제판결 224건의 재심대상 사건을 선정했지만, 그 목록조차 공개하지 않았다. 보수정권이 들어서면서 대법원 구성의 다양성 차원에서 발탁되었던 이른바 독수리 5남매가 물러난 자리는 대개 50대 남성·서울법대 출신, 법원행정처 간부와 법원장 출신들로 채워졌다.

민주화가 진전되면서 늘 지적되어온 것처럼 선출되지 않은 권력 사법부로 권력이 집중되는 현상이 가속화되었다. 사실 민주화가 되어 덕을 가장 많이 본 것은 사법부와 검찰이다. 권위주의 정권 시기 안기부의 위세에 눌려 있던 사법부와 검찰은 안기부가 한 발 물러난 자리를 메우고 새로운 권력집단으로 부각되었다. 1988년 노태우 정권 출범 직후의 제2차 사법파동 때는 소장판사들이 "돌이켜보면 우리 국민은 자신의 기본권을 보장하여줄 것을 위임한 사법부에 기대어 기본권을 보장받기보다는 오히려 많은 부분을 국민들 자신의 희생과 노력으로 스스로 쟁취해왔으며, 이 과정에서 많은 국민들이 사법부를 불신하고 심지어는 매도하기에 이르렀다"라고 개탄했다. 김영삼 정권 출범 직후의 제3차 사법파동 때는 "우리 법관들도 판결로 말해야 했을 때 침묵했고, 판결로 말해서 안 되는 것을 말하기도 했으며 판결이라는 방패 뒤에 숨어 진실에 등을 돌리기도 했다"라고 자책했다. 이런 반성과 자책은 한낱 젊은 날의 치기였던가. 민주화와 더불어 사법부의 거듭남을 촉구했던 세대가 대법관을 이미 지냈거나 대법관으로 있는 오늘날, 사법부는 어떤 면에서 1980년대 전두환 정권 때보다도 더 참담해졌다고 하면 지나친 평가일까. 한 가지 분명한 것은 1980년대에는 그래도 칠흑 같은 어둠 속의 한 줄기 등불처럼 빛나던 소수의견이라도 있었지만, 지금의 대법원은 전원합의체에서 전원합의로 권력과 가진 자들의 손을 밥 먹듯이 들어준다.

이 책은 주로 중앙정보부-안기부의 부당한 개입에 사법부가 맥없이 굴복하는 모습을 담고 있다. 이것은 분명 과거의 일이라고 할 수 있다. 그러나 현재의 사법부가 과거에 비해 인권의 최후 보루로서 소수자를 보호한다는 본연의 사명을 다한다고 할 수 있을까. 언론의 자유를 위협하는 데 있어 가장 막강한 적은 외부의 압력이 아니라 사주와 자본이 된 지 오래인 것처럼 사법부가 사법부의 소임을 다하지 못하게 하는 주된 책임은 이제 사법부 내부에서 찾아야 할 것이다. 과거 군사독재 정권 시기에는 중앙정보부―안기부의 압력에 따른 정치사법이 사법부의 불신을 초래한 가장 중요한 요인이었다면, 지금은 대다수 법관들의 특권적 지위나 계급적 입장에 따른 계급사법이 큰 문제로 대두한 지 오래됐기 때문이다. 가난한 집 자식들이 사법고시에 합격해 법관이 되는 '개천에서 용 나는' 사례도 이제는 다 옛날 일이다. 사법연수원 통근 버스의 대다수가 강남에서 출발한다는 말이 돈 지가 오래되었고, 법관 충원의 길도 로스쿨로 바뀌었다.

사법부의 보수화를 보여주는 판결은 노동 관련 사건들, 과거사 관련 사건들, 그리고 정치적 사건 등 크게 세 분야에서 뚜렷하게 나타난다. 노동 분야에서는 해고를 정당화하거나 해고 요건을 쉽게 만드는 판결이 줄을 이었다. 최근의 판결만 보아도 2014년 6월 대법원은 콜트-콜텍 대전공장의 해고무효확인 청구소송에서 정리해고가 정당하다는 판결을 내렸고, 11월에는 25명이 목숨을 잃은 쌍용자동차의 해고무효확인 청구소송에서 정리해고가 유효하다며 원심 파기 판결을 내렸다. 9년을 끌며 싸워왔던 KTX 여승무원들은 대법원이 원심을 파기한 덕에 1인당 1억 원가량의 가지급된 임금과 소송비용을 물어내야 할 처지가 되었다. 남편이나 아이들에게까지 피해가 간다는 압박감에 30대의 한 여승무원은 대법원 판결 얼마 후 스스로 목숨을 끊기도 했다. 대법관이나 고등법원 부장판사 등 고위법관들이 기업에 유리한 판결을 내리고 퇴직 후 대형 로펌에 가서 기업을 변호하는 것도 흔하게 볼 수 있는 일이다. 2013년 정기상여금이 통상임금에 포함되는지를 두고 갈등이 벌어졌을 때 대법원은 정기상여금도 통상임금에 포함된다고 판결하면서도, 사회적 약자를 위한 신의성실의 원칙을 가져와 강자인 기업을 위해 사용하면서 소급적용을 제한시켰다. 한국의 사법부는 노동자들의 파업에 대해 회사가 제기한 손해배상 가압류 소송에서 거의 대부분 회사의 손을 들어주었다. 헌법에 보장된 노동3권, 특히 단체행동권은 무시되기 일쑤였다. 이 문제를 공론화하기 위해 시민단체 '손잡고'가 출범할 무렵, 민주노총 사업장 10여 곳은 모두 1,691억 원의 손해배상을 하라는 판결을 받아놓고 있었다. 해직교사들이 조합원에 포함되어 있다는 이유로 전교조가 고용노동부로부터 법외노조 통보를 받았는데, 이 통보의 효력을 정지시킨 서울고등법원의 결정을 대법원이 무효화시킨 것이나 최근 항소심에서도 전교조가 패소하여 법외노조로 몰릴 처지에 놓인 것도 사법부가 노동문제에 대해 극도의 보수 성향을 보인 대표적인 사례로 꼽힌다. 특히 2016년 2월 19일 대법원이 산별노조 산하 지부·지회 등 하부조직이 정관·임원 등 일정 요건을 갖추고 있다면 기업별 노조로 전환할 수 있다고 대법원 전원합의체가 판결한 것은 박근혜 정권이 강력히 추진하는 노동개악에 호응하여 산별노조를 사실상 무력화하는 일이었다.

　대법원은 정치적으로 민감한 사안에서 어김없이 보수 정권의 편에 섰다. 대법원은 2012년 4월 19일 이명박 정권 시절 민주주의의 후퇴를 반대하여 시국선언을 한 교사들에 대해 정치적 중립 의무를 위반했다고 유죄를 확정했다. 대법원은 또한 2012년 제주 강정마을 주민들이 해군기지 건설 공사 중단을 요구하며 제기한 소송에서, 1심과 2심이 국방·군사 시설사업 실시계획 승인처분을 무효라고 판단한 판결을 깨고 강정마을 기지 건설은 적법이라고 판결하여 국방부의 손을 완벽하게 들어줬다. 대법원의 정치편향이 가장 두드러지게 나타난 것은 2012년 대통령 선거에서 국가정보원의 개입과 댓글 여론조작과 관련된 재판에서였다. 대법원은 2015년 1월 29일, 국가정보원의 댓글 여론조작 의혹에 대한 수사 결과를 축소 발표해 대선에 영향을 쳤다는 혐의로 기소된 전 서울지방경찰청장 김용판에게 무죄를 확정했다. 이것은 전주곡이었다. 2015년 7월 16일에는 이명박 정권의 국정원장 원세훈의 대선 개입 사건에 대해 유죄를 선고한 원심을 파기했다. 대법원은 비록 유무죄에 대한 판단을 내놓지는 않았지만, 유죄판결의 근거가 된 주요 자료들을 증거로 인정할 수 없다고 판단하여 사실상 원세훈과 국정원에게 면죄부를 준 것이다. 대법원은 기존 판례를 외면한 채, 대선 개입의 결정적 증거는 애써 배척함으로써, 박근혜 정권의 정통성이 걸린 문제에서 다시 한번 정권의 손을 확실하게 들어주었다. 법조계에서는 이 판결에 대해 "대법원에서 증거능력만 따져 '소수의견'도 없이 만장일치로 파기환송하는 걸 보면서 좌절감을 느꼈다"고 개탄하거나, "최악의 선고 가운데 하나로 기록될 것"이라는 비난이 잇달았다.

대법원 전원합의체는 2015년 8월 20일 불법정치자금을 받은 혐의로 재판에 회부된 한명숙 전 국무총리에게 징역 2년형을 확정했다. 1심에서 무죄를 받았던 한 총리가 항소심과 대법원에서 유죄를 받은 것이다. 이 판결로 대법원 전원합의체는 정권의 폭탄처리반으로 전락했다는 비난을 받았다. 대법원은 2015년 12월 10일, 8,900여 명의 국민소송단이 이명박 정권이 추진한 4대강 사업 취소를 구한 4건의 사건을 모두 기각했다. 대법원은 모든 사업이 이미 2013년 2월에 종료된 뒤 늦장 판결을 한 것이다. 또 2015년 12월 16일 세 차례 집회에서 도로점거 행진을 한 혐의(일반교통방해)로 기소된 인권활동가 최모(45) 씨에게 일부 무죄를 선고한 원심을 깨고 전부 유죄 취지로 사건을 서울서부지방법원으로 돌려보냈다. "도심에서 벌어지는 평화적 집회 및 시위에서 교통을 저해하는 행위가 집회·시위에 불가피하게 수반"되는 것인데, "항소심은 헌법 우선적 판단을 했으나 대법원이 이를 뒤집은 것"[1]이다.

대법원의 퇴행이 가장 두드러진 분야는 과거사 관련 판결일 것이다. 현재의 일도 후퇴를 거듭하는데 과거사 관련 판결이 퇴행을 거듭했다는 것은 당연한 일일지도 모른다. 이명박 정권 등장 이후 각종 과거사위원회가 폐지되는 등 사회 전반의 보수화가 진행되었지만, 그래도 법원에서는 하급심에서 노무현 정권 시기의 과거사 진상규명의 성과를 적극 수용했다. 지난 시기 사법부가 잘못 판결한 사건들에 대한 재심과 그에 따른 배상 관련 판결이 줄을 이었고, 사법부 전체는 아니더라도 재심 재판부 일부가 과거 잘못된 판결의 피해자들에게 진심으로 사죄하는 모습을 보였던 것이다.

후보 시절 박근혜는 박정희 시절의 인권탄압과 같은 과거사가 잘못되지 않았다는 태도를 취하다가 역풍을 맞자, "5·16, 유신, 인혁당 사건 등은 헌법가치가 훼손되고 대한민국의 정치발전을 훼손하는 결과를 가져왔다"라며 사과했다. 선거 전에는 과거사를 반성하고 국민대통합위원회를 설치하여 화합으로 나아가는 방향을 모색하겠다고 했지만, 2015년 10월의 역사교과서 국정화 파동에서 확인할 수 있듯이 과거사에 대한 퇴행적 견해를 고수하고 있다. 과거사의 퇴행은 검찰이 민주정권 시기 과거사 관련 위원회에서 활동한 변호사들이 위원회 관련 사건을 수임한 것에 대해 변호사법 위반으로 수사를 시작하면서 또 다른 양상을 띠게 되었다. 이 수사는 법원이 관련된 것은 아니지만 과거사 문제를 바라보는 정권의 시각이 어떠한지를 여실히 보여주었다.

박근혜 정권이 들어선 이후, 대법원이 내놓은 일련의 판결은 독재자의 딸을 위한 맞춤 판결이라고 밖에는 할 수 없다. 대법원은 2013년 5월 16일 진실화해위원회의 조사보고서에 대해서도 추가 증거조사가 필요하다며, 과거사 피해자 유족에게 국가가 손해를 배상해야 한다는 원심을 파기했다. 인혁당 사건과 관련해서도 황당한 일이 벌어졌다. 2011년 11월 대법원은 인혁당 사건 피해자들에 대한 국가배상금의 지연 이자가 과대 계산되었다며 이미 지급된 금액을 삭감해버렸다. 박근혜 정권이 들어선 뒤 국정원은 인혁당 피해자와 유가족들에게 부당이득금 반환청구소송을 제기했고, 법원은 이를 반환하라는 판결을 내리기까지 했다. 대법관들은 퇴임 후 1년 이내에 100억 원을 번다느니, 도장 하나 찍고 수천만 원을 받는다느니 하는 말이 나돌 정도로 거액 수임료를 받으면서 국가폭력 피해자들이 입은 말로 다할 수 없는 고통에 거액의 배상금이 지급되는 것은 몹시 못마땅했던 모양이다. 대법원이 돈 문제로 피해자들을 농락하고 큰 상처를 준 또 다른 방법은 소멸 시효를 갖고 장난치는 것이었다. 박근혜 정권이 들어선 뒤 대법원은 과거 3년까지 인정하던 소송제기 시효를 '형사보상결정일로부터 6개월'로 줄여버렸다. 국가의 재정적 부담을 줄인다는 것이 은밀한 이유였다. 이 때문에 소송제기 시효를 3년으로 알고 자신들이 입은 피해를 성실하게 정리하여 3년 이내에 소송을 제기해 1심과 2심에서 배상판결을 받았던 수많은 국가폭력 피해자들의 배상금이 전액 공중으로 날아가버렸다. 박동운 등 진도 간첩 사건 피해자, 아람회 사건 피해자, 문경학살 피해자 등이 대법원의 황당한 결정으로 국가폭력에 이어 이자고문까지 당하고 있다.

이용훈 체제의 대법원이 과거사 반성을 하는 것처럼 보이다가 결국 아무것도 안 하고 덮어버린 경우라면, 후임 양승태 체제의 대법원은 과거사 사건, 특히 박정희 시대에 일어난 과거사 사건에 대해 애써 뒤집기를 시도한다고 할 수 있다. 유신시대 언론자유실천선언을 했다가 중앙정보부의 광고탄압 과정에서 쫓겨난 『동아일보』 기자들에 대해 대법원은 '정권의 압력을 받아 기자들을 해고했다'는 과거사위원회 결정을 증거 부족을 이유로 취소시켰다. 이 소송은 진실화해위원회가 국가의 부당한 개입에 대한 사죄와 피해회복을 권고하고 동아일보사에도 "유신정권의 요구에 굴복해, 언론자유수호 활동을 한 기자들을 해고한 데 대해 사과하라"라고 권고한 것에 대해 동아일보사가 불복하여 제기한 것인데, 애초 법원의 심판 대상이 아니라는 이유로 각하됐다가, 대법원이 "소송 대상이 된다"라고 판단해 새로 재판이 시작된 것이다.

긴급조치의 위헌성 문제는 대법원이 법과 체면 없이 정권의 입맛에 맞추기 위해 얼마나 애처롭게 몰입하고 있는가를 잘 보여준다. 대법원은 2010년 12월 긴급조치 1호에 대해, 2013년 5월 긴급조치 4호에 대해, 2013년 4월 긴급조치 9호에 대해 각각 위헌이고 무효라는 판결을 내렸다. 그러나 대법원은 2015년 3월 긴급조치는 위헌이지만, 박정희 전 대통령이 긴급조치 9호를 발동한 것은 '고도의 정치적 행위'이기 때문에 이에 대한 국가배상청구권은 인정할 수 없다는 해괴한 판결을 내렸다. "대통령은 국민 전체에 대해 정치적 책임을 질 뿐 개개인의 권리에 법적 의무를 지지는 않는다"라며, 긴급조치의 내용이 사후에 위헌으로 선언됐더라도, 이는 국가배상의 대상이 아니라는 것이다. 대통령이 초헌법적인 행위를 할 수 있다는 발상은 유신시대에나 가능한 것인데 21세기 대법원이 부끄러움을 모르고 자신들이 내린 판결을 뒤집은 것이다. 보수적인 사법부에서도 이런 말도 안 되는 판결이 있자 하급심에서 당장 치받기 시작했다. 원래 상급심의 판결은 하급심을 기속하는 법이고, 대법원의 판례는 권위를 갖는 것이지만, 하급심에서 이 판결을 비판하는 판결이 잇달았던 것이다.

이 책에서 기술한 사법부의 회한과 오욕의 역사는 대부분 중앙정보부-안기부를 통해 권력이 부당한 압력을 가해서 빚어진 것이다. 그런데 최근의 상황은 이와 다르다. 정권이 압력을 가한 정황도, 또 그런 압력을 가할 필요도 없이 사법부가 알아서 그렇게 걸어가고 있는 것이다. 그 이유가 상고법원의 설치를 위해 정권의 눈치를 본 것이든, 사법 엘리트들이 시민 대다수와 동떨어진 세계에 살고 있기 때문이든 시민이나 사법부에 대단히 불행한 일이 아닐 수 없다. 사법부의 권위를, 사법부의 독립을 갉아먹는 가장 무서운 적은 사법부 안에 있다. 제도의 근본적인 개혁을 통한 시민의 개입이 절실한 상황이지만, 사법부 내부에서 개혁의 움직임이 나와야 한다. 사법부에서 늘 그런 개혁의 몸부림이 있었다는 것이 우리의 희망의 근거이고, 그런 몸짓을 보인 사람들이 사법부의 상층부에 올라갔음에도 상황이 더 나빠졌다는 점이 시민들이 사법부 개혁에 더 많은 관심을 쏟아야 하는 이유다.

미주

프롤로그

1   법원행정처, 『법원사』, 1995, 852쪽.
2   서울민사지법 단독판사들, 「사법부 개혁에 관한 우리의 의견」, 1993년 6월.

1부. 권력을 불편하게 만든 사법부(1945~1971)

1   미군정과 이승만 시절의 법관들

1   법률신문사 편집부, 『법조 50년 야사』 상, 법률신문사, 2002, 29쪽.
2   『서울신문』, 1946년 3월 28일(『자료 대한민국사』에서 재인용).
3   『서울신문』, 1946년 6월 18일(『자료 대한민국사』에서 재인용).
4   『조선일보』, 1948년 10월 7일.
5   김병로에 대해서는 김학준, 『가인 김병로 평전』(개정판), 민음사, 2001을 참고할 것.
6   『조선일보』, 1971년 8월 7일.
7   김이조, 『법조 비화 100선』, 고시연구사, 1997, 151~154쪽.
8   출처 미상.
9   『동아일보』, 1975년 1월 10일.
10   「제22회 국회 정기회의 속기록-개회식」, 1956년 2월 20일, 2쪽.
11   『경향신문』, 1956년 2월 22일; 『경향신문』, 1956년 2월 28일.

12 변정수, 『법조여정』, 관악사, 1997, 29쪽.

13 『조선일보』, 1957년 12월 14일, 12월 30일, 1958년 1월 22일, 1월 29일, 6월 10일.

14 유병진에 대해서는 유병진, 『재판관의 고민』, 서울고시학회, 1957을 참고할 것. 이 책은 법문사에서 2008년에 다시 출판되었다.

15 『조선일보』, 1958년 7월 6일.

16 법원행정처, 『법원사』, 271쪽.

17 이헌환, 『정치과정에 있어서의 사법권에 관한 연구: 한국헌정사를 중심으로』, 서울대학교 대학원 법학과 박사학위 논문, 1996, 119~121쪽.

18 『조선일보』, 1958년 4월 8일, 4월 9일.

19 『법조 비화 100선』, 187~189쪽.

20 『조선일보』, 1960년 4월 28일, 5월 12일.

21 『경향신문』, 1960년 11월 8일, 11월 9일; 『조선일보』, 1960년 11월 10일.

2 5·16 군사반란과 사법부

1 『법조여정』, 31쪽.

2 이돈명 변호사와의 면담, 2006년 10월 12일.

3 『조선일보』, 1961년 5월 22일.

4 전우영, 『내문내무』, 사초출판사, 1989, 221~225쪽.

5 『법원사』, 451쪽.

6 『법조여정』, 33쪽.

7 『법원사』, 453~454쪽.

8 『매일경제신문』, 1990년 7월 17일.

3 무장군인 법원난입 사건과 동백림 사건

1 최영도 변호사와의 면담, 2006년 10월 24일; 이돈명 변호사와의 면담, 2006년 10월 12일; 『법조 50년 야사』 상, 586~587쪽; 『법조 비화 100선』, 322~323쪽.

2 『동아일보』, 1964년 5월 21일.

3 『조선일보』, 1964년 7월 29일.

4 최영도 변호사와의 면담, 2006년 10월 24일; 백형구 변호사와의 면담, 2006년 11월 6일; 『법조 50년 야사』 상, 633~636쪽.

5 동백림 사건에 대한 상세한 내용은 국가정보원 과거 사건 진실규명을 통한 발전 위원회 보고서, 『과거와 대화, 미래의 성찰』 2권: 「주요 의혹사건편」 상에 수록된

"동백림 사건 진실규명", 292~429쪽을 참조할 것.

6 이수자, 『내 남편 윤이상』, 창비, 1998.

7 『과거와 대화, 미래의 성찰』 2권: 「주요 의혹사건편」, 405쪽.

8 대한민국국회사무처, 「괴벽보 사건 등 진상조사특별위원회 회의록」 6호, 1968년 12월 4일.

9 이상우, 「박 정권하의 사법부의 수난」, 『신동아』, 1985년 8월호.

4 1971년 봄과 여름, 사법부의 결정적 판결 두 가지

1 『중앙일보』, 1971년 6월 22일.

2 대통령소속 군의문사진상규명위원회, 『종합보고서 제1권: 위원회 활동과 조사 결과』, 2009, 24쪽.

3 『법조 50년 야사』, 페이지 미상.

4 『법원사』, 482~484쪽.

5 양헌 변호사와의 면담, 2006년 10월 31일.

6 『동아일보』, 1982년 2월 26일.

7 목요상 변호사와의 면담, 2006년 11월 2일, 의정부 목요상 변호사 사무실.

8 목요상 변호사와의 면담, 2006년 11월 2일.

5 사법파동, 사표를 쓴 판사 37인

1 『조선일보』, 1971년 7월 29일.

2 『동아일보』, 1971년 7월 29일.

3 최영도 변호사와의 면담, 2006년 10월 24일.

4 『조선일보』, 1971년 7월 30일.

5 1971년 7월 31일자 대한변호사협회 비상임시총회의 결의문 전문은 『법조 50년 야사』 하, 15~16쪽을 볼 것.

6 『법원사』, 492쪽; 홍성우 변호사와의 면담, 2006년 10월 18일; 최영도 변호사와의 면담, 2006년 10월 24일.

7 『중앙일보』, 1971년 7월 31일.

8 『조선일보』, 1971년 8월 3일.

9 『조선일보』, 1971년 8월 3일.

10 『조선일보』, 1971년 8월 10일.

11 『조선일보』, 1971년 7월 30일.

12 「국회회의록」, 제77회 제6차 회의, 1971년 8월 6일, 14쪽.

13 홍성우 변호사와의 면담, 2006년 10월 18일.

14 『조선일보』, 1971년 8월 28일.

15 홍성우 변호사와의 면담, 2006년 10월 18일.

16 민복기, 『법률신문』 인터뷰, 1981년.

2부. 유신, 겨울공화국의 사법부(1972~1979)

1 유신쿠데타와 재임명에서 탈락한 법관들

1 『조선일보』, 1973년 1월 24일.

2 1973년 민복기 대법원장 신년사.

3 안기부, 「판사 비위 관계철」, 1972년 9월 12일.

4 최영도 변호사와의 면담, 2006년 10월 24일.

5 위와 같음.

6 『조선일보』, 1975년 3월 6일.

7 『중앙일보』, 1971년 1월 15일.

8 『조선일보』, 1971년 8월 3일.

9 『중앙일보』, 1966년 7월 19일, 1967년 12월 9일, 1968년 1월 24일, 1971년 2월 13일,
7월 29일.

10 『중앙일보』, 1971년 10월 22일.

11 『중앙일보』, 1971년 3월 30일.

12 『중앙일보』, 1972년 10월 13일.

13 『중앙일보』, 1971년 7월 14일, 8월 17일.

14 『중앙일보』, 1970년 11월 27일, 1971년 12월 22일; 『동아일보』, 1970년 11월 27일,
1971년 11월 22일; 『한국일보』, 1970년 11월 27일.

2 NCC 구호금 횡령 사건, 재판의 배후는 중앙정보부

1 『중앙일보』, 1973년 9월 26일.

2 한국기독교교회협의회, 『1970년대 민주화운동(II)』, 1987.

3 『중앙일보』, 1975년 8월 2일.

4 조승혁, 『이런 세상에 예수님의 몸이 되어…』, 정암문화사, 2005, 158쪽; 조승혁 목

사와의 면담, 2006년 10월 10일. 문호철은 서울지검 검사로 1974년부터 비상군법회의의 검찰관으로 발령을 받았는데 중앙정보부에 상주하면서 인혁당 재건위 사건, 민청학련 사건의 주요 관련자들을 수사했다.

5 중앙정보부, 「NCC 구호금 횡령 사건 담당 판사 K 동향보고」, 1975년 5월 22일.

6 한국기독교교회협의회, 『1970년대 민주화운동(II)』, 604~605쪽, 622쪽.

7 중앙정보부, 「NCC 구호금 횡령 사건 담당 판사 K 동향보고」, 1975년 5월 22일.

8 한국기독교교회협의회, 『1970년대 민주화운동(II)』, 617쪽.

9 『중앙일보』, 1975년 8월 2일.

10 『중앙일보』, 1975년 8월 16일.

11 한국기독교교회협의회, 『1970년대 민주화운동(II)』, 639쪽.

12 중앙정보부, 「K 판사 비위 첩보에 대한 관련자 조사 결과보고」, 1975년 8월 27일.

13 홍성우 변호사와의 면담, 2006년 10월 18일; 이석태 외, 『'무죄다'라고 말할 수 있는 용기: 인권변호사 황인철, 그의 삶과 뜻』, 문학과지성사, 1998, 102~103쪽. K 판사는 수원지법 판사로 있다가 1980년 11월 15일 의원면직(依願免職)된 것으로 되어 있다.

14 『중앙일보』, 1975년 4월 8일; 한국기독교교회협의회, 『1970년대 민주화운동(II)』, 639쪽.

3 긴급조치 1호·4호와 사법권 침해

1 『한승헌 변호사 변론사건 실록』2, 범우사, 2006, 64쪽.

2 『법조 50년 야사』하, 35~36쪽.

3 김정남, 『진실, 광장에 서다』, 창비, 2005, 32쪽.

4 「시인 김지하, 시대를 논하다」, 『신동아』, 2007년 4월호.

4 사법살인, '인혁당 재건위' 사건

1 천주교인권위원회 엮음, 『사법살인: 1975년 4월의 학살』, 학민사, 2001, 3쪽.

2 인혁당 사건과 인혁당 재건위 사건에 대한 좀더 자세한 내용은 『과거와 대화, 미래의 성찰』2권: 「주요 의혹사건편」 상에 수록된 '인민혁명당 및 민청학련 사건 진실규명', 98~291쪽을 참조할 것.

3 중앙정보부, 「인혁당 사건 공판조서 변조 발설자 조사」, 1977년 12월 29일.

4 김지하, 「고행: 1974」 1~3, 『동아일보』, 1975년 2월 25~27일.

5 『조선일보』, 1975년 2월 22일; 『중앙일보』, 1975년 2월 22일.

6 중앙정보부, 「김상한에 대한 대북공작 상황보고」, 1964년 8월 20일경; 중앙정보부, 「이○○(김상한 북파공작 담당 팀장, 당시 중정 직원) 피의자신문조서」, 1964년 9월 1일.

인혁당 사건과 공안검사들의 항명파동

1 『동아일보』, 1964년 9월 10일.

2 이용훈, 『사필귀정의 신념으로: 법과 정치와 나의 인생』, (주)리틀웍스, 2000.

3 김형욱, 『김형욱 회고록 제2부』, 아침, 1985, 134쪽.

4 『경향신문』, 1964년 10월 24일.

5 '긴급조치 9호'하의 재판

1 『법조여정』, 78쪽.

2 2007년 1월 31일과 2월 1일자 주요 일간지 참조.

3 이석태 외, 『'무죄다'라고 말할 수 있는 용기: 인권변호사 황인철, 그의 삶과 뜻』, 98쪽.

4 『법원사』, 699쪽.

5 한승헌, 『불행한 조국의 임상노트』, 일요신문사, 1997, 143쪽.

6 「제91회 국회 법제사법위원회 회의록」, 3호, 1975년 3월 15일.

7 「제96회 국회 법제사법위원회 회의록」, 11호, 1976년 11월 1일.

8 『중앙일보』, 1978년 4월 12일, 4월 28일, 8월 23일, 8월 28일.

9 『법원사』, 701쪽; 『법원사(자료집)』, 629쪽.

10 『한겨레』, 2007년 1월 31일, 2월 5일.

6 '사법부 독립'을 요구한 원주선언과 명동 사건

1 김정남, 『진실, 광장에 서다』, 144~157쪽.

2 『중앙일보』, 1976년 3월 11일.

3 홍성우 변호사와의 면담, 2006년 10월 18일.

4 『법조 50년 야사』 하, 66~69쪽.

5 3·1 민주구국선언 관련자, 『새롭게 타오르는 3·1 민주구국선언』, 사계절출판사, 1998, 263~273쪽, 298~305쪽(문익환 목사의 부인 박용길, 이해동 목사의 부인 이종옥의 회고).

6 이계창, 『법정에서의 진실: 명동 3·1 사건, 부산 미문화원 방화 사건』, 가톨릭출판

사, 1991. 대전교구 이계창 신부는 거의 모든 공판에 참석해 재판의 분위기를 손에 잡힐 듯 생생하게 기록해 주보에 연재했으며 이를 묶어 책으로 펴냈다.

7 하경철, 「3·1 민주구국선언 사건의 회고」, 3·1 민주구국선언 관련자, 『새롭게 타오르는 3·1 민주구국선언』, 91~107쪽.

3부. 군사정권, '회한과 오욕'의 사법부(1979~1995)

1 10·26 사건, 허술한 절차와 신속한 처형

1 『법조 50년 야사』하, 84~85쪽.

2 『법조 50년 야사』하, 85~86쪽.

3 『법조 50년 야사』하, 87쪽.

4 이돈명 변호사와의 인터뷰, 2006년 10월 12일; 간행위원회, 『돈명이 할아버지』, 공동선, 2004, 221~228쪽.

5 김대곤, 『김재규 X 파일』, 산하, 2005, 104쪽.

6 안동일, 『10·26은 아직도 살아 있다』, 랜덤하우스중앙, 2005.

7 『돈명이 할아버지』, 226~227쪽.

8 『10·26은 아직도 살아 있다』, 58~60쪽.

9 『법조 50년 야사』상, 939~941쪽.

10 『법조 50년 야사』상, 941~943쪽.

11 『돈명이 할아버지』, 227~228쪽.

12 이일규 전 대법원장과의 면담, 2007년 2월 6일.

13 『법조 50년 야사』상, 943~946쪽. 신군부가 양병호 대법원 판사 등에게 부당한 압력을 가하고, 보안사 서빙고분실로 불법 연행한 것은 1995년 5·17 내란 사건에 대한 검찰수사에서도 확인되었다. 『중앙일보』, 1996년 4월 3일.

14 『법조 50년 야사』상, 946~950쪽.

15 이일규 전 대법원장과의 면담, 2007년 2월 6일.

16 『조선일보』, 1981년 4월 16일.

2 대법원장 비서관 뇌물 사건, 안기부의 검찰 길들이기

1 『경향신문』, 1983년 5월 14일.

2 『중앙일보』, 1982년 7월 20일.

3   안기부, 「전 대법원장 비서관 강건용 비위사건 조사처리보고」, 1983년 1월.

4   이창민 뉴시스 편집국장과의 인터뷰, 2006년 10월 12일; 이창민, 『서소문에서 서초동까지』, 한국일보사, 1993, 39~42쪽.

5   『조선일보』, 1983년 1월 15일; 『중앙일보』, 1983년 1월 14일; 『한국일보』, 1983년 1월 15일.

6   이창민 뉴시스 편집국장과의 인터뷰, 2006년 10월 12일.

7   안기부, 「전 대법원장 비서관 강건용 조사경과보고」, 1983년 2월.

8   2006년 11월 15일 KBS 라디오 「열린토론」에서 행한 정형근 당시 한나라당 의원 발언.

9   『중앙일보』, 1983년 1월 15일, 2월 2일.

10 『중앙일보』, 1983년 1월 28일.

11 『중앙일보』, 1983년 2월 2일.

12 『한국일보』, 1983년 2월 2일, 2월 3일.

13 『동아일보』, 1983년 2월 3일.

14 『동아일보』, 1983년 2월 2일, 2월 3일.

15 『중앙일보』, 1983년 3월 19일; 『조선일보』, 1983년 3월 19일.

16 안기부, 「외화밀반출 사건 조사보고」.

17 출처 미상.

18 이창민, 『서소문에서 서초동까지』, 42쪽.

3   국가모독죄와 안기부의 보고서들

1   2012년 4월 6일 대법원이 "국정원이 민간 사찰을 했다는 허위사실을 유포해 명예를 훼손시켰다"라며 국가가 박원순을 상대로 낸 손해배상 청구소송 상고심에서 원고패소 판결한 원심을 확정해 박원순 현 서울시장이 최종 승소했다.

2   『중앙일보』, 1975년 3월 19일.

3   중앙정보부, 「명동 사건 이첩내용과 공소내용 대비보고」, 1976년 3월 29일.

4   민주화운동기념사업회 연구소 엮음, 『한국민주화운동사연표』, 민주화운동기념사업회, 2006, 402쪽.

5   『중앙일보』, 1982년 10월 22일.

6   안기부, 「EYC, 김철기 국가모독 사건 무죄선고 판사 이신섭 해외유학 유보 경위 확인보고」, 1983년 3월 24일.

7   법원행정처, 『사법연감』, 1984년판, 163쪽.

8   이신섭 변호사와의 전화 통화, 2006년 11월 24일.

9   『법원사(자료집)』, 619쪽.

10 『중앙일보』, 2002년 5월 11일.

11 안기부, 「민추협에 대한 법률적 규제 대책 보고」, 1984년 12월 28일.

12 『중앙일보』, 1987년 5월 11일.

4   안기부의 학생시위 엄벌

1   『중앙일보』, 1984년 3월 16일.

2   『중앙일보』, 1983년 6월 14일.

3   안기부, 「학원사태 관련자 조기 공판진행 조정보고」, 1983년 4월 11일.

4   『중앙일보』, 1983년 4월 23일.

5   『중앙일보』, 1983년 4월 30일.

6   『중앙일보』, 1983년 6월 11일.

7   『중앙일보』, 1983년 5월 23일.

8   안기부, 「학원 현안 문제점 및 대응·방안」, 1983년 12월 1일.

9   『중앙일보』, 1983년 12월 22일.

10 『중앙일보』, 1984년 2월 8일, 3월 2일.

11 『중앙일보』, 1988년 6월 18일.

연세대생 내란음모 사건과 안보수사조정권

1   안기부, 「연대학생 용공불순 사건 항소심 관련 검사 접촉 상황보고」, 1982년 2월 3일.

2   『한겨레』, 2005년 3월 7일.

3   안기부, 「전 서울지검 구상진 비위내사 상황보고」, 1981년 6월 22일.

4   안기부, 「구상진 신원처리 조정」, 1981년 7월 15일.

5   즉심판결 판사들에 대한 안기부의 내사

1   안기부, 「시위학생 즉심, 형 면제 선고자 남부지원 강금실 판사 성향 등 내사보고」, 1984년 10월 5일.

2   안기부, 「인천공단 입구 가두시위 관련 즉심 회부자 무죄선고 경위 확인보고」, 1985년 6월.

3   안기부, 같은 문서.

4   『한겨레』, 2005년 3월 7일.

5 신평 교수와의 면담, 2007년 1월 31일.

6 안기부, 「일월서각 대표 최옥자 등 즉심, 무죄선고 사유 확인 및 조치 보고」, 1985년
8월 24일.

7 『중앙일보』, 1985년 8월 24일.

8 안기부, 「서울대 여학생, 시위 준비물 운반 등 관련 즉심 무죄선고 경위 확인보
고」, 1985년 10월 12일.

6 불륜의 파트너, 조정관과 형사수석부장

1 안기부, 「연세대 내 불순 용공조직 사건 공판상황 보고」(4회), 1981년 9월 28일.

2 안기부, 「각서」, 1981년 10월 5일.

3 최영도 변호사와의 면담, 2006년 10월 24일.

4 『한겨레』, 2005년 3월 7일.

5 『법조여정』, 78쪽.

6 「대법원장(이용훈) 임명 동의에 관한 인사청문 특별위원회, 제2차」, 제256회 국
회, 2005년 9월 8일, 13쪽.

7 법정소란, 사법부를 믿지 못하는 피고인들

1 이창민, 『서소문에서 서초동까지』, 45~47쪽.

2 안기부, 「농성사건 공판대책 보고」, 날짜 미상.

3 『중앙일보』, 1985년 7월 20일.

4 『중앙일보』, 1985년 8월 7일, 9월 2일, 9월 7일.

5 『조선일보』, 1985년 10월 5일.

6 안기부, 「미문화원 담당 판사 격려 방안」, 날짜 미상.

7 법원행정처, 『사법연감』, 1987년판, 167쪽.

8 『중앙일보』, 1987년 7월 7일.

9 안기부, 「법조계 동향」, 1988년 10월 24일.

10 법원행정처, 『사법연감』, 1992년판, 278쪽.

탄압받는 변호인들

1 중앙정보부, 「아카데미 사건 청원서 배포저의 검토 및 대책」, 1979년 8월 27일.

2 안기부, 「간첩 손유형 사건 관련 일본 사회당 변호사협회의 아 공관 수사활동 주
장에 대한 진상 조사결과 및 대책보고」, 1983년 3월 24일.

3 안기부, 「태윤기 변호사 제명조치 조정결과 보고」, 1983년 5월 26일.

8 "돌출 판결"인가 "소신 판결"인가

1 『한겨레』, 1995년 2월 25일.

2 『중앙일보』, 1995년 2월 25일; 『동아일보』, 1995년 2월 26일.

3 안기부, 「대법원, 박태범 부장판사 경고 문제로 고심」, 1995년 3월 8일.

4 『한겨레』, 1995년 3월 7일; 『한국일보』, 1995년 3월 7일.

5 『국민일보』, 1995년 3월 15일.

6 『중앙일보』, 1995년 2월 25일.

7 『중앙일보』, 1987년 6월 4일; 『동아일보』, 1988년 11월 17일.

8 『중앙일보』, 1994년 12월 18일.

9 『세계일보』, 1994년 5월 29일; 『동아일보』, 1995년 2월 26일.

10 『한겨레』, 1995년 1월 18일; 『동아일보』, 1995년 1월 19일.

11 『동아일보』, 1995년 1월 19일; 『국민일보』, 1995년 1월 18일; 『한국일보』, 1995년
1월 19일.

9 암흑시대의 빛나는 판결들

1 법원행정처, 『법원사』.

2 안기부, 「간첩 심한식에 대한 항소심, 간첩 혐의 무죄선고 경위 등 확인보고」,
1987년 2월.

3 『진실, 광장에 서다』, 427쪽.

4 『경향신문』, 2008년 11월 27일.

5 『진실, 광장에 서다』, 428쪽.

6 『한겨레』, 2008년 12월 1일.

7 박철언, 『바른 역사를 위한 증언 1』, 랜덤하우스코리아, 2005, 106~107쪽.

8 「대법관(김능환) 임명동의안 심사를 위한 인사청문회, 제260회 국회 제2차 인사
청문회」, 2006년 6월 26일, 19, 21, 23, 31쪽.

9 안기부, 「법원 출입기자, 김용철 대법원장 혹평여론 유포」, 1987년 3월 26일.

10 『동아일보』, 1996년 6월 5일; 『동아일보』, 1996년 6월 5일.

11 조갑제, 「고민하는 판사들 — 제5공화국 치하의 사법부」, 『대폭발 — 조갑제의 대
사건 추적 2』, 1988, 조선일보사, 1988, 248~249쪽.

4부. 정보기관의 간첩조작과 고문, 조정당하는 사법부

1   송씨 일가 간첩단 사건 (1)

1 『국정원보고서 — 학원·간첩편』, 263쪽

2 서중석, 「80년대 최대의 법정 공방 공안사건, 한국판 25시 송씨 일가 간첩단 사건의 전말」, 『신동아』, 1988년 8월호.

3 백형구 변호사와의 면담, 2006년 10월 21일

4 안기부, 「서울·충북 거점 간첩단 사건 피의자 한영희, 송광섭, 김춘순 처분의견」, 1982년 8월 4일.

2   송씨 일가 간첩단 사건(2)

1 서중석, 「80년대 최대의 법정 공방 공안사건, 한국판 25시 송씨 일가 간첩단 사건의 전말」, 『신동아』, 1988년 8월호.

2 안기부, 「간첩 송기준에 대한 변호인(홍성우) 측 증인 김재철 출장수사 결과보고」, 1982년 12월 16일.

3 안기부, 「간첩 송지섭 사건 상고심 공판대책 보고」, 날짜 미상.

4 안기부, 「간첩 송지섭 상고심 파기환송에 따른 법원동향 보고」, 1983년 8월 23일.

5 이일규 전 대법원장과의 면담, 2007년 2월 6일.

6 안기부, 「서울, 충북 중심 고정간첩단 사건 대법원 파기환송에 따른 문제점 분석 보고」, 날짜 미상.

7 안기부, 「간첩 송지섭 사건 상고심 선고 공판 및 대책 보고」, 1983년 8월 24일.

8 안기부, 「문제 법관 이일규 신원 및 동향감시 결과보고」, 날짜 미상.

9 안기부, 「유태흥 대법원장, 송지섭 등 간첩사건 파기환송에 따른 처리방안 확정」, 1983년 9월 1일.

10 박종덕과의 면담, 2006년 11월 7일.

11 안기부, 「간첩 송지섭 사건 관련 변호인 동향 보고」, 1983년 11월 24일.

12 홍성우 변호사와의 면담, 2006년 10월 18일.

13 안기부, 「간첩 송지섭 사건 공판대책 자료」, 날짜 미상.

3   송씨 일가 간첩단 사건 (3)

1 안기부, 「간첩 송지섭 사건 상고심 공판상황 보고」, 1984년 4월 25일.

2 안기부, 「간첩 송지섭 사건 공판대책 자료」, 날짜 미상.

3 안기부, 「송지섭 사건 2차 파기환송 후 공판대책 진행상황 보고」, 『국정원보고서 — 정치·사법편』, 307쪽.

4 안기부, 「김중서 대법원 판사 정년퇴직 예정에 따른 후임판사 경합설 등 관련동향 보고」, 1984년 4월 9일.

5 안기부, 「유태홍 대법원장, 각하 알현 예정동향 보고」, 1984년 7월 13일.

4 김근태 고문 사건(1)

1 안기부, 「학원소요 배후 조직 '서울대 민추위' 등 수사 진행상황 보고」, 1985년 9월 9일.

2 안기부, 「학원 및 노조 배후 조직 민청련 수사 진행상황 보고」, 1985년 10월, 일자 미상.

3 『조선일보』, 1985년 10월 17일.

4 박원순, 『야만시대의 기록』, 역사비평사, 2006.

5 안기부, 「최근의 학원 좌경폭력소요 배후사건 수사과정 시비에 대한 진상」, 1985년 11월, 일자 미상.

6 안기부, 「허구적 주장의 배경」, 날짜 미상.

7 서울지검 공안부, 「고문 및 용공조작 시비에 대한 대응논리」, 1985년 11월, 일자 미상.

8 안기부, 「민주화운동청년연합 등 문제권 단계별 처리계획」, 1985년 12월, 일자 미상.

5 김근태 고문 사건(2)

1 『국정원보고서 — 정치·사법편』, 240쪽.

2 민주화운동청년연합 편, 『이제 다시 일어나: 김근태 고문 및 옥중 기록』, 중원문화사, 1987, 101쪽.

3 안기부, 「민청련 김근태 인권문제 관련 관계기관대책회의 자료」, 1986년 1월 6일.

4 『이제 다시 일어나: 김근태 고문 및 옥중 기록』, 142쪽.

5 『이제 다시 일어나: 김근태 고문 및 옥중 기록』, 164~171쪽.

6 『중앙일보』, 1986년 3월 7일.

7 『이제 다시 일어나: 김근태 고문 및 옥중 기록』, 132~133쪽.

8 『중앙일보』, 1986년 3월 7일.

9 『이제 다시 일어나: 김근태 고문 및 옥중 기록』, 146쪽.

10 『이제 다시 일어나: 김근태 고문 및 옥중 기록』, 160쪽

11 박우동, 『판사실에서 법정까지』, 한국사법행정학회, 1995.

12 안기부, 「법원, 대법관 인사에 소장파 영향력 우려」, 1994년 7월 2일.

13 『경향신문』, 1994년 7월 6일.

6 부천서 성고문 사건의 두 공범

1 박철언, 『바른 역사를 위한 증언』, 랜덤하우스중앙, 2005.

2 김경회, 『나 이제 자유인 되어: 격동의 시절 검사 28년』, 중앙M&B, 2002.

3 「국정감사 법제사법위원회 회의록」, 1988년 10월 22일.

4 김경회, 앞의 책.

5 『국정원보고서 ― 정치·사법편』, 266쪽.

6 김경회, 앞의 책.

7 조영래 변호사 변론요지서.

8 안경환, 『조영래 평전』, 강, 2006.

9 안기부, 「인천분실 ○○과장 ○○○, 권인숙 피고 실형선고 조정 관련 동정」, 날짜 미상.

5부. 민주화 이후의 사법부, 과거는 청산되었는가?(1988~1997)

1   '공안판사제'를 꿈꾼 안기부

1 『중앙일보』, 1996년 12월 14일; 『한겨레』, 1996년 12월 21일.

2 『중앙일보』, 1990년 10월 31일.

3 법원행정처, 『사법연감』 1994년판, 245쪽.

4 안기부, 「문제 성향 판사의 형사부 보직 배제 필요」, 1995년 7월 25일.

5 『한겨레』, 1995년 7월 26일.

6 『한겨레』, 1996년 2월 16일, 2월 17일.

7 『중앙일보』, 1996년 12월 14일; 『한겨레』, 1996년 2월 24일.

8 『중앙일보』, 1997년 6월 21일.

9 『중앙일보』, 1996년 12월 14일.

10 『한겨레』, 1998년 1월 9일.

11 『한겨레』, 1992년 9월 30일.

12 『한겨레』, 1996년 7월 15일, 1997년 2월 19일, 3월 4일.

13 「제183회 국회 법제사법위원회 회의록」, 제3호, 1997년 3월 6일, 27~28쪽, 42~43쪽.

14 안기부, 「법원의 공안판사제 신설 검토 필요」, 날짜 미상.

15 「1996년도 국정감사 법제사법위원회 회의록 — 피감사기관: 서울고등법원·서울
지방법원·인천지방법원·수원지방법원」, 1996년 10월 1일, 13~14쪽.

2 법관들에게도 이념교육이 필요하다?

1 안기부, 「법조계 일각, 판사 이념교육 필요성 지적」, 날짜 미상.

2 『한겨레』, 1996년 4월 5일, 7월 13일, 12월 20일.

3 『동아일보』, 1996년 8월 16일, 8월 18일; 『한겨레』, 1996년 8월 18일.

4 『한겨레』, 1996년 8월 17일.

5 『동아일보』, 1996년 8월 23일; 「1996년도 국정감사 법제사법위원회 회의록」,
1996년 10월 1일, 49쪽.

6 『한겨레』, 1996년 8월 18일.

7 「1996년 국정감사 법제사법위원회 회의록」, 1996년 10월 1일, 49쪽.

8 『한겨레』, 1996년 9월 11일, 9월 12일.

9 『동아일보』, 1996년 10월 30일; 『중앙일보』, 1996년 10월 30일; 『경향신문』, 19
96년 10월 30일; 『한겨레』, 1996년 10월 30일; 『서울신문』, 1996년 10월 30일.

10 안기부, 「법조계 일각, 판사 이념교육 필요성 지적」, 날짜 미상.

11 『한겨레』, 1996년 11월 9일, 1997년 4월 11일.

12 『한겨레』, 1996년 11월 9일; 『한국일보』, 1996년 11월 9일; 『중앙일보』, 1996년
11월 9일; 『동아일보』, 1996년 11월 10일; 「국민일보」, 1996년 11월 13일; 『경향신
문』, 1996년 11월 13일.

13 『한겨레』, 1996년 11월 12일.

14 『한겨레』, 1996년 11월 13일.

15 『한겨레』, 1996년 11월 27일.

16 『한겨레』, 1997년 6월 26일.

17 안기부, 「법조계 일각, 판사 이념교육 강화 필요성 지적」, 날짜 미상.

18 안기부, 「민변, 서울지검의 판사 대상 한총련 설명회 비난」, 「대한변협, 검찰의 판
사 대상 한총련 설명회 관련 법원 해명 촉구」.

19 『중앙일보』, 1997년 6월 15일; 『동아일보』, 1997년 6월 15일; 『서울신문』, 1997년
6월 15일.

20 『한겨레』, 1997년 6월 17일, 6월 18일.

21 「184회 국회 법제사법위원회 회의록」, 제1호, 1997년 7월 8일, 38, 42~44쪽.

3 민주화와 제2차 사법파동

1   조영래, 「새 시대를 위한 반성」, 『동아일보』, 1988년 4월 15일.

2   천호영, 「사법개혁의 장애물, 정치판사들의 실체」, 『월간 말』 1993년 8월호, 162쪽.

3   이헌환, 『정치과정에 있어서의 사법부에 관한 연구 — 한국 헌정사를 중심으로』, 1996, 서울대학교 대학원 박사학위 논문, 1996, 265쪽.

4   『한겨레』, 1988년 7월 1일.

5   『한겨레』, 1988년 7월 2일.

6   한인석, 「사법부 미래 과거청산에 달렸다 1」, 『한겨레』, 2005년 10월 18일.

4 제3차 사법파동과 '정치판사' 논란

1   『중앙일보』, 1993년 7월 2일.

2   『중앙일보』, 1988년 6월 17일.

3   『경향신문』, 1993년 10월 7일; 『서울신문』, 1993년 10월 13일.

4   『한겨레』, 1994년 9월 8일; 대한변호사협회, 『대한변협 50년사』, 금영문화사, 2002.

5   『한겨레』, 1994년 7월 3일, 7월 6일.

6   『경향신문』, 1994년 7월 6일.

7   김의겸 기자와의 인터뷰, 2009년 11월 2일.

5 사법부의 과거청산

1   『한겨레』, 2005년 9월 27일.

2   『내일신문』, 2008년 9월 26일.

3   『동아일보』, 2009년 5월 28일.

4   『동아일보』, 2002년 5월 14일.

에필로그

1   최강욱, 『헌법과 도로교통 무엇이 먼저인가 — 집회·시위 교통방해 위법 판단』, 『주간동아』 1019호, 2015년 12월 30일,

참고문헌

간행위원회, 『돈명이 할아버지』, 공동선, 2004.

김경회, 『격동의 시절 검사 28년, 나 이제 자유인 되어』, 중앙 M&B, 2002.

김두식, 『불멸의 신성가족』, 창비, 2009.

김이조, 『법조 비화 100선』, 고시연구사, 1997.

김정남, 『진실, 광장에 서다』, 창비, 2005.

김지하, 「시인 김지하, 시대를 논하다」, 『신동아』, 2007년 4월호.

김학준, 『가인 김병로 평전(개정판)』, 민음사, 2001.

김형욱, 『김형욱 회고록 제2부』, 아침, 1985.

대한민국국회사무처, 「괴벽보사건 등 진상조사 특별위원회 회의록」 6호, 1968년 12월 4일.

리처드 A. 레오, 『허위 자백과 오판』, 조용환 옮김, 2014, 후마니타스.

문준영, 『법원과 검찰의 탄생』, 역사비평사, 2010.

민주화운동기념사업회 연구소 편, 『한국민주화운동사연표』, 민주화운동기념사업회, 2006.

박우동, 『판사실에서 법정까지』, 한국사법행정학회, 1995.

박원순, 『야만시대의 기록』, 역사비평사, 2006.

박철언, 『바른 역사를 위한 증언』, 랜덤하우스중앙, 2005.

박홍순, 『헌법의 발견』, 비아북, 2015.

법률신문사, 『법조 50년 야사 상』, 2002.

법원행정처, 『법원사』, 1995.

법원행정처, 『사법연감』, 1984년판.

변정수, 『법조여정』, 관악사, 1997.

서울민사지법 단독판사들, 「사법부 개혁에 관한 우리의 의견」, 1993년 6월.

서중석, 「80년대 최대의 법정 공방 공안사건, 한국판 25시 송씨 일가 간첩단 사건의 전말」, 『신동아』, 1988년 8월호.

서형, 『부러진 화살』, 후마니타스, 2012.

안경환, 『조영래 평전』, 강, 2006.

안동일, 『10·26은 아직도 살아 있다』, 랜덤하우스중앙, 2005.

유병진, 『재판관의 고민』, 서울고시학회, 1957.

이계창, 『법정에서의 진실: 명동3·1사건, 부산 미문화원 방화사건』, 가톨릭출판사, 1991.

이상우, 「박정권하의 사법부의 수난」, 『신동아』, 1985년 8월호.

이석태 외, 『'무죄다'라고 말할 수 있는 용기』, 문학과지성사, 1998.

이수자, 『내 남편 윤이상』, 창비, 1998.

이용훈, 『사필귀정의 신념으로: 법과 정치와 나의 인생』, 리틀웍스, 2000.

이창민, 『서소문에서 서초동까지』, 한국일보사, 1993.

이춘재·김남일, 『기울어진 저울』, 한겨레출판, 2013.

이헌환, 『정치과정에 있어서의 사법권에 관한 연구: 한국헌정사를 중심으로』, 서울대학교 법학과 박사학위논문, 1996.

전우영, 『내문내무』, 사초출판사, 1989.

조승혁, 『이런 세상에 예수님의 몸이 되어……』, 정암문화사, 2005.

천주교인권위원회 엮음, 『사법살인』, 학민사, 2001.

한국기독교교회협의회, 「1970년대 민주화운동 (II)」, 1987.

한승헌, 『권력과 필화』, 문학동네, 2013.

_____, 『불행한 조국의 임상노트』, 일요신문사, 1997.

_____, 『한 변호사의 고백과 증언』, 한겨레출판, 2012.

_____, 『한승헌 변호사 변론사건 실록 2』, 범우사, 2006.

3·1 민주구국선언 관련자, 『새롭게 타오르는 3·1 민주구국선언』, 사계절, 1998.

찾아보기

사진 출처